法の支配と対話の哲学

プラトン対話篇『法律』の研究

丸橋 裕
Marubashi Yutaka

まえがき

二〇一六年十月、ヴィクトーア・フォン・ヴァイツゼカー協会のハイデルベルガー・ゼミナールで短い声明を発表し終えた私は、フランクフルトを経て、空路イラクリオンへと向かった。ニコス・カザンザキス空港に到着したのは四時間後の午後十時。騒がしい家族連れたちが観光バスでたちまち姿を消した後、空港敷地はずれの暗闇のなか、私は独り市内へと向かうはずの路線バスを待っていた。そもそもここまでやってきたのは、プラトンが最晩年の対話篇『法律』の舞台に設定したクレテの地に赴き、その三人の登場人物が歩いたとされるクノソスからイデ山腹のゼウスの洞窟までの道程がどのようなものであったのかを実際に確かめるためだった。迷宮の入り口に立ったテセウスのような不安な気持ちをこうした想いでまぎらわせていると、忽然と現れたひとりのＣＡが微笑みかけてきた。糸玉ならぬキャリー・バッグを手にしたこのアリアドネは、どうやらミラノからのフライトを終え、同じエレフテリアス広場まで行くのだという。時刻表通りにはなかなかやって来ないバスが間違いではなかったと安堵した私は、クレテ人との初めての対話をしばし楽しむことができた。

翌朝、地中海にほど近い瀟洒なホテルで朝食を済ませ真っ先に訪れたのは、イラクリオン考古学博物館である。第一室で最初に目に飛び込んできたのは、その細部の自然主義的な描写が美事な大理石小像だった。

驚くべきことにその推定年代は前六五〇〇―五九〇〇年だという。ミノアの前宮殿時代をはるかに遡るクノソスでこれほど優れた造形が行われていたのだという感動に胸躍らせながら歩を進めると、螺旋模様や海洋生物をモチーフにした大胆なデザインの水差し、壺、宝石箱などが次々と姿を現す。そして有名なフェストスの円盤、蛇の女神像、雄牛のリュトン、アクロバット・ジャンパーなどに目を奪われながらたどり着いたのは、宮殿のフレスコ壁画の展示室である。《百合の王子》、《パリジェンヌ》、《青の娘たち》など、その大部分はごくわずかの断片から復元されたものなのだが、いずれも洗練されたミノア文明の卓越した造形感覚を伝えてあまりあるものだった。

しかし、私がここを訪れた第一の目的は、イデ山の洞窟出土品をこの目で見ることだった。博物館の一室にクノソス周辺の洞窟出土品が集められているのだが、そのなかにそれらは異彩を放ちながら厳然としてあった。奥壁に堂々と掲げられているのは、青銅で作られた巨大な六つの盾である。それぞれの盾の中央には動物の首が打ち出され、その周囲には狩人や女性の姿が細密に彫り込まれている。これらは前九世紀後半から七世紀中葉までの、東方のイコノグラフィーに熟達した外来の工人の作品と見られている。そしてひときわ私の目を惹いたのは、やはり同時代のアッシリア藝術の影響を色濃く残している青銅のドラムである。雄牛を踏みつけ、獅子を頭上で弄んでいる中央の人物像は、クレテ生まれのゼウスである。その彼を両側から固めている有翼のダイモーンたちは、まさ

青銅のドラム

にドラムを打ち鳴らして幼な児ゼウスの泣き声をかき消し、その児が、父である子喰らいのクロノスに見つかるのを妨げたというクゥレスたちなのである。その他にもここには、青銅の鼎や大釜、黄金の小さな装飾品など、数多くの出土品が展示されていた。これらの豪奢な奉納品は、いずれも当時イデ山の洞窟がゼウス崇拝の聖地として大きな権勢を誇っていたであろうことを彷彿させるものだった。じじつイデの洞窟は古典期をつうじてヘレニズム時代にいたるまで崇拝の中心地であり、巡礼の地であったのだから[1]、プラトンの時代に、アテナイとスパルタからの客人がこの島に渡り、クレテ人とともに早朝からこの洞窟を目指して歩き始めることは、けして不自然なことではなかったのである。

　翌日は、十月というのにまだ真夏のような陽光が照りつけるクノソスの宮殿跡を歩いたあと、街の案内所や地図専門店をめぐって、イデ山への道程を調査した。三人の老人たちが歩いたとプラトンが想定した巡礼の道を今日確認することはほとんど不可能である。しかし、標高二四五四メートルに及ぶイデ山はクレテ島の最高峰として知られ、その北方約二〇キロに位置する山村アノイアはイデ登山の起点となっている。ガイド・マップを入手した私は、翌朝九時、一日三本しか運行されない小型バスに乗ってアノイアに赴いた。この村がすでに標高八〇〇メートルなので、切り立つ崖を横目に険しい山道を高速で走る一時間のバス旅行はきわめてスリルにみちたものだった。小さなホテルに荷物を預けた私は、逸る気持ちを抑えながらゼウスの洞窟への道を管理人に尋ねた。彼女は、そこまで歩くというのはあまりにも無謀だから村の羊飼いの車に乗せてもらえと、真剣な眼差しでくりかえし忠告してくれた。歩くことに意味があるのだからとその親切を丁重に断った私は、意気揚々と教えられた道を独りで歩き始めたのである。

「先へゆけば、高さといい美しさといい申し分のない糸杉がそびえ、瑞々しい牧草地もあって、そこでわわれわれは休息をとって話しを楽しむこともできるだろう」（『法律』I. 625b）[2]。かつてクレテ人クレイニアスが語ってくれた道行きの予想は、しかしながら、次第に目の前に展開されていく現実によって裏切られることとなった。舗装されてはいるものの激しい起伏を繰り返す山道は、往けどもゆけども、ごつごつとした石灰岩が剥き出しになったほとんど緑のない山嶺に囲まれたままなのだ。最近発見されたというゾミントスの遺跡（新宮殿時代）を横目に、ようやくたどり着いた聖マリナの小さなバシリカで遅い昼食を摂ったとき、行程はまだ五分の二を消化しただけというのに、すでに四時間近くを経過していた。このまま歩き続けて洞窟まで到達できても夕方になってしまうとすると、どうやってアノイアまで帰り着けるのか。私はほとんど絶望的な思いに囚われながらも、痛む足を引きずるようにして再び歩き始めた。さらに一時間ほど歩き続け、もはやこれまでかと自分自身の見通しの甘さを思い知らされて佇んでいると、そこに背後からやって来た一台の軽トラックが停まった。どこまで行くのかと尋ねる初老の男性に、ゼウスの洞窟までと応えると、乗せて行ってやると言う。まさにゼウスのお導きとしか言いようがない。私は残りの険しい山道を、洞窟への登山口で夏の間だけ小さなタヴェルナを経営しているというこの羊飼いのクレテ人と連れだって往くことができたのである。わずか二〇分後、私はその登山口に立った。

イデ山頂の足下に茫漠と広がるニダ高原を背後に、私はついに洞窟への道を登り始めた。およそ半時間後、目の前に現れたのは鉄柵によって厳重に閉ざされた洞窟への門だった。躊躇うこともなく柵を越えてさほど広くはない敷地を中へ進むと、切り立った山肌にぽっかりと洞窟が口を開けていた。発掘時に用いられたのであろうトロッコの鉄路が洞窟の内部へと降りている。その横にしつらえられた階段を、私は一歩いっぽ踏みしめるようにして降りていった。洞窟の底面は一〇〇平米もないが、頭上高く開いた口から仰ぎ見ら

ニダ高原

ゼウスの洞窟

れる空の青さは、洞窟内の漆黒と際だった対照をなしていた。この狭い洞窟の奥壁からあれほど多くの素晴らしい奉納品が発掘されたということは驚くべき事実である。プラトン自身はおそらくこの洞窟まで足を運ばなかったかも知れない。しかし少なくとも、巡礼に行ったことのある誰かから聴かされた生きいきとした報告によって、この巡礼路のことを知っていたのであろう。クノソスから洞窟までの道程がけしてなま易しいものではないこと、そして、老人たちが丸一日をかけてでもそこを目指して歩み続けることが信仰の証しとなるような重要な巡礼路であったことを確認して、私はその洞窟を後にした。

翌日、イラクリオンに戻った私は、ただちにもう一つの目的地ゴルテュンに向かった。前七世紀来、アクロポリスのアテナ神殿と、平野にあるアポロン・ピュティオス神殿が知られているこの都市には、有名なゴルテュン法典の碑文が残されているのである。[3] この法典は少なくとも前六世紀以来制定されてきた多様な法律からなっていて、前四五〇年頃、それらが碑文に刻まれたときにほんのわずか再編成されたものと言われている。この碑文は、おそらく市民たちが常時参照できるように、内径三三・三メートルの民会場（Ekklesiaterion）の内壁に埋め込まれていた。この民会場は何らかの理由で破壊され、後一〇〇年頃、円形劇場に建て替えられた。現在は、一八八四年に発見された碑文がその円形劇場の背後に特別に作られた建物の中に展示されているのである。降り注ぐ陽光の中、私はその魅惑的な文字がびっしりと刻み込まれた法典碑文から目を離すことができなかった。

これらの法律が扱っているのは、家族および家族財産――奴隷を含む――、保証、贈与、抵当、訴訟手続き、その他の細目である。奴隷はその保護のために若干の権利を有していた。つまりかれらは、自分たち自身の財産をもつことや、自由人の女性と結婚することさえ認められてもいた。またとりわけ相続権に関しては、家族財産と私有財産とのあいだに明確な区別があった。養子縁組や、女子相続人と市民たちの離婚した妻の財産権に関する詳細な規則があった。たしかに、刑法と家族法との近代的な区別はあてはまらないし、法律が平等主義的であるべきだという近代的な期待もあてはまらない。しかし、ゴルテュン法典が、おそらくアルカイック期・古典期のギリシア法にとって最も重要な資料であり、高レヴェルの法学的構想力を示していることは明白である。だとすれば、この法典の存在一つをとってみても、プラトンが『法律』の舞台としてクレテを選んだことにはそれなりの理由があったのかもしれない。

ほんの短期間の調査旅行だったが、本書の出版に先立ってどうしても確かめておきたかったことについて期待された以上の成果を得た私は、後ろ髪を引かれる思いでクレテ島を後にしたのだった。

本書は、著者が二〇〇四年に京都大学文学部に提出した学位論文「プラトンの政治哲学――対話篇『法律』における哲学の課題」をその母胎としている。すでにその後一〇年以上の歳月を経ており、いまさら公刊することには内心忸怩たるものがある。しかし、じつは何年も前から、いまは筑波大学名誉教授の廣川洋一先生に博論の出版はまだか、まだかとお会いするたびに催促のお言葉をかけられていたのである。たしかに、欧米の『法律』研究の隆盛はすでに二十年近くの歴史を重ねているにもかかわらず、いまだに日本語による『法律』研究のモノグラフは皆無であり、個別研究も数えるほどしかない。こうした現状に鑑みれば拙論にも出版の意義はあるかもしれないと思い直し、二〇〇四年以後の新しい研究と関連する過去の論考を加え、『法の支配と対話の哲学――プラトン対話篇「法律」の研究』というより大きな構想で全体を再構成することにした。これによって廣川先生の長年のご要望になんとかお応えすることができた次第である。

本書が主要な研究対象としている『法律』という対話篇は、前述のように、三人の老人たちがクノソスからイデ山のゼウスの洞窟に至る困難な巡礼路において交わした長大な対話という形式をとっている。本書は、言わばこれと同様に、著者が三〇年前に歩み始めた研究者としての苦難の、しかし楽しい道行きの経過報告である。そこには、道程の厳しさと著者自身の未熟さとを勘案すれば、ほんらい全面的に書き改めねばならないような論考も収められている。しかし、それらも著者自身がその時々に真剣に歩んだ行路の記録として、可能なかぎり元のかたちのまま残されている。その意味で読者には大いに忍耐を強いることになりかねないのだが、同じゼウスの洞窟を目指す旅仲間としてご寛恕願いたい。はたして目標地点までたどり着けるかどうか、それはゼウスの思し召しに従うしかないだろう。

註

（1） Cf. Morrow (1960), 27sq.

（2） テオプラストスは、古代の糸杉が豊かに生い茂っていたクレテにとっても、イデ山の糸杉の高さは尋常でないものだったと注記している（『植物誌』IV, i, 3 ; cf. ピンダロス『パイアン』IV, 50-51）。

（3） Cf. Willets (1967).

凡　例

一、ギリシア語の片仮名表記は、ΦΧΘとΠΚΤとを同じように「プ」「ク」「ト」とし、母音の長短は普通名詞においてのみ区別し（例、ソピアー）、固有名詞においては区別しない（例、ソークラテースではなく、ソクラテス）。

二、古典作品からの引用は、特に註記しない限り、著者自身の邦訳による。ただし、プラトン『国家』の邦訳については、藤澤令夫訳を積極的に活用させていただいた。

三、プラトン『法律』の参照個所の指示と邦訳にさいして底本として用いたのは、ビュデ版（des Places (1951) と Diès (1956)）である。これと異なる読みをした個所は、註によって示す。

四、略号 LSJ は、Liddell and Scott, *A Greek-English Lexicon* (Oxford 1996) を指す。

＊

目次

まえがき　i

序章　プラトン対話篇『法律』をどう読むか……1

一　『法律』研究の意義　1

二　プラトン政治哲学の統一性を求めて　8

三　『法律』の全体構成　27

四　本書の構図　35

第一章　プラトンの政治哲学とソクラテスの精神……51

一　古代アテナイにおける「法の支配」　51

二　『クリトン』におけるソクラテスの「国法」との対話　53

三　「法の支配」と民主制の理念　56

四　「法の支配」とプラトン哲学の課題　60

第二章　行為のアイティアーについて……65
はじめに　65
一　『プロタゴラス』のソクラテスによるアクラシアー批判　66
二　行為のアイティアーとしての「市民的な徳」とその限界　69
三　『国家』における魂の三区分説導入の意義　72
四　行為のアイティアーとしての「真実の徳」　76
五　展望――『法律』におけるアクラシアーとその克服　79

第三章　哲学はなぜ現実に対して力をもちうるのか……87
一　哲人統治論を根拠づけるもの　87
二　『国家』における「知識／ドクサ」論の背景とその概要　90
三　「能力（デュナミス）」としての知識とドクサ　93
四　政治実践における哲人王の優位の根拠　97

第四章　「神の操り人形」の比喩……101
一　プラトンの後期ペシミズム神話　101
二　「神の操り人形」の比喩の分析　104
三　魂の三区分説との対比　113

四　『法律』における自由への教育　119

第五章　詩人追放の論理……129
はじめに　129
一　プラトンの文藝批判の原点　132
二　『国家』の全体構成と文藝批判の位置づけ　134
三　文藝批判Ⅰ　137
四　文藝批判Ⅱ　141

第六章　「最も美しきドラーマ」……153
一　国制と法律　153
二　第三の国制　157
三　第一の国制　160
四　『政治家』における「第二の航海法」　166
五　第二の国制　173

第七章　ディオニュソスのコロスの誕生……183
はじめに　183

一　欲望と快楽に対する戦い　184
二　ムゥシケーの本質と目的　187
三　三つのコロスの組織　198
四　酒宴の効用　206
五　教育の守護者たち　210

第八章　説得の技法としての対話術……217
一　法の前文と説得的弁論術　217
二　プロオイミオン――「自由人の医者」の比喩　220
三　エポーデー――コレイアーとミュートス　228
四　ディアロゴス――若き無神論者たちとの対話　239

第九章　魂の治癒教育……251
はじめに　251
一　刑法原論　253
二　さまざまな無知とアクラシアー　267
三　犯罪の原因としての〈無知〉　273
四　魂の治癒教育としての刑罰　279

第十章 「夜の会議」と法の文配 291
一 問題の所在 291
二 「夜の会議」の導入状況と構成メンバー 298
三 「夜の会議」の固有の職務と本質的役割 312
四 国制の守護者たち 323
終章 対話篇『法律』における哲学の課題 343
補論一 愛、知性及び自由 349
A 現代において真の哲学的精神を蘇らせるために 349
B 『法律』における自然学的国制論 353
C amor Platonicus の真実とその再生へ向けて 364
補論二 K・シェップスダォの『法律』論 383
付 表 『法律』の全体構造 391
初出一覧 415
文献表 419
あとがき 441

索引（人名・事項・古典出典）

序章　プラトン対話篇『法律』をどう読むか

一　『法律』研究の意義

1　「非プラトン」的対話篇

私たちをとりまく束の間の現象世界を超越したところに、永遠不滅のイデアの世界があり、現世の事物はそのイデアの不完全な似像でしかない——西洋思想史において、プラトニズムの名のもとにくりかえし人びとの心をとらえ、新たな思想・文藝を生み出す源泉となってきた二元論的・二世界論的思考の伝統。これが、ともかくも、プラトンそのひとの哲学に起源をもつ伝統であることは言うまでもない。地下の洞窟になぞらえられる感覚的ドクサの世界を超脱し、イデア的真実在の世界で〈善〉についての真の認識を獲得した哲学者が、ふたたび洞窟に帰還して理想国家を建設する。このいわゆる哲人統治論を中核に据えたプラトン中期の対話篇『国家』は、まさに観念論的・理想主義的プラトニズムの聖典として揺るぎない地位を誇ってきたと言ってよいだろう。

ところが、プラトン最後期の、そして最大の作品でもある対話篇『法律』を読むとき、私たちはどこか異郷に迷い込んだかのような印象を受ける。そこでは、哲人統治論は背景に退き、イデア論は一見したところまったく語られもしない。全篇の序文的性格をもつ最初の三巻で、原理的な国制論が展開された後は、第XII巻に至るまでの残りの全巻が、現実の世界における国家建設とその運営のための広範にして具体的な法制度の記述に捧げられているのである。『法律』にはプラトン哲学の鋭利な刃先が失われてしまっていると、ひとは感じないわけにはいかない(1)。

こうした『法律』の内容は、その特殊な文体もあいまって、プラトン研究の長い歴史のなかでもこの対話篇を不遇な状況におとしめるに十分であった。古代においてすでに、『法律』を読む者がほとんどいないということをプルタルコスは書きとめている(2)。中世やルネッサンス期のネオ・プラトニズムにとっても『法律』は意義を失ったままであったし、近代のプラトン研究も、つい最近まではこの作品を扱いかねていたというのが実情である。

十九世紀のプラトン研究の泰斗とも呼ぶべきF・アストとE・ツェラーは、『法律』を偽作とさえ断じた。すなわち、この作品の傾向は「非哲学的」unphilosophisch であり「非プラトン的」unplatonisch なので、これを真作とみなすことはできない。それどころか、「『法律』の著者が、彼の師の残された著作を利用して、現にあるものに補足したり、さらに詳しく説明したなどと推定することすらできない」と考えたのである(3)。さすがにツェラーは、古代の証言──とりわけアリストテレスの証言(4)──がまったく疑問の余地なく思われたので、のちに偽作説だけは撤回している(5)。そして今日ではもはや、少なくとも『法律』の真正性が真面目に疑われることはない。

しかし、二十世紀に入っても、プラトンの諸対話篇のなかで、この作品に対する評価が並はずれて厳しいものであることに変わりはなかった。ことに伝承されているテクストの「じつに驚くべき混沌状態」(ヴィラモーヴィッツ)は、著者の高齢や「編集者」の所為にされてきた。[7] また、『法律』が未完の作品であることを支持するテクスト上の根拠が、多くの研究者によって指摘されている。[8]

たしかに、伝承されたテクストに上記のような乱れが存在することは、ある程度認めなければならないであろう。しかしだからといって、かつての古典文献学の帝王ヴィラモーヴィッツのように、「プラトン哲学を哲学者として探究する者は、この晦渋な作品が読者に用意している労苦を省くことができる」とうそぶくことは許されるのだろうか。[9] 少なくとも形式的に見て、『法律』という作品がけっしてたんなる「寄せ集め」ではなく、むしろ緻密な構成と独特の文体を合わせもった統一的作品であるという事実は、これまでもけっして気づかれずにいたわけではない。[10] それどころかP・フリートレンダーは、『法律』をひとつの「藝術作品」として扱ってさえいるのである。[11]

一方、G・モロゥの史的研究[12]は、プラトンがアテナイ、スパルタ、クレテといった歴史的ポリスの政治・経済情勢を考察の基盤として利用していることを詳細に証明した。その意味において『法律』は、卓越した意義をもった歴史資料として扱われ、それに応じて、じつに多くの文献学的、歴史学的、法学的、経済学的な『法律』研究が現れた。しかしながら、『法律』の「哲学」に対して積極的な関心を抱く研究者はほんのわずかしかいなかった。たとえ哲学的関心をもってみられたとしても、『法律』が多くの人びとによって非プラトン的、ないしは非プラトニズム的対話篇として解釈されてきたことはたしかである。

2 「非『国家』」的対話篇

それにしても、明らかにプラトン対話篇の一つとみなされている『法律』がこれほどまでに排撃されてきたのはなぜだろうか。それは、『法律』に語られる事柄が、いくつかの重要な点で、プラトンの主著『国家』に語られる事柄を逸脱しているように見えるからである。ほとんどのプラトン研究者にとって、プラトン哲学の聖典はあくまでも『国家』なのであって、『法律』はあらゆる意味で副次的な作品でしかなかった。プラトンの政治哲学一般が論じられる場合でも、そこには「『国家』における」という修飾語が暗黙のうちに了解されてきたと言ってよいだろう。K・ポパーやR・クロスマンのようなプラトン敵視者にとっても、その主要な標的が『国家』だったことには、注意すべきである[13]。

たしかに、『法律』でアテナイからの客人が提案する国家――以下、この国家を「マグネシア」と呼ぶ[14]――のあり方は、『国家』でソクラテスが詳述する哲学的国家――以下、この国家を「カリポリス」と呼ぶ[15]――のあり方に矛盾するように見える。『法律』においては、クレテへの植民という地理的・歴史的条件のもとに、哲人統治ではなく「法の支配」がかかげられ、すべての入植者に私有財産が認められ、またかれらに自由意志による法への服従を促すための政治的弁論術が重視される。ここに立ち現れるのは、明らかに「リベラル」で「経験的」かつ「現実主義的」なプラトン像である。そしてこれは、対話篇『国家』の伝統的プラトニズムに支配された解釈によって描かれてきた「権威主義的」で「理論的」かつ「理想主義的」なプラトン像と真っ向から対立するように見えるのである。

しかしながら、そもそもプラトンは、理想国家の建設という同じテーマをもつ『国家』よりもさらに浩瀚な作品を、晩年にいたってなぜ書かねばならなかったのか。それは、伝統的解釈が主張するように、シケリアの苛酷な政治的現実に直面したプラトンが転向してかつての理想を断念したからなのか。それとも、かつての理想を実現するための新たな道筋を選択したからなのか。この二つの選択肢は、いずれもなんらかの困難を含んでいる。まず、『法律』には、マグネシアの国制が「次善の国制」であるという発言や含意が明瞭に存在する以上、第一の選択肢を単純に受け入れることはできない。『国家』の理想は、『法律』においてもやはり判断基準であり続けているように思われる。また、第二の選択肢をとるとしても、そのことが哲学による支配という『国家』の中心思想を無視することを意味するのだとしたら、『法律』における変化の相をまったく読み違えることになるだろう。

少なくとも私たちは、『国家』を中心とする他のプラトン対話篇と『法律』とのあいだに、「文体の面だけでなく哲学的な内容の面でも深い裂け目がある」というG・ミュラーの発言を安易に受け入れることはできない。[16] むしろ、私たちとしては、さしあたり、このミュラーの発言に促されたG・ピヒトのつぎのような言葉に耳を傾けておこう。

「ここで可能な説明はただ一つしかない。つまり、その裂け目は、プラトンとプラトン自身とのあいだにあるのではない。むしろそれは、もっぱら他の著作を拠り所としているプラトン解釈と、『法律』においてもやはりわれわれに語りかけてくるような真正のプラトンとのあいだにあるのだ。それゆえ、『法律』がいつもおろそかにされてきたのは、新プラトン主義の初期段階から今日に至るまで通用しているプラトン哲学のイメージに、『法律』が対立するからにほかならない。

『法律』は、プラトニズムを公式に否認するものだ。研究対象として『法律』が一般に無視されてきたのは、プラトン研究が、ヨーロッパ精神史の進行に関する私たちのイメージを二千年にわたって規定しているいくつかの基本観念を修正しようと決意できなかったからである。その基本観念は、とりわけキリスト教神学の発展をも規定している。「プラトン」を語る者は、同時にアウグスティヌスのことを考え、「アリストテレス」を語る者は、トマスのことを考える。万一、『法律』研究によって、これまで受け継がれてきたプラトン像が修正を強いられたとするなら、ヨーロッパ思想の基盤の一つが揺り動かされることになるだろう。なぜなら、キリスト教神学とヨーロッパ哲学の基礎を支える支柱の一つとなってきたものは、プラトニズムの方なのであって、けっして真正のプラトンの方ではないからだ。

それゆえ、今日その研究がこれほど重要なプラトンの著作は他にはない。なぜなら、『法律』と他の後期著作とがただ一つの大きな連関をなすものとして理解されねばならないとするなら、プラトン哲学の解釈の総体が新たな基盤の上に立てられることになるからだ。そのとき変化するものは、プラトンの政治思想についての私たちの理解だけではない。イデア論とプラトンの存在論一般の解釈も変化するのである。[17]」

たしかに一般の『法律』解釈をつうじて描き出されるプラトンは、けっして二元論的に解釈されたイデア論の哲学者ではなく、プラトン以前の法律に関する学の領域にはまだ存在したことのなかったような経験主義者である。理想国家のユートピア詩人が、ここでは政治的世界の多彩な問題について経験を積んだスペシャリストとして語り、あらゆる歴史現象の無限の変化の可能性と、法を国家の局地的条件に適応させることの必然性とを、うむことなく指摘するのである。

アカデメイアの設立目的が、政治家の育成と立法のための助言者の育成とにあったことは周知のとおりである。プラトン自身が何度か国制の起草を求められただけでなく、多くのアカデメイアの学徒たちがギリシア諸国の立法者、政治的助言者として活躍した。しかし、そのようなことが可能となるのに純粋な理論的探究だけで十分だと考える者はいないであろう。プラトンが『法律』を完成させるためには、やがてアリストテレスによって編集されるようなギリシアの諸国制の包括的な収集作業がすでに実行されていなければならなかったはずである(18)。

その意味で『法律』のギリシア国制論に対する関係は『ティマイオス』のギリシア自然学に対する関係に等しい。『ティマイオス』は明らかに、ギリシアの医学、自然学、数学などがプラトンの時代までに発見し理論的に発展させてきたことすべての百科全書的な収集を前提としているからである。しかし、だからといって、後期のプラトンが経験主義者へ転向したなどと主張できるだろうか。『ティマイオス』の宇宙論がじつは感覚的世界をまさにそれにふさわしく記述する「ありそうな話」なのであって、イデア論をその明確な原理的出発点としていたことを私たちは忘れてはならない。私たちはむしろ、『法律』と伝統的なプラトン像とのあいだに越えがたい溝が存在することを認めながら、その溝の存在はプラトンの全体像が、したがって『国家』や『パイドン』のような作品でさえもが間違って解釈されてきたことの証しではないかと疑ってみる必要がある。

いわゆるプラトニズムの伝統は、明らかに『国家』を中心とする中期対話篇の解釈に基づいて形成されてきたものである。一方、少なくとも『法律』研究が伝統的なプラトニズムの形成に重大な影響をもたらしたことはなかった。とすれば、『法律』と『国家』との関係を問い直すことは、現代のプラトン哲学の研究において最も重要な課題の一つとなるであろう。なぜなら、もしも両者のあいだに外見上の矛盾が明らかに存在するのならば、その関係をどのように評価するかということは、プラトン哲学そのものをどう理解するのかということと不可分に結びついてくるからである。しかも、この問題の解明が伝統的なプラトン像やプラトニズムに対してなんらかの修正を迫るものだとするならば、その波及効果は計り知れないものとなるだろう。なぜなら、その問題は、いわゆるプラトニズムと呼ばれる思想の伝統のありかたを問い直すだけではなく、その伝統に――肯定的にであれ、否定的にであれ――無意識のうちに囚われている私たち自身の哲学的思考のありかたそのものを問い直すきっかけともなるからである。

二　プラトンの政治哲学の統一性を求めて

1　『法律』研究史の概観と本書の基本姿勢

ここで私たちは、『国家』と『法律』との関係に注目して、『法律』研究史を概観しておこう。

前述のように、伝統的なプラトン研究は、中期対話篇と後期対話篇とのあいだに根本的な変化を想定する傾向にあった。ヴィラモーヴィッツによれば、その変化が示す徴候は「諦念」である。シケリアのシュラクゥサイで失敗をくり返したあと、プラトンは『法律』において「地上的な不完全性への順応」を示すに至った、と彼は考える[19]。また、H・ケアンズも、法哲学の視点から、「理想の追求者として『国家』のプラトンが、法の支配の非人格性よりも、全知の専制君主の適応力ある知性を選んだことは疑いない。……これに対して『法律』と『政治家』のプラトンは、この地上における善意の専制君主制など実行できない理想案であり、実現の可能性をもった解決策を求める方がよいだろうと悟るに至った」と述べている[20]。そしてさらに、J・グールドによれば、『法律』は「没落の年代記」の終着駅である。老境に達したプラトンは、「ペシミズム」と「現実原則」に従って、ソクラテス的な初期対話篇の「個人主義的な」倫理学と、中期の「イデア論的な」倫理学とを断念した、というのである。[21]

一方、『国家』における社会的正義について論じたG・ヴラストスは、「われわれの見るところ、『法律』のプラトンは、『国家』において払拭した民主的権利の多くを回復している。彼はより初期の理論について論じていないし、それをまったくほのめかしてもいないが、彼がそれを放棄したということをわれわれは確信することができる」と述べている。[22] さらに、D・メリングは、こうした変化を積極的に評価して、『国家』が一般大衆の道徳的・知的能力に関するプラトンの根深いペシミズムを証拠立てているのに対して、『法律』における新しい立場は徹底的に「オプティミスティック」である、とさえ主張する。[23]

解釈者のスタンスによってまったく正反対の評価が下されていることに驚かされるが、いずれにせよこれらの人たちの立場は、プラトンの政治哲学に根本的な転向を認めるという意味において、修正主義的な立場と呼ぶことができるだろう。彼らは往々にして、伝記的な事実のロマンティックな解釈を哲学的考察の本質的部分に持ち込みすぎる傾向にある。その背景には、『法律』を『国家』と同程度に哲学的な作品としてはとうてい扱いえないという偏見があるように思われる。ただし、C・ボーボニッチは、アクラシアーと道徳心理学に関するプラトンの見解の変化に注目して、独自の分析的手法によって「後期ペシミズム」を根拠づけようとしている。[24]

しかし、逆に、二つの国家モデルのあいだの相違はどちらかといえば表面的なもので、プラトンの基本的立場に本質的な変化はなかった、と考える傾向もある。こう考える人たちは、統一主義的な立場にあると言える。

文字どおり「プラトンの思想の統一性」を主張したP・ショーリーは、「『国家』の思想との容易に説明できる些細な相違点よりも、原則においても細部においても全面的に広がっている一致点のほうが完璧に重要である」と述べている。[25] L・ジェルネも同様の立場から、「『法律』のプランは、『国家』のそれと平行関係をもち続けている。感覚的世界により近い状況においても相変わらず、正義と徳――共同体と個人に共有される善――の実現が問題となっている」と述べ、さらに「彼自身の心の奥底で、プラトンは権威というものの「カリスマ的」な観念に忠実でありつづけている。そしてもし『法律』の国家の基礎的条件が、『国家』の場合と同じ原理では統治の確立を許さないとしても、その著作の掉尾において、彼が自らの πολιτεία の必然的な補完組織と見ている「夜の会議」を設立するとき、再びこの理想に立ち戻っている」と注意している。[26]

テクスト上の表面的な矛盾は認めながら、原則的な一致点を見出そうとするのがこの立場である。しかし問題は、その矛盾が原則に関わってくる場合である。そこで、この矛盾が本質的なものではないことを説明するために、二つの国家モデルの役割の違いが強調されることになる。

たとえば、H・ゲルゲマンスによれば、『法律』は、アカデメイアの学員以外の公衆向けに書かれた「通俗的な」作品である。プラトンは『国家』の形而上学的な教説を放棄したのではないが、彼が『法律』において展開している対話は、「通俗的・非哲学的水準」で動いているというのである。[27] また、F・エーガーマンによれば、『法律』のプラトンは「立法者の役割を引き受けて、『国家』の高みからより低い水準へ下降する」。この作品そのものが私たちに提供しているのは哲学的問題そのものではなく、いわば「応用プラトン哲学」である。[28] A・ヘンチュケの考えも同様で、プラトンが『法律』で扱っている問題は、『国家』のテクストが沈黙している別の問題、すなわち「哲学者は洞窟の諸制約のもとでいかに行動できるか」という問題なのである。[29]これらの人たちの立場は、統一主義のなかでも、とくに応用倫理的といえるかもしれない。

一方、プラトンの政治哲学の全体主義的性格に関する論争の結果として、統一主義的な立場のなかから、また別種の解釈が生まれてきた。それによれば、『国家』は、たんに理論的なパラダイムとして意図されたものであるのに対して、『法律』は、プラトンのアカデメイアの実践的な政治プロジェクト、すなわち最善の国家モデルの可能なかぎり最善の現実化をはかるものだとされる。たとえば、R・スタリーは、カリポリスが実現可能なものだとは考えられていないという事実認定から出発する。哲人王の理念は理論的な理想として生きつづけてはいる。しかしプラトンは、人間の不完全性にかんがみて、実践上の次善の策として法の支配を推奨する。『法律』は、善き生を人間的な諸制約のもとで可能にするという実践的な課題に取り組んだ。『法律』は、『国家』に取って代わろうとしたのではなく、両者は互いに補い合うものだった、というのである。[30]

しかし、こうした法の支配でさえ慣習との妥協を求められることを忘れてはならない。じじつP・ブラントの比較的新しい史的研究は、マグネシアの国制すらとうてい実現不可能な理論的モデルにすぎないことを、きわめて実証的なしかたで明らかにしている。[31]A・ラクスによれば、『法律』が『国家』に対するそれ自身の関係を記述するための概念枠としているのは、プラトンのパラディグマティズムにほかならない。[32]「最善の国制」を範型とする「第二の国制」であるマグネシアの国制は、「第三の国制」に対しては範型の役割を担っているのである。[33]

これらの立場を、さしあたり一括して、範型主義と呼んでおくことにしよう。その意識の濃淡はさまざまであるが、この立場をとる人たちには、『法律』を哲学的作品として正当に評価しようとする基本姿勢が感じられる。そしてこうした基本姿勢は、一九九〇年代以降の現代の『法律』研究に広く受け入れられつつあると言ってよいだろう(34)。

プラトン研究の歴史のなかで私たち自身が知らず知らずのうちに過小評価することになってしまった『法律』の哲学的意義を再評価するためには、つねに真理を根拠にしてテクストを読むことによって、今日の歪曲されたプラトン像を問い直し、これを誤ったプラトニズムの伝統から解き放つことが求められるであろう。そしてそのことは、私たちが無意識のうちに囚われている常識の罠を解き放ち、本来的な意味で自由に思考するための比類なき修練となるだろう。『法律』という特異な対話篇に取り組むさいに私たちに求められることは、プラトンという繊細で多面的な人間が生みだしたきわめて根源的な思想のダイナミズムをそこなうことなく、可能なかぎりプラトン哲学の統一性を追究することである。『法律』という作品をたんに古代アテナイの法制史の貴重なドキュメントとしてではなく、また『国家』に対する副次的な作品としてでもなく、それ自体純然たる哲学的作品として読み解くこと——これが本書の基本的な姿勢である。

2 哲人統治論と「法の支配」

それでは、『国家』と『法律』の関係を考察するにさいして、私たちは、プラトン哲学のどこに統一的な視点を見定めればよいのだろうか。『国家』の中心思想が、〈善〉のイデアの直知を頂点とするディアレクティケーによって基礎づけられた哲人統治論にあることは言うまでもない。一方『法律』の中心思想であるだけでなく、その作品のタイトルそのものをも決定しているモティーフは、言うまでもなく「法の支配」あるいはその至高性である。アテナイからの客人が提案するマグネシアの政治システムのなかに、カリポリスにおけるような自由な知性に導かれた哲学者による支配を見出すことはできない。マグネシアの実質的な統治を行うのは、立法者によって制定された法律の維持と施行をその最高の任務とする護法官たちである。まさにこの点が、通常これまで『国家』と『法律』とを隔てる最も重大な変化とみなされてきた。すでに見たようなさまざまな解釈が提出されたのは、プラトンの思想のこうした見かけ上の変化を説明するためでもあった。

はたして哲人統治論と「法の支配」とを統一的に把握する視点は存在するのか。私たちはさしあたってこの問題を解明するために、まず両対話篇が排除しあっているかに見えるお互いの中心思想を、お互いの対話篇がどのように扱っているかを確認しておこう。

『国家』における「法の支配」

まず注目しておかねばならないことは、カリポリスの哲人統治者がけっして超法規的な専制君主ではないということである。カリポリスにもその国制を実現するための詳細な法体系が存在することは明らかである。とくに国家の守護者たちの教育や生活条件については、実際の法律条文が具体的に語られている(35)。しかし、カリポリスにおいて最も重要な法律は、哲人王教育を経て〈善〉のイデアを直知するに至った哲学者たちが自らの幸福のためにふたたび洞窟へ帰還しようとしないことを、けっして許さない法律である。「法というものの関心事は、国のなかの一部の種族だけが特別に幸福になるということではないのであって、国全体のうちにあまねく幸福を行きわたらせること」である。「国民を説得や強制によって和合させ、めいめいが公共の福祉のために寄与することのできるような利益があれば、これをお互いに分かち合うようにさせるのが、法というものなのだ。法がみずから国の内に彼らのようなすぐれた人びとをつくり出すのも、彼らを放任してめいめいの好むところへ向かわせるためではなく、法自身が国の団結のために彼らを使うということのため」だというのである（VII. 519e–520a）。

このように、哲人王といえども、否、哲人王だからこそ、国家全体の幸福を追求する基本法を無視することは許されない。その意味で、H・ハートが主権者の命令に還元できない法の特性として第一にあげた論点、「立法権限に対する法的制限は、立法権者が誰かより上位の立法者に服従する義務からなるわけではなく、彼に立法権を付与するルールの含意する無権限からなる」は、『国家』においても有効である。[36] そして、法の関心事が、国のなかの一部の種族ではなく国家全体の幸福にこそあるという『国家』のこの重要な論点は、そっくりそのまま『法律』においてもくり返されている。「そもそも国家全体の公共のためを目的として制定されていないような法律は、まことの法律ではない」（IV. 715b）。このような法の一般性は、構造的原理としての「法の支配」を構成する最も重要な条件である。

『法律』における哲人統治論

一方、『法律』の対話主導者であるアテナイからの客人は、「全体的な徳」の指導者である「知性」を立法の最高原理と考えている（I. 631b–d）。いかなる法律も、いかなる規則も、けっして知識にまさるものではない。そして知性というものは、もしもそれが自然本性に即してほんとうに真正なものであり、自由なものであるのならば、いかなるものの従者でも奴隷でもなく、すべてのものの支配者であるのが至当だというのである（IX. 875cd）。そしてそうした知性と法との関係についても、

「一人の人間において、最大の権力が、知慮や節制の働きと落ち合って一緒になるとき、そのときこそ、最善の国制と最善の法律の誕生が芽生えてくるのであって、それ以外の方法では、けっして生じてはこない」（IV. 711e–712a）

と言われている。『法律』においても、哲人統治論の理念はけっして放棄されてはいない。もちろん、現実にそのような哲人統治者が現れることをプラトンはけっして容易なことだと考えてはいない。むしろ、マグネシアにおいては、きわめて民主的な手続きを経て選任された執政官たちのなかでも最高の知性と徳を持つ人びとからなる「夜の会議」が、最終的に国家保全のための国制の守護者としての役割を負うのである。(37)

『政治家』における唯一正当な理想の国制と模倣国制

それではなぜ『法律』においては知性そのものにではなく、法に統治権が委ねられているのだろうか。この問いを解明するための鍵を、私たちは後期対話篇『政治家』のうちに探ってみよう。この対話篇は一般に、プラトンの著作年代の点からみても、政治哲学的な内容の点からみても、『国家』と『法律』とのあいだの「架け橋」あるいは中間段階とみなされているからである。(38)

さて、『政治家』においてエレアからの客人は、成文法に対する知性の優越性について、『国家』ですでに暗示され、『法律』でふたたび断言されることになる原則を、プラトンの他の対話篇のどこよりも強く主張している。「真の意味での政治家は、自らの活動のために成文法には何ら留意することなく、多くを技術によって成し遂げようとする」（300c）。すなわち、〈政治術〉を身につけた真の政治家は、他のいかなる技術の専門家とも同様に、その目的を達するためには、すでに受け入れられている規則、すなわち実定法としての成文法をおかすことが必要な場合もあると考えるだろう、というのである。この原則をプラトンは終始一貫して疑ったことはない。

しかし、対話篇の議論の進行とともに明らかになることは、真の哲人王が知性をもって支配する理想の国制と、その模倣にすぎない他のすべての国制との区別である。哲人王の支配が、もしも神話的な世界においてしか実現されえないのならば、これを可能なかぎり実現するための次善の方法は、厳格な法治主義・法権威主義にほかならないだろう。エレアからの客人の観点に立てば、歴史上実現してきたすべての国制は、かの唯一の正当な国制の模倣物にすぎない。そして、単独者支配制であれ、少数者支配制であれ、大衆支配制であれ、それらが模倣国制であるかぎり、その統治の第一の原則は、法の至上権でなければならない（300d–301a）。なぜなら、それら模倣国制の優劣は、それがかの唯一正当な理想の国制における法をどれだけ美しく模倣しているかによって決まるからである（302b–303b）[39]。

ところで、『法律』においてアテナイからの客人が建設しているのは、明らかに「第二の国制」と呼ばれる次善の国制にもとづく模倣国家である。したがって彼は、この植民国家のメンバーのなかに、哲人統治者に相応しい超人的な自然本性をそなえた人間が自然に生まれてくると想定してはいない。マグネシアの役人も市民も、その善の知識は不完全で、その知への専心も限定されている（875a–d, 880de）。それゆえ、『法律』の国家モデルの基本的な枠組みは、法治主義とならざるをえないのである。

したがって、『国家』の国家モデルと『法律』のそれとを統一的に解釈するための基本的な視点は、このように両者のあいだに明らかに存在するパラディグマティズムに定められねばならないだろう。そうすることによって、『法律』においても、プラトンが『国家』において提示した政治哲学上の理念をけっして放棄したり、原理的に変更したりはしなかったということが、無理なく説明できる。そして、まさにそのことが、プラトンの政治哲学の現代的な意義を正当に評価するための出発点ともなるのである。

3　プラトン政治哲学の解釈の諸相——リベラリズムの視角から

ところで、プラトン哲学、とりわけ彼の政治哲学ほど、時代の流行や政治状況によってその解釈が大きく左右されてきたものはないだろう。貧困と富の深い溝に社会的緊張がみなぎっていた時代には、プラトンは社会主義的な変革者とみられたり、反動主義的な領主の代表者とみられたりした。またファシズムの時代には、全体主義の元祖として称揚されたり、逆に中傷されたりもした。今日ではさすがにプラトンを全体主義者とみなす解釈は下火になっているが、いつの間にか彼は、現代のフェミニズムの先駆者に仕立て上げられたり、アンチフェミニストとして激しい非難にさらされたりしている。そして最近では、自由を偏愛するアテナイ民主政に対するプラトンの批判的な態度が、全体主義的とまでは言えないにしても、権威主義的な道徳主義の立場に通底するものとみられたり、逆にある種のリベラリズムを積極的に擁護する立場とみられたりしている[40]。

もしもこうした解釈の諸傾向が、プラトン哲学そのものの厳密な文献研究を蔑ろにして、現代のアクチュアルな諸問題に対処するのに都合のよい視角をプラトンのテクストから切り出そうとする恣意的な態度のあらわれでしかないとすれば、それは、それらの問題をかえって混沌とした世界へ投げ返すことにしかならないだろう。プラトン哲学の豊穣な多面性がさまざまな解釈を許してきた側面はあるにしても、そのような解釈のあり方は、あらゆる政治的現実に有効に働きかけようとするプラトン哲学の真の意義を、かえって見えにくくしてしまうのではないか。

B・リーも言うように、そもそもプラトンは、おそらく現代的な意味においては、全体主義的な思想家でもリベラルな思想家でもないだろう。[41] プラトンの理想国家は、けっして現代の国民国家ではなく、ギリシア的な「ポリス」である。現代ドイツの「第三帝国」は、たしかに厳格で包括的な教育・監察制度を発展させはしたが、その外交・経済政策はむしろ、プラトンの理想国家によりも彼の時代の「民主」アテナイに似ている。古代スパルタや鎖国時代の日本のように、『法律』の立法者は、ひとつには商業主義の好ましくない帰結をあらかじめ避けるために、マグネシアを外的世界から隔絶したままにしようとする（XII. 949e sq.）。さしあたってプラトンは、現代の共産主義者や新保守主義者たちのように、新たな世界秩序をつくりだすことに直接的な興味はなく、自己完結した農業国家を、生命圏としての自然的世界に通底した普遍的な原理にもとづいて構築しようとしているのである。

今日では、いわゆる「自由・民主主義」が、多くの国々で多くの党派によって暗黙のうちに、何か人道的で、文明的で、都会的なものであり、道徳的・機能的な観点から卓越したものであるかのように思いこまれている。いわゆる「開発途上国」の「民主化」と「自由主義」経済への組み込みは、圧倒的な軍事力をもってさえ実現されるべきものらしい。たしかに「先進国」の経済的な成果をなんぴとも疑いはしないだろう。つまり技術文明によってあらたな生活水準がもたらされ、物質的な富の集中が快適な生活を可能にしている。つまり、人びとは、自由に自己の将来を選択し、よりよい専門教育を受けることによって、安定した自足的生活を送ることができるのだ。しかし、そのような状況が、世界人口のほんのわずかな部分によってしか達成されていないことを忘れてはならない。「自由化」のプロセスには地球資源の止めどない開発がともない、生産の合理化によって地球規模の環境破壊がもたらされる。「非文明」世界のテロリズムによる報復から「自由・民主主義」世界を守るためと称して、ますます高性能な大量殺戮兵器が開発され、かつ実際に使用される。情報化された新たな社会秩序のなかでは、伝統的な価値はもはやいかなる場所ももたず、大胆な進取の精神と無抑制な利潤の追求がそれに取って代わる。その結果として、一方では精神的な価値と公共性の意味の喪失がもたらされ、他方では不利な立場に追いこまれた人たちの絶対的な悲惨がもたらされる。ごく一握りの人びとの「自由」が守られるために多くの人びとが抑圧を受け、帝国主義的な手法によって「民主化」が強制されようとするのである。

現代のこのような逆説的状況を、プラトンの時代の「民主」アテナイの状況と比較してみればどうだろう。ペリクレスが称揚するアテナイの国制は、たしかに、法を中心に「自由」市民が平等の資格で参加することを前提としている。それゆえ、ペリクレスによるかの追悼演説においても、市民個人の政治参加の自発性がくり返し強調されている。[42] しかし、ペリクレスがここで称賛する個人の自由は、結局のところ、公共の場での競争にうち勝って名声を獲得するための「言論の自由」と「放任」を意味するにすぎない。[43] 実際政治家としての彼の目的は、市民をよりすぐれた人間にすることにではなく、国家の物質的な強大化によって権力を拡張するところにあったからである。[44] それゆえ、『ゴルギアス』において、まずは「弁論家」や「ソフィスト」として登場するソクラテスの敵対者が、最後には「アテナイ民衆の友」(481d, 513b)、つまり無知なる大衆を煽動する指導者(= Führer!)という正体を現すことは偶然ではない。彼らは、『法律』第X巻に登場する若き無神論者たちとまったく同様に、相対主義的な考えの持ち主である。すなわち、彼らによれば、法律はすべて人間の恣意によって生まれた因習であり、時と場所に応じて変化しうるものなのであって、「何であれ、ひとが力づくで勝ち取るなら、それこそが最高の正義である」(890a)というのである。[45] 彼らは、全体主義的な社会においてだけでなく、今日の「開かれた」社会においても多く見られる人間類型――権力と出世と利潤とそれに類するもの以外、他のいかなる価値にも無関心な人びと――と類似性を持っている。プラトンが対決しなければならなかったのは、そのような意味での「自由主義」だった。彼らの主張する「法の支配」は、L・フラーが求めるような正当化の根拠を普遍化する可能性を欠いている。[46]

これに対してプラトンは、客観的・普遍的な価値の存在を信じ、これによって「法の支配」の正当化根拠を普遍化しようとする。『国家』のソクラテスは、政治的な事柄について普遍的な知識が可能であること、しかし、この特別な知識を自由に使えるのはほんのわずかな人びとでしかないことを明確に主張している。こうした普遍的客観主義は、相対主義者によってしばしば独断的絶対主義と混同されるが、しかし後者は、判断主体の確信を判断の真理性の根拠にするものであって、普遍的客観主義とは本来両立できない立場である。ロックの古典的なリベラリズムの原理――生命、身体的な自由、所有物に対する自然権――は、『法律』におけるプラトンの価値序列によれば、むしろ身体的な価値(「人間的な善」)として、精神的な価値(「神的な善」)よりも下位におかれる(I. 631c)。「市場における選択の自由」(M・フリードマン)という意味での市民社会の「自由」をプラトンはけっして受け入れないだろう。[47] 現代のリベラリズムにとって、もしも選択された図式を社会に強制しようとする試みが危険なものとみられるとすれば(F・ハイエク)、プラトンは少なくともこの関係においては、反リベラリズムの祖と呼ばれても無理はないかもしれない。たとえば、R・スタリーは、『法律』におけるプラトンの立場を一種のリーガル・モラリズム(legal moralism)に相当するものと解釈している[48]。彼の解釈によれば、アテナイからの客人は、客観的に認識されうる道徳原理によって立法が基礎づけられるべきであり、その原理にもとづいて市民の道徳的性格を改善することが立法者の課題だと考えていることになる。スタリーは、J・S・ミルのような無干渉主義的なリベラリズムの原型をペリクレスに代表させ、これとプラトンとを対決させるのである。

しかしながら、以上の考察からもわかるように、リベラリズムの概念ほど多義的な概念はない。近代のリベラリズムは、封建制度や貴族政、不寛容や抑圧などに抵抗する前線から発展した。英国の伝統的なリベラリズムは、国家の強制からの自由という否定的な概念に基づいている。国家的な暴力の制限と個人的な自由の極大化というその政治的なプログラムは、もちろん無干渉主義という古典的な経済原則（ミル）と手に手を取っていた。しかし、ペリクレスとも急進的なソフィストたちとも違って、現代のリベラリストたちは、ひとつの完成された国家装置を政治的・法的関係当局として前提している。そして彼らは、政治的な価値判断を、国家よりも上位に据えられた規範――基本的人権であれ、公共の福利であれ――に関係づけるのである。したがって、この関係においても「リベラル／反リベラル」という対立図式を単純にプラトン解釈に持ち込むことはできない[49]。

いわゆる共同体論によるリベラリズム批判以降、現代のリベラリズムをめぐる思想状況は、大きな転換期を迎えているように思われる[50]。そもそも自由というものは、権力への意志を内包するがゆえに、自由を超えたものによって自己を限定されなければ容易に専制に転化する。そこで、最小限国家を唱道するR・ノージックや、福祉国家を擁護するJ・ロールズは、リベラリズムの立場から、政治的決定の正当化の根拠として正義の原理を導入した。この正義原理は、「善き生」の特殊構想――人生の意味・目的や人間の人格的卓越性を規定するさまざまな特殊理想――から独立した理由によって正当化されなければならず、またそのような正義原理の要請が善の特殊構想の要請と衝突する場合は、前者が優越するというのが彼らの主張である。

ところが、このような「善に対する正義の優位」という考え方――これを井上に倣って「正義の基底性」と呼ぶことにしよう[51]――に対しては、共同体論の立場（A・マッキンタイア、M・サンデル）から、それが正義を無内容で無力なものにすると同時に、善を主観化し放縦化することによって、公共性に対する無関心を引き起こし、人間的主体性を貧困化するという批判が展開された。彼らの主張によれば、政治的価値の源泉は、正義のような普遍主義的な理念ではなく、それぞれの政治共同体の歴史と伝統に埋め込まれた特殊な善や徳についての共通了解である。そして、彼らはそのような共同体的関係を人間的主体性の陶冶の基盤として要請し、さらに、共通の善き生の理想を公共的に論議し決定し施行することを政治の任務とする卓越主義的な「共通善の政治」を確立することをめざすのである。

こうした共同体論による批判を受けて、井上によれば、リベラリズムの立場からさまざまな可能性が模索されている[52]。たとえばJ・ロールズは、正義の基底性を脱哲学化することによって、「政治的リベラリズム」（political liberalism）の立場に転向する[53]。彼は、政治社会の基本構造を規定する正義原理を、なんらかの特定の包括的理論による定式化・正当化から独立させ、その内容を「民主的社会の公共的政治文化に内含されると見られる一定の基本的な諸理念」ないし「一般市民の教育された常識に少なくとも親しまれ了解されてきた内容をもつ民主的思想の伝統」のみに依存して規定するのである。一方、J・ラズの「卓越主義的リベラリズム」（perfectionist liberalism）は、共同体論の反卓越主義批判を受容して正義の基底性を破棄し、共通善の多元主義的解釈をとる。[54] 彼によれば、善き生は自律的な生であらねばならない。しかし、市民の自律が可能になるのは、さまざまな共通善が十分に実現してはじめてのことである。だから、国家は、市民が強制と管理から自由に生きるために配慮するだけではない。むしろ国家は、市民の自律のために積極的な諸条件を整えることによって、市民の幸福を促進する義務を負っているというのである。

プラトンが無干渉主義リベラリストでないことは確かである。しかし、いま概観したような共同体論によるリベラリズム批判と、それに対するポスト共同体的リベラリズムによる応答とを見ていると、現代の政治哲学の基本的な動向が、きわめてプラトン的な対話法の構造をとって立ち現れてくるような印象を受ける。じじつB・リーは、ラズの卓越主義的リベラリズムがプラトンの国家モデルにかなりの類似点をもっていることを認めている。[55] プラトンの『国家』が、政治的決定の正当化の根拠としてある意味で正義の原理を導入していることは言うまでもない。しかし、プラトンは明確に「正義に対する善の優位」を主張するであろう。ただ、その善は、けっして共通の善き生の構想を追求する伝統への自己同一化に基づく、諸個人の共同体的結合を志向するものではない。むしろ、それは多元的な善き生の特殊構想のあいだで実践されるべき、対話法的な上昇の究極に確在する〈善〉のイデアなのである。

しかし、私たちの意図はもちろん、プラトンの政治哲学が、現代の政治哲学のある方向に一致するかどうかを確かめることにあるのではない。『法律』のテクストの厳密な分析をつうじて浮かび上がるプラトンの政治哲学の基本的な理念が、まさに政治哲学の始原——歴史的な意味での始原というだけでなく、歴史を超越した普遍的・根源的な意味での始原——としてもつ普遍的な意義とは何であるかを、私たちは探究しようとしているのである。

いかなる点にあるのだろうか。

4 政治哲学の始原としての『法律』の意義――本書の目的

それでは、はたして政治哲学の始原として、プラトンの『法律』がもっている普遍的・根源的な意義は、いかなる点にあるのだろうか。

スタリーによれば、『法律』は、「法の究極目的についての明確な理解に照らして、ギリシア人の実践を成文化し、改革しようとした体系的な試み」である。[56] たしかに、成文法主義や基本法の最優位（いわゆる立憲主義）というような法制史上の形式的な側面への着眼は、『法律』の立法の顕著な特徴である。しかし、そのような点はすでに、トゥリオイの国家建設のために立法を委任されたプロタゴラスによっても、[57] また前四〇四年以後のアテナイにおいて、新たに作られる法の整合性を吟味するために選出された立法委員会（ノモテタイ）によっても、[58] 顧慮されていたにちがいない。むしろ私たちは、そうした形式的な側面をも含めた『法律』の立法の政治哲学上の意義が、いかなる哲学的根拠によって、いかなる仕方で支えられているかを問わなければならないであろう。

そこで、本書においては、プラトン『法律』の政治哲学上の貢献をつぎの三点に集約し、『法律』の立法の哲学的な根拠に注目しながら、それらの論点を確証していくことにしよう。

まず第一の論点は、プラトンが『法律』において、人びとの生の全領域を規定すべき立法を根拠づけ、正当化するために、人間的主体性の陶冶をめざす哲学的な人間学を基盤に置くことを構想しているという点である。この構想は、『国家』における正義論と魂の三区分説との密接な連関を、より具体的に立法のなかへ現実化していこうとする試みにほかならない。人間存在に関する哲学的な基礎づけがあってはじめて、人間の共生の場としての政治が可能になる。この点は、政治的な価値判断を「国家」よりも上位の価値規範に関係づけようとするかぎりにおいて、今日の「リベラル」な思想の多くに共通した観点を先取りしているとも言えよう。十八世紀末以来の現代の自由・民主主義国家の諸国制は、その実定法の規範を基本的人権のような「国家」以前の審級に関連づけているからである。しかし、対話篇『国家』の正義原理は、さらに究極の価値規範――〈善〉のイデア――によって根拠づけられねばならないのだった。こうした〈善〉の普遍主義的な優位は、現代の「民主主義」のいかなる政治理念からも原理的には区別されるであろう。しかし、他面において、それはある特定の時代や文化にとってではなく、すべての人間的な共同体にとって妥当性をもった重要な観点を提示しているのである。

つぎに第二の論点は、すでに前節で指摘されたようなプラトンのパラディグマティズムに関わる論点である。『法律』の国制は、「最善の国制」を範型とする「第二の国制」であり、哲人王なき世界に生きる私たち自身が可能なかぎり善く生きるための具体的な道筋を示そうとするものである。第Ⅰ巻冒頭で、すべての法制度が「善」に着目していること、そのうち「人間的な善」は「神的な善」に、「神的な善」はすべて、その指導者たる「知性」に着目していることが明らかにされると（I. 625c–632d）、この指導原理が、こんどは、個別の徳を養うスパルタの既存の制度に対する批判的考察（I. 632d–II. 674c）とドリア三国の崩壊原因の歴史的考察（III. 676a–701c）とにもとづいて、「友愛」と「知性（知慮）」と「自由」という立法の基本原理として捉え直され、そしてそれらが、第Ⅳ巻以降の立法モデルの構想のなかで、成文化された体系的な法律のすみずみにまで展開されていくのである。このような、統一的でより包括的な観点の存在によってはじめて成文化された体系的立法が可能になるという考え方は、少なくとも形式的には、キケロの立法論に直接の影響を与え[59]、さらには「立憲主義」の近代的概念にまで受け継がれているとみることもできるだろう[60]。しかし、

『法律』の「法権威主義」の最大の特色は、それが『国家』の正義論によって哲学的に根拠づけられた「哲人統治論」の理想を経験的現実の世界に可能なかぎり実現するための次善の策であるというところにある。マグネシアの国制という場にプラトンが注ぎ込もうとしているのは、哲人王制と自律的民主制との統合された形態である。これによってプラトンは、哲学と政治、あるいは観想と実践の避けがたい緊張関係を可能なかぎり緩和し、あらたな公共性の哲学を確立しようとしているのである。

さらに第三の論点は、前節で見たようなリベラリズムの問題に関わってくる。『法律』の立法者は、このようにして規定された法への服従が、暴力と刑罰によって市民たちにただ強制されるのではなく、説得をつうじて市民レヴェルの対話的行為によって自律的に合意されるべきことをくりかえし強調する[61]。このことは、『法律』の国制が、個人の自由と自律をとくに重視する現代の「卓越主義的リベラリズム」を先取りしているだけでなく、社会的合意の理想的なあり方を考察するための基礎理論を提供するものとして、「政治的リベラリズム」をある意味において先取りしているとも言えるだろう[62]。しかし、むしろ私たちは、すべての市民に「魂への配慮」を求めるソクラテスの勧告が、プラトン最晩年の理想国家においても、国家形成の不可欠の動機となっていることに注意するべきだろう。『法律』の立法においてとくに問題になるのは、人間の自然本性的な欲望や情念の力を理知分別の導きに寄りそわせることによって、真の意味での自由をすべての市民の魂のうちに確立することである。しかし、その自由の観念は、ラズの「卓越主義的リベラリズム」のように、恣意的な価値多元主義に立脚した複数の選択肢の利用可能性を意味するのではなく、市民教育の具体的な展開のなかで、多元的な価値をさらに普遍的に根拠づける真実の善とは何であるかを問い続ける自律的・探究的な魂のあり方を意味している。きわめてトリヴィアルな酒宴の扱い方から始まって、ディオニュソスのコロスの組織や、法の前文に展開される説得の技法、そして魂の治癒教育として規定される刑罰のあり方に至るまで、それらはことごとく、対話的行為によってすべての市民に「魂への配慮」を促すための具体的な実践の方法を示しているのである。そして、マグネシアの知的・倫理的権威である「夜の会議」は、哲人王不在の「第二の国制」のもとで、「法の支配」に正義と善を志向する知性の支配としての本来性を回復させると同時に、正義の論争化が避けられない民主社会において、法服従主体の自発性を保障しうるような仕方でこれを実現するための、決定的な手段となっている。

これらの論点を『法律』のテクストに即して厳密に確証することが、本書の直接の目的である。

三 『法律』の全体構成

ところで、その全体構成と対話の方法に着目するとき、対話篇『法律』のもう一つの重要な特質が浮かび上がってくる。それは、前節で見たような政治哲学的な諸論点が、一貫した対話法（ディアレクティケー）的な行程をつうじて、緻密に構築されているということである。『法律』をプラトン後期の真正な哲学的作品として読み解こうとするとき、その形式と内容の藝術的な調和に着眼することは何よりも重要な作業であろう。そこで、本書の具体的な構想を明らかにするに先立って、対話篇『法律』の全体構成を、その対話法的構造に注目しながら概観しておこう。

1　『法律』の対話法的行程

プラトンの対話篇『法律』全十二巻の全体構成は、かなり明確な論理的計画にもとづいて、より一般的なことがらからより個別的なことがらへと進んでいく。(63)冒頭の三巻で立法の目的が一般的に規定されると、第Ⅳ巻以降は、クレテ植民計画のための立法モデルの構想が語られ始め、国制の前文につづいて、第Ⅴ巻から第Ⅻ巻にわたって、国制の本文として諸々の法律が個別具体的に規定されていく。そして、第Ⅻ巻末尾では、このようにして制定された国制と法律を保全するための方策が提示されて、対話篇の幕が下りるのである。

《序論：立法の目的》（第Ⅰ～Ⅲ巻）

《本論：クレテ植民計画のための立法モデルの構想》（第Ⅳ～Ⅻ巻）

（A）新国家建設のための諸条件（IV. 704a1–715e6)。

（B）国制の前文（IV. 715e7–V. 734e2)。

（C）国制の本文（V. 734e3–XII. 960b5)。

（D）国制と法律を保全するための方策（XII. 960b6–969d3)。

しかし、私たちが注目したいのは、そのような論理的計画が展開される方法である。R・シェーラーによれば、その論理的な計画は、『国家』のそれよりも明瞭で厳密でさえある。(64)なぜなら、『法律』の一頁目から最後の頁に至るまで、ある特別な方法が、自由奔放に、しかし完璧に適用されているからである。その方法を彼は、『法律』におけるディアレクティケーの要素とみなし、それにもとづいて三拍子の足取りで進む対話の行程を「プラトン的曲線」と呼んでいる。もしもこの主導的な図式が考慮に入れられなければ、この『法律』という作品は、緩慢に進行する長広舌に過ぎないと思われても仕方がないだろう、と彼は主張する。そして、『法律』にも適用されている「プラトン的曲線」のあり方を、彼はつぎのように図式化している。

「ディアレクティケーによる議論はすべて、なんらかの「通念」(O)、あるいは「問題」(Q)をその出発点とする。ついで、その議論は長短さまざまの吟味をつうじて、直観的に一つの新しい観点を勝ち取る。この観点をわれわれは、プラトンとともに「仮設」(H)と呼ぶことにしよう。この頂から曲線はふたたび下降し、最初の現実まで回帰する。そしてその現実は、アポリアーとして否定されるか、混合した現実として定義されるかするだろう。これが「結論」(C)である。この行程は、鎖から解き放たれた洞窟の囚人が、なんらかの影像を出発点として光と範型のほうへ向かい、そしてふたたび影像へと帰還する行程と正確に対応している。上昇をくり返すためにその影像を否定しようと、混合した影像として定義しようと彼の自由である。[65]」

この曲線は、言うまでもなく『国家』第Ⅵ巻(511bc)や第Ⅶ巻(532b–535a)で規定されている専門的な意味でのディアレクティケーの行程を範型とするものである。もちろん『法律』に適用されているような、上昇から下降へという単調な動きによって構成されるこの曲線のイメージを、かの無仮設の始原への非連続的な躍動とその始原からの連続的な下降とからなるディアレクティケー本来の思考運動にそのまま重ね合わせることは困難である。ただ、シェーラー自身も語っているように、ディアレクティケーは、純粋に哲学的な対話活動をもって始まるとはかぎらない。それは、ミュートスや一続きの談話を制御し、精神の内省すべてを支配し、人間の魂と宇宙の魂の動きを秩序づけている。そのような意味において、ディアレクティケーは普遍的な方法なのである。

そこで私たちは、シェーラーによる『法律』読解の試みを範としながら、このようなディアレクティケーの行程が、さしあたって『法律』全体の序論に相当する第I巻から第III巻において、どのように展開されているのかを見ておこう。そこでは、あらゆる立法にとって最重要な普遍的原理が考究され、残りの九巻に展開される具体的な法制度の記述は、ことごとくその原理によって根拠づけられていると考えられるからである。

2 『法律』序論における対話法的行程の分析

さて、その日、息苦しい暑さのなか、対話主導者であるアテナイからの客人は、クレテ人クレイニアス、スパルタ人メギロスと連れだって、クレテ島はイデ山服にあるというゼウスの神聖なる洞窟を目指して、高々と繁る糸杉の木陰に休息をとりながら、国制と法律について語り合いはじめた（I. 624a-625c）。のちに明らかになるように（III. 702c）、クレテ人の新国家建設のための立法をクノソス政府から依頼されたクレイニアスが、アテナイからの客人に立法について意見を求めたのがこの対話の発端だった。

冒頭に置かれた神話的な原理――ゼウス――は、対話篇全体を支配する最も重要な示導動機（ライトモティーフ）である「知性」の動機を提示する役割を担っている。ゼウスの洞窟への登り道は、真なる立法の神的な始原への上昇のイメージを象徴的に示している。全巻をしめくくる第XII巻がディアレクティケー――〈善〉のイデアへと上昇する方法――の提示とともに終るのはそのためである。

まず『法律』の吟味は、「共同食事」という具体的な法制度の問題から始まる。クレテ人の新国家のために立法しようとする者が、伝統的な国制に関するクレテ人の通念（O）を知らなければならないのは当然のことだろう。クレイニアスは、共同食事や体育などの制度を定めるに当たって、クレテの立法者が着目していたのは何であるか（Q）と問われるのである。彼は、当たり前のように、「戦いにおける勝利」と答える（626b）。その背景にあるのは、クレテとスパルタの国制に共通のドリア的基盤、すなわち「強者の利益」を当然と見なすソフィスト的な自然権至上主義である。これに対して、アテナイからの客人は、視点を対他関係から対自関係へと向け変えさせる。するとクレイニアスは自ら、「自分が自分自身にうち克つこと」が、すべての勝利の根本ともいうべき最善のこと（626e）という通念を想起させられる。これを契機にして両者の対話は、立法者が目的とすべき最善のものとは、戦争でも内乱でもなく、「相互の間の平和であり、かつ友愛である」という第一の仮設（H）に辿り着くのである（628cd）。

このように、まず立法の目的とされるのは、敵に対する勝利ではなく、自己自身にうち克つことによって魂と国家のうちに平和と協調を実現することである。この「友愛」という原理にもとづいてはじめて、魂にも国家にも最善のことが実現される基盤が与えられる。

対話はさらに、単なる戦闘における勇気よりも、正義、節制、知慮が勇気と一つになった「全体的な徳」（πᾶσαν ἀρετήν 630e2-3）のほうがはるかにまさっていることを証示する。「単なる勇気に対する、全体的な徳の優位」が第二の仮設（H）である。

結局、伝統的なクレテの法律も、その立法の原理へ立ち返ってみるかぎりは、徳の一部分である「戦いにおける勇気」に着目していたのではなく、「徳の全体」に着目していたはずだという結論（C）に至る。

Q（625c）：　クレテの法制度の目的は何か。

O（625c–626b）：　クレテの法は、共同食事の制度によって、戦いにおける勇気を養うことを目指している。

（626e–627b）：「自分が自分自身にうち克つこと」が、すべての勝利の根本ともいうべき最善のことであり、「自分が自分自身によってうち負かされること」は、最も恥ずかしく、また同時に最も悪いことである。

H（628a–e）：　戦争と内乱に対する、平和と友愛の優位。

（630a–d）：　単なる勇気に対する、「全体的な徳」の優位。

C（630e）：　クレテの立法者は、徳の一部分（勇気）にではなく、徳の全体に着目して法を制定していたはずだ。

そしてこの結論をふまえて、議論はさらに、立法の目的はいかに説明されるべきかという問題（Q）へと進んでいく。ふたたび、クレテの法に関するギリシア人たちの評判（O）を出発点として、すべての立法者が立法の目的としなければならないことの一般的な考察が展開される。「人間的な善」――健康、美しさ、身体の強靭さ、鋭い洞察力をそなえた富――に対する「神的な善」――知慮、節制、正義、勇気――の優位、そしてさらに「知性」がそれら神的な善の筆頭にたつこと（H）が確認される。その結果、この仮設を市民に勧告し、そのうえで「全体的な徳」を目的とした立法の具体的な構想を実現し、さらに護法官を任命することが立法者の課題であるという結論（C）が確立されるのである。

Q（631ab）：　立法の目的はいかに説明されるべきか――立法者の課題。

O（631b）：　正しい法律は、人びとに善きもののいっさいをもたらすことによって、それを用いる人びとを幸福にする。

H（631b–d）：「人間的な善」に対する「神的な善」の優位と、「神的な善」の筆頭にたつ「知性」の優位。

C（631d–632d）：

①　立法者による市民への勧告。すべての法制度が「善」に着目していること、そのうち、「人間的な善」は「神的な善」に、「神的な善」はすべてその指導者たる「知性」に着目していること。

②　「全体的な徳」を目的とした立法の具体的構想とその実現。

③　立法者による守護者（護法官）の任命。

このように、アテナイからの客人は、上昇と下降というディアレクティケーの複雑な行程を用いながら、マグネシアの立法の始原（アルケー）を目指して、いくつもの仮設を積み重ねていく。まず下方へ向かって、共同食事の問題が提起された後に、上方へと方向が転じられて、人間に真の善きものをもたらすものは何であるかという哲学的な人間学の問題が提起され、ついに「知性」という立法の究極の始原にたどりつくのである。具体的な立法のいかなる問題が提起されようとも、立法者がその問題を解決するには、「原理」を把握し、「モデル」を構築するために、一時的に方向を変えざるをえない。複雑な行程を経てそのような立法の始原が仮設されてはじめて、ようやく下降過程によって、具体的な問題は解決の方向へむかうのである。

こうした方向の二重性は、対話篇の全体構成の明瞭さを損なわずにはおかない。なぜなら、第二の問題が提起されることによってしか第一の問題は解決されないからであり、またこの二つの問題は、事実の世界とイデア的な理念の世界という一見異なった二つの世界に属しているように見えながら、まさに対話法的に複雑に絡み合っているからである。それゆえ、対話の進行にともなって具体化されていく立法のテーマの順序が、経験的な事実の順序によって支配されるのは当然のことである。立法の目的に関する先の一般的な考察の直後には（631d–632d）、まさにこれから展開される具体的な立法のテーマが簡潔に予示されている。それは、さまざまな問題が経験的世界で生じるがままの順序で――すなわち、市民の誕生から死に至るまでの時間的な順序に従って、結婚、出産、養育、教育、社会的・経済的活動、犯罪と刑罰、埋葬というように――取り上げられていく。そして、後に示すように、実際に対話篇のなかで具体化される国制の記述の具体的な進行もその順序に従っているのである。

しかし、第一の問題の解決のために必要な第二の問題は、より顕著な哲学的重要性を帯びていて、対話者たちはそこに長くとどまることを避けることはできない。したがって、対話主導者は、ある問題を他の問題に関連づけて、いくつもの重層的な円環構造を積み重ねながら、対話を進めて行かざるをえない。たとえば、共同食事の問題は、節制を養う制度の吟味を目的として、酒宴をどう扱うべきかというきわめてトリヴィアルな問題に結びつけられる（I. 635e–638b）。しかしその問題は、まさにディアレクティケーの行程に従って、ムゥシケー（音楽・文藝）の正しさとは何であり、さらにはパイデイアー（教育）とは何であるかという哲学的人間学の根本問題につながっていく（638b–650b）。酒宴とムゥシケーとが織り合わされた結果として、立法者は、真の自由への教育の一環として、酒宴を国制のなかに正しく位置づけることができるのである（II. 653a–673e）。

このような対話法的行程の例を他にもいくつか挙げておこう。たとえば、奴隷をどう扱うべきかという問題は、魂の内なる正義の問題に（VI. 776b–778a）、共同食事への女性の参加問題は、人間の必然的な欲望をいかに抑制するかという問題に（VI. 780a–783c, 804de, 806e, 838a–841c, 842bc）、そして不敬虔な人びとをいかに処罰するかという問題は、神の存在と本性についての問題に関係づけられる（X. 885b–910d）。

『法律』の文体が、あたかも螺旋状に進んでいく冗長な説明のくり返しにみえざるをえないのは、まさにこのような議論の対話法的構成のためである。そしてその説明は、具体的な立法のテーマの選択にさいしては、経験的現実に即した順序――論理的、歴史的、あるいは生物学的優先性の順序――によって支配されているのに対して、その立法を根拠づける原理的モデルに訴えるにさいしては、対話法的な仮設の階層的な重なりの順序によって支配されているのである(66)。

四　本書の構図

それでは序章を終えるにあたって、あらためて本書の全体的な構図を描き出しておくことにしよう。

1　プラトンの政治哲学とソクラテスの精神

はたして、プラトンの政治哲学的思考の原点はどこにあったのだろうか。プラトン哲学の生成と発展を根源的に動機づけているのは、ソクラテスの生と死である。したがって、私たちはソクラテスの生と死をみつめるプラトンの視点を確認するところから出発しなければならない。

プラトンの『パイドン』（97b）によれば、若きソクラテスは、生命圏としての宇宙自然の原因が知性（ヌゥス）にほかならないことを示唆するアナクサゴラスの言葉に強く惹かれた。しかし、ソクラテスが彼の書物に見出したものは、生物体の形成や知識の成立が「いかにして」生じるかという自然学的なプロセスの記述でしかなかった。彼がほんらい求めていたのは、それらが「なにゆえに」生じるのかを最終的に根拠づける全一的な原因だった。そこで彼は、自然学的な探究からは手を引き、さまざまな人びとを対話相手として「何がほんとうに善いことなのか」と問うことを始めた。こうしたソクラテスの吟味論駁によって、立派な知識や技術を有するとみなされている人たちでさえじつは「何が真に善いことなのか」を知らないことが明らかにされ、人びとは自らの不知を自覚することを促された。ソクラテスは、このような対話にもとづく「魂への配慮」こそが「ほんとうの意味の政治の技術」だと考える。[67] こうしてソクラテスは、現代の人びとのなかでは自分だけがほんとうの政治の仕事をしているのだという自覚のもと、アテナイ市民たちを相手に吟味論駁の営みを実践した。しかし彼は、ペロポネソス戦争後の政治的混乱のなかで、「国家の認める神々を認めず、若者を腐敗させた」という廉で不当な告発を受け、市民裁判官たちによって死刑を宣告されたのである。

プラトンの『クリトン』には、アテナイの「国法」と想像上の対話を交わすソクラテスのすがたが描き出されている。民主政国家の民衆意志との対立という状況下において、ソクラテスはなにゆえに「法の支配」に服して死を受け容れるのか。私たちは、本書の第一章において、この『クリトン』のソクラテスが、「国法」との対話をつうじて「法の支配」をどのように理念化し、いかなる行為の原則によってこれに服したのか、そしてそのことがプラトンの政治哲学にいかなる課題を残したのかを見定めたい。その課題が最終的に果たされるのはまさに『法律』においてであるが、『クリトン』において明らかにされるソクラテスの対話の精神には、プラトンの政治哲学の基本的なかたちがすでに原型として示されているのである。

2　哲学的人間学にもとづく人間形成の構想

ところで、すでにみたように、『法律』冒頭における立法の目的の探究過程で、アテナイからの客人は、「強者の利益」を当然と見なすソフィスト的な自然権至上主義から抜けきることのできないクレイニアスの視線を対他関係から対自関係へと向け変えることによって、彼につぎのような通念を想起させている。

「「自分が自分自身にうち克つこと」が、すべての勝利の根本ともいうべき最善のことであり、「自分が自分自身によってうち負かされること」は、最も恥ずかしく、また同時に最も悪いことである。」(626e)

「自分自身によってうち負かされる」という表現は、いわゆるアクラシアー(無抑制)の標準的な表現である。プラトンの初期対話篇に登場するソクラテスにとって、多くの人びとが日常生活のなかで経験するいわゆるアクラシアーという事態は、かれら自身の行為の根拠についてかれら自身が完全に無知であることの証明であるように思われた。それゆえ、真に善き生を送ろうとする者は、自己自身の無知を自覚することによってこうしたアクラシアー情態を克服し、真実の知によって根拠づけられた自律的な生の実現を目指さなければならない。ソクラテスによる「魂への配慮」の勧告の要諦はここにあると言ってよいだろう。

さて、私たちが注目しなければならないのは、プラトン最後期の対話篇において、まさにソクラテス的なアクラシアー批判の態度が受け継がれ、これをきっかけとして対話法的行程が方向を転換し、人びととの生の全領域を規定すべき立法を根拠づける原理の探究のために、哲学的な人間学の構想が具体化されていくことである。最晩年のプラトンにとっても、いわゆるアクラシアーの克服は、多くの人びとが善き生を送るための決定的な転機を意味するのであり、かつまた、アクラシアー問題は、人間存在の本質について哲学的に考察するための恰好のトポスなのである。

したがって、この『法律』におけるプラトンの哲学的人間学とそれにもとづく人間形成の構想を具体的に検討するに先立って、私たちは、まず初期から後期に至るプラトンの行為の哲学の実態を、とくにアクラシアー問題に焦点を絞って整理しておく必要がある。はたしてプラトンにとって、知識と行為、快楽と善の関係はいかなるものであったか。初期対話篇におけるソクラテス主義から、中期対話篇『国家』におけるイデア論を経て、後期対話篇『法律』の政治哲学に至るまで、彼の基本的立場の一貫性は保たれていたのか。この問題の哲学的考察を抜きにして、プラトンの政治哲学の意義を正しく評価することはできないであろう。そこで、本書の第二章では、初期対話篇『プロタゴラス』と『国家』と『法律』という三つの定点を見定め、いわゆるアクラシアー問題の検討をつうじて、プラトン哲学の発展のなかで行為のアイティアー（原因・根拠）の問題を考察する。

『プロタゴラス』の分析によれば、多くの人びとは、あるものを善と呼ぶ場合に目を向ける究極の根拠として、結局は快楽以外のいかなるものをも挙げることができない。世人大衆にとっては、たとえかれらが市民道徳にかなった行為をとるとしても、その行為を究極的に根拠づけているものは行為者自身にとってそうするのが善い（＝快い）という思わくでしかない。市民道徳を形骸化するこのような快楽主義的エゴイズムを脱するためには、市民道徳というものがもつ行為の根拠としての限界性を、真実の善とは何かという問いかけによってより全体的な視野のもとに乗り越えていく必要がある。

一方、『国家』の魂の三区分説は、市民道徳のあるべき姿を人間の魂の内なる状態として記述するための理論的枠組みである。プラトンはこれによっていわゆるアクラシアーを魂の内なる葛藤の現実として認め、それを克服する道を感情教育による市民道徳の実現と、それをさらに根拠づける〈善〉のイデアの直知とに見定めているのである。このようにして、真実の善についての知識をこそ行為の根拠として要請するソクラテス・プラトンの一貫した立場は、プラトン哲学の成熟によっていっそう堅固な基盤を与えられた。じじつこの立場は、プラトン最晩年の対話篇『法律』に至るまで確固として保ち続けられているとみることができるのである。

しかし、ここであらためて確認しておかねばならないことは、このような市民道徳の実現と真実の善の探究とが、プラトンにとって、まさにソクラテス的な意味で真の政治を実践するための道筋だったということである。そしてそのような考えを日常的現実の世界に実現するための最小限の変革として構想されたのが『国家』における哲人統治論である。本書の第三章では、この哲人統治論が語り始められる最初の個所（「知識／ドクサ」論［V. 474c–480］）において、プラトンが真の哲学者の自然本性をいかなる仕方で、どのようなものと規定しているのかを考察する。プラトンは、イデアの存在を認めない「実践家」たちにとっても、「あるもの」を対象とすることが知識成立の共通基盤であることを出発点として、彼らがあると認める個別的な事物事象がじつは「ありかつあらぬもの」としか呼べないドクサの対象であることを論証している。真の哲学者はそうしたドクサを決して知識と思い誤ることなく「純粋にあるもの」を想起しようとするその魂の在り方において、「実践家」に対して優位に立つのである。このようにして「知識／ドクサ」論は、真の実践と観想とが一個の魂のうちに一体化される場として、哲学の根源的な在り方を確立しようとしたプラトンの立場を、その根底において強固に支えているのである。

それでは、『法律』においては、このような人間形成のあり方はどのように規定されるに至るのだろうか。一般に立法の目的とは、国家に平和と友愛をもたらし、人びとの魂のうちに全体的な徳を実現するところにある。いっさいの善きものの指導者である知性の力を強化し、さまざまな欲望や快楽を適正に抑制することによって、ひとはいわゆるアクラシアーを克服することができる。そのようにして自己自身を支配できる人間が、全体的な徳を実現した真の意味での自由な人間である。そして、そのような自由への教育を具体的に実践することが、「魂への配慮」としての政治術の仕事なのである（I. 650b）。本書の第四章では、そうした政治術の対象となる人間の魂のあり方を、『法律』の哲学的人間学がいかに分析しているのかを明らかにする。

人間を「神の操り人形」に喩えるプラトン最晩年の人間観には後期プラトンのペシミズムが反映されている、と伝統的な解釈は主張する。しかし、テクストそのものの精確な分析と『国家』における魂の三区分説との比較対照とを通して明らかになるプラトンの人間観は、きわめてリアリスティックな現実把握に基づいて、私たち一人ひとりの人間がいかにして本来の自己を形作って行くべきかを示そうとするものである。いわゆるアクラシアーを克服して、国家と個人の魂とに真実の善を実現するには、国家レヴェルでは市民たちの友愛による協調・宥和と、自由意志による法の遵守とが、そして個人レヴェルでは魂の内なる理知分別の導きに諸々の情念の力が自らすすんで寄り添うこと――全体的な徳の涵養――が不可欠である。そのために晩年のプラトンは、以前にもまして、人間の倫理的であると同時に知的な努力、すなわち、真の意味での自由への自己教育を私たちに鼓舞してやまないのである。

3　国制論のパラディグマティズム

さて、それでは、そのような市民教育を中核にすえた『法律』の国制は、哲人統治論を中心思想とする『国家』の国制といかなる関係にあるのだろうか。そこには明らかに国制論のパラディグマティズムが現在しているように思われる。しかし、パラディグマティズムの問題は、ミーメーシス（模倣・再現）としてのムゥシケー（音楽・文藝）についての考察を要求する。アテナイからの客人がマグネシアの国制そのものを「最も真実な悲劇」と呼ぶのはなぜか。本書の第五章では、プラトンの文藝批判の本質がその原点から問い直され、『国家』における詩人追放論の政治哲学的な意義が追究される。カリポリスからは「快楽を目標とするポイエーティケーとしてのミーメーシス」が追放されるに至るのであるが、それはいかなる論理にもとづいてのことなのか。そのことの解明によって、『法律』の国制が「最も美しく、最も善き生のミーメーシス」とされることの意味がいっそう明らかになるだろう。

こうしたパラディグマティズムの考察をつうじて、『法律』の国制論の特質を明らかにするのが本書の第六章の目的である。『法律』第V巻において、私有財産関係の規定がおこなわれるとき、マグネシアの国制は、最善の国制を範型とする次善の国制として、「第二の国制」と呼ばれている。それは、『国家』の〈正義〉論によって根拠づけられる「第一の国制」という範型を、可能なかぎり最善の仕方で現実化しようとするものである。『国家』においてプラトンは、じつはこの「第一の国制」の可能性の前提条件を示すために、哲人王の魂の内なる国制の構築という一点に議論を集中していった。しかし、『法律』においてプラトンは、その理想の国制を人間社会に可能なかぎり実現するための必然的な条件を主題的に論じるのである。「第二の国制」の理念は、過度の自己愛と欲心の追求に狂奔する人間本性の事実を冷徹に見据え、人びとにその無知の自覚を促すことによって、「第一の国制」の理念である共有主義を可能なかぎり実現しようとするところにある。『法律』において具体的に展開されているさまざまな市民教育の実践方法は、『国家』そのものにすでに内包されていた哲学と政治の緊張関係を緩和するための道筋なのである。

そこで、以下の三つの章では、そのようなさまざまな市民教育の実践が具体的にどのような仕方で展開されているのかを考察する。

4 「魂への配慮」としての政治術

すでに述べたように、酒宴をどう扱うかというきわめてトリヴィアルな問題は、じつは真の意味での自由への教育を実現するための着実な道筋を示すものだった。本書の第七章では、そのような酒と音楽による教育のなかで重要な役割を果たすディオニュソスのコロスの存在意義を明らかにする。

プラトンの理想国家において、音楽・文藝（ムゥシケー）が感情教育のために果たす役割はきわめて重要である。『法律』の教育論では、そこに魂の治癒教育と生涯教育の観点がつけ加わり、年齢別に構成される三つのコロスがミーメーシスによる市民教育の場とされている。教育とは、法律によって、また最もすぐれた年長の人びとによって真に正しいと認められた理（ロゴス）へと子供たちを導いていくことにほかならない。そして、リズムとハルモニアーとロゴスの綜合藝術である合唱舞踏をつうじて、ひとは自己の本性をより善きものへと変容させていくことができる。年長の市民たちが自ら歌い踊ることによって精神の養育を回復すると同時に、若者たちに美しきもの、善きものへのエロースを喚起しつづけるところに、教育の守護者としてのディオニュソスのコロスの存在意義はある。市民レヴェルの哲学的認識が、個人的にも社会的にも善を実現していくための不可欠の要因なのである。

さて、『法律』第Ⅳ巻において、アテナイからの客人は、国制の本文を規定するのに先立って、マグネシアへの入植者たちにまずは忠告の言葉を語りかけている。彼は、新国家の市民たちに対して、法への服従を暴力と刑罰によって強制するのではなく、自由意志によって合意するように彼らを説得しようとするのである。じじつ『法律』の随所に、個別の法に先立って法の前文が語られるだけでなく、それとともに多様な説得の技法——呪詞としての合唱舞踏やミュートス（神話・物語）、ディアロゴス（対話問答）——が展開されている。本書の第八章では、「偽りと強制」による非理性的な説得の手段と解釈されることの多いこれらの技法の本質的な意義を探るとともに、社会的な合意形成の理想的なあり方を考察する。

呪詞としての合唱舞踏とミュートスは、人びととの情念にのみはたらきかける魔術的な呪縛ではない。子供たちの魂を美しく秩序づける合唱舞踏は、たしかに魂の非ロゴス的部分にはたらきかけるものではあるが、そのロゴスの真実性は、最も年長の市民たちからなるディオニュソスのコロスの対話活動によって確保されている。また、プラトンのミュートスは、ロゴスの強制力に全面的に従うことのできない魂の非理性的な部分に訴えかけて、その魂がまさに全体としてその真なるロゴスの命令に聴き従うように促す呪詞として作用する。そして、若き無神論者との対話問答（第Ⅹ巻）は、これらの技法をつうじて図られる社会的な合意の最終的な基盤となっているものが対話的行為であることを、あますところなく例証している。

このようにプラトンは、市民教育の過程でさまざまな説得の技法を駆使することによって、ソクラテスの対話活動の意義を可能なかぎり普遍化する道を拓いたのである。

さらに、『法律』第Ⅸ巻に展開されるプラトンの刑罰論は、法理論の歴史のなかでもきわめてユニークな視点を提供している。本書の第九章では、魂の治癒教育の方法として国制のなかに位置づけられる刑罰の根底に、ソクラテスの「魂への配慮」の促しが厳然と息づいていることを明らかにする。

「だれも本意から不正をおかすひとはいない」というソクラテスの確信は、故意による犯罪にはより重い刑罰を科すべきだと考える刑法上の通念とのあいだに深刻なパラドクスを生じるかにみえる。そこでプラトンは『法律』において、あくまでもソクラテスの立場を厳守しながら、可能なかぎり整合的な刑罰論を展開しようとする。彼は法的なプランよりも道徳的なプランを優先して、不正と加害行為とを区別する。不正な人間は「万人にとって不正をおかすことは不本意なことである」ということを知らずに、つまり、自分の加害行為が自分自身にとって有益であると思いこんで、故意による犯罪をおかすのである。したがって、故意による犯罪には、「最大の無知」におちいった不正な人間の「知の思いこみ」という〈二重の無知〉が含意されている。また、第Ⅸ巻における犯罪の原因分析を詳細に検討することによって、プラトン後期の悪徳と無知に関する思想を総観することができる。そこから浮び上がるプラトンの基本的立場は、すべての人間の魂がもつ治癒力を可能なかぎり信じようとするプラトンの深い人間愛と、真の自由を獲得するための自己教育への強い促しなのである。

5　プラトン政治哲学の到達点

さて、法律体系が成文法としてほぼ完成されたとしても、それが永続的な完全性を得るためには、時々刻々と変化する現実へ適用されながら、可能なかぎり改善されつづける必要がある。『法律』第Ⅻ巻末尾においてまさにそのような「国制と法律を保全するための方策」として導入されるのが「夜の会議」である。本書の第十章では、この「夜の会議」が、正義と善を志向する「知性の支配」としての「法の支配」を、正義の論争化が避けられない民主社会において、法的判断への公共的信頼を保全しうるような仕方で実現するための決定的手段であることを明らかにする。国家全体の「知性」に譬えられる会議の年長のメンバーたちは、「感覚」に譬えられる若いメンバーたちと協同して、「法の支配」の普遍主義的な正当化の可能性を保障する最終的根拠をめぐって、哲学的探究を営む。「夜の会議」そのものには実体的な政治的権力はないが、それは「法の支配」の理念を根底から支える知的・倫理的権威として、国制全体の守護の役割を果たすのである。

また、マグネシアにおいては、すべての市民たちが各人に可能なかぎり哲学的探究に参与して、知性の行う秩序づけとしての法律を、神的な知性として自己のうちに内面化することが求められる。「夜の会議」は、ディオニュソスのコロスを媒介として、市民レヴェルの哲学的探究を国家レヴェルで最終的に根拠づける役割をも果たしている。真の政治術とは「魂への配慮」であり、その手段は法律である。しかしその法律は、生命圏としての宇宙自然に最も美しく現象する神的な秩序を反映することによって、一人ひとりの人間の魂を美しく秩序づけるものでなくてはならない。

このように、『法律』の理想国家における「知性の支配」への近接は、ソクラテス的な対話にもとづく法的な根拠づけを通してまさに「法の支配」のかたちで実現されるに至るのである。

註

（1）Cf. Saunders（1992）, 465.

（2）プルタルコス『アレクサンドロス大王の運と徳について』328e15–17.

（3）Ast（1816）, 386f., 392 ; Zeller（1839）, 117ff. ; cf. Müller（1951）, 190.

（4）アリストテレス『政治学』第二巻1264b26–1266a30 ; 1266b5, 1271b1, 1274b11–15.

（5）Zeller（2006）, II. 1, 976ff.

（6）Cf. Wilamowitz（1919）, Zeller（1922）, Müller（1951）.

（7）Cf. Bruns（1880）, Bergk（1883）.

（8）E.g. Morrow（1960a）, 204–206, 238–40 ; Saunders（1970）, 230–236 ; Schöpsdau（1994）, 136, n.81 :「このような未完の痕跡は、以下の通り：①結婚の年齢制限の不一致（721b und 785b gegen 772de）、②ディオニュソスのコロスの構成員の年齢制限の不一致（665b, 670ab, 812b）、③「ほんのすこしまえ」（683e）という参照指示の問題性、④755e / 756a, 752a–753a / 753b–754d のような重複稿、⑤XI 932e–XII 958c における明瞭な配列の欠如。

（9）Wilamowitz（1919）, 648.

（10）E.g. Saunders（1970）, 38 :「かくて細部に混乱はあるにしても、明確な全体計画が存在する」: Stalley（1983）, 4 :「注意深く読めば、その構造が明瞭になることはたしかだ。多くの点で『法律』は、たとえば『国家』以上に統一的な目的をもった作品である」。とくに、『法律』の対話法的全体構造については、本章第三節を参照。

（11）Friedländer（1960）, 361. もっともその点は、プラトン自身がこの作品について語っていることでもあった（『法律』VII. 817b8–9）。

（12）Morrow（1960a）.

(13) Popper (1966) and Crossman (1959).
(14) Cf.『法律』VIII. 848d, IX. 860e, XI. 919d, XII. 946b, 969a.
(15) Cf.『国家』VII. 527c2.
(16) Müller (1951), 187.
(17) Picht (1990), 22. なお、このピヒト自身の『法律』研究については、本書補論一を参照。
(18) アリストテレス『国制誌断片集』(472–603)。Cf. *Politeiai, in Aristotelis Opera*, vol.III, Librorum deperditorum fragmenta, coll. et annotationibus instruxit O. Gigon, Berlin, 1987, 561sqq.
(19) Wilamowitz (1919), 647ff.; 651.
(20) Cairns (1949), 39f.
(21) Gould (1955).
(22) Vlastos (1977), 36ff.; cf. Klosko (1986), 199f., 224f.
(23) Melling (1987), 166f.
(24) Bobonich (1994), 31f. この見解への批判を含めて、『法律』におけるプラトンの道徳哲学の問題は、本書第四章において扱われる。
(25) Shorey (1914), 347.
(26) Gernet (1951), xciv, cv. ただし、「夜の会議」については、本書第十章を見よ。
(27) Görgemanns (1960), 4f., 105ff.
(28) Egermann (1959), 134.
(29) Hentschke (1971), 162; cf. Saunders (1970), 27f.
(30) Stalley (1983), 16–22.
(31) Brunt (1993), 245–281.
(32) Laks (1990a).

(33)「第二の国制」をめぐる諸問題は、本書第六章において詳しく扱われる。
(34) Cf. Schöpsdau (1991), 146f.; Saunders (1992), 466; Laks (2000), 267ff.; Lisi (2001), 14.
(35) たとえば、感情教育に用いられる神々の物語についての法律・規範(II. 380c)、守護者たちの住居や私有財産の禁止に関する法律(III. 417b)、知性教育として数学的諸学科とディアレクティケーの教育を受けるべきであるという法律(VII. 525b, 534de)を見よ。
(36) Cf. Hart (1961), ch. 4. 引用は長谷部訳(一二六頁)による。
(37)「夜の会議」についての詳細は、本書第十章を見よ。
(38) Cf. Kahn (1995), 51.
(39)『政治家』におけるこのようなプラトンのパラディグマティズムの実態とその『法律』における展開を、私たちは本書第六章において詳しく分析する。
(40) Cf. Stalley (1983), 40ff., Lee (2002), 9.
(41) Lee (2002), 10.
(42) トゥキュディデス『歴史』II. 35 ff. 参照。
(43)『国家』VIII. 557b 参照。
(44)『ゴルギアス』515b–517c.
(45) Cf.『ゴルギアス』482e,『国家』I. 338c.
(46) Cf. Fuller (1969), ch. 2.
(47) Cf.『法律』VIII. 849a–850a.
(48) Stalley (1983), 40ff. この言葉自体は、一九五〇年代からの英米における「法による道徳の強制」をめぐる論争において、H・ハートが、リベラリズムの立場から保守主義批判の文脈のなかで用いたものだった。Cf. Hart (1963).
(49) Cf. Neschke-Hentschke (1986), 278.
(50) 現代のリベラリズムが置かれている思想状況については、井上(1999)が豊かな示唆をあたえてくれる。また、井上（2015）をも参照。

(51) 井上（1999), 12.

(52) 井上（1999), 17ff.

(53) Rawls（1993).

(54) Raz（1986), 369ff.

(55) Lee（2002), 14f.

(56) Stalley（1983), 7.

(57) Cf.『ソクラテス以前哲学者断片集』第八〇章　プロタゴラス「断片」A一。

(58) Cf. Ostwald（1986), 509ff.

(59) キケロ『法律について』i. §17–8参照。

(60) Cf. Neschke-Hentschke（1986), 280.

(61) Cf. II.660a, 661c, 663e, IV.718b, 720d, 722b, VI.753a, 773d sq., X.903a sq.

(62) Cf. Nussbaum（2011).

(63) Diès（1951), v.

(64) Schaerer（1953), 380.

(65) Schaerer（1953), 385.

(66) 本書付表『法律』の全体構造を参照されたい。

(67) Cf.『ゴルギアス』464b, 521d.

第一章　プラトンの政治哲学とソクラテスの精神

一　古代アテナイにおける「法の支配」

前四〇三年、三十人政権崩壊後のアテナイは、いわゆる大赦令の公布によって破滅的な内乱の危機を脱した。その後、アテナイ市民たちが民主制の維持を主体的に選び取ったときにその国制の基盤としたのは、「法の支配」への徹底的な信頼だった。彼らは、成文法を再編し、厳密な立法手続きを定めただけではなく、書かれた法（νόμος）とそのときどきの投票決議（ψήφισμα）とを厳格に区別し、前者が後者に対して優位にあることを法によって明確に規定したのである。さしあたって私たちは、アンドキデスが伝えるつぎの二つの法律に注意しておこう。

〈法①〉：「書かれていない法を役職者は一つたりと用いてはならぬこと。投票決議は評議会のものも民会のものも法より効力をもたぬこと。……」

〈法②〉：「民主政政体下の国家においてなされた判決と調停は有効たるべきこと。エウクレイデスがアルコーンの年（前四〇三／二年）以降の法を用いること。[1]」

この区別は、前四世紀のほとんどの時期をつうじて厳格に守られ、「このように、法のより高い支配力が民衆の支配力を制限したとき、民主制は安定し、確固たる持続性を得た」のだとされている[2]。

しかしながら、そのような「法の支配」が権力に対して自己合理化装置を提供するものでしかなかったとしたら、それは、民衆の支配が多数の専制に転化するのを抑止するという、民主政が「法の支配」に対して期待する本来の機能を果たしえないだろう。その意味において、前三九九年のソクラテス裁判は、アテナイの復興民主政における「法の支配」の真価を問う試金石だったと見ることができよう。

当時の世論を形成していたのは、アニュトスに代表される穏健派の主張だったようだ。たとえ彼の告発意図が民主政の転覆を防ごうとすることにあったのだとしても、結局のところその真意が三十人政権の首魁であったクリティアスと近しかった者を一掃することにあったのなら、告発そのものが本質的に大赦令の精神に抵触することは明らかである[3]。表向きは不敬神という理由によってではあっても、穏健派の大物政治家が、旧三十人政権に縁のある人物を合法的になきものにしようとしたことの意味は大きい。少なくともそれが復興民主政の誇りであった「法の支配」への信頼を体制の側から裏切る行為であったことは疑いえない。

はたして「法の支配」のあるべきかたちとはいかなるものなのか。プラトンの初期対話篇『クリトン』のソクラテスは、自分自身に不当な死刑判決を下した民主政国家の民衆意志との対立という状況下において、擬人化された「国法」との対話をつうじて、民主制下の市民たちが当然それに服すべき「法の支配」の理念を浮き彫りにする。そして彼は生命を賭して、彼自身の行為の原則にもとづき、この理念に服従する意志を示すのである。[4] ソクラテスのこの決断は、民主制を父祖の国制として受け入れることに同意した心あるアテナイ市民たちに対して、畏怖と羞恥の念を抱かせたのではないだろうか。一方、プラトンの後期対話篇『法律』のアテナイからの客人は、ソクラテス的な対話の哲学を基盤として、その理想国家にこの「法の支配」の理念を可能なかぎり実現しようと試みるに至るのではないか。プラトン哲学の根幹を貫く基本的な原則や理念をまずその始点において確認することによって、ソクラテス的な対話の精神が、「法の支配」の理念化にむけてもつ根源的な意義を探ることにしよう。

二　『クリトン』におけるソクラテスの「国法」との対話

さて、『クリトン』解釈の最大の論点の一つは、ソクラテスによって擬人化され、彼と想像上の対話を交わす「国法」（οἱ νόμοι）の発言（50a–54d）をどう評価するかという問題である。[5] この問題を考えるにあたって注目すべきことは、「国法」とともにソクラテスを吟味しにやってきた「国家の共同体」（τὸ κοινὸν τῆς πόλεως, 50a8）が「国法」とは明確に区別されていて、[6] 実際に対話を主導しているのは終始一貫して「国法」そのものだという点である。それは、クリトンを代弁してソクラテスが「国法」に訴えかける言葉——「国家がわれわれに対して不正をおかしたからです。つまり不当な判決を下したからです」（50c1–2）——を見ても明らかである。「国法」の発言は、たしかに直接的にはソクラテスを相手になされてはいる。しかし「国法」の傍らにはつねに「国家の共同体」が伴っているのであって、「国法」の発言は、その「国法」に同意したはずのすべてのアテナイ市民、すなわちクリトンをも含めた「国家の共同体」に対しても語りかけられているとみなければならないだろう[7]。そしてその点は、ソクラテスを死に追いやるのは「われわれ国法による不正ではなく、人間たちによってなされた不正」(54c1)なのだという「国法」の言葉によって決定的になる。「人間たち」が「国家の共同体」を意味することは言うまでもない。そしてソクラテスがその命に服するのは、じつはこの「国法」への同意にもとづいてのことなのである。したがって、「国家」や「祖国」が「国法」と一体的に捉えられるとき、それは「国法」に同意したかぎりの理念化された「国家」であり「祖国」だとみるべきであろう[8]。

以上のことに注意して私たちは、この対話のなかで「法の支配」がどのように理念化されているかを可能なかぎり読み取ることにしよう。

さて、この対話に先立ってソクラテスは、まず「自分でよく考えてみて最善であることが明らかになった原則(ロゴス)以外、ぼくのうちにある他のいかなるものにも従わない」(46b)と述べたうえで、彼自身の行為の根拠を示すために、つぎのような原則を提示する。

「知性」の原則：正・善・美については、大衆の意見にではなく、一人でもこれらについてよく知っている人の意見にこそ従い、これを恐れるべきである(47cd)。

「善き生」の原則：大切にしなければならないのは、ただ生きることではなく、善く生きることであり、それは美しく、正しく生きることと同じことである(48b)。

「善き生」の原則の前段を否定する者はだれもいないだろう。クリトンが法をおかしてでも「生き延びる」

ことを第一に考えたのは、そうすることによって彼なりに「善く生きる」ことができると思っているからである。しかし、ソクラテスは、そのような「善き生」の特殊構想が、正義によって根拠づけられねばならないと主張する。そしてこれをしもクリトンは、伝統的な応報的正義観に従って敢然と受け入れる。しかし、ソクラテスの真意はそこにはない。ひとの生き甲斐の源であるべき魂は、正しい行為によってより善くなり、不正な行為によって悪くなる。そして、何が正しいかを判断する根拠を与えるのは「知性」の原則だというのである。

「知性」の原則は、たしかに反民主的に聞こえる。大衆の意見を代表しているクリトンは、どうもこの原則を本意から受け入れているようにはみえない。しかしながら、正義の論争化が避けられない民主社会において、多数の専制を避けつつ民主制の公共的な正当性を根拠づけるためには、なんらかの仕方でこの原則を担保することが求められるだろう。[9] もとより『弁明』のソクラテスは、この原則にもとづいて、アテナイ人たちにではなく神に服すると言明し、吟味と探究の生をけっして止めはしないと宣言したのだった（29d–30c）。では、『クリトン』のソクラテスは何に服そうというのだろうか。「いっしょに、君、よく考えてみようではないか」（48d）と、ソクラテスはクリトンに共同探究を促す。

さて、彼らが熟議のうえで同意に至る議論の出発点は、つぎの二つの原則に集約される。

「正義」の原則：いかなる場合にもけっして故意に不正をおかしたり、害悪を加えたり、またその仕返しをしたりしてはならない（49a–c）。[10]

「同意」の原則：共同熟議の場（κοινὴ βουλή）をもち、いったん誰かにそれが正しい事柄であるとの同意を与えたならば、その誓約を履行しなければならない（49c–e）。

「正義」の原則は、応報的正義観を真っ向から否定するものであるにもかかわらず、クリトンはこれに同意する。一方、ソクラテスは、心にもない同意を与えないようにと注意した上で、「正義」の原則に同意する人たちが将来においても少数でしかないだろうとの認識を示す（49d）。しかし、『オレステイア』の教訓に学ぶまでもなく、いかなる国制であろうと、それが「法の支配」のもとに内乱を回避し、不正と悪を極小化しようという意図をもつならば、支配者と被支配者の双方に対して、「同意」の原則にもとづいて「正義」の原則に本意から同意しこれを行動に結びつける誠実さを求めるのは当然のことであろう。ましてやいわゆる大赦令、すなわち、旧クリティアス派に対する「既往は咎めず」との誓約をもって和解を実現したアテナイ市民たちにとって、ソクラテスの提示するこの二つの原則ほど胸に応えるものはなかっただろう。なぜなら、これらの原則は、ソクラテスの脱獄行為が不正であることの論拠となるだけではなく、ソクラテスに対する「国家」の告発と判決が不正であったことの論拠ともなりうるからである。

三　「法の支配」と民主制の理念

さて、これらの原則を提示したソクラテスは、あらためて「国家を説得できないままでここから出ていくこと」が、それらの原則をおかすことによって、「何よりも害悪を加えてはならないもの」に害悪を加えることになりはしないかと問う（49e–50a）。そして、即座には納得できないクリトンを説得すると同時に、ソクラテス自身の行為の根拠を確認しようとする議論が「国法」との対話なのである。「法の支配」(the Rule of Law) との関連において注目すべき論点は、「国法」の言葉に含意されるつぎの三つの主張 (RL①〜③) である。

RL①:市民は「国法」の子孫であり奴隷である。「国法」と一市民とは、正しさの点で対等の関係にはない (50d–51a)。

RL②:ひとは「祖国」を畏敬し、それが機嫌をそこねているときは、正しさが本来そうあるべきようにこれを説得するか、あるいはその命ずるところを何でも行わねばならない (51a–c)。

RL③:「国法」に対する同意は、強制によることなく、公正な手続きを経て、十分な熟慮に基づいてなされねばならない (51c–53a)。

まずRL①は、法の至高性を強く主張するものである。「国法」への隷属という言葉はあまりに権威主義的で、民主アテナイの「伝統的な価値観からすればこれ以上に衝撃的なものはありえない」と思われるかもしれない[11]。ましてやソクラテスによる法への隷属は、彼自身の「知性」の原則をおかすことになりはしないか。多くの解釈者を悩ませた問題はここにあった。しかし、ここで私たちはあらためて、支配の主体があくまでも「国法」であることに注意しなければならない。国家を国家たらしめ、市民に誕生と養教育と生命・財産の保護とを与えるものは「国法」にほかならない。したがって、「国法」はその市民に対して(親がその子に対してもつのと同様の)絶対的な権威をもつ。その意味において法の至高性は、あらゆる国制が公共的な正当性を主張しようとするさいに、支配・被支配者間で同意されていなければならない「法の支配」の基本的な理念である。(12)

このような権威をもつ「国法」に対して個々の市民が暴力的に反抗することは許されない。ただ「法の支配」は、法服従主体に対して、法の正当化を争う権利を保障するものでもなければならないだろう。RL②は、すべての市民に法への絶対的服従を要求すると同時に、権力による法の不当な解釈や、不当な立法を批判的に吟味する場が保障されるべきことを主張してもいる。さらに立法者に対しては、新たな立法の公共的な正当性をすべての市民に対して説得することを求めてもいると見ることができるだろう。

また「法の支配」への服従は、暴力的な強制や、不公正な手続きや、熟慮の欠如によるものであってはならないであろう。そのような、法に対する同意の成立要件を規定しているのがRL③である。移住の自由があるにもかかわらずソクラテスがアテナイにとどまりつづけたという事実は、彼が「国法」のもとに長い時間をかけてその知性と品性を形成されたということを意味している(51cd)。(13)それゆえ、「国法」に対するソクラテスの同意は、彼自身の行為の根拠にもとづいて、自発的に、公正な手続きを経て、十分な熟慮をつうじてなされたと見なければならない。

じじつ、アルギヌゥサイ事件(前四〇六年)にさいしてソクラテスがとった行動を根拠づけていたのは、明らかに「正義」と「同意」の原則によって支えられた、祖国の法への彼の忠誠だった。(14)一方、レオン拘引事件(前四〇四年)にさいして彼がとった行動は、「正義」の原則のみに基づいていたが、それは、三十人政権の「法」(無法?)に、ソクラテスがそもそも同意してはいなかったからである。(15)いずれにせよ、そのときどきの「国家」はあるべき祖国の法を蔑ろにしていた。このときのソクラテスの行為を根拠づけていたのは、いわば彼の「知性」に同化したあるべき祖国の法の精神だったのである。

そしてじっさい復興民主制下のアテナイは、すでにこうした「法の支配」の実現をめざして、アンドキデスの伝える〈法①〉を制定していた（RL①）。にもかかわらず、ソクラテスは大赦令の精神をおかすような告発を受けた。まさに祖国が機嫌をそこねたのであり、ソクラテスは市民裁判官たちが代表する国家を「正しさが本来そうあるべきように」説得しようとしたのである（RL②）。しかし市民裁判官たちは、不当にも彼の説得を受け入れなかった。したがって、ソクラテスに残された道は、国家の命じる刑に服することだった。それは、「国家によっていったん下された判決は有効たるべし」という〈法②〉が正しい事柄であることに、ソクラテスが本意から同意しているからである（RL③）。少なくとも、彼が刑に服すること自体が「正義」の原則をおかすことにでもならないかぎり、そうすることが彼にとって正しいことなのである。

このソクラテスの態度によってくっきりと際だたされるのは、告発者と市民裁判官たちが「祖国」の名のもとに不当な告発と判決を行ったという事実である。それは明らかに「人間たちによってなされた不正」(54c)だった。彼らは自らが同意したはずの大赦令と不敬神を戒める法の精神とを蔑ろにすることで、「法の支配」の理念を支えるべき「正義」と「同意」の原則を真っ向から否定している。なぜなら、彼らの告発と判決が、「敬虔」とは、そして「正義」とは何であるか、またその徳を蔑ろにすることがいかにして青少年に悪影響を及ぼし、ひいては国家全体をも滅亡へと導く要因となるのかということを十分に熟慮した上でなされたとは思われないからだ。とするならば、裁判の敗者であるソクラテスが「国法」への服従の意志を示すということは、「国法」の傍らに伴っている「国家の共同体」に対する強烈なアイロニーである。むしろ彼らは、自分たち自身がアテナイ市民であることによって同意したはずのアテナイの法と正義に対して深い羞恥をおぼえるべきだった。『クリトン』のソクラテスは、自分自身の行為の根拠を確認し、クリトンを説得することによって、その背後に存在するアテナイの大衆市民たちを、あるべき「国法」と「祖国」の立場から告発している。ソロンの立法以来、アテナイ人たちは長期にわたって「法の支配」の達成に努めてきた[16]。そして、復興民主政がまさにその理念を最高度に達成するかにみえたとき、彼らは最大の汚点を残したのである。

四　「法の支配」とプラトン哲学の課題

では、『クリトン』のソクラテスは、プラトン哲学にいかなる課題を残したのだろうか。まず第一に、法の至高性（RL①）を主張するのならば、法そのものの正しさを根拠づける「正義」とは何であるかがあらためて問われつづけなければならないだろう。法への服従が実定法の物神崇拝とならないことを保障するためには、「知性」と「善き生」の原則に従って、正義の本質を問うことによって、その基底性を普遍的に正当化する可能性を問いつづけなければならないのである。『ゴルギアス』におけるソクラテスのカリクレスとの対話や、『国家』における正しい国家と正しい人間の形成のための哲学的探究が、この課題を果たそうとするプラトンの試みであることは言うまでもない。

また、市民たちに法の正当化を争う権利が保障され（RL②）、熟慮する市民の自発的な同意に「法の支配」が依存しなければならない（RL③）とするならば、ソクラテス的な吟味と探究の哲学をいかにして国制のなかに実現するべきかが問われねばならないだろう。なぜなら、そのためには、「知性」と「善き生」、

「正義」と「同意」の原則に従って生きようとする一人ひとりの市民の「魂への配慮」が求められるからである。この課題が最終的に果たされるのは、『法律』においてである。

このように、『クリトン』のソクラテスが提示した諸原則を、「法の支配」の理念とともに、いかにして政治哲学的な思考をつうじて現実化していくかということは、プラトン哲学の一貫した課題だったと言えるだろう。『法律』においてこの課題がどのように果たされているかを展望しつつ、そこへ到るまでのプラトンの「法の支配」についての思考を素描しておこう。

さて、哲人王はけっして超法規的な専制君主ではない。『国家』の理想国家カリポリスにおいても、社会構造と守護者教育に関する法律は詳細に規定されている(17)。しかし、この国家において最も重要な法は、哲人王教育を経て〈善〉のイデアを直知するに至った哲学者たちが自らの幸福のためにふたたび洞窟へ帰還しようとしないことを、けっして許さない法律である（VII. 519e–520a）。立法の目的は国家全体の幸福なのであって、哲人王といえども、否、哲人王だからこそこの「法の支配」に服さないことは許されない（RL①）。

一方、『政治家』のエレアからの客人は、成文法に対する知識・技術の優越性を強く主張している（295d–296a）。すなわち、〈政治術〉を身につけた真の政治家は、その目的を達するために成文法をおかす場合もあるというのである。しかし、対話の進行とともに明らかになることは、真の哲人王が知性をもって支配する唯一正当な理想の国制と、その模倣にすぎない他のすべての国制との区別であり、少なくとも哲人王が不在の状況下では、「法の支配」こそが現実政治を乗り切るための「第二の航海法」だということである（300a–c）。単独者支配であれ、少数者支配であれ、多数者支配であれ、それらが模倣国制であるかぎり、その統治の第一の原則は、法の至上権（ＲＬ①）でなければならない（300d–301a）。なぜなら、それら模倣国制の優劣は、かの唯一正当な理想の国制における法をどれだけ美しく模倣しているかによって決まるからである（302b–303b）。

そして『法律』のアテナイからの客人も、「全体的な徳」の指導者である「知性」をまずは立法の最高原理だと考えている（I. 631b–d）。いかなる法律も規則も、けっして知識にまさるものではない。そして「知性」というものは、もしもそれが自然本性に即してほんとうに真正なものであり、自由なものであるのならば、いかなるものの従者でも奴隷でもなく、すべてのものの支配者であることが至当なのである。しかし、現実にはそのような「知性」はどこにもけっして――ほんのわずかの例外を除いて――見出されはしない。だからこそ、人間にとっては、次善の策として法律を制定し、法律に従って生きることがぜひとも必要だ（ＲＬ①）というのである（IX. 874e–875d）。このように『法律』の理想国家マグネシアの国制は「最善の国制」を範型とする「第二の国制」であり、ひとが哲人王なき世界で可能なかぎり善く生きるための具体的な道筋を示そうとするものなのである。[18]

私たちにとって注目すべきことは、アテナイからの客人が支配・被支配に関する至高の条件資格を「知性の支配」と見なしながら、これをさらに、「自らすすんで従おうとする人びとに対する、ほんらい強制によることのない法の支配」（ＲＬ③）とパラフレーズしていることである（III. 689e–690c）。人びとは「知性の行う秩序づけ」に服しながら家々をも諸国家をもととのえなければならないのだが、そのさいに人びとを実際に導くものはまさしく法なのである（IV. 713e–714a）。だからこそ、法によって正しいと語られたロゴス（原理・原則）へと子供たちを導くことが『法律』における市民教育の出発点となったのである（II. 659d）。そして市民たちがその法の正当性を吟味し（RL②）、これに本意から同意する（RL③）ためには、彼らのあいだに共同熟議の場がもたれることが要求されるだろう。さまざまな対話的行為をつうじて行われるマグネシアの市民教育は、まさにそのような共同熟議の場の形成を目差すものなのである(19)。

私たちは、本書の第十章において、『法律』の「国制と法律の保全策」として最終的に導入される「夜の会議」（νυκτερινὸς σύλλογος, XII. 960e sq.）が、かかる対話的行為との関連において「法の支配」の理念をどのように現実化しようとするものであるかを確かめることになるだろう。しかし、そこに至るまでに私たちは別のもっと長いまわり道をしなければならないのである。

註

（1）アンドキデス「第一番弁論　秘儀について」八七（髙畠純夫訳）。

（2）Ostwald（1986），523–4.

（3）Cf. 中村（1983），46–8.

（4）いわゆる「悪法問題」として好んで取り上げられる『クリトン』のソクラテスが「悪法も法である」などと発言したことは一度もない。*Pace* 井上（2015）、一二七頁以下。

（5）多くの解釈者は、この発言がアイロニーであって、アド・ホミネムな意味しかもたないと考えた。この論点をめぐる最近の論争については、Metcalf（2004），37–8 の的確な整理を参照されたい。ここではこの論争そのものには立ち入らない。

（6）50a7–8. ただし、それ以後「われわれ国法」と併称されるのは、「国家」（πόλις：50b1–2, c1, d1, 51d3–4, 7–8, e2–3, 52b2, b8–c1, c5–9, 53a4, 5）あるいは「祖国」（πατρίς：51a2, 4–5, 54c5）である。

（7）Cf. 岩田（1995），162.

（8）Cf. 田中（1998）, 189.

（9）アテナイの民主政が、たとえばペリクレスの執政に見られるように、事実上優秀者支配の側面をもっていたことに注意。

（10）'common ground of argument'（LSJ）.

（11）Adkins（1960）, 264.

（12）プラトンがシケリアの内乱の危機（前三五二年頃）にさいして書き送った『第七書簡』の言葉、「いかなる国家も、専制者たる人間たちにではなく、法にこそ隷属すべきだというのがわたしの主張（ロゴス）である」（334c）を参照。内乱の災いを断つためには、勝利者が自制心を働かせて「双方共通の法」を制定し、勝利者自らが法に服従する意志を示すことが、人びとに畏敬の念を抱かせるのである（336e-337b）。なお、本書序章一四頁、および註（36）をも参照。

（13）Cf. Morrow（1960）, 91.

（14）μετὰ τοῦ νόμου καὶ τοῦ δικαίου,『弁明』32bc.

（15）Cf.『弁明』32cd.

（16）Cf. Sealey（1987）, 146.

（17）本書序章註（35）参照。

（18）本書第六章参照。

（19）本書第十章参照。

第二章　行為のアイティアーについて

はじめに

プラトンの初期対話篇『プロタゴラス』（351b–359a）において、ソクラテスは、「快楽に負け、そのために何が最善であるかを知りながら行わない」と多くの人びとが呼ぶ情態（＝いわゆるアクラシアー）が、けっして厳密な意味で成立することはなく、じつは「最大の無知」（ἀμαθία ἡ μεγίστη, 357e2）にほかならないことを明らかにする[1]。この議論は、生命圏としての自然的世界に生きる人間の行為のアイティアー（原因・根拠）について、最初期のプラトンがどう考えたかを示す恰好のトポスとして研究者たちの注目を集めてきた。そして、いわゆるアクラシアーに対するソクラテスの否定的な態度は、後のプラトン哲学の発展のなかで修正を受け、ある意味においてはその可能性が認められるに至ったというのが、通説となっている[2]。たとえば、中期対話篇『国家』（IV. 439e–440b）のレオンティオス説話や後期対話篇『法律』のいくつかの個所[3]は、たしかにそうした変化を裏づけているようにみえるのである。

しかしながら、このことは果して右のような本質的な問題について、プラトンの立場が何か大きな変容をこうむったということを意味するのであろうか。あるいは、そこには快楽と善、知識と行為の関係をめぐって、プラトン哲学のなんらかの発展の相が現れているのであろうか。

本章においては、まず『プロタゴラス』において打ち出された行為のアイティアーをめぐる問いが、それ自体としていかなるものであったのか、そしてさらに、中期プラトン哲学のひとつの到達点である『国家』において、それがどのように問いなおされ答えられていったのかということを、プラトン哲学の原理的な一貫性に注目しながら跡づけることにする。そして最後に、行為のアイティアーに関するプラトンの考え方が、最晩年の『法律』においてはいかなる様相をみせるに至るのかを展望することにしよう。

一　『プロタゴラス』のソクラテスによるアクラシアー説批判

まず私たちは、『プロタゴラス』においてプラトンが提起した問題の意味を正確に取り押さえるために、当該個所（351b–359a）の議論の骨子を確認しておこう。この議論は、勇気と他の徳との関係を明らかにして、勇気と知識とを切り離そうとするプロタゴラスの徳論を最終的に論駁するための準備段階としての意味をもっている。[4] ソクラテスは例によって唐突に、快楽と善の関係について、プロタゴラスの見解を外診することから始める。やがて、「快楽（ἡδονή）それ自体は善（ἀγαθόν）である」という命題（以下この命題をH＝Aテシスと呼ぶ）[5] がソクラテスによって提示されるが、プロタゴラスはこれについては大衆と同じ立場から態度を保留する。そこで問題を明確化するためにソクラテスは、「知識は絶対的に行為を導くものである」という見解を提示し、これについてはプロタゴラスの同意を取りつける。そして、これと真っ向から対立する世人大衆のアクラシアー説を導入し、これを共に吟味することを提案するのである（351b–353b）。

さて、はじめのうち、プロタゴラスが大衆とともにH＝Aテシスを受け入れようとしないのは、「ある種の楽しみは悪であり、ある種の苦しみは善である」（351c3）という言葉に代表される通俗的な社会道徳の存在が、彼の念頭に置かれているからである。それは、プロタゴラスが教えると自認し（319a）、すべての市民がそれを分けもっているべきだと人びとが考えているところの「市民的な徳」（πολιτικὴ ἀρετή）にほかならない[6]。

一方、H＝Aテシスの含意をソクラテス自身はつぎのように説明する。「私の言うのは、楽しいものは、それが楽しいものであるということだけに観点を置くかぎりは、善なのではないかという意味であって、そこから何かほかのことが結果するかどうかは、問題にしない」のだと（351c4–6）[7]。この場合、「楽しい」といま判断されているものが必ずしも最終的・全体的な意味において善である必要はない。なぜなら、そのものの最終的・全体的な善悪を決定する基準はもっと別のところに存在しうるからである。「楽しいもの」は、後になって健康を害するような結果を生むかもしれないし、道徳的な観点から見れば非難を呼ぶものかもしれないのである。しかし他方において、この命題からは、その「楽しいもの」が本来のよろこびの対象たるべき真実の善である可能性が排除されているわけでもない。したがって、この命題そのものには、いかなる快楽も快楽自体としては同等の資格をもつという自然的事実以上のことは含意されてはいない、と見なければならない。それは、ここではまだ、あるものを「楽しい」と判断する主体が誰であるのかが問われていないからである。そのひとがいかなるものによろこびを感じるかによって、その善悪を判断するための観点も移動せざるをえない。すなわち、H＝Aテシスそれ自体においては、善の意味がいまだ確定されてはいないのである。

では、その判断の主体が世人大衆に定位されるとき[8]、H＝Aテシスはいかなることを含意することになるのだろうか。彼らは、あるものを善と呼ぶ場合に目を向ける究極の理由（τέλος … εἰς ὃ ἀποβλέψαντες）として、結局は快楽以外のいかなるものをも挙げることができない[9]。彼らにとって、現在の瞬間における快いあるいは苦しい行為の善悪を判断するための最終的・全体的な観点は、将来においてその行為から帰結するはずのやはり同じ快苦の大小でしかありえない。要するに、彼らの究極の目的は、より多くの快を得、苦を避けようとする限りない欲心の追求にあるのであって、彼らは自分たち自身がそのような快楽主義的エゴイズムの立場にあることを認めざるをえないのである[10]。したがって、彼らが情念によって知識が「引っぱり回される[11]」というメタファによってそのアクラシアー説を語るのは、彼らの心のなかでこのようにノモス的な道徳の観点とピュシス的な快楽主義の観点とが分ちがたく結びついているからなのであって、H＝Aテシスは、まさにこうした大衆のアンビヴァレントな心のあり方を暴き出す装置として働くのである。

そこでソクラテスは、彼らがこのような意味でH＝Aテシスを受容したことにもとづいて、次にこのテシスが彼ら自身のアクラシアー説と両立しえないことを証明してみせる（354e–355e）。H＝Aテシスの前提に立つならば、彼らが「快楽に負ける」と言っていることの実際の意味は、「より少ない善のために、より多くの悪をとる」ということにならざるをえない[12]。これはおかしなことである。なぜなら、ある行為がもたらす善（＝快）の絶対量にくらべて悪（＝苦）の絶対量の方が多いのであれば、その行為を避けるのが当然のはずだからである。かくして、善悪の価値判断はことごとく快苦の量的な超過と不足の計量に還元され、人間の生活を安全に保つものは、快楽と苦痛を正しく選択するための計量術であり、その意味において「知識」にほかならないことが結論づけられる（355e-357e）。このようにして、世人が「快楽に負ける」と呼ぶ事態は、計量の失敗という意味において「最大の無知」（ἀμαθία ἡ μεγίστη 357e2）にほかならないとされ、そのアクラシアー説は自己破産を宣告されるのである。

これがソクラテスによる大衆のアクラシアー説に対する批判の概略である。

二　行為のアイティアーとしての「市民的な徳」とその限界

さてしかし、いわゆるアクラシアーにまったく知識が関与していないのだとすれば、心のうちなる葛藤の自然的現実はいかに理解されるべきなのであろうか。また、いわゆるアクラシアー行為を実際に根拠づけているものは、いったい何なのであろうか。そこで注意しなければならないことは、ソクラテスが最終的に提起するアクラシアーの批判的記述において、一般に人間はその本性において、みずからの知識はもちろんのこと、その思わくに反してすら行為することはないとされていることである[13]。要するに、ソクラテスの主張は、思わくから区別された知識の何か特別の力に依存するものではない[14]。むしろ、ひとの行為を動機づけ、その選択の根拠となっているものは、行為者にとってそうするのが善いと思われることであると、彼は主張するのである。プロタゴラスの徳論を最終的に論駁する議論（358d-359a）においてソクラテスは、「恐怖」をまさに思わくとして「悪い事柄への一種の予期」（προσδοκίαν τινα κακοῦ）と特徴づけることで、この主張をさらに明確に打ち出している。したがって、もしも誰かがある行為を最善と思っていながら、恐怖のために行為しないとするなら、そのことが実際に意味しているのは、その行為の結果として予期される悪（＝苦）が予期される善（＝快）を凌駕していると彼が思っているということであり、それゆえにまた、その行為が善（＝快）ではなく悪（＝苦）であると彼が思っているということなのである。

かくて、一般に、人間はその自然本性から見て、善をさしおいて悪と信じるものの方へ行こうとするようなことはない。人間のあらゆる行為をいわば自然本性的に根拠づけているものは、その行為が自分にとってよいという判断にほかならない。それゆえ、たしかに『ゴルギアス』（466de）のソクラテスが主張するように、ひとは実際の行為においては、かならずや自分がこれでよいと思ったこと（ἃ δοκεῖ αὐτῷ）をするものである。しかし、それは必ずしも、その人が本当に望んでいること（ἃ βούλεται）とそのまま一致することはないし、この不一致は、かれが無知であるほど大きいのである。このような意味において、『プロタゴラス』のソクラテスは、大衆が「知識と情念の葛藤」というメタファによって説明しようとしたアンビヴァレントな心のあり方が、結局はどちらが快いのかを計量する「思わくの葛藤」でしかないことを明らかにする。[15]否、それはまったく葛藤ですらないかもしれない。彼らは道徳的な観点から「悪いと知りつつ」と語りながら、結局、実際に自分のとっている行為が自分自身にとって善い（＝快い）ものであると思いこんでいることが露呈せざるをえないからである。このようにして、『プロタゴラス』においては、価値的な判断ないしは意志が一元化され、そのことによってアクラシアー問題はいわば解消されるに至るのである。

さて、もしも大衆が認めるような意味で快楽が善であるのならば、人間にとって、こうした思わくにもとづく誤った選択を避ける途は、たしかに「快楽の計量術」というアイロニーに満ちた知識でしかありえないであろう。しかし、この計量術として仮設される知識は、もしもその大前提となるH＝Aテシスにおける

「快楽」が、本来のよろこびの対象とされるべき真実の善を意味するものでなかったならば、ピュシス的な快楽主義の観点にもとづく打算と習慣づけに解消される危険をつねにはらんでいると言わねばならないであろう。なぜなら、こうした打算に還元されうる「市民的な徳」は、『パイドン』（68e–69c）のソクラテスが主張するように、より大きな快を得るためにより小さな快を控えるという一種の放縦による「節制」の発露に過ぎないからである。快苦それ自体をあたかも貨幣のごとくあつかう交換は、けっして「真実の徳」（ἀληθὴς ἀρετή）を得るための正しい交換ではない。むしろ、真正の価値をもった貨幣である「知」（φρόνησις）を媒介として交換が行なわれてこそ、快苦その他の情念からの浄化をつうじて「真実の徳」が得られるのである。それゆえ、快苦の計量術は、その計量の基準となる「快＝善」とは何であるかについて徹底的な吟味を受けていないかぎり、単なる自然的快楽の量的大小を計る打算的な思わく以上のものとはなりえない。

また事実たしかに、『メノン』（98c–99b）において逆説的に語られているように、現実の政治的活動（πολιτικὴ πρᾶξις）において一つひとつの行為を正しく導いているもの（＝「市民的な徳」）は、知識ではなく、せいぜいのところ正しい思わくにすぎないのかもしれない。しかし、そのような正しい思わくが永続的な有益性をもった知識（ἐπιστήμη）となるためには、アイティアー（原因・根拠）の思考（αἰτίας λογισμός）によってそれが縛りつけられなくてはならないのである（97c–98c）。

かくて、行為のアイティアーをめぐるプラトン初期の思考をこのように俯瞰するとき、私たちは、「徳それ自体がそもそも何であるか」という『プロタゴラス』最後のアポリアー（360e8, 361c5）のなかに、真実の善とは何かという問いかけを明瞭に聴きとることができるであろう。要するに、「市民的な徳」が打算的な思わくに堕することなく本当の意味で善き行為のアイティアーとなるためには、その徳を根底から支えるべきものとして、真実の善についての知識がさらに要請されざるをえないのである。

はたしてプラトンは、『国家』においてそのような要請にどう応えていくのであろうか。

三　『国家』における魂の三区分説導入の意義

さて、『国家』第Ⅱ巻（357a–358e）においてプラトンは、こうした大衆の「市民的な徳」に対する見方を善の意味分析にもとづいて定位しなおし、真実の善を志向するソクラテスの立場をそれとの明確な対比の下に顕在化しようとしている。まず、体育や従軍や治療のようなつらいけれども利益になる行為は、ここでも『プロタゴラス』（354a）におけるのと同様、「それ自体のために（p）ではなく、そこから生じる結果のゆえに（q）もちたいと願うもの」（＝¬p＆q、強調筆者）に分類される。そして多くの人びとは、「市民的な徳」を代表する正義をもそのようなものの一種だと思っているのに対して、ソクラテスは、正義とは善いもののなかでもいちばん立派な種類のもの、つまり「それ自体のためにも、そこから生じる結果のゆえにも愛するようなもの」（＝p＆q）であるとみなす。これによって、両者の対立の要となるpの条件を正義が満たしているかどうかの考察、すなわち、（A）正義がいったい何であり、（B）それが魂のうちにあるとき純粋にそれ自体としてどのような力をもつものなのかを明らかにすることが、『国家』の課題として規定されるのである。そして、魂の三区分説（IV. 431c–444a）が導入される直接の目的は、この（A）の考察を実現し（B）の考察に備えるために、国家のなかに見いだされた正義のあり方が、個人の場合にも当てはまることを承認しようとするところにある。

そこでまずプラトンは、『プロタゴラス』（358c）において無知と同定された「自己自身に負ける」という大衆の用語法のおかしさを、『国家』（430e–431b）ではまさに魂のなかで対立する二つの部分を想定することによって理解しようとする。[16] これによって彼は、大衆が単なる口実として用いた「情念に打ち負かされる」というメタファを、正しく理解し記述しなおそうとしているのである。ところで、『国家』においては、魂の〈正義〉を国家のそれとつき合わせ擦り合わせて、輝き出させることが要求されている（434e–435a）。したがって、国家にとっては内乱状態というものがそこから社会的正義が実現されていくべき現実であったのと同じように、人間個人についても、魂の内なる葛藤というものをまず事実として認めた上で、魂の〈正義〉がそこにどう実現されるのかを示すことが求められるのである。そうすることによってこそ、プラトンは、「市民的な徳」としての正義がそれ自体として愛し求められるべき善きものである（＝p）ということを、大衆に向けて説得することができたのである。かくて、魂の三区分説は、「市民的な徳」のあるべきかたちを外的な行為としてではなく、魂の内なる状態として理解し記述するための理論的な枠組として導入されるのである。

そこで注目すべきは、魂の三区分説がまさに三区分でなければならない理由、すなわち〈気概の部分〉が区別されることの意味である。なぜなら、この部分の存在は、ある意味においてアクラシアーの記述を可能なものにするとともに、魂の内乱が克服される道を示す重要なメルクマールともなっているからである。

さて、レオンティオス説話（439e–440a）において〈欲望的部分〉との闘争に打ち負かされるのは、直接的には〈気概の部分〉であるが、この部分はあくまでも理性の味方となって戦うのであるから、事実上の敗北者は明らかに〈ロゴス的部分〉である。しかしこれによって、プラトンが知識と行為に関する基本的立場を変更したと考えるなら、プラトンの意図を読み違えることになるだろう。[17] この魂のうちなる闘争のイメージは、明らかに国家の内乱のあり方と重ね合せて理解されねばならない。対外戦争を本務とする戦士階層が、外敵に対してだけでなく内なる同胞に対しても国家を守護する全き意味での〈守護者〉（＝支配者）として鍛え上げられるのは、彼らが「国家に最善のことをなさねばならないという考え（δόξα）」を説得や忘却や情念によって奪い去られることがないかどうかをきびしく吟味されることによってであった。このとき、それまで守護者と呼ばれてきた若者たちは、支配者たちの決めた考えに協力する〈補助者〉と呼ばれるに至るのである（III. 412b–414b）。したがって、魂の三区分説においてもこれにまったく対応するかたちで、〈気概の部分〉が〈ロゴス的部分〉の補助者であることを本性とする第三の種族として区別し出されるわけである（IV. 441a）。

私たちはここで、『プロタゴラス』の場合のように、価値的な判断ないしは意志が一元化されていないことに注意しよう。要するに、〈欲望的部分〉の判断――屍を見たいというレオンティオスの意志――はすでに成立してしまっている。そして、これに対抗しこれを制御するための闘いにおいて、〈気概の部分〉は、〈ロゴス的部分〉の補助者としてその判断を保持し、実際に戦うことを要請されているのである。判断と判断の対立が明確化され、正しい判断が欲望によって打ち負かされるかぎりにおいて、いわゆるアクラシアー情態が記述可能なものになっている。

だが、ここで欲望に打ち負かされる「正しい思わく」は、あくまでも魂の〈ロゴス的部分〉に帰せられるものである。『プロタゴラス』のソクラテスならば、レオンティオスに対して「おまえは結局その屍を見るほうが善いと思っているのだ」と言うことだろう。なぜなら、『国家』（IV. 438a）において、欲望そのものの対象が無差別にすべて善いものであるという考え方が排除されたとき、「すべての人間はみな善いものを欲求する」という命題までが否定されたわけではなかったのだ。その場合の欲求の主体は、魂の部分ではなく一個の全体的な人間だからである。もちろん、「善をさしおいて悪と信じるものの方へ行こうとするようなことはもともと人間の本性にはない」というソクラテスの立場（『プロタゴラス』358cd）も排除されてはいない(18)。かくてプラトンは、けっしてその原理的な立場を変更したのではなく、魂のうちなる葛藤の現実を積極的に認め、これをいかに克服すべきかを明示するために、魂の三区分という新たな観点を導入したのである。

では、ひとはこのようなアクラシアーをどのようにして克服できるのだろうか。魂のうちなる葛藤状態において、実際に〈欲望的部分〉と戦うべき〈気概の部分〉の存在が明確にされることによって、〈ロゴス的部分〉と〈気概の部分〉のそれぞれにふさわしい教育のあり方が鮮明に浮かび上がってくる。まず、ひとは、その魂の〈ロゴス的部分〉が「三つの部分のそれぞれにとって、またそれらの部分からなる自分たちの共同体全体にとって、何が利益になるかということの知識を自分の内にもつ」ことによって、「知恵」ある人となる（442c）。また、ひとが「勇気」ある人となるのは、その魂の〈気概の部分〉が「さまざまの苦痛と快楽のただ中にあって、恐れてしかるべきものとそうでないものについて〈理性〉が告げた指令を守り通す」ことによってである（442bc）。そしてさらに、「魂の各部分のあいだで、〈ロゴス的部分〉こそが支配すべきであることに意見が一致して、この支配者に対して内乱を起さない」ことによって、ひとは「節制」ある人となる（442cd）。ひとがアクラシアーを克服する道は、魂の三区分説によってこのように捉え直された「市民的な徳」を獲得することによって拓かれるのである。

「市民的な徳」が感情教育をつうじて実現されるという視点は、たしかにプロタゴラスにも共有されていた。[19] しかし、私たちが注意しなければならないのは、『プロタゴラス』においてはいわゆる「市民的な徳」が正しい思わくでしかなかったということである。それは、いかに正しいものであっても、思わくであるかぎり、快苦の打算へと堕落する危険性をけっして免れることはできないだろう。ひとは、いかにしてこのような「市民的な徳」の本質的な限界性を克服して、真の意味での自律的自由を実現することができるのであろうか。この問いに答えるための鍵を握っているものが、じつは、魂の〈正義〉なのである。

四　行為のアイティアーとしての「真実の徳」

ソクラテスはまず、魂の〈正義〉と国家のそれとの対応関係を暗示した上で、かの国家と同じような生まれつきと養育を受けた人間が、通念上「不正」とされている行為をけっしてとることはないということを確認する。そして、そのような人間の正しい行為のアイティオン（原因・理由）は、まさしく「彼の内なるそれぞれの部分が、支配することと支配されることについて、それぞれ自分の分を守っていること」以外にはありえないと主張するのである（442d–443b）。さて、ここで私たちが耳を傾けねばならないのは、このようにして〈節制〉と調和を実現した「完全な意味での一人の人間」（443e1）にとって、知識と行為が関係づけられるつぎの言葉である。すなわち彼は、いかなる行為をとるにあたっても、

「いま言ったような魂の状態を保全するような、またそれをつくり出すのに役立つような行為をこそ、正しく美しい行為と考えてそう呼び、そしてまさにそのような行為を監督指揮する知識のことを知恵（σοφία）と考えてそう呼

ぶわけだ。逆に、そのような魂のあり方をいつも解体させるような行為は、不正な行為と考えてそう呼び、またそのような行為を監督指揮する思わくのことは、無知（ἀμαθία）と考えてそう呼ぶのである。」（443e4–444a2）

この言葉は、一面においては明らかに『プロタゴラス』のソクラテスの立場を受け継ぐものである。なぜなら、魂の内なる調和が解体させられた情態とは、いわゆるアクラシアーの情態にほかならず、そのような行為をもたらす思わくが、まさに「無知」と命名されているからである。だがしかし、この無知に対立する「知恵」――魂のうちなる調和を保全し、つくり出すのに役立つような行為を最終的に根拠づけるべき知識――とは、いったい何なのであろうか。

たしかにここに至るまで、「市民的な徳」としての「知恵」のあり方は、あくまでも魂の三区分説の枠組みのなかでのみ理解される〈ロゴス的部分〉の働き、すなわち、魂全体のために配慮し支配するという仕事との関わりにおいて決定されていた（442c, cf. 428a–429a）。しかし、この「三つの部分それぞれにとって、またそれらの部分からなる自分たちの共同体全体にとって、何が利益になるかということの知識」（442c6–8）を、哲学と知性なしにもっぱら習慣と訓練から生まれる「市民的な徳」のレヴェルにおいて把握することはできるのだろうか。[20] ここで私たちが想起しなければならないのは、プラトンが、徳とは何であるのかをできるかぎりよく見てとるためには別のもっと長い道が必要であると、明確に断っていたことである（435d, cf. VI. 504ab）。要するに、「市民的な徳」はけっしてそれだけで自足することはできないのであって、〈ロゴス的部分〉と〈気概の部分〉の養育による〈欲望的部分〉の統御という三区分説の図柄は、「真実の徳」を実現するためのいわば前提条件を示すものにすぎない。多くの部分であることをやめて本当の意味での自己自身になりきった人間が、一個の魂として志向すべき知のあり方は、三区分説の枠組の中だけでは解き明かすことのできないものなのである。

ここに哲人統治論が、そしてこれを根底から支える「知識／ドクサ」論（V. 474c–480）が導入されるべき必然性があった。[21]「美」や「正」に関する大衆の雑多な通念をもって「知恵」と称するソフィスト（VI. 493a）のような実際政治家たちは、じつは、〈ありかつあらぬもの〉でしかない日常的な経験世界の現実を〈純粋にあるもの〉と思いこむために、いつまでも真の判断根拠をもつことなくさまよいつづける「思わく愛好者」にすぎない。真の哲学者は、そのような思いこみを脱し（＝不知の自覚）、むしろその思わくを機縁として〈純粋にあるもの〉を想起すること（＝魂の向け変え）によって、明確な判断基準を獲得しようとするのである。そして、この真の判断根拠がかの「学ぶべき最大のもの」（μέγιστον μάθημα 505a）――〈善〉のイデア――であることは言うまでもない。

国家と国法を守護する者は、その本分を全うするために、第Ⅱ～Ⅲ巻における感情教育に加えてさらに第Ⅵ～Ⅶ巻における知性教育の道を歩まねばならない。それは、「すべての魂がそれを追い求め、それのためにこそあらゆる行為をなすところのもの」（505de）、即ち、あらゆる行為のアイティアーとしての〈善〉のイデアの認識を究極の到達点とするディアレクティケーの行程にほかならないのである。かくして、プラトンが最善と認めた国家のモデルが現実のものとなって国家の正義が実現するためには、哲学者が、そのような絶対的な判断基準としての〈善〉のイデアへの眼差しをつねに保ちながら、自己自身のうちに魂の正義をつくりだすだけでなく、人びとの品性のなかにイデアの似像としての「市民的な徳」をつくりこむという仕事を、ひとつの強制的な義務として課せられる（500d）のでなくてはならない。このように、知性そのものになりきろうとする哲学者の魂こそが「真実の徳」の成立するべき場なのであって、彼は、〈善〉のイデアの知に支えられている以上、その行為においてけっして誤ることはないのである。

かくて、『プロタゴラス』において提起された行為のアイティアーをめぐる問いは、国家論という大きな枠組のなかで、人間の魂の善さとしての「市民的な徳」のあるべきかたちと、それを究極において支えるべき「真実の徳」のあり方とを追究するという仕方で答えられた。ここにおいて、『プロタゴラス』におけるソクラテスの知性主義的な立場は、新たな視点にもとづいて、むしろその強固な基盤を与えられたと言えるであろう。

それでは、そのような『国家』の道筋は、プラトン最後期の『法律』においていかなる様相を示すに至るのであろうか。

五　展望――『法律』におけるアクラシアーとその克服

さて、『法律』第Ⅰ～Ⅱ巻における教育論と第Ⅶ巻における養育と教育に関する規則の趣旨は、快楽と苦痛を正しくしつける感情教育によって「市民的な徳」を涵養しようとするものであるという点において、『国家』第Ⅱ～Ⅲ巻における音楽・文藝論のそれとほぼ一致するものと言えよう。[22] ただ、『国家』においては、この感情教育が守護者教育の前段階としての役割を強調されていたのに対して、[23]『法律』においては、それがあくまでも広く国民一般に強制されるものとされていることは注目に値する。[24] これは、酒宴のような風習を立派に立て直すことや、胎教に始まる乳幼児期教育の重要性への新たな着眼を考え合わせると、「欲望」そのものに対する直接的な教育へのプラトンの具体的な取り組みとみることができるであろう[25]。おそらく、『国家』の感情教育において強調されていた〈ロゴス的部分〉と〈気概の部分〉の養育による〈欲望的部分〉の「統御」への関心が、ここではむしろ〈欲望的部分〉そのものの習慣づけによる〈ロゴス的部分〉との「協調」へと向けられているのではないか[26]。

『法律』第I巻における立法の目的の探究過程で、アテナイからの客人は、まさにソクラテス的なアクラシアー批判をきっかけとして、対話法的行程の方向を上方へと転換したのだった[27]。そして、立法者がそれを目的としていっさいの法を定めるべき「最善のもの」(τὸ ἄριστον, 628c)とは、対外戦争での勝利や内乱における勝利ですらなく、むしろ、国家内部に「友愛」と「平和」が生じることだった(626e–628c)。だからこそ、『法律』における立法者の課題は、守護者の任命に先立って、すべての市民の魂のうちに「全体的な徳」を実現させることを目的として法律を制定することなのである(631d–632d)。それはまさに、真の意味での自由への教育にほかならない。そして、その教育がめざす「全体的な徳」のあり方とは、「快苦愛憎の正しい習慣づけによる理知との協調」という仕方で実現される「真なる思わく」の形成なのである(II. 653a–c)[28]。

したがって、『法律』のいくつかの個所でいわゆるアクラシアーの成立が認められるようにみえるときのその意味内包は、基本的に『国家』の場合と同じであると思われる。いくつかの問題個所の基本的な診断を示しておこう。

(1)[III. 689a–d:いかなる立法が国家を幸福にするのかを明らかにするための歴史的考察の過程で] ドリア三国を破滅に追いやった最大の原因は「最大の無知」、すなわち「快楽と苦痛が、理にかなった思わくとのあいだできたす不調和」であり、この意味での無知な市民には、たとえ彼らがいかに利害打算にたけていようとも、けっして国家の支配権を委ねてはならない。

人びとがこのようなアクラシアー情態におちいるのは、自らの魂のうちに「全体的な徳」がいまだ実現されていないことの証しである。「理にかなった思わく」が行為のアイティアーとなりえないとすれば、そのひとはまさに「知らないことを知っていると思いこむ」という意味で「最大の無知」に陥っていることになるだろう。だからこそ、徳をめざしての子供の頃からの教育、すなわち、正義をもって支配し支配されるすべを心得た「完全な市民」となることを求め憧れるひとをつくりあげることが求められる（643e）。いわゆるアクラシアーの克服は、「市民的な徳」の形成をつうじて立法の目的である「知慮」と「自由」を実現するための、市民教育の第一目的なのである。

(2)〔IX. 863a–864a：刑法原論における「正」「不正」の定義〕　最善を考える分別の心（ἡ τοῦ ἀρίστου δόξα）がそれぞれの魂のうちで優位にたち、一人の人間を全体として秩序づけるに至ったならば、たとえ何か間違いをおかすことがあっても、そのような仕方で為されることと、そういった支配に服している各人の魂の状態とは、すべて「正しい」。

ここで、「不正」が魂の内的状態として定義され、外的な行為としての「加害」から区別されるのは、「不正」に対してのみ教育的治療としての刑罰を科するという仕方で、「市民的な徳」の形成を目的とする立法が具体化されようとしているからである。「最善を考える分別の心」が「一人の人間を全体として秩序づけるに至った」とき、そのひとの魂のあり方は、「快楽」と「激情」の暴力的な専制支配（＝「最大の無知」）をけっして許さないだろう。したがって、たとえ「単純な無知」を原因とする「加害」行為という「間違い」をおかすことがあっても、それはけっして「不正」ではない。ここで扱われている「間違い」とは、いわゆるアクラシアーではなく「非自発的な行為」に過ぎないのである(29)。

(3)［IX. 874e–875d：人間にとって秩序と法が必要である理由の考察］ たとえ誰かが、真の政治術の認識を技術として十分に把握するようなことがあっても、そのあとで、専制君主として国家を支配するようなことになると、結局のところ死すべき人間の本性が彼を快楽の追求に駆り立てることによって、彼はその信念(δόγμα)のうちにとどまることができないかもしれない。

ここに描かれる事態は、たしかにいわゆるアクラシアーの状況であるが、この人の技術的認識のあり方は、あくまでも信念のレヴェルにとどまっている。それどころか、「市民的な徳」をさえ生まれながらにしてもっている者は誰もいない。だからこそ、人間にとって法を定めることが必要になる。したがって、もしも制定された法に従うことをせず、「市民的な徳」の涵養につとめないのであれば、いかなる技術的認識をも正しく行為に結び付けることができないのは当然である。

さてしかし、『法律』第Ⅻ巻末尾において、「国制と法律を保全するための守護者」として「夜の会議」の構成員となるための条件が問題となるとき(968ab)、こうした通常の「市民的な徳」(δημοσίαις ἀρεταῖς, a2)を具えていることだけが、その十分な条件であるとプラトンが考えていないことはもちろんである(30)。国制と法律を保全しようとする者が、既成の法と秩序のなかで形成された思わくのレヴェルにとどまることは許されない。第Ⅻ巻（965b–968b）において「夜の会議」のメンバーに要求される「より厳密な教育」（ἀκριβεστέρα παιδεία, 965b1）は、その意味でまさに『国家』の哲人王教育に相当するものである。彼らは、まず、すべての法の唯一の目標である徳の全体がいかなる意味で一つのものであるのかを知るために、「多」から「一」へとむかうディアレクティケーの行程に進まなければならない。そしてさらに、第Ⅹ巻の無神論批判において真剣に仕上げられたような魂論と知性論を中核とする神学的知識を身につけることは、単に法律の条文に従っているだけでも大目に見られる――「市民的な徳」のレヴェルにある――大多数の市民たちから、彼らを区別する究極のメルクマールなのである（966c）。

かくて、『プロタゴラス』において提起された行為のアイティアーをめぐる問いは、『国家』においても『法律』においても、国家論という大きな枠組みのなかで、人間の魂の善さとしての「市民的な徳」のあるべきかたちと、それを究極において支えるべき〈善〉の認識、すなわち「真実の徳」のあり方を追究するという仕方で問いなおされたわけである。そして、この問いに答えるにさいして、『国家』では守護者教育と哲人王教育の視点から、支配するべき人間の行為を根拠づける「知」のあり方に視線が注がれたのに対して、『法律』ではさらに、主として市民教育の視点から、哲人王不在の国家における人びとの行為を根拠づける「理知分別」（λογισμός I. 644a–645b）としての法律のあり方にまで視野が広げられたとみてよいだろう。

このようにして、プラトンは、「真実の徳」としての「知性」への絶対的な信頼を堅持しながら、それぞれの対話篇において、それぞれの内的必然性にもとづいて、本当の意味で行為のアイティアーとなるべき真実の善が、いかにして国家と個人の魂のうちに実現されるのかを問いつづけたのである。

本書の第四章においては、このような哲学的人間学にもとづく人間形成の構想が、市民教育の視点からプラトンの政治哲学をどのように根拠づけることになるのかを詳しく見ることになるだろう。しかし、私たちはそれに先だって次章では、前述の『国家』における「知識／ドクサ」論の分析を試みなければならない。プラトンが真の哲学者の自然本性をいかなる仕方で、どのようなものと規定しているのかを見ることによって、彼が真の実践と観想をいかなる意味において一体化しようとしているのかを確かめておく必要があるからである。

註

（1）以下、この情態のことを「いわゆるアクラシアー（無抑制）」と呼ぶ。
（2）Cf. e. g. Irwin（1977), 191, 224；Charlton（1988), 26；Gosling（1990), 21；Taylor（1991), 203.
（3）E.g. III. 689ab, IX. 863a–e, 875a–d.
（4）Cf. 353b, 359ab.
（5）H＝Aテシスをソクラテス自身が受け入れているかどうかの問題については、Zeyl（1989), 5–25が論点を明確に整理している。
（6）322e–323a, cf. 324a, 324d–325a.「市民的な徳」の観念は、プラトンにとって、「真実の徳」との対比のもとに捉えられるべき重要な観念であった（cf.『ソクラテスの弁明』20b：『パイドン』82ab：『国家』IV. 430c, VI. 500d：『法律』XII. 968a）。なお、『国家』（430c）に対する藤澤令夫の訳註はきわめて示唆に富む。
（7）この命題の含意の可能性については、Spitzley（1992), 8–25の考察が周到である。
（8）ὑμῖν「君たち」353c5.
（9）Cf.353e5–4a1, b5–c3, d1–4. ただし、プラトン中期の対話篇『国家』のソクラテスにとって、何かを善と呼ぶにさいして眼を向ける究極の目的（τέλος … εἰς αὐτὸ ἀποβλέψαι）とは、〈善〉のイデア以外の何ものでもありえない（『国家』VII. 540a）。

（10）このとき、ソクラテスが大衆を相手に想像上の説得をしているにもかかわらず、プロタゴラスは、自分自身が吟味されているかのような錯覚にとらわれた答え方をしてしまっていることに注意（Συνέδοκει 354c5, Ἀληθῆ λέγεις e2）。

（11）Cf. περιελκομένης 352c2.

（12）355e2–3. なお、この個所の解釈については、cf. Frede（1991）, 52, n.61.

（13）Cf. οἰόμενος 358b7；οἴεται c7, d1.

（14）Cf. アリストテレス『ニコマコス倫理学』H3.1146b24–31. Taylor（ibid., 202–3）はプラトンの真意を測りかねている。この点を理解するには、Frede（ibid. xxix）の観察が有益である。

（15）358c1–3において、これまでの「快楽に負ける」という表現が「自己自身に負ける」という表現に置き換えられていること（cf. Adam（1928）, 189–90）は、ソクラテス自身がすでに心のうちなる葛藤を事実として認めていることを意味する（contra Dodds（1959）, 293–4）。

（16）前註（15）参照。

（17）たとえば、Penner（1971）, 96–118のように。彼が後に、Penner（1990）, 35–74において、『プロタゴラス』のソクラテス説を再評価する方向へむかうのは皮肉な結果というべきか。

（18）*Pace* Penner（1971）, 96, 106；cf.『国家』II. 382ab, III. 412e–3a, IX. 589c.

（19）Cf.『プロタゴラス』351b.

（20）Cf.『パイドン』82ab,『国家』X. 619cd.

（21）この個所における知識論の哲学的意義と『国家』全体への位置づけについては、本書第三章において考察する。

（22）『法律』I. 643c–e, II. 653a–d, 659d；『国家』III. 401b–402a. それぞれの対話篇の文藝論の評価については、藤澤（1956, 37sq.）を参照。

（23）『国家』II. 376cd. cf. IV. 411e–412a.

(24)『法律』VII. 804d.

(25)『法律』I. 637d sq.; VII. 788c sq. Cf. Walsh（1963）, 54.

(26)藤澤（1984, 80）が三区分説に認めた「協調の観念」は、ここにおいて徹底化されていると言えよう。

(27)本書序章三の2節（特に二三頁）参照。

(28)もっとも、「知慮」や確固とした「真なる思わく」は、「せめて老年においてなりとひとにそなわれば、もってその人は幸運とすべきもの」とされている（653a7sq.）。

(29)『法律』のこの個所における犯罪の原因分析については、本書の第九章において詳しく分析する。また、863cにおいて下位区分された「単純な無知」による行為は、アリストテレスのアクラシアー論において、個別的な前提の知識が「所有」されていない場合の行為に相当するものと思われる（cf. 拙稿、1992, 127）。

(30)「夜の会議」の存在意義そのものについては、本書第十章において考察する。

第三章　哲学はなぜ現実に対して力をもちうるのか

一　哲人統治論を根拠づけるもの

『国家』第Ⅴ巻から第Ⅶ巻にかけて大規模に展開される「哲人統治論」は、プラトンが最善の国制と認めた国家のモデルが、（Ⅰ）果して実現可能なのか、そして（Ⅱ）実現可能だとすればいかなる仕方においてなのか、という二つの問い（V. 471c）に答えようとするものである。この「第三の大浪」と称される二つの問いに対して、プラトンはまず、

（Ⅰ）哲学者の自然本性が国家統治に適しいものであることをその強硬な反対者に対して穏かに説得することによって、最善の国制が哲人統治においてこそ実現されうるものであることを示し（474c–VI. 502c）、

さらに

（Ⅱ）哲人王たるべき者が学ばねばならない最大のもの、すなわち〈善〉のイデアのあり方を、「太陽」「線分」「洞窟」という三つの比喩をつうじて見定めることによって、哲学という営みの自然本性がひとの魂の内に一つひとつ刻まれ受容されていく過程を示す（502c–VII. 541b）

という仕方で答えている。

本章の目的は、この「哲人統治論」が語り始められる最初の個所で展開される「知識／ドクサ」論（V. 474c–480）において、プラトンが真の哲学者の自然本性をいかなる仕方でどのようなものと規定しているのかを明らかにすることによって、プラトンの知識論がもつ特質の一端を窺うことにある。

そこでまず、この個所をめぐって提起されてきた一つの問題を再確認することによって考察を始めることにしたい[1]。その問題は、まさに「知識／ドクサ」論の大部分をなす議論、すなわちイデアの存在を認めない人びとに対して、彼らが知識を有する者ではなく単に思わくしている者にすぎないことを説得して認めさせようとする議論（476d–480）に関わりをもっている。そこにおいてプラトンは、イデア論を前提としない形で、ごく一般的な「能力」（δύναμις）の概念を導入することによって、「知識」（ἐπιστήμη）は「純粋にあるもの」（τὸ εἰλικρινῶς ὄν）を対象とする能力であるのに対して、「思わく」（δόξα）は「ありかつあらぬもの」（τὸ ὄν τε καὶ μὴ ὄν）と定式化されうる雑多な感覚的事物事象を対象とする能力であることを結論づけている。

だが、もしもこのように知識の対象が思わくの対象から截然と区別され、しかも後者については知識が成立しえないのだとすれば、「洞窟」の内部で国家統治の任につくべき哲学者の有する知識が、なぜ「全体としての国家自身のために、対他的・対自的な諸問題への最善の対処法を考慮する知識」（428d）でありうるのかが問われるであろう。たとえ、一般の実際政治家が単に思わくする者にすぎないことが万人に受け容れられても、「洞窟」の内部には「思わく」しか成立しえないのであれば、経験を十二分に積んだすぐれた実践家が哲人王に劣らずその職務を全うしうる可能性は認められなければならないからである。つまりそこには、哲学と政治、あるいは観想と実践の関係をめぐってプラトン哲学の根幹に関わる問題が伏在しているのである。この問題を看過してプラトンの知識論はもちろん、彼の政治哲学ひいては哲学一般について論ずることは許されないであろう。

ところで「哲人統治論」を構成する（I）の議論が強硬な反対者に対する説得の形をとっていることはすでに述べた。そしてそのこと自体、「哲学」というものが政治実践の世界にどれほどの力をもちうるかについての当時の一般的な見方が、『ゴルギアス』におけるカリクレスの言説に代表されるような極めて否定的なものであったことを示唆するものである。とすれば、プラトンがこの「哲人統治論」の出発点において真の哲学者の魂のあり方を規定しようとするとき、彼はすでに上記のような問題を十分に意識していたとみなければならないであろう。そもそも「哲人統治論」が導入されたこと自体が、むしろ、国家がそのモデルにできるだけ近い仕方で実際に治められうるための最小限の変革のあり方を示すことによって、観想と実践との乖離を哲学という営みにおいて繋ぎとめることを意図してのことであった(2)。そして、真の観想のあり方がいかなるものであり、それが真の実践とどのような関係をもつものであるのかについてのプラトンの最終的な立場は、後に「洞窟」の比喩をつうじて明確に示されることになるのである。しかしそのためには、彼はまずこの「知識／ドクサ」論において本当の意味で知っているとはどういうことなのかを見定めることによって、彼自身の哲学の立場を根源的な仕方で擁護すると共に、当時の現実政治そのものに、そしてこれを支える大衆の通念への志向性に、真っ向から立ち向うための盤石の立脚点を築かねばならなかったのである。

では、このような背景の下におかれたとき「知識／ドクサ」論はプラトンの知識論にとっていかなる意味をもちうるのであろうか。

二 『国家』における「知識／ドクサ」論の背景とその概要

真の哲学者とは、ただ単に見ることを愛する者（φιλοθεάμον）ではなく、真実を観ることを愛する者である（475de）。この言葉には、真の観想（θεωρία）のあり方を透し出そうとするプラトンの意図が読みとれる。彼はまず、中期イデア論の基本思想に立って、この擬似哲学者として立ち現れた「見物好きの連中」の生と真の哲学者の生とを対比し、その上でこの対比に「知」と「思わく」という精神のあり方（διάνοια）の区別を重ね合わせている（475e–476d）。

ここで私たちは、この「見物好きの連中」の存在が、哲学者の真のあり方を逆照する重要な役割を担っていることに注意しなければならない。彼らは、イデア論の立場からすれば、たしかに〈美〉それ自体とそれを分けもつ多くの美しい事物とのあいだにある「原物／似像」の関係を取り違えているが故に、思わくしているだけで知っているわけではないと主張されもしよう。しかし、彼ら自身の立場からすれば、「美」や「正」について多くの人びとがもつ多くの考えを十二分に心得た経験家として、自分たちこそ政治実践に有益な「知識」を有する者だという反論がなされて然るべきであろう（476d8 sq.）。じじつ、プラトン自身が彼らのことを「実践家」(476a10)、「有能な男」(479a1) と皮肉をこめて呼んでいるばかりでなく、実務経験そのものについては、それが哲人王にとっても不可欠なものであることを後に繰り返し言明してもいるのである。[3] したがって「知識／ドクサ」論におけるプラトンの知識探究が、いわゆる実践知から区別された観想知を求める方向に進められると単純に考えてはならないであろう。真の哲学者は同時に真の実践家でもなければならないからである。このことを念頭において私たちは、イデア論の基本思想を容認しない「実践家」に対する説得の議論を跡づけていくことにしよう。

さて、この議論はくり返し言うように、少なくともその出発点においてイデア論自体を前提としてもつことはできない。説得の議論である以上、それは「実践家」も明確に認めうるような前提に基づかねばならないからである。プラトンがまず原理的な仕方で「知」と「無知」に関する不動の論点を確立しようとする (476e4–477a5) のはそのためである。

ある人が知っているという場合、その人は「何か」(τί) を知っているのでなければならない (476e9)。「何でもないもの」(οὐδέν) を対象とするということは、思わくすることをも含めたいかなる認識活動についても考えることができないからである。[4] また、知るという働きは、その判断の内容あるいはその判断によって把握される事態が、じじつその通りにあることを要求する。したがって「知識」は、「あるもの」(ὄν) を対象とするのでなければならない (477a1)。

この考え方の根底にあるのは、自然哲学の伝統に対してパルメニデスがそのロゴスの立場から提起した知識成立のための根源的要請にほかならない。[5] だが、それ以上にここでは、一見したところプロタゴラス的な相対主義の立場までもがその考え方に包摂されうることに注意しなければならないであろう。[6]「個々のものが現れるがままにまたありもする」ところの日常的な生活世界に知識成立の基盤を求め、そこにおける経験的な知の優劣を重んずるこの立場は、まさしく「実践家」の立場とも重なり合うものと思われるからである。すなわち、ここで確立されようとする論点は、説得の相手である「実践家」との対話問答が成立するための共通の基盤にほかならないのである。

したがって、多くの研究者が、とくに「ある」という言葉の意味をめぐって、それがこの議論の出発点から一貫して「存在」「述定」「真理」などのいずれの意味で用いられているのかという形で論じてきたそのやり方は、必ずしも有効なものではなかったと言うべきである。[7] 少なくともここでこの言葉について語りうることは、むしろ「ある」ということそれ自体の意味が問われる場がいまだ開示されてはいないということであろう。そこへと到る道は、先の命題が「完全にあるものは完全に知られうるものであり、他方、まったくあらぬものはまったく知られえないものである」(477a3 sq) という不動の論点にまで徹底化されるとき、「知識」の対象としての「あるもの」の完全性という仕方で示唆されるのである。「実践家」があると認めるものは、果してこの完全性の要請に応えうるのであろうか。

このようにして確立された論点に立って、プラトンは、「実践家」があると認めるものがじつは「思わく」の対象にすぎないことを示すために、以下の推論の枠組をつぎのように設定している。

(a) もし何かが「ありかつあらぬ」ような状態にあるとすれば、そのものは、「純粋にあるもの」と「まったくあらぬもの」との中間に位置づけられる。(477a6–8)

(b) 「あるもの」には「知識」が対応し、他方「無知」は「あらぬもの」に対応するのならば、いま言われた中間的なものに対応するものとしては「知識」と「無知」とのやはり中間にあるようなものを求めなければならない。(477a8–b2)

この枠組に沿って彼は、まず能力としての「思わく」を「知」と「無知」との中間に位置づけ(477b3–478e6:(b)の実現)、さらにこの「思わく」に対応するものとして、「ありかつあらぬもの」と定式化されうる中間的なものが、まさに「実践家」のあると認めているものにほかならないことを証示する(478e7–479d6:(a)の実現)。そしてその結果、この中間的なものに愛着を寄せる者は「思わく愛好者」としか呼べないが、「純粋にあるもの」に愛着を寄せる者はまさに「愛知者(=哲学者)」と呼ぶことができるとされるのである(479d7–480)。これが「知識/ドクサ」論の全概要である。

三 「能力(デュナミス)」としての知識とドクサ

そこでまず(b)の枠組が実現される議論から見ていこう。何かを知っているという精神のあり方が単にそう思っている状態とは異ったものであるということは、「知識」というものの成立を認める限りは誰しも認めるところであろう。「実践家」も、自分たちの蓄積された経験が一般の人びとの思わくよりも知的優位にあり、これによって具体的な政治実践へ有効に対処できると思っているのである。こうした「実践家」の「知」への思いこみがじつはソクラテス的な意味での「不知」にほかならないことを曝き出すために、プラトンは「能力論」(477b3–d6)を導入し、「知識」と「思わく」との区別の意味を問い直しているように思われる。

この「能力」（δύναμις）という概念は、あらゆるものの働きについて「何かをなしうる」と語られるときのごく一般的な可能性を意味している。それぞれの能力は、それがいかなる対象に関わって、いかなる成果をなしとげるかということ以外に何も識別基準をもっておらず、そしてこの二つの識別基準は、それぞれの能力が同じ能力であるか別の能力であるかを判断するにさいして、一体的に働くものとされる。つまりプラトンは、能力とその対象および成果とのあいだに密接な対応関係が成立することを要請しているのである。「視覚―色―見ること」、「聴覚―音―聴くこと」といった事例を想定してみれば分かるように、能力論とは、魂のある働きを、それが現に向けられている個有の対象（領域）とそれがなしとげる個有の成果との自然本性的な関係において捉えようとする思考である。

さて、「知識」という魂の働きがこの能力論によって捉えられるのをみるとき、私たちは、初期対話篇において繰り返しソクラテスの吟味を受けてきたさまざまな技術的・専門的知識のあり方を思い浮べるのではないか。たとえば、健康についてそれを知っている者とそうでない者との区別は、「健康であること」を対象として「人を癒す」という成果をあげる医術知という能力の有無によって決定される。「健康に思われること」は、けっして「健康であること」を帰結しえないからである。つまり、能力としての技術知は、自然本性に従ってそれぞれに個有な対象に関わり、個有な成果をあげるのである。そして「実践家」が「知」と「思わく」の区別を受け容れるときのその区別のあり方も、このような能力としての技術知と多くの人びとがいだく思わくとの区別であるように思われる。彼らは、自分たちの認める対象が「正しく美しくあるもの」であり、それに関わることによって誤ることなく政治実践を達成できると考えているはずだからである。したがって、このような意味での能力としての「知識」は、「実践家」が自らの知を規定する場だと考えられるであろう。

しかし、「実践家」の政治技術が真にその名に適しいものであるのなら、それは単なる熟練や経験の域を超え出たものでなければならないであろう。すでに『ゴルギアス』（465a, 500e sq.）において基本的な方向性が示され、後に『パイドロス』の「技術論」（270a-e）において明確な輪郭が与えられているように、「およそ技術のなかでも重要であるほどのものは、ものの本性についての、空論にちかいまでの詳細な論議と、現実遊離と言われるくらいの高遠な思索とを、とくに必要とする」のである。これは要するに、その対象の自然本性とは何であるかを把握することが、技術知一般の成立要件であることを意味するのである。(8)

ただここで私たちは、プラトンが『国家』の「知識／ドクサ」論においては種々雑多な技術知とその個別的な対象領域というものにまったく言及することなく、「知識」そのものと「思わく」そのものとを、それぞれの能力がその対象とのあいだにもつ自然本性的な対応関係と、それぞれの能力がもたらす成果としての魂の認識状態の明瞭性の決定的な差異とに基づいて区別しようとしていること自体に、注目しなければならない。《「知識」とは、「あるもの」に関わって、それがどのようにあるのかを知ることを自然本性とするもの》（477b10 sq., 478a6 sq.）であるのに対して、《「思わく」は、「知」とくらべれば暗く、「無知」とくらべれば明るいもの》（478c13 sq.）であるということが同意されている。つまりここにおいてはじめて、「純粋完全な意味においてある」ということそれ自体の問われる場が拓かれるのであり、またそれに応じて、「実践家」があると認めるものが、果してこのような意味での「あるもの」であるのかどうかが問われるのである。そして、先の推論の枠組(a)を実現することが、この問題に答えることにほかならないのである。

さてプラトンは、これまで「思わく」の対象としてその存在が仮定されてきた「ありかつあらぬもの」(cf. 477a6, 478d5 sq.) が、美・醜、正・不正、そして大・小、軽・重などのそれぞれ「多くのFなるもの」として経験される個別的な事物事象であることを証示している。私たちは、これらについての「Fである／あらぬ」の判断が、人間の生の様々な場面において重大な衝突の原因となりうることを知っている。プラトンはその事実をきわめて原理的な仕方でつぎのように要約してみせるのである (479a–d)。《一般に、「多くのFなるもの」は、必ずやなんらかの仕方でFとしても、また非Fとしても現れるのであり、そのそれぞれは、純粋完全な意味においては「Fである」とも「Fであらぬ」とも呼ぶことができない。いやそればかりか、それは実際のところ「Fでありかつあらぬ」とも「Fであるのでもあらぬのでもない」とも決して固定的に考えることのできないものである》と。プラトンはこのようにして、すべての個別的な事物事象から、「知識」の対象として要求されるいっさいの確実性を剥奪し、これを「あるもの」に比べれば暗く「あらぬもの」に比べれば明るく現れる中間的なものという意味で「ありかつあらぬもの」と呼ぶのである。

この中間的なもののあり方(ありかつあらぬ方?)を十分に理解するためには、『饗宴』における〈美〉のイデアのあり方 (210e–211a) との対比や、『パイドン』における「不完全理論」(74a–75c) の検討などをつうじて、この感覚的世界のあり方をプラトンがどう捉えていたのかを考察しなければならないであろう。また、「純粋にあるもの」の実在性と、その認識の明瞭性とについては、これを究極において根拠づけている〈善〉のイデアの意味と機能をあらためて究明しなくてはならないであろう。したがってここでは、少なくとも「知識／ドクサ」論の文脈のなかで、政治実践における哲人王の優位の根拠をどう理解すればよいのかを明らかにしておくことにしよう。

四　政治実践における哲人王の優位の根拠

「多くのFなるもの」についてそれが「Fである」か「あらぬ」かの判断を下す場合、イデア論を認めない「実践家」はその判断の根拠をやはり「多くのFなるもの」のなかに求めざるをえない。しかし、その判断の根拠自体が中間的なものである以上、それを根拠にして下される判断も中間的なものであることを避けられないであろう。《「美その他について多くの人びとがもつ多くの考えというものは、「純粋にあるもの」と「純粋にあらぬもの」との中間のあたりをさまよっているものだ》（479d3-5）という言葉は、まさしくそのことを意味するものなのである。

原理的にみて、中間的なものとは、両極にあるもののあいだに位置づけられてはじめて意味をもつもののことであると考えられよう。これをその両極から切り離してまったく独立にそれ自体として把握することは不可能である。中間的なものは、両極のものに対して論理的に「より後」なのである。したがって、プラトンが「思わく」の対象を「ありかつあらぬもの」と規定したことの意味は、まず「純粋にあるもの」と「まったくあらぬもの」とがそれ自体として認定されていてはじめて、これを両者の中間にあるものとして把握することができるということにほかならないであろう。

このような仕方で「ありかつあらぬもの」の本性が把握できるとすれば、能力論に基づく「哲学者」と「実践家」との区別はつぎのように理解することができるだろう。

「実践家」は、多くの美しいものは認めるけれども、〈美〉そのものについてはその存在すら認めることができない。彼はもっぱら「ありかつあらぬもの」に関わっていながら、それが「純粋にあるもの」だと思いこんでいる。つまり彼は、自らの「思わく」をそれが中間的なものであるとの自覚の下に働かせはしないことの故に、「純粋にあるもの」を想起するための機縁として「ありかつあらぬもの」を用いることができない。したがって彼は、いつまでも真の判断の根拠をもたずにさまよいつづけ、自己の「思わく」がなぜ正しく、なぜ善いのかを問う全体的な視野に到達することができないのである。

これに対して真の「哲学者」は、Fとして判別されるところの「ありかつあらぬもの」をけっして「純粋にあるもの」と思い誤ることはない（「不知の自覚」）。彼はむしろ、その「思わく」を機縁として、「ありかつあらぬもの」が文字どおり分有している（cf. 478e2）ところの「純粋にあるもの」を想起することによって、自らの「思わく」を根拠づけようとするのである。そして彼が、たとえば〈美〉そのものとその似像である多くの美しいものとの「実物／似像」に譬えられる根拠関係を正確に把握するに到ったとき、彼の下す判断には明確な絶対的基準が存在することになる。(9) そのような絶対的基準としての「純粋にあるもの」への眼差しをつねに保ちながら、それによって根拠づけられている「ありかつあらぬもの」の世界の現実を可能なかぎり明瞭に観得しようとするその魂のあり方において、哲学者は「実践家」に対して完全な優位に立ちうるのである。

このようにして、哲学者の自然本性はその魂のあり方において根源的な仕方で規定されたのであるが、こうした哲学者の自然本性が具体的にどのような意味で国家統治の営みに適しいものであるのか、さらにまた、その自然本性がいかなる仕方で一個の魂のうちに刻まれ受容されていくのかを明らかにすることは、『国家』第Ⅵ巻以降の課題となるのである。とはいえ、哲学者が、自己自身を形づくること、すなわち人間に可能な限り神的で秩序あるところの真に正しい人となることだけでなく、自分自身が真実在の世界において目にするものを、人間たちの品性のなかに私的にも公的にも作りこむ仕事（500d）を実践しうること、このことを根底において支えているのは、「知識／ドクサ」論にほかならない。そのような仕方で、プラトンは、真の実践と真の観想が一個の魂の内に一体化される場を、哲学という営みそのものに求めたのである。

さて、私たちはこれまでのところ、プラトンのいわゆる初期から中期にかけての対話篇の分析をつうじて、行為のアイティアーとしての真実の善がいかにして国家と個人の魂のうちに実現されうるかという問題を、主として『国家』の守護者教育と哲人王教育の視点から考察してきた。次章では、このような哲学的人間学にもとづく人間形成の構想が、後期対話篇『法律』においてはどのような視点から新たに展開されていくのかを見ることにしよう。

註

（1）Cf. Annas（1981），214.
（2）Cf. 472b–473b.
（3）484c–485a, 539e–540a, cf. 520c.
（4）Cf. 478b7–11.
（5）『ソクラテス以前哲学者断片集』第二八章パルメニデス「断片」Ｂ八参照。
（6）同書第八〇章プロタゴラス「断片」Ｂ一参照。
（7）E.g. Fine（1978）.

（8） Cf.『パイドロス』270e3 sq.

（9） ただし、哲学者が「純粋にあるもの」を想起して、こうした根拠関係の把握に至るためには、「実践家」を含めた他者との対話が、否、それ以上に、魂のうちなる自己自身との徹底的な対話活動が不可欠であることは言うまでもない。

第四章　「神の操り人形」の比喩

一　プラトンの後期ペシミズム神話

絶対的な支配権力をにぎった人間が腐敗することなくありつづけられるかどうかについて、『法律』のプラトンは『国家』におけるよりもはるかに悲観的であるかにみえる。中期対話篇の『国家』では、哲人王の登場が理想の国家を実現するための「最小限の変革」（V. 473b）として要請されていた。そして、その魂が音楽文藝の教養（ムゥシケー）とねり合わされた理論的知性（ロゴス）としていったん形成されると、それは一生その人のなかに住みつづけて、徳を救い守る力となるのだった（VIII. 549b）。すなわち、『国家』の哲人王は、いわゆるアクラシアー（無抑制）におちいって、理想国家を腐敗堕落におとしいれるようなことはけっしてないのである。ところが、プラトン最晩年の大著『法律』においては事情が一変するかにみえる。たとえば、傷害罪に対する刑法の前文（IX. 874e–875d）において、アテナイからの客人は、人間にとって法を定め、法に従って生きることがどうしても必要であることの原因根拠としてつぎのような事実を語っている。

「人間のうちの誰ひとりとして、生まれながらにして、市民生活を営むうえで人間に有益なことがらを認識（γνῶναι）するだけでなく、これを認識したうえで最善のことを行為（πράττειν）する能力と意欲をつねにもちもするほど十分な自然的素質にめぐまれている者はいない。」（875a2-5）

その理由は、真の政治術が私的な利益をではなく公共の福利をこそ配慮しなければならないということの認識それ自体が、困難であるからだけではない。

「たとえだれかが、そういったことが本来そのとおりだという認識を技術のかたちで十分に把握したとしても、その後だれからも監査を受けることのない独裁者として国家の支配権をにぎることにでもなると、もはやかれはこの考えにとどまっていることはできないだろうからだ。」（875b2-5）

もちろんアテナイからの客人は、この直後に、神の配剤によって生まれながらに十分な能力をそなえた者が現れれば、彼（女）は自分自身を支配すべきいかなる法も必要とはしないだろうと語って、哲人統治の理想をかかげはする。しかし、結局は、真正にして自由なる知性（νοῦς）はどこにもけっして、ほんのわずかの例外を除いては、見出されはしないということを理由に、次善の策としての規則や法律の選択はやむを得ぬという結論に達するのである。つまりここでは、たとえ政治術に関する十分な認識を獲得するに至った者であっても、絶対的な権力の所持というそのことのために欲心にかられ、アクラシアーにおちいらざるをえないのだということが、人間本性にもとづくひとつの現実として認められている(1)。そしてこうした現実認識が、権力の民主的な分散と「法の支配」という『法律』の政治哲学の方向を決定づけていることはたしかである。

G・ヴラストスは、このようなプラトンのいわばペシミスティックな立場への変化を、シケリアの専制君主ディオニュシオス二世との最後の出会いによるものだったと考えている。[2] しかし、哲人王の実現を夢見た理想家プラトンが、シケリアの陰惨な政治抗争の現実のなかで絶対的な権力の醜さを目の当たりにして自らの政治哲学を修正するに至ったというような一大スペクタクルを、私たちは安易に信じることはできない。プラトンはすでに、哲人統治の実現が不可能ではないにしてもきわめて困難であることを知悉していたし、[3] 実際にかれが畏友ディオンに提言した政策は確固たる法体系にもとづいたきわめて民主的なものだった。[4] 私たちはむしろ、哲人王思想はもとより理想国家実現のために『国家』で要請された挑発的な提案のいくつかが、『法律』においても明確に理想としてかかげられていることに注意しなければならない。[5]

そこで、私たちが問題にしようとすることは、このような政治哲学上の変化の徴候がそれを支えるべきプラトンの基本的な人間観の深まりとどのように関連しているかということである。『法律』において人間の自然本性の弱さと不完全さを冷徹に見据えるプラトンの目は、はたしてペシミズムを基調とするものなのか。[6] 私たちは、『法律』のなかでプラトンが示す人間観のなかでもとくに異彩を放っている「神の操り人形」の比喩（I. 644c–645e）を取り上げることにしよう。この比喩は、人間を神々の玩具とみたてるもう一つの言及（VII. 803c）とも相まってきわめてペシミスティックにみえるだけでなく、[7] アクラシアー行為をとる行為者の内面で何が起っているかについて、『国家』とは違った道徳心理学上の新たな分析を提供しているとみられるからである。[8] この比喩については、P・フリートレンダーでさえ、「晩年のプラトンの目に人間の価値がどれほど低く映じていたかを、この比喩から動揺なしに読みとらない者はないだろう」と述べている。ただし、彼はその直後に「人間という種族は無価値なものではなく、何か真剣さに値するものだ」(VII. 804b) というプラトンの言葉を引き、「それだけの価値がなければプラトンは『法律』を書きはしなかっただろう」と喝破している。[9] はたして、この「神の操り人形」にこめられたプラトンの掛け値のない真剣さとは何だったのか。

私たちは、次節でこの比喩を詳しく分析してその特徴を浮き彫りにし、さらに第三節で『国家』の魂の三区分説とこれを対比することによってプラトンの哲学的人間学の変化の相を確認し、最後に第四節でプラトンが最晩年において辿りついた人間観がプラトン哲学のなかにどのような位置づけをもっているのかを見定めたい。

二 「神の操り人形」の比喩の分析

さて、アテナイからの客人がこの比喩を導入するのは、教育の本質と意義を探ることを目的として (643ab)、酒宴がいかにして教育に寄与するかという問いを受け (641cd, 645bc)、「自分自身を支配できる人は善き人、できない人は悪しき人である」という通念の意味をより明瞭に説明するためである (644bc)。[10] 比喩はつぎのような段階を踏んで進行する。

(A) 644c6–d6:人間の内部にはたらくさまざまな力の抽象的な分析。

（B） 644d7–645b1：それらの力の引っ張りあいを具体的に説明する比喩の展開。
（C） 645b1–c8：この比喩がもつ視野の広がりの吟味。

以下、それぞれの段階について、順を追って具体的な内容を見てみよう。

（A）

さて、アテナイからの客人は人間ひとりひとりがそれぞれ一個人であることをまず確認したうえで、各人が自分自身の内部に（ἐν αὑτῷ）もっている三種類の力を区別する。

（a） 二人の相反する無思慮な忠告者としての「快楽」と「苦痛」。
（b） 将来のことについての思わく―― 苦痛の予想は「恐れ」、快楽の予想は「大胆」と呼ばれる。
（c） それらのどれがより善く、より悪いかに関する「理知分別」（ロギスモス）―― それが国家の「共通の意見」になると、「法律」（ノモス）と名づけられる。

まず気づかれることは、この文脈では「魂」（ψυχή）という言葉が慎重に避けられているということである。[11] ここにあげられているさまざまな力の総体が魂だとすれば、たしかにそれは、自分自身を動かす動そのものとして魂をとらえようとするプラトン後期の考え方を反映するものといえよう。[12] だが、ここにあげられるすべての力は、（B）においては「各人」（ἕκαστον, 644e6）が抵抗したり協力したりするパトス（τὰ πάθη, e1）、すなわち受動的な状態としてとらえられていることを忘れてはならない。

また、これらの力を魂の内なる力と考えるとしても、この分析をもってプラトンが『法律』において実際に魂の三区分を支持しているのかどうかということ、そしてこれがとりわけ『国家』における魂の三区分説とどういう関係にあるのかということは困難な問題である。[13] たしかに、(a)(b)(c)のそれぞれが『国家』の三区分と大雑把に対応しているとみることは可能である。[14] しかし、プラトンにとってこの三区分はけっして固定的、学説的なものではない。むしろ私たちは、これがロゴス的なものと非ロゴス的なものとの二区分を基本にしながら、目的に応じてかなり自由な扱いを受けていると見なければならない。

たとえば『パイドロス』(246a)では、激情と肉欲を象徴する「翼をもった一組みの馬」と、知性を象徴する「その手綱をとる翼をもった馭者」とが一体になってはたらく力として魂の似すがたが描かれる。また、『ソピステス』(228b)では、さまざまの判断が欲望と、気概が快楽と、理性が苦痛と不和の状態にあることが、魂の内乱としての悪徳と規定されていた。一方、『ティマイオス』(69cd)では、魂の「不死なる部分」から区別される「死すべき部分」のうちなる情態に属するものとして、(a)と同じ「無思慮な忠告者」という表現が「大胆」と「恐れ」に適用されていた。そしてここ『法律』では一般に、理(ロゴス)と対立し合う快楽と苦痛が正しくしつけられて理と協調するようになることが、徳の教育とされるに至るのである。[15]

ただ、ここで三区分説との関連において注意しておかなくてはならないことは、〈気概の部分〉に相当するとみられる(b)の「大胆」と「恐れ」が「将来のことについての思わく」(δόξας μελλόντων)と総称されていることからも分るように、その情念としての非ロゴス性ではなく、ロゴス的な判断の要素が強調されているということである。そして、この二つに関しては、のちにそれらが「魂の内にあって配慮されるべき要素」(ἐν ταῖς ψυχαῖς δεῖν θεραπεύεσθαι)であることが明言されているのである(649b8–c1)。この比喩によって明らかにされようとしている教育の本質が、ロゴス的な判断の要素をめぐる「魂への配慮」にあることに注意しておこう。

さてしかし、哲学的な修練を積んでいない二人の対話相手、クレイニアスとメギロスにとって、この(A)抽象的な分析を十分に理解することはなかなか骨の折れることのようである（644d）。それゆえ、ここで三種類に類別された力のそれぞれの意味と役割は、さしあたって魂の三区分説からは独立に、「神の操り人形」の比喩の具体的な展開のなかで評価されなくてはならない。

（B）

「では、このことについてつぎのように考えてみよう。われわれ生きものは一つひとつがみな、神の操り人形だと考えてみるのだ。もっとも、神々の玩具としてつくられているのか、なにか真面目な意図があってつくられているのか、それは論外とする。なぜなら、そんなことはわれわれに認識できることではないのだから。だが、つぎのことならわれわれにもわかっているのだ。つまり、以上に述べられた諸々の状態（パトス）がわれわれのなかにまるで何か腱や紘のように内在していて、われわれを引きずり回すだけでなく、対立しながら相反する行為へと互いに引っ張りあう、ということである。じつは、そこにこそ徳と悪徳の分れ目があるのだ。なぜなら、この議論（ロゴス）の主張によれば、各人はこれらの引く力のなかのある一つのものにつねにつき従い、けっしてこれから離れないようにすることによって、他のすべての腱に抵抗しなければならないからである。そしてその一つの引く力こそが、黄金でつくられた神聖なる「理知分別（ロギスモス）」の導きなのであって、国家にあっては「共通の法」と呼ばれるものである。これに対して、他の諸々の引く力は硬く鉄でできている。そして、このロギスモスの導きは黄金でできているために軟らかいけれども、他の諸々の引く力はありとあらゆる形に似ているのだ。したがって、もっとも美しいこの法の導きに対して、ひとはつねに協力しなければならない。なぜなら、そのロギスモスは立派なものではあっても、穏やかであり強制的なものではないので、われわれの内部で黄金の種族が他の諸々の種族にうち克つためには、そのロギスモスの導きを助ける補助者たちが必要となるからである。」（I. 644d7–645b1）

相対立する情念（パトス）がひとりの人間のうちに内在していて、私たちを相反する行為へと互いに引っ張りあうというイメージそのものは、プラトン哲学にとってけっして新しいものではない。『国家』第X巻（603d sqq.）では、不条理な運命を平静に堪え忍ぶ立派な人物の内面が、まさにそのようなものとして描き出されていた。魂の内なる葛藤が、ロゴスないしは法（ノモス）と非ロゴス的なパトスとの対立としてとらえられる。そして「ひとりの人間の内に、同じものについて同時に相反する方向へと導こうとする動き（ἀγωγή）が起るのだとすれば、彼の内には二つのものがなければならぬ」（604b）という主張を根拠に、魂の最善の部分と低劣な部分とが区分されるのである。『法律』では「操り人形」の具体的なイメージがつけ加わっているだけで、その基本的な考え方に違いはないようにみえる。肉体に相当すると思われる人形の本体を動かす絃にたとえられているものは、相反する行為へと引っ張りあう力（ἕλξις = ἀγωγή）そのものであり、『国家』の用語法との対応は明らかである。

ただそこに、微妙な相違点があることを見逃してはならない。『国家』においては、「ひとを引きずっていくもの」が非ロゴス的なパトスであるのに対して、ロゴス的な力は「これに抵抗することをひとに命じるもの」である（604ab）。つまりここでの人間は、あくまでロゴスの命令の客体として、これに受動的に従うべき存在である。しかし、『法律』では、（A）であげられたさまざまなパトスが、「操り人形」としての人間を「引っ張り回し」、しかもそれらが互いに対立しあって相反する行為へと互いに「引っ張りあう」のに対して、それらの引く力のなかの或る一つの力――「ロギスモス」――につねにつき従い、けっしてこれから離れないことによって、他の多くの絃に抵抗しなくてはならないのは、人間各人（ἕκαστον, 644e6）なのである。

つまりここで何よりも注目すべきことは、相対立するさまざまなパトスがひとりの人間のうちに内在していると語られているにもかかわらず、比喩の具体的なイメージとしては、明らかにそれらのパトスが人間各人（＝人形本体）を外から引っ張り回す自然的・必然的な力（＝絃）として描かれているということである。そしてそれらのパトスのうち、他のパトスは硬質で、鉄でできた強制的な力として描かれているのに対して、「ロギスモス」の力は、三区分説の〈ロゴス的部分〉のように強制的な命令を下す存在ではけっしてない。たしかに黄金で作られた神聖なるものではあるが、反面、軟らかく、優しく、けっして強制的な力をもつものではない。したがって、「人間各人」は、さまざまな情念に対して抵抗することを「ロギスモス」から命令されることなく、最も美しいこの法の導きに対して「つねに協力する」（ἀεὶ συλλαμβάνειν, 645a5）という持続的で主体的な努力を求められるのである。

つまり、R・スタリーもそう理解しているように、この人形には或る自由が存する。三種類の絃のうちどれと協力すべきかの選択がこの人形には可能であるかのごとくなのである。もしこれを字義通りにとるなら、選択する自己が理性とも情念とも区別されるということが示唆されていることになるだろう。[16] しかし、行為者が自己自身の欲望を外部から操作できるかのような操り人形のイメージをどのように理解すればよいのだろうか。行為の選択を主体的に決定づける本来の自己が、魂のうちなるさまざまな動機づけの力とは独立に存在するとは考えられないからである。(17) ただ、操り人形を動かす絃がもつ人形本体に対する外部性は否定できない。はたして私たちはこの比喩のなかに、本来の自己をどのように定位すればよいのであろうか。

そこで重要な意味をもってくるのが、他の情念にうち克つために「ロギスモス」を助けるとされる「補助者たち」（ὑπηρετῶν, 645a6）の存在である。『国家』では、国家の三階層との緊密な対応関係にもとづいて、〈ロゴス的部分〉が〈欲望的部分〉を統御するさいの補助者として〈気概の部分〉がはたらくとされていた（IV. 439e–441c）。それゆえ、ここでもロゴス的な力が他の力にうち克つためには、なんらかの非ロゴス的な力の助けが必要になるとみなされていると考えるのが自然であろう。(18) ところが、K・シェップスダォは、教育が「ロギスモス」と同じように「引く力」（ἀγωγή）と呼ばれていることをひとつの根拠として、この補助者が教育——快楽と苦痛をただしく導いて子供たちの魂を理（ロゴス）による把握ができるようにすること——を指すものと考えている。(19) たしかに、補助者の必要性を導出することがこの比喩の一つの目的であり、しかも、この個所を支配するより大きな文脈は教育の本質と意義を探ることにある。

したがって、私たちはこの「補助者たち」を外部的な「引く力」としての教育を示唆するものと理解すると同時に、その教育によって魂の内部に形成される内発的な力としても理解する道を探るべきであろう。国家の場合、市民としての各人がつねに協力しなければならないとされているものは国家の共通の法なのであるから、国家を内乱に陥れる他の種族に対して黄金の種族としての法が勝利をおさめることを助ける補助者とは、法に従うように人びとを導く教育とその教育によって「法の支配」に服することに同意した市民たち自身にほかならないであろう。(20) 一方、市民たち各人の魂のうちにおいて、「ロギスモス」が他の情念の力にうち克つのを助ける補助者とは、「ロギスモス」につねにつき従うべき人間各人の主体的な努力を環境世界から促す教育とその教育によって魂の内に形成される内発的な力とが生みだす主体性そのものなのである。[21]

（C）

さて、このように比喩を展開したうえで、アテナイからの客人は、この比喩の視野の広がりをつぎのように要約している。

「さて、(1)まさにこのようにして、操り人形であるわれわれについての徳に関する物語は、救われることになるだろう。また、(2)自分自身に克ったり負けたりということが何を意味するかということも、ある意味でいっそう明らかになるだろう。(3)さらに国家と個人についても、（i）個人は、これらの引く力についての真なる理（ロゴス）を自分自身のうちに獲得し、その理に従って暮らすべきであり、（ii）国家は、その理を神から受けとるか、あるいはその見識をもつ者から受けとるなりしてそれを法律に定めた上で、自国とももまた他の諸国とも折り合ってゆかねばならないということも、また明らかになると思う。そしてこのようにして、(4)悪徳と徳とが、われわれのためにいっそうはっきり識別されることになるだろう。(5)その区別が明らかになれば、教育その他の諸制度のこともおそらくもっとはっきりしてくるだろうし、とりわけまた、酒をかこんで閑談の時を過ごす意味も、明らかになるだろう。」（645b1–c4, 節番号筆者）

まず、(1)において確認されることは、操り人形としての人間個人がいかにして徳を身につけることができるのかということがこの比喩の中心テーマだということである。また、物語が「救われる」という表現は、『国家』（X. 621b）のソクラテスが「エルのミュートス」を締めくくるにあたって用いたのと同じ表現である。[22]「補助者」の助けをかりて「ロギスモス」の導きにつねにつき従うことによって、私たちが徳を実現できるとするならば、まさに「このようにして」この物語の真実性が証明されるとともに、私たちの人生そのものも救われることになるのである。

つぎに、(2)〜(4)に展開されるのは、この比喩がもつ視野の広がりである。とくに、(3)（i）において、真なる理を自己自身の魂のうちに内面化することが各個人に対して求められていることは重要である。また、「自分自身に克ったり負けたりすること」が何を意味するのかをいっそう明らかにし〔(2)〕、国家と個人のあるべきあり方をアナロジカルに示し〔(3)〕、そしてそのようにして徳と悪徳の区別をより明確にする〔(4)〕ということの比喩に負わされた課題の重さは、『国家』における魂の三区分説のそれに十分に匹敵する。三区分説は、いわゆるアクラシアーの情態、すなわち、心のうちなる葛藤というものを事実として認めることによって、自分自身にうち克つという言葉の意味を見定め（IV. 430e–431b）、国家の正義と魂の正義とをつき合わせ、擦り合わせ（434e–435a）、真実の〈正義〉を定義する（441c sqq.）ために、その理論的枠組みを与えるものとして導入されたのだった。[23] したがって、（B）の分析をつうじて浮き彫りにされたこの比喩の特質をより明確にし、問題点を解明するためには、「操り人形」の比喩を魂の三区分説と対比させてそこに生じる変化の相を見定める必要があるだろう。(5)において示唆されている教育制度、とくに酒宴の効用の意味もそこから自ずと明らかになるであろう。

三　魂の三区分説との対比

さて、「欲望」というものをある一つの種類をなすものと主張するための根拠として、『国家』のソクラテスが挙げる魂のはたらきは、つぎのような対比の下にあった（IV. 437bc）。

「肯く」「何かを掴もうと求める」「引き寄せる」「その気になる」「望む」「欲する」
「否む」「拒ける」「押しやる」「その気にならない」「望まない」「欲しない」

ここにおいて欲望そのものは、何よりもまず、その対象そのものを肯定的、盲目的、意欲的に追求するように命ずる心の傾き（τὸ κελεῦον, 439c6）として捉えられる。それゆえ、一個の魂のうちに、そうした傾きに対してこれを否定的、理知的、抑圧的に禁止する傾き（τὸ κωλῦον）が存在するとしたら、それは前者とは別の要因でなければならない（相反物非同一の法則による：436bc）。これが魂の〈ロゴス的部分〉と非ロゴス的な〈欲望的部分〉とが区別されることの本来的な意味であった。

この「三区分説」の魂のうちなる傾きを「操り人形」の場合と対比させるとき、ひとを動かす同じ力がまったく逆の観点からとらえられていることに気づかされるであろう。『国家』の魂はあくまでも能動的に何かを引き寄せたり押しやったりするのに対して、『法律』の操り人形は、さまざまな紘に受動的に引きずり回されるにすぎないようにみえるのだ。少なくとも、あるひとの魂のなかに、「飲むことを命じるものがあるとともに、他方では、それを禁止するもうひとつ別のものがあって、飲むことを命じるものを制圧（κρατοῦν）している」（439c5–7）という『国家』の図解は、ロゴス的なるものの積極的、主体的な自己支配力を強調するものではある。一方、「操り人形」の場合、硬質で、鉄でできた情念の絃が、人形を強制的に引きずって行くのは言うまでもないことだ。しかし、この絃に抵抗すべく各人が寄り添うべき「ロギスモス」の絃は、けっして人間が主体的に自己支配をとげようとする積極的な力の現れではない。それはたしかにひとを徳へと導く神聖な力ではあるが、魂がみずからを動かす力というよりは、神が外部から方向づけを与える力としてとらえられている。しかもそれは、黄金でできているために軟らかく、優しく、なんらの強制力をもたないのである。

「ロギスモス」の引く力に関するかぎり、『パイドロス』のミュートス（246ab）における馭者のイメージがその役割をうまく説明してくれるかもしれない。実際に馬車を引く二頭の性質の異なる馬を御してそれらにただしい方向づけを与えることが馭者の役割だからである。しかし、この馭者にははっきりと読み取れる主体的な本来の自己としての明確な位置づけが、「操り人形」の「ロギスモス」にはどうしても感じとれない。先にも述べたように、選択を行なう本来の自己は、「ロギスモス」とも情念の絃とも別のところにあるようにみえるのである。

このような人間のあり方は、むしろ『プロタゴラス』（352bc）における世人大衆の知識観により近いものである。世の多くの人びとは知識というものを、何か、強さも指導力も支配力もないようなものと見ており、たとえ人間が知識をもっているとしても、いざ実際に人間を支配するものは知識ではなく、激情や苦痛や恋の情熱や恐怖などであると考えている。知識というものはいわば奴隷のように、他のすべてのものによって「引っ張り回される」（περιελκομένης, c2）ものだというのである。これは、すでに本書第二章においてみたように、いわゆるアクラシアーの成立を認める大衆の見解を代弁したものである。ソクラテスはこうした世人の意見に対して、知識が立派なものであって、人間を支配する力をもち、いやしくもひとが善いことと悪いことを知ったならば、何かほかのものに屈服して、知識の命ずる以外の行為をするようなことはけっしてなく、知恵こそは人間を助けるだけの確固とした力をもっていると主張したのであった。[24]「操り人形」を徳へと導く「ロギスモス」の紘は、それが強制力をもたないとされている点において、世人の知識観にきわめて接近していると言わねばならない。これははたして、プラトンが最晩年に至ってソクラテスの知性主義から訣別し、いわゆるアクラシアーの成立を認める世人大衆のペシミズムを是認したことを意味するのだろうか。

さて、C・ボーボニッチはこうしたペシミズム神話を積極的に支持する立場から、「操り人形」の比喩を厳密な意味でのアクラシアー行為を最も明確に記述するものとみなし、また『国家』のアクラシアー説に改良を加えたものと考える。[25] なぜなら、第一に、この比喩は三区分説のように行為者性をもった魂の部分に頼ることなく、判断と欲望と激情、そしてそれらを有する単一の行為者という現代の行為論にもなじみの存在を登場させているからである。また第二に、ある選択肢に対する行為者の価値判断とその選択肢を実行しようとする欲望の強さとを区別することによって、厳密な意味でのアクラシアーの可能性、すなわち、単一の行為者がある行為を他の行為よりもすぐれていると十分に理解しているにもかかわらず悪しき行為のほうをとりうるとすればいかにしてであるかを、問題にしているからだというのである。

まず第一に、人間のうちなる要素を過度に擬人化することは、たしかに魂の内部に主体的な自己の増殖を許し、個人の統一性を曖昧にするという危険を伴う。しかし、『法律』におけるプラトンの関心を行為者性の問題のみに矮小化することは許されないだろう。私たちは、それぞれの比喩にこめられた固有なイメージの喚起力を慎重に慮る必要がある。
そもそも『国家』において魂の各部分の行為者性が強調されるのは、国家の三階層との類比関係にもとづいて、悪徳を人間の自己分裂状態と見なし、その人間が魂の内乱状態を克服して一人の人間になりきるための明解な図式を提示するためであった。そのような思考の枠組みのなかでこそ、魂の各部分が、それぞれの本分をそれらの部分同士の相互関係のなかで果たすべきことを、きわめて説得的に描写することが可能だったのである。

一方、「操り人形」の比喩では、単一の行為者が、ある行為についての理性的な判断と、その行為を妨げ、あるいは促すさまざまな情念とのあいだで、選択を行うという図柄が浮かび上がるように見える。にもかかわらず、すでにみたように、その行為について責任を負うべき本来の自己が、行為者のうちにどのように定位されるかが問題なのであった。このとき私たちは、行為者を代表する「意志」が欲望と理性の葛藤に決着をつけ、その行為の責任を負うと考えたD・デイヴィッドソンの分析を想起するかもしれない[26]。三区分説に対する解釈ともみられるこの分析は、むしろ「操り人形」のほうによく当てはまるであろう。もちろん「意志」という概念をここで無条件に導入することには慎重であらねばならない。しかし、魂のうちにおいて「ロギスモス」が他の情念の力にうち克つのを助ける「補助者」が、自由意志をもって最善を目指そうとする本来の自己の少なくとも重要な部分であることは明らかであろう。

こう考えるとき、「三区分説」の〈ロゴス的部分〉がもっていた積極的、主体的な自己支配力が、なぜ「操り人形」の「ロギスモス」の紘には認められないのかという問題に対して、一つの解答を与えることができるだろう。すなわち、ここでさまざまな情念に引きずり回される人間の魂は、無教育な自然状態にあるとみるべきなのである。その意味で「操り人形」の像は、肉体的欲望によって雁字搦めに縛りつけられている「洞窟の囚人」に酷似する。[27] ただ、「洞窟」の比喩は、いわば「ロギスモス」の導きにつき従うこと（「魂の向け変え」！）がいかに困難であるかを示すものだったのに対して、「操り人形」の比喩は、自分自身を支配するという最善のことを実現する道を多くの人びとに対して示そうとするものなのである。教育の助けをかりて魂の内なる「補助者」を形成していくことによって、ひとはしだいにその魂のあり方を変えていく。それは、何が真実の快楽であるかを見定めることによって快苦を正しくしつけ、ロギスモスの導きにつねにつき従うことをめざす主体的な努力にほかならない。

ここで私たちは、『饗宴』（209e–212c）におけるエロースの修練が、導き手にうながされて見せかけのはかない美から真実の永遠なる〈美〉へと魂を向け変えていこうとする人間の、倫理的であると同時に知的な修練であったことを想起すべきであろう。そのための必要条件として、ひとはその自然本性に深く根ざしているさまざまな情念を正しく秩序づけることによって、節制と勇気という名の真の意味での自由を獲得しなければならなかったのである。[28]「操り人形」の比喩は、そのような自由の必要性をきわめて逆説的な仕方で示すものである。そしてその観点は「三区分説」の少なくとも積極的なモティーフではない。

また、この比喩は、ボーボニッチが考えたのとは別の仕方で、個人の統一性の問題にもある解決の方向を示唆しているように思われる。「操り人形」がある動きをとるとき、その動を引き起こすものは、さまざまな紘の引く力がなんらかのかたちで統一された合力であらざるをえない。もしも人形師がロギスモスの紘を操る「神」のみだったとすれば、「合力」など問題にならなかったかもしれない。しかし、だとすると、そもそもこの比喩が語られる意味もなかったはずである。一方、魂を自己運動者、さらには動そのものとして捉えるプラトン後期の魂論に鑑みれば、実際の行為にあたっては、まさにその行為を引き起こす紘の動きそのものが、そのひとの魂それ自身であると見なければならないだろう。ところが、その動は、その行為の時点におけるそのひとの魂のあらゆる動きの総体である。したがって、その行為の責任は、あくまでも全体としての魂それ自身に帰するのである。

つぎに、第二の点についてである。『国家』（IV. 443c–444a）においては、魂の三つの部分の調和が実現され、完全な意味で一人の人間になりきったとき、「そのような魂の状態を保全しつくり出すのに役立つ行為」が正しく美しい行為であり、まさにそのような行為を監督指揮する知識こそが「知恵」であるとされている。いわゆるアクラシアー行為とは、「そのような魂のあり方をいつも解体させるような行為」である以上、そのような行為を監督指揮する思わく（判断）が「無知」であることは明らかである。したがって、『国家』では、多くの人びとがアクラシアーと呼ぶ事態の成立そのものが事実として認められていることはたしかであっても、〈ロゴス的部分〉の本来的な仕事が魂全体の支配ということにあり、いわゆるアクラシアー情態において〈ロゴス的部分〉はその機能を果たしていないのである以上、厳密な意味でのアクラシアーの成立は認められていないことになる。

一方、『法律』では、たしかにアクラシアーがある意味において人間の本性に根差すものであることが認められるとともに、厳密な意味でのアクラシアーの記述が可能になっている。なぜなら、「操り人形」をただしい行為へと導く「ロギスモス」の紘は、本性的に軟らかく弱いものなので、他のありとあらゆる情念の紘の本性的に硬質で強制的な力に引っ張り回されざるをえない。にもかかわらず、「ロギスモス」の紘そのものはつねに美しく立派なものであることを止めないからである。はたしてこれは、ボーボニッチが言うように、プラトンの基本的な人間観のペシミスティックな変化を意味するのであろうか。

その問題を解く鍵は、『法律』の理論そのものがもっている未解明のパズルとしてボーボニッチがあげる問題のうちの一つ、すなわち、《ひとはいかにして葛藤を仲裁するのか。プラトンの記述によると、まるでひとがその「ロギスモス」の強さや「ロギスモス」に従う欲望の強さを増大させるために直接介入するように聞こえる。しかし、あるひとの欲望がもつ動機づけの強さをそのように直接コントロールすることが本当に可能なのか》という問題にある。(29) これは、私たち自身の問題、すなわち「操り人形」にとって本来の自己はどこにあり、また「補助者」の形成としての教育がいかにしてなされるかという問題と重なりあうであろう。この問題を可能なかぎりプラトンのテクストに即して解明することをつうじて、プラトンが最晩年において辿りついた人間観がプラトン哲学のなかにどのような位置づけをもっているのかを確認することにしよう。

四　『法律』における自由への教育

さて、比喩の進行は当然のように酒宴の問題へと移って行く。「操り人形」を酔っ払わせると、快楽・苦痛、憤怒・愛欲はいっそう激しくなるが、感覚・記憶・思わく・思慮はその人からまったく去ってしまう。そうするとその人は魂のあり方が幼い子供の頃と同じになってしまう。つまり、自分で自分を抑制することがきわめて困難になるというのだ（645de）。このようなあり方を示す魂が、哲人王の魂でないことは言うまでもない。情念の紘に引きずり回される「操り人形」の姿は、前述のように、多くの人びとの魂の自然状態を示すものであろう。多くの人びとはいわばアナンケー（必然）の強制的な引力によって、理と法に反する行為をとらざるをえない。しかし、それはけっして厳密な意味でアクラシアーと呼べるような事態ではない。「ロギスモス」の紘の引く力に他のさまざまな情念の紘がつき従い、そこから離れようとしないという状態にならないかぎりは、「ロギスモス」は真なる理として魂のうちに内面化されている（（C）(3)（i）参照）とは言えないであろう。厳密な意味でのアクラシアーの成立の可能性が問われるのは、そのような内面化がとげられた後のことである。

そもそも魂の三区分説は、〈ロゴス的部分〉の主体的、積極的な自己支配力というものを最初から前提するものであった。それは三区分説が真実の正義の定義にもとづいて、主体的に自己支配を確立し、さらに「最大の学知」へと赴こうとする哲学者の魂のあり方を描き出すことを最終目的としていたからであろう。一方、『法律』のプラトンにとっては、哲人王の可能性を問う以前に、まず世人大衆の常識的な知識観の背景となっている人間の自然状態を具体的に描き出すとともに、そのような自然状態を脱して本当の意味で自由なより善き生を生きるためにはどうすればよいのかを、まさにその世人大衆に対して説き勧める必要があったのである。(30)

それでは、いったいそのような自然状態から多くの人びとはいかにして脱することができるのであろうか。「操り人形」の比喩は、ここにおいて「補助者」の重要な役割を示唆する。それは、各人がさまざまな欲望のもつ動機づけの強さをコントロールし、逆に「ロギスモス」の引く力とそれに従おうとする欲求の強さとを増大させて行くプロセスにおいて形成されるものである。そしてそのプロセスにおいて、魂の内部で配慮されるべき要素は、「大胆」と「恐れ」とである（647ab, 649bc）。それは、（A）の抽象的分析においては「将来のことについての思わく」と呼ばれていた情念であり、三区分説との対応を考えれば〈気概の部分〉に相当する魂の動きである。ただし『法律』では、それらの判断的要素が強調され、さらにそれぞれが細かに分析されていることに注意しなければならない。それは、ひとが「快楽と苦痛に関してただしくしつけられて、人生の初めから生涯の終わりまで、憎むべきを憎み、好むべきを好むようになる」(II. 653bc) ためにほかならない。苦痛の予想としての恐れのうち、悪いことが起ることへの恐れは「臆病」、悪人だと思われることへの恐れは「羞恥」とされ、また、快楽の予想としての大胆のうち、「羞恥」に対抗する情念が「慎みのなさ」、「臆病」に対抗する情念が「敵を前にしての大胆」とされる。そして、「羞恥」は、苦痛その他いろいろの恐怖に抵抗するとともに、また最大の快楽のほとんどに抵抗するとも語られている (647a)。ここで、「ロギスモス」につき従う情念が「羞恥」と「敵を前にしての大胆」であり、それぞれが節制と勇気の徳に対応していることは明らかである (cf. 647cd)。

一方、このような教育をつうじて「補助者」が形成されていくプロセスは、じつは「ロギスモス」の導きが真なる理として行為者のうちに内面化されていくプロセスと表裏一体をなす。「大胆」と「恐れ」は快苦をめぐる将来についての判断なのであり、それらが対抗しあうプロセスに「ロギスモス」の善悪の判断が介入してくることは言うまでもないからである。しかも、そうした教育は上から押し付けられた強制的な教育であってはならない。私たち人間は、さまざまな紘に引かれる状態そのものとしてありながら、さまざまな行為に至るたびごとにどの紘に引かれるべきかの主体的な選択をくりかえしながら、次第に自己を形づくっていく。「ロギスモス」も法も優しく穏やかで強制することはないのであるから、人間はより善き生を望むかぎりは、自由意志をもって共通の法に従う道を選ぶことを決断しなければならない。そのような自由をもって生きることを、プラトンはくりかえし多くの人びとに対して求めるのだ。[31] このとき、「ロギスモス」との密接な関連のなかで魂のうちに形成されて行く内発的な力としての「補助者」の存在が本来の自己の在処を決める重要な要素であることは明らかである。しかし、それはあくまでも「補助者」であることを忘れてはならない。「ロギスモス」につき従うことによって真なる理を内面化することをつねにめざしながら、「大胆」と「恐れ」に象徴される魂の内発的な力を「補助者」として形成することをつうじて、さまざまな「快楽」と「苦痛」をただしくしつけること。そのような主体的な努力を行なう魂の動きの総体によって、「操り人形」の本来の自己は形づくられていくのである。

さて、この後プラトンが『法律』第Ⅰ～Ⅱ巻で展開する教育論は、音楽と詩と舞踏によって魂の動きを秩序づけようとするものである。その趣旨は、すでに本書第二章において指摘されたように、快楽と苦痛を正しくしつける感情教育によって「市民的な徳」の形成をうながそうとするものであるという点においては、『国家』第Ⅱ～Ⅲ巻における音楽文藝論のそれとほぼ一致するものである。[32] ただ、『国家』においては、この感情教育が守護者教育の前提条件であることが、前面に押し出されていたのに対して、『法律』においては、老若男女を問わず広く国民一般が、戦争や音楽について教育を受けねばならないことが必然とされていることが重要である。[33] これは、私たちが「操り人形」の比喩の解釈をつうじて明らかにしたように、非ロゴス的な「欲望」そのものに対する直接的な教育へのプラトンの積極的な取り組みとみることができるであろう。[34] ここにおいて、『国家』の感情教育で強調されていた〈ロゴス的部分〉と〈気概の部分〉の養育による〈欲望的部分〉の「支配統御」への関心が、『法律』では、「補助者」の形成をつうじてさまざまな欲望を「ロギスモス」の導きに「協調」させようとする方向へと向け変っているのである。[35]

一方、国家を崩壊へと導く原因は、第Ⅲ巻の歴史的考察によっても根拠づけられているように、「快楽と苦痛が理にかなった思わくとのあいだできたす不調和」としての「最大の無知」（μεγίστη ἀμαθία）にある（688c–689e）。そして、この意味での無知なる市民には、けっして国家の支配権に関わることを委ねてはならない。しかし逆に、こうした市民的な徳の形成が、国家全体の支配者の十分な条件であるとプラトンが考えていないこともまた当然である。国制と法律を保全しようとする者が、既成の法と秩序のなかで形成された思わくのレヴェルにとどまることは許されない。第Ⅻ巻（965b–968b）において「夜の会議」の構成員に要求される「より厳密な教育」（ἀκριβεστέρα παιδεία）は、その意味でまさに『国家』の哲人王教育に相当するものである。かれらは、まず、すべての法の唯一の目標である徳の全体がいかなる意味で一つのものであるのかを知るために、「多」から「一」へとむかうディアレクティケーの行程に進まなければならない。そしてさらに、第Ⅹ巻の無神論批判において真剣に仕上げられた魂論と知性論を中核とする神学的知識を身につけることは、単に法律の条文に従っているだけでも大目に見られる大多数の国民から、かれらを区別する究極のメルクマールなのである[36]（966c）。

このようにして、「最大の知恵」（μεγίστη σοφία,『法律』III. 689d7）と「最大の学知」（μέγιστον μάθημα,『国家』VI. 503e, et passim）とを獲得するに至った人間は、そのすべての心の動きを神の導きとしての「ロギスモス」の動きに協調させ切ることによって、真正にして自由な知性となるのだ。そのとき、アクラシアーが成立する可能性はいかなる意味においてもけっしてない[37]。

私たちが冒頭において問題にした一見ペシミスティックな記述は、したがって、国家にとっては法と国民教育が、個人にとっては「ロギスモス」と自由意志にもとづく徳の涵養が不可欠であることを逆説的に示そうとしたものだったと言えるだろう。真正にして自由な知性が現実にはどこにもけっして見出されないというプラトンの現実認識（IX. 875d）は、むしろ自由意志をもって誤った「ロギスモス」に引きずられることへの警告である。しかもプラトンは、「ほんのわずかの例外を除いては」という但し書きを忘れてはいない。「操り人形」が盲目の自動人形に堕することを妨げるものは、つねに主体的に神の導きにつき従おうとする魂の知的な修練なのである。それは、『テアイテトス』（176b）のソクラテスが語っていたように、できるかぎり神に似ること、神まねびにほかならない。それゆえ、「人間というものは、たいていは操り人形なのであって、真実にはほんのわずか与るにすぎない」（VII. 804b）というアテナイからの客人の言葉は、けっして人間本性についての深刻なペシミズムの表明ととらえられてはならない。私たちはむしろそこに、生命を賭けてアテナイ市民たちに「不知の自覚」と「魂への配慮」を勧告しつづけたソクラテスの言葉を聴き取るべきではないか。晩年のプラトンは以前にもまして、くりかえし、くりかえし、人間の倫理的であると同時に知的な努力を私たちに対して鼓舞してやむことがない。「神の操り人形」の比喩は、最晩年のプラトンが「神と向いあい、身にしみて感じた」（ditto）ことのきわめてリアリスティックな表現だったのである。

註

（1）そのような現実認識を示しているとみられる他の個所として、cf. III. 691cd, IV. 713cd.
（2）Vlastos（1981b）, 216; cf. Dodds（1951）, 216, Rankin（1964）, 21.
（3）Cf.『国家』VI. 499d, 502a–c, VII. 540d, IX. 592ab.
（4）本書第十章第四節2、および内山（1993）, 21sq. 参照。
（5）Cf.『法律』IV. 712a, V. 739bc, IX. 875c.

（6）Cf. V.732e, IX.854a, 875a.

（7）たとえば、Gauss（1961, 257）はプラトン神学の弱点に、またRankin（ibid., 19–21）は時代の思想風土にその淵源をみている。

（8）Cf. Bobonich（1994）, 17–8 and（2002）, 260–7.

（9）Friedländer（1960）, 374sq.

（10）この通念は、第I巻冒頭（626e–627b）でクレイニアスが想起させられた通念の変奏である。序章第三節1、および付表三九二―三頁参照。

（11）この言葉は、この文脈では645e5において初めて登場する。

（12）Cf.『パイドロス』245c–6a.『ティマイオス』46de.『法律』X. 895e sq. et passim. 第X巻（897a）では、宇宙論的なレヴェルではあるが、魂の呼び名として、意欲、考察、関心、計画、判断、快楽と苦痛、大胆と恐れ、愛と憎しみなどが列挙されている。

（13）Schöpsdau（1994）, 228–231は『法律』のここでの分析がむしろ魂の二区分を立証するものと考えている。

（14）E.g. Hentschke（1971）, 208 n.91.

（15）Cf.『法律』II. 653bc, III. 689a–c, 696c.

（16）Stalley（1983）, 61.

（17）Cf. Price（1995）, 91sq.

（18）E.g. England（1921）, ad loc. 最近では、Price（1995）, 91も同様に考えている。

（19）Schöpsdau（1994）, 232. Cf. I. 645a1, 5, 7, II. 659d2, 673a9, VII. 819a5.

（20）Görgemanns（1960）, 120は、そのような意味において、この個所の主要な論点が個人の倫理の基礎づけにではなく、立法論的な教育の問題にあると考えているが、むしろその二つを切り離して考えることができないというところにプラトンの意図はあると思われる。本書第七章第五節参照。

（21）こうした外部的な引く力と内発的な力とのあいだにそのつど本来の自己が形成されるというプラトンの人間観に

ついて考えるとき、V・v・ヴァイツゼカーが『ゲシュタルトクライス』において規定した独自の主体概念が参考になる。彼のいう「主体」（Subjekt）は、けっして「行為者の内部からその行為の発動をつかさどっている自律的な契機」ではない。それは、有機体と環境世界とのあいだにあって、両者の出会いの根拠をなす原理、すなわち、両者の境界面において絶えず生成消滅を繰り返す相即関係の原理なのである。cf. Weizsäcker（1940）, 153.

（22） Cf. Pangle（1988）, 517–8 n.54.

（23） 本書第二章第四節参照。

（24） 詳しくは本書第二章第一節参照。

（25） Bobonich（1994）, 17–22 and（2002）, 247–273.

（26） Davidson（1980）, 35–6.

（27） 『国家』VII. 514a sqq. Picht（1990, 158 sqq.）は、「操り人形」を「洞窟の囚人」の像を発展させたものだとみている。彼によれば、ロギスモスの絃も囚人を国家の法律慣習に縛りつける鎖の一つである。

（28） 『饗宴』における「自由」の観点の重要性については、本書、補論一のC第三節を参照のこと。

（29） Bobonich（1994）, 21. Cf. Bobonich（2002）, 273–282.

（30） Irwin（1995）, 351は、『国家』と『法律』のあいだには知識に関して明白に理論的な相違があるとの立場から、プラトンが『国家』では一般市民に要求しなかったことを『法律』では要求していると考えている。

（31） Cf. δεῖν, 644e5, 645a4 ; δεῖ, b5.『法律』におけるプラトンの一般的態度が非常に権威主義的なままで、なおも個人の自由に対してはなんら注意を払っていないという、哲学案内書の記述にはがっかりさせられてしまう（see Honderich（1995）, 686）。一方、操り人形のもつ自由意志の強調については、cf. Blum（1971）, 42. ただし、Blum がクライストの人形芝居論との対比を手がかりに、いわゆる「不文の教説」にまで踏み込むのは行きすぎである。また、Ritter（1985, 2. Teil, 197）は、人間存在と人間行動についてのペシミスティックな言葉のなかにヘラクレイトス（『ソクラテス以前哲学者断片集』第二二章「断片」B一〇二）にまで遡る深い神学的思想を読み取ろうとしている。

（32） 『法律』I. 643ce, II. 653ad, 659d ;『国家』III. 401b–2a. それぞれの対話篇の文藝論の評価については、藤澤（1956,

37sq.）および本書第五章、第七章を参照。

（33）『国家』II. 376cd, cf. III. 411e–2a：『法律』VII. 804de, cf. IX. 857e（παιδεύει τοὺς πολίτας）。

（34）Walsh（1963）, 54は、第Ⅶ巻（788c sq.）における胎教や幼児期教育への新たなる着眼がそのことを証拠立てるものと考えている。

（35）ただし、それはけっして『国家』のモティーフを否定するものではない。むしろ、藤澤（1984, 80）が三区分説に認めた「協調の観念」が、ここにおいて徹底化されているのである。『国家』においても国民教育の視点は欠落してはいない（cf. IX.590de）。

（36）「夜の会議」の役割とその構成員の教育に関しては、本書第十章を見られたい。

（37）Gosling（1990）, 21が『国家』のプラトンについて認定した事実がここにも当てはまる。

第五章　詩人追放の論理

はじめに

古典期アテナイの悲劇藝術には、互いに複雑に絡み合ったつぎのような歴史的要因があったと言われている。民主制国家の市民的統合の象徴である宗教的・政治的な祝祭としての側面、詩と音楽と舞踏を統合した美的創造の個別の新しいジャンルとしての側面、人間的な苦難と葛藤の経験をつうじて「自己」の変容をもたらそうとする思想媒体としての側面等々。さらにこれらの要因に加えて実際的な劇場システムが整備されることによって、古典期アテナイには、悲劇藝術を標的とする文藝批判の共通基盤が醸成される豊かな素地があった(1)。アリストパネスの『蛙』やアリストテレスの『政治学』Θ巻はそのことを例証している。そして、とくに後者の『詩学』がその最高の成果の一つであって、近代以降の文藝批判の歴史に大きな影響を持ち続けてきたことは言うまでもないだろう(2)。

そのような歴史的文脈のなかで、プラトンの文藝批判が悲劇藝術をめぐる政治哲学的な考察を強く指向したのは当然かもしれない。『法律』第Ⅶ巻のつぎのパッセージは、理想国家での上演を希望する旅回りの悲劇役者の一座に対する、立法者たちからの想像上の応答である。

「世にもすぐれた客人方よ、われらはみずからが、可能なかぎり最も美しく、最も善き悲劇の作家である。そもそもわれらの国制はその全体が、最も美しく、最も善き生のミーメーシスとして構成されたものであり、これこそまことに、最も真実な悲劇（τραγῳδίαν τὴν ἀληθεστάτην）であると、われらは主張する。したがって、諸君が作家であるのなら、われらもまた同じものの作家であり、お互いは、最も美しいドラーマの制作技法を競い合うライヴァル同士なのだ。さらに、この最も美しきドラーマをほんらい上演できるのは真実の法だけだ（νόμος ἀληθὴς μόνος）というのが、われらの希望するところである。

　したがって、われらが諸君にそうやすやすとわれらのところで市場（アゴラー）に小屋掛けし、その美声がわれらのよりも大きく響く役者たちを舞台にのぼせることを許し、そして諸君が子供たちや女たちや全大衆に向って演説し、同じ営みについてわれらと同じことをではなく、しばしば多くの点で正反対のことを語るのを許すだろうと考えてはならない。というのも、われらにしても、またどんな国にしても、もし諸君の作品が、語られ公表されるにふさわしいものであるかどうかを、役人たちが判断する前に、いま言われたことを諸君が行うのを許す国があるとしたら、まったく狂っていると言えようからだ。

　だから、たおやかなムゥサたちの裔なる子らよ、まず、諸君の歌をわれらの歌と並べて役人たちに差し出し、もし諸君の語るところがわれらの語るところと同じであるか、あるいはより善いことが明らかになれば、われらは諸君に合唱舞踏団（コロス）を与えよう。しかしそうでない場合は、友よ、断じてそうすることはできないだろう。」（817b–d）

一見してここに、言論の自由を抑圧する権威主義的国家の特質を読み取ることは容易なことであろう。しかし、メタファとアイロニーに満ちたこのパッセージほど、プラトンの悲劇との闘いの本質について豊かな示唆を与えてくれる個所はないだろう。外来の悲劇作家がマグネシアの市民社会に受け容れられるためには、彼らの悲劇が市民たちの正しい生の形成に寄与するであろうことが立法者たちによって認定されなくてはならない。なぜなら、マグネシアの国制そのものが最も美しく、最も善き生のミーメーシス（模倣・再現）なのであって、まさにこの立法者たちの作品をひとつの評価基準として、悲劇はもちろん他のいかなる言論・文章もその価値が測られねばならないからだというのである(3)。これはたしかに、悲劇作家の自由な創作を否定する独善的な検閲制度であるかに見える。しかしここには、プラトンの悲劇との闘いが単なる排除と追放の論理に基づくものではないこと、そしてそれが、新たな種類の探究的ミーメーシスのなかで悲劇藝術を変容し、克服しようとするプラトンの創造的な試みであることも示唆されているのではないだろうか。

はたして、プラトンの政治哲学にとって文藝批判がもつ本質的意義とは何であろうか。また、マグネシアの国制が最も美しく、最も善き生のミーメーシスであることを根底から支える国制論のパラディグマティズムのあり方を、私たちはどのように理解したらよいのだろうか。

そこで本章では、まずプラトンの文藝批判の本質をその原点から問い直し、ミーメーシスとしてのムゥシケー（音楽文藝）に対するプラトンの基本的な考え方を、中期対話篇『国家』における文藝批判のなかで確かめることにしよう。そうすることによって、プラトンの自己言及の表現としてもきわめて大胆な「最も真実な悲劇」という言葉の意味と奥行きを探る手がかりが得られるだろう(4)。

一　プラトンの文藝批判の原点

さて、プラトンの文藝批判の原点は、『ソクラテスの弁明』にある。なぜならそこには、ソクラテスが出会った悲劇やディーテュランボスの作家たちが、彼の吟味・論駁（エレンコス）を受けることによって、じつは自分たちが語っていることの意味を知らないだけでなく、その作家活動のゆえに実際にはそうではない他のことについても最高の知者であると思いこんでいることが暴露されたということが、言明されているからである（22b）。その基本的な論点は、やはりプラトン初期の対話篇である『イオン』において、吟誦詩人たちの想像力の源泉が彼ら自身の知性にあるのではなく、ディオニュソス的な霊感――「神の配剤」（θεία μοῖρα, 542a）――にあることを明らかにしたソクラテスと共有されていると見てよいだろう。また、多くの悲劇作家たちへの非難のもう一つの論点は、『ゴルギアス』における快楽主義論駁（499b–503d）においても明らかなように、彼らがどうすれば魂に快い感じがもたらされるかということだけを研究しているところにある。大勢の人間の集団を相手にして、その人たちの魂の機嫌をとる仕事に従事する人びとにとって、快楽のうちでどれが悪いかというようなことは考察もされなければ、もともと関心の対象にもならないのである。こうした一般的な悲劇作家の知の思いこみと大衆迎合的な快楽主義への批判的態度は、プラトンの文藝批判の基本的な動機となっている。

ここで私たちは、プラトンが「悲劇的なもの」の概念をどう捉えていたのかを確認しておきたい。前述したような近代以降の文藝批判の歴史のなかで、「悲劇的なもの」の諸理論がアリストテレスの『詩学』における悲劇の定義（1449b23 sqq.）を出発点として独自の思考の道筋を示してきたことは確かだからである。(5)

「トラギコス（τραγικός）」という形容詞は、プラトン著作集のなかに十四回現れるが、その多くは、「悲劇（という藝術ジャンルに固有）の」という通常のニュアンスで用いられている。ところが『クラテュロス』のつぎの用例は、「山羊的」というむしろ後世になって用いられるようになった語源的な意味をもつ点で注目に値する。牧神パン（Πάν）がヘルメスの息子で二形的、すなわち上半身は滑らかだが、下半身はざらざらしていて山羊の姿（τραγοειδής）をしていることが、言葉（λόγος）の本質と重ね合わされる。

「言葉というものは、すべてのもの（τὸ πᾶν）を表示し、いつも転がり動きまわり、真偽の二面性をもっている。……したがって、言葉のうちでも真なるものは、滑らかで、神的で、上方の神々のあいだに住まっているのだが、偽なるものは、下方の、人間の大多数のあいだに住まっていて、ざらざら／苛酷で、山羊的／悲劇的（τραχὺ καὶ τραγικόν）なのだ。なぜなら、物語と虚構（οἱ μῦθοί τε καὶ τὰ ψεύδη）の大多数は、この地上の、つまり山羊的／悲劇的な生をめぐるもの（περὶ τὸν τραγικὸν βίον）なのだから。」（408c）

真なる言説が牧神の「滑らかで、神的」な側面に対応するのに対して、偽なる言説は、牧神の地上的で人間的な側面に、すなわち人間存在に特有の「ざらざら／苛酷で、山羊的／悲劇的」な側面に対応する。前述のように、一般的には「悲劇的」という意味で用いられる「トラギコス」という言葉を語源的にさかのぼって「山羊的」と解することによって、人間的生の「苛酷で悲劇的な」本性を神的な本性と対比させるところに、この個所の機知がある。そしてその背景には、物語や虚構の大多数が、地上的な人間の「苛酷で悲劇的な生」をめぐるものだという判断が存在する。この「悲劇的な生」という概念は、悲劇に照らしてみられた人生一般と解釈することもできれば[6]、特定の悲劇的な人生観を反映した生き方と解釈することもできるだろう。

一方、『パイドン』において、死刑執行に先立って沐浴に向かおうとするソクラテスが口にする言葉、「だがこのぼくはと言えば、いまやすでに運命が喚んでいる、と悲劇の主人公（ἀνὴρ τραγικός）なら言うところだ」（115a5：藤澤令夫訳）は、悲劇詩人の言葉が、悲劇役者の口を通して、聴衆の現実の生の態度へと転移しうることを実証するものでもある。なぜなら、この ἀνὴρ τραγικός という表現は、「悲劇の主人公」のみならず、「悲劇詩人」（LSJ）とも「悲劇的な人生観をもっている、あるいは受け容れている人」[7]とも読むことができるからである。

『クラテュロス』における「悲劇的な生」というものについていずれの解釈をとるとしても、神的な真理と鋭く対比される人間的生の苛酷な運命というものが、じつは悲劇詩人の生み出す物語や虚構の世界に固有のものだという含意は明白であるように思われる。そしてまさにこうした虚構の物語が――真実の言葉（話）がではなく――、『国家』の文藝批判の始点なのである[8]。子供たちの教育は体育よりも先に物語を用いて、すなわち、真実の言葉ではなく作りごとの言葉によって行われるべきだと、『国家』のソクラテスは主張する（II. 377a4–8）。はたして、その言葉は、いかなる生の物語を、いかなる仕方で語るのだろうか。

二　『国家』の全体構成と文藝批判の位置づけ

『国家』という対話篇の全体を俯瞰してみるとき、そこには正しいひとが祝福を受け、不正なひとが惨めであることを描き出す、あたかもバロック絵画のようなシンメトリックな構造が浮かび上がってくる[9]。

側面部Ⅰ　前奏曲：〈正義〉とは何か：現実の生における正しい人の苦難（Ⅰ–II. 367e）。
中間部Ⅰ　最善の国家の生成（II. 367e–IV. 427c）：**文藝批判Ⅰ**（II.376e–III. 403c）。
　中央部　〈正義〉の定義（IV. 427d–445e）：最善の国家のあり方と条件（V–VII）。
中間部Ⅱ　最善の国家の堕落（VIII–IX）：**文藝批判Ⅱ**（X. 595a–608b）。
側面部Ⅱ　後奏曲：〈正義〉の報酬：現実の生における正しい人の幸福（608c–621d）。

私たちの眼を引くのは、中間部に位置づけられた二つの文藝批判の存在である。このそれぞれにはいかなる必然性があるのだろうか。そのことを詳しく見るに先立って、この対話篇全体の課題を確認しておこう。

さて、第Ⅱ巻の冒頭においてグラウコンは、「不正であること」を讃えるソフィストたちの立場から善を三分類することによって、『国家』全体の課題を再提起する（II. 357a–358b）。それは、

(A)〈正義〉とはいったい何であり、
(B)それが魂のうちにあるとき純粋にそれ自体としてどのような力を持つものなのか

という問題である。これを受けて今度はアデイマントスが、〈正義〉がもたらす評判を讃える詩人たちの立場から、問題の背景をなす通念的な言説を紹介する（363e–366b）。その内容はつぎの二点に集約される。

(a)節制や正義はたしかに美しいがそれを獲得するのは困難（＝苦痛）である。それに対して放埓や不正

は快いものであり、たやすく自分のものとなる。それが醜いとされるのは世間の思わくと法律習慣のうえのことにすぎない。

(b)神々でさえも、善き人びとに不運と不幸な生活を、悪しき人びとにその反対の運命を与えることがしばしばある。呪文や犠牲によって神々を動かすことができる。

(a)は、正・不正に関する無知に基づく大衆のアンビヴァレントな心情の現れであり、(b)は、〈正義〉と幸福の不一致を暗黙の前提とした伝統的な価値規範の矛盾の現れである。そのいずれもが、悲劇詩人の生み出す物語や虚構の世界の素地を形づくっていることは明らかであろう。そして注目すべきは、これらの言説に対する証人として、ホメロスやヘシオドスが引き出されたあとの描写である。そこには、有能で計算高く、人生を賢く生きようとする若者たちが、このような言説の影響を受けながら自己自身との対話をどのように進めていくかが、生々しく描き出されるのである(365a–366b)。

そのような若者は、ピンダロスに倣って、「『正義の道と邪なる欺瞞の道との、どちらを行けば、より高い城壁に登る』ことができて、かくてわが身のまわりを防壁で固めたうえで、この世を生きおおせるか」と、自分自身に語りかけるであろう。しかし彼は、一見理性的に自問自答を繰り返しているように見えながら、結局は多くの詩人たちのことばを心の内で反芻しながら、その内容を一層強化して受け容れてしまうことになる。なぜなら、この魂の内なる対話は、詩人たちの言葉——通俗的な仕方で〈正義〉と〈不正〉との力を逆転させた言説(367a6–8)——を口実にして、自分自身の劣悪な欲望を可能なかぎり解放しようとするエゴイスティックな市民道徳の肯定にすぎないからである。これはまさに文藝の負の教育的効果というものの実例を示すものであるだろう。

　だが、このような事態が生じてもじつは仕方のないことであった。なぜなら、「〈正義〉と〈不正〉のそれぞれが、それぞれを所有しているものの魂の内にあって神々にも人間にも気づかれないときに、それ自体としてそれ自身の力でどのようなはたらきをなすかということは、詩においても散文においても、かつて一度もくわしく語られたことはなかった」(366e) からである。したがって、先の(A)、(B)の課題は、明らかに文藝批判をその不可欠の部分としているのである。

三　文藝批判Ⅰ

文藝批判Ⅰ (II. 376e–III. 403c) は、まさにその課題を果たすことを最終的な目的として、まずは国家の守護者の自然的素質をいかに養教育すべきかを考察するために導入される。語られるべき内容に関して扱われるテクストは、主としてホメロスである。三〇以上の引用のうち、四分の三がホメロスで、悲劇からの引用はアイスキュロスが四つあるだけであるが、この割合は、「悲劇の指導者であるホメロス」(X. 598d8) のステイタスを反映しているにすぎない。

　さて、彼がまず「神々の物語についての規範」として導入する原則は、叙事詩、抒情詩、悲劇のジャンルを問わず、神がほんとうにそうあるような性格を、つねに必ず与えなければならないというものである。

「善いことについては、神以外の何者をも原因とみなすべきではないけれども、悪いことについては、その原因を

他に求めるべきであって、神を原因とみなしてはならない。」（II. 379c5–7）

そして、神々や神のごとき英雄たちの描写についてはこの原則が適用され、詩的ミュートスの多くに描き出されてきたさまざまな観念——すなわち、神々が悪の原因であるということ（379a–380c）、神々が人間を欺き、迷わせるということ（380d–383c）、死が恐れるべきものであること（III. 386a–387c）、立派な人物たちが悲嘆にくれること（387d–388d）、節制に反すること（389d–391e）——が、次々と排除されていく。ここで重要なことは、「人間についての話の規範」がこの段階ではまだ決められないとされていることである（392a8–12）。

しかし、文藝批判にとっては、この規範こそが最も重大なものである。なぜなら、人間の問題について詩人たちと散文作家たちとが共通しておかしている最も重大な間違いこそ、正義と幸福の不均衡の問題だからである（392a13–b4）。しかし、その問題にいかに対処するかを決定するには、『国家』全体の課題(A)、(B)の解明が必須であろう。だからこそ、いまここで「人間についての話の規範」を決めることはできないのである。そしてその課題が、『国家』の中央部で果たされることは言うまでもない。J・アダムも指摘するとおり、「人間についての話の規範」という主題が個別・明示的に再開される個所はどこにもない[10]。しかし後に考察するように、文藝批判IIとエルのミュートスがその規範の原則と実践を具体化するものであることは疑いえない。文藝批判IIの存在意義は、まずそこに求められねばならないであろう。

つぎに、子供たちに物語が語られるときの方法が吟味される（392c–398b）。ここでまず叙述形式（διήγησις）が分類され（392c–394c）、ミーメーシスを通じて行われる叙述と（それ自体が本来ミーメーシスであるはずの）単純叙述とが区別されるのだが、その理由は、ミーメーシスというものの基本的な意味を、作中の登場キャラクターが語り手となる劇的叙述形式として切り出すことにあった。標的はむろん、悲劇・喜劇である。そしてこのミーメーシスの特徴は、演じ手があたかも誰か別人であるかのようにしてせりふを語り、自分を他人に似せようとするところにある（393a–c）。その単純叙述との著しい相違点は、作家が自己の存在と本性を隠蔽することによってみずからをその描写対象に似せようとし、さらにその本性が演技を媒介して聴衆へと伝播していく可能性の強度である。ただし、作家たちにこうしたミーメーシスそのものを許すべきかどうかという問題は、即答が避けられる。作家たちに対しては、さらにその語り方の分類と選択が求められるからである。

しかし、専業の原則からして、守護者となるべき子供たちがたくさんのものを無差別に何でもかんでもミーメーシスして「ミーメーティコイ」（μιμητικοί）、つまり「ミーメーシスの達者な人間」となることは許されないし、不可能である（395a–c）。一方、もしミーメーシスするのであれば、かれらにふさわしいもの、すなわち勇気、節度、敬虔、自由精神など国家の守護者にふさわしい性格を、早く子供の時からミーメーシスするべきである。なぜなら、ミーメーシスは本質的に同化力をもつものなのであり、それはまさに素質ある者たちが本来の自己を実現するための感情教育の手段となるからである（395cd）。したがって、もちろんミーメーシスそのものが禁じられるのではない。「ミーメーシスすること」と「ミーメーティコイであること」とは厳格に区別されている。そしてミーメーシスの同化力を野放しにすることが禁じられるのは、明らかに魂の非ロゴス性をあらゆる仕方で強化する方向性においてである（395d–396b）。注釈家たちが共通して指摘しているように、おそらくプラトンの念頭には、エウリピデスやその一派の作品の登場キャラクターがあったのだろう[11]。

最後に、語り方（λέξις）が分類されるにいたって（396b–397b）、「すぐれた人物のミーメーシスを行う、混合されない様式」が選択される。それは、「ミーメーシスと単純叙述の両方のやり方を含むが、ミーメーシスがしめる部分は、長い話のなかで少ししかなく、単一のハルモニアーと、一様斉一なリズムをもつ形式」である。それこそ専業の原則に従う国家の守護者の教育にふさわしい語り方なのだ。なぜなら、ハルモニアーとリズムは、ロゴスに従わねばならないのであるから（398cd）[12]。実際の悲劇作品の多くが、排除される方の語り方、すなわち、「ありとあらゆるハルモニアーとリズムを必要とし、そのすべてが声や身振りによるミーメーシスによってなされ、叙述を含むとしてもわずかな語り方を用いるもの」であることは言うまでもない。しかしその語り方は、ジャンルとしての悲劇やディーテュランボスをすべて含みこむというわけではないだろう。

要するに、「本来的な自己を一なるものとしてかたちづくる、すぐれた人物のミーメーシス」であるか、それとも、「対象を無限定に拡散させて、魂の非ロゴス性を反復的に強化するミーメーシス」であるかが、文藝批判Ⅰにおけるミーメーシスの判定基準なのである。

こうして文藝批判Ⅰは終局を迎えるのだが、それは、守護者となるべき子供たちの魂に気高く美しいものへの恋を芽生えさせるというムゥシケーの終局点に議論が到達したからにすぎない。むしろ、問題の解明は端緒についたばかりであり、ミーメーティコイの存在論的資格の認定とその追放の論理が、〈正義〉論の文脈のなかでより明確に規定されねばならない。その決着は『国家』の中央部をへて、文藝批判Ⅱに到達して初めて可能になる。

四　文藝批判Ⅱ

さて、『国家』の中央部は主として、魂の三区分説に基づく〈正義〉の規定と、〈善〉のイデアの認識を究極の到達点とする知性教育の道筋を示すことに当てられる。それはまさに〈正義〉と幸福の確固たる結合関係を証明する議論なのであって、プラトンの文藝批判を根底から支える基本条件でもある。魂の〈ロゴス的部分〉による〈非ロゴス的部分〉の支配統御によって、魂の内なる〈正義〉を確立した人間は、完全な意味での一人の人間として真実の徳を実現していく可能性を得るのであって、この真実の徳の実現こそが人間にとって最高の幸福を約束するものであることは言うまでもない。こうした哲学的人間観によって文藝批判Ⅱ（X. 595a–608b）の論理はどのように支えられているのだろうか。

文藝批判Ⅱは、ミーメーシスの本質規定を通じて、悲劇的な創作の本質を「ミーメーティケー」（μιμητική）と見定めるとともに、「人間についての話の規範」を定め、そのことによって文藝批判を完璧に仕上げることを目的とする。その議論の概略をつぎのように区分し、順を追ってみていくことにしよう。

（1）　ミーメーティケーの排除宣告（X. 595a–c）、
（2）　ミーメーシスの本質規定による、詩におけるミーメーティコイの定位（595c–602b）、
（3）　ミーメーティケーの感情的効果の分析とミーメーティコス・ポイエーテースの追放（602c–605c）、
（4）　ミーメーティケー・ポイエーシスに対する最重大告発（605c–607a）、
（5）　快楽を目標とするポイエーティケー・ミーメーシスの帰国の条件（607b–608b）。

(1)　ミーメーティケーの排除宣告（X. 595a–c）

文藝批判Ⅱが文藝批判Ⅰを直接受け継ぐものであることは、「詩のなかでミーメーティケーであるかぎりのもの（αὐτῆς ὅση μιμητική）は、けっしてこれを受け容れない」（595a5）とされていることからも明らかである。文藝批判Ⅰの守護者教育においては、子供たちがミーメーシスすることはある規範のもとに積極的にすすめられていたけれども、かれらがミーメーティコイであることは決して許されなかったからである。文藝批判Ⅱでもまずは、悲劇の作家たちやその他のすべてのミーメーティコイによって創り出されるもの（πάντα τὰ τοιαῦτα）が、聞く人びとの心に害毒を与えるものであることが再確認される（595b）。そのさい注意すべきことは、ホメロスが「あの立派な悲劇作家たちすべての最初の師であり指導者」（595c1–2）であったとされ、追及の矢面に立たされていることである。ホメロスが「悲劇作家の第一人者」（607a3）だという有名な言葉によっても立証されるように、ホメロスの叙事詩そのものが文藝批判にとってきわめて重要なテクストであることが宣告されているのである。

(2)　ミーメーシスの本質規定による、詩におけるミーメーティコイの定位（595c–602b）

「ミーメーシスとは、全般的にいって、そもそも何であるか」（595c7）という問いは、『国家』中央部で周到に論議された〈正義〉論――イデア論はその一部――の大きな文脈の流れのなかで、追放の対象であるミーメーティコイを正確に定位することを目的とする。問題はまず、「それぞれの種類の手仕事職人がつくるかぎりのものを、すべて何でも作るような職人を何と呼ぶか」というかたちで提示される（596bc）。そして鏡像の比喩を経て、「本性（実在）製作者」としての神／「実物の製作者」としての手仕事職人／「そうみえるところのもの（写像）の製作者」としての画家、というイデア論に基づく三層構造が導入されて、これが、問題となっているミーメーテース（すなわちミーメーティコス）とは何であるかという問題にも適用されるのである。

まず、ミーメーシス行為一般をなす者として、「本性（実在）から遠ざかること第三番目の作品を産み出す者を、ミーメーテースと呼ぶ」（597e3–4）という規定がなされたうえで、悲劇作家もミーメーテースである以上、真実（実在）という王から遠ざかること第三番目に生まれついた素姓の者であることが確認される（e6–7）。そしてつぎに、[13] 絵画術の事例と緊密な連絡を保ちながら、ミーメーティケーの規定が与えられる──「してみると、ミーメーティケーというものは真実から遠く離れたところにあり、またそれぞれの対象のほんのわずかの部分にしか、それも見かけの影像（εἴδωλον）にしか触れなくてもよいから、すべてのものを作り上げることができるのだ」（598b6–8）。

ここで、ミーメーシスからミーメーティケーが「分化分割[14]」されていくときの指標が、知識と行為の結合関係にあることは重要である。多くの人びとの通念によれば、「悲劇と、悲劇の指導者であるホメロスは、あらゆる技術を、また徳と悪徳に関わる人間のことすべてを、さらには神のことまでも、みな知っている」はずだということになる。なぜなら、すぐれた作家たる者は、主題となるその事柄を必ずよく知っていて詩作するのでなければならないからである（598de）。しかし、もしもかれらがミーメーティコイであるなら、そのことについて知っている必要はない。否、むしろ知らなくてもよいからこそ、すべてをミーメーシスすることができるのではないか。少なくとも神のことについてホメロスが知っていたとは言えないことは、文藝批判Ⅰにおいてすでに認定されていた事実である。したがって問題は、徳と悪徳に関わる人間のことをホメロスが知っていたと言えるかどうかである。そこで導入されるのが、知識と行為の結合関係についての原則である。

「いやしくも自分が真似る事物について、もしほんとうに知識を持っているのであれば、その人は似姿のために熱意を傾けるよりは、実際にそれを行うことのほうに、ずっと真剣になることだろう」(599b3–5)。

ホメロスが語ろうと試みている最も重大で最も立派な事柄——戦争、軍隊の統帥、国家の統治、人間の教育など——について、もしもホメロスが真の認識に達していたのならば、彼はどこかの国でそれを実践に移して賞讃を受けていたはずではないか。しかしそのようなことはホメロスの崇拝者たちでさえ語ってはいない。人間の徳性に関わることである以上、そうするのが最善であると知っていながらそれを行わないということ(いわゆるアクラシアー)はあってはならない。もしそのような事態が生じるとするなら、それは知らないことを知っていると思いこむ「最大の無知」にほかならない。〈正義〉論の根幹をもなす、行為の根拠に関するプラトンのこの認定は、まさしく魂の三区分説を用いてすでに『国家』の中央部で与えられていたのである(15)。

もちろんこの原則をあまりに強く読むことは危険である。〈善〉のイデアの認識に到達した哲学者でさえ、その知を実践に移すためにはなんらかの強制を受けることが必要だったからである(VII. 519cd)。しかし、哲人王たるべき人たちは、その強制にあえて逆ったりはしない(520de)。それは彼(女)らを国のうちにつくり出した法というものの関心事が、国全体のうちにあまねく幸福を行き渡らせることにあったからであり(519e–520a)、かつ彼ら以外に、「国がそれによってこそ最も善く治まるような事柄について、最も多くの知恵をもつ人びと」(521b8–9) はいないからである。哲学者が国家の〈正義〉の実現のために国家の統治に向うことは、確かにみずからの幸福を犠牲にする行為ではあるが、そのことが彼の魂の〈正義〉を破壊することにはならないだろう。しかし、彼がみずからの幸福に執着することは、少なくとも間接的には国家の〈正義〉を破壊することにつながり、ひいては彼自身の幸福の追求をも不可能にするだろう。

しかし問題は、ホメロスがそのような知恵をもって創作を行ったかどうかなのである。彼がソロンやピュタゴラスのように、徳の実践、すなわち国家の統治や人間教育に真剣に取り組むことがなかったという事実は、彼が人間の徳についての認識を欠いていたことの状況証拠にはなるだろう。逆に、守護者教育に用いられる物語の「人間についての話の規範」が人間の徳に関する確固たる認識に根拠づけられるべきものであることは、言うまでもないことである。そしてそのような認識は、徳そのものについての真実の知を要求するのであり、そのことは——プラトンの主張によれば——『国家』中央部においてようやく実現されることなのである。

このようにして、「ホメロスをはじめとしてすべての作家たち(ポイエーティコイ)は、徳の影像のミーメーテース(μιμηταὶ εἰδώλων ἀρετῆς)なのであって、真実そのものには決して触れていない」(X. 600e4–6) ということが確認されるに至る。だが、かれらがミーメーティコイであるとされる所以は、さらに、かれらの行うミーメーシスがひとつの遊びごとにほかならず、真面目な仕事ではないところにある。つまり、真実から遠ざかること第三番目というミーメーシスの本質的な虚偽性と、人間の徳性に関わる最も重大なことがらをそれについての真実の知を欠いて扱うという不真面目さとを、自らの作品のなかで分ちがたく結びつけてしまう藝術家が、ミーメーティコイなのである。こうして、「イアンボスやエポスの韻律を使って悲劇の創作にたずさわる人びと」は、すべてみな、最大限にそのようなミーメーティコイだという定位がなされるにいたるのである（602b7–10）。

(3) ミーメーティケーの感情的効果の分析とミーメーティコス・ポイエーテースの追放（602c–605c）

さてここでは、ミーメーティケーとして明確に定位された詩の感情的効果の分析を通じて、それが追放されねばならないことの根拠が示される。私たちの注意を引くのは、詩が行うミーメーティケーの描写対象の一般的な記述から始まった議論（603c4–9）が、ごく自然に、魂の三区分説が導入されたときの心の内なる葛藤の分析の回顧（603c10–d8）を経て、立派な人物が自分の最も大切なものを失ったときにとるべき態度の描写（603e–604a）へと移行することである。この「息子との死別」の事例（603e3–5）は明らかに、第Ⅲ巻（387d–388e）における、ホメロスや悲劇の英雄たちが悲嘆にくれる表現に対する批判を想起させるものである。しかしここでは、その立派な人物のとるべき態度の描写が、「人間についての話の規範」を原則的に示すための事例として、ふたたび導入されているように思われる。なぜならこの議論は、魂の三区分説にもとづく〈正義〉論を前提とすることによって、魂の〈ロゴス的部分〉による〈非ロゴス的部分〉の支配という、人間の徳についての認識を明確に示すものだからである。

ともかくも、強制されたあるいは自発的な行為の選択の場面、その結果としての幸不幸の判断、そしてそうした状況における快苦の感覚、といったトポスにおいてこそ、人間の徳の真価は問われるのである。立派な人物といえども、息子の死に直面して悲しくないわけはない。しかし、不幸のうちにあっては、できるだけ平静を保って、感情をたかぶらせないことが最も望ましい。悲しみにふけるということは、「起ったことについて熟慮し、最善の途だと道理が決めるとおりに自分のことを処理し、痛んだところはこれを治療し、倒れたものは立て直して、医術の力で嘆きを消し去ることへと一刻も早く向うように、つねづね魂を習慣づけること」（603cd）を妨げることなのである。排除されるべき性格描写のあり方は明白である。苦悩を思い起こさせては私たちを嘆きへと導き、飽くことなくそれにふけろうとする魂の内なる部分、非ロゴス的で怠惰な部分を養い育てるようなものがそれにほかならない。悲劇的な音楽文藝が最も強力に働きかける魂のこの部分を理に反して肥大化させることは、本来的な自己の形成を著しく妨げることになるだろう。

ところが、ミーメーティコス・ポイエーテースは、もし劇場に集まってくる種々雑多な人びとのあいだで好評を得ようとするならば、「思慮深く平静な性格」ではなく「感情を高ぶらせる多彩な性格」に向うべきだということを本能的に嗅ぎ分ける。聴衆はそのような性格を反復的に強化することで容易に下劣な快楽を得るだろうし、ミーメーティコスにとっては何よりそのような性格のほうが、真似て描写しやすいのである。アリストパネスが『蛙』において、詩人が嘆賞される原因として皮肉にもエウリピデスに語らせた「訓戒」（νουθεσία 1009）――市民たちをよりよきものにすること――などは、ミーメーティコス・ポイエーテースの念頭にはない。あったとしても、それは〈善〉についての知を欠いたデーマゴーギアーでしかないだろう。かれは魂の低劣な部分を呼び覚まして育て、これを強力にすることによって〈ロゴス的部分〉を滅ぼしてしまうということを理由に、理想国家からの追放を宣告されるのである。「ミーメーティコス・ポイエーテースもまた、人間一人ひとりの魂のなかに悪しき国制を作り上げる」（605b7–8）という表現は、明らかに〈正義〉論の文脈のなかで理解されねばならない。

(4) ミーメーティケー・ポイエーシスに対する最重大告発（605c–607a）

ミーメーティコス・ポイエーテースが作りだす詩[16]に対する最も重大な告発とは、それがすぐれた人物をも損う力を持っていることについての警告である。ホメロスや悲劇作家の描き出す人物像に対しては、すぐれた人であっても悦びを感じ、我を忘れて同情共感しつつ、ついて行ってしまう。しかしそれは、〈ロゴス的部分〉が嫌悪すべしと命じたものに対して、かえって悦びを感じて賞め讃えるという、アクラシアー的情態にほかならない。そのようなことが起るのは、明らかに〈ロゴス的部分〉が、理によっても、また習慣によってさえもまだ十分に教育されていないために、〈非ロゴス的部分〉に対する監視をゆるめてしまう結果である。

しかも、このような経験はほとんど無際限な同化作用をもつ。悲劇の登場キャラクターに想像力豊かに反応することと、情念が私たち自身の生のうちに占める位置とのあいだに、ある蠱惑的な同盟関係が存在することを、プラトンは鋭く暴き出している。美的経験が私たちの精神生活に対して容易に予測できるような帰結――単純な模倣であれ、浄化ないし瀉出であれ――をもたらすということが問題なのではない。藝術作品に表現された或る性格に対して強く屈服することによって、その基調をなす或る価値観を実演し、受け容れることになってしまうことが問題なのである。そのような判断をエキセントリックだと言って嗤い飛ばすことができるだろうか。もしもそんなことをすれば、行動の心理的決定要因としての情念の現実性とのあいだに音楽文藝がもっている関係を断ち切ることによって、悲劇のみならず、他のいかなる藝術からも同時にその「真剣さ」（σπουδή）を奪うことになりかねないだろう。結局のところ、私たちが劣った惨めな人間とならずに、すぐれた幸福な人間になるためには、ほんらい情念は支配される側におかれねばならないのである

(606d5–6)。

(5) 快楽を目標とするポイエーティケー・ミーメーシスの帰国の条件 (607b–608b)

こうして、文藝批判Ⅱは、哲学と詩とのあいだに昔からあった仲違いの事実に触れて幕を閉じる。しかしここで、プラトンが「快楽を目標とするポイエーティケーとしてのミーメーシス」を無条件に永久追放しようとしているのでないことは、是非とも確認しておかねばならない。なぜなら、詩人たちにも、その保護者たちにも、詩のための弁明の機会が与えられているからである。詩がたんに快いだけではなく、国のあり方と人間の生活のために有益でもあることが明らかにされるならば、そうした詩人の帰還は許されるのである。詩人がそのような有益性を示しうるための必須条件は、かれがけっして単なるミーメーティコス・ポイエーテースとしてではなく、むしろ、ミーメーシスの本質的な虚偽性に対する明確な自覚と、人間の徳性に関わる最も重大なことがらについて真実の知をつねに愛求し続ける真剣さとを、自らの作品のなかに可能なかぎり現実化することができる藝術家として立ち現れることなのである。

ここで私たちは、本章の冒頭で引用された『法律』の言葉を想い起こしてみよう。悲劇に対する排除の姿勢は『国家』の場合とまったく変わってはいないかにみえる。しかし、「最も美しく、最も善き生のミーメーシス」としての有益性を示しうる悲劇の作家であれば、彼は立法者たちから合唱舞踏団が与えられる。それは、字義通りに受けとめれば、理想国家における市民教育の有益な手段としてその悲劇作品が上演されるということを意味している[17]。はたして、『法律』において打ち出される新たな視野のなかで音楽文藝が有する政治哲学的な意義とはいかなるものなのだろうか。そして、ミーメーシスとしての国制のあり方を根底から支える国制論のパラディグマティズムの本質を私たちはどのように理解すればよいのだろうか。私たちは、まず次章において後者の問題から考察することにしよう。

註

(1) 定式化は、基本的にVernant (1972) に準拠。因みに、R・ヴァーグナーが統一途上にあるドイツに付与しようとした「未来の共同体的藝術作品」の失われた原像として探究したものが、このような古典期アテナイの悲劇藝術であったことについては、拙論 (2002) を参照されたい。
(2) Cf. Szondi (1961).
(3) Cf. VII. 811de, IX. 858c–e, XII. 957c–e.
(4) このパッセージ、とりわけ「最も美しきドラーマ」という表現にこめられた政治哲学的な意義については、本書第六章において詳しく扱う。
(5) とりわけ「悲劇的なもの」の概念を要に、「アリストテレスのへの叛旗」を翻したニーチェの悲劇論については、拙稿 (2011)、三二四頁以下を参照。
(6) 『ピレボス』50b3における「人生の悲劇、喜劇」という表現を参照せよ。
(7) Cf. Halliwell (1988).
(8) Cf. Stallbaum, ad loc.
(9) Cf. Kuhn (1941).
(10) Cf. Adam (1963^2), I. 143.
(11) エウリピデスは、アリストテレスによれば、「最も悲劇らしい悲劇の作家」であった (『詩学』1453a29)。
(12) この原則は、『法律』の文藝論においてより原理的な仕方で規定される。本書第七章第三節を参照されたい。

（13） 597e10の μὲν … δὲ に注意。

（14） Cf. 山田（1998）, 8.

（15） 本書第二章第四節を参照されたい。

（16） αὐτῆς（605c6）が τῆς ποιήσεως をうけるという Adam（ad loc.）の註は正しいがミスリーディングである。605b7の文脈から τῆς μιμητικῆς ποιήσεως をうけるとするべきである。

（17） Cf. Mouze（2005）. 彼女は、マグネシアがカリポリスと違って次善の国家であることを根拠に、悲劇が市民生活の中で果たす教育的な役割を積極的に主張している。

第六章　「最も美しきドラマ」

一　国制と法律

「今日は道すがら、国制と法律について話したり聞いたりしながら時を過ごしたとしても、まんざら不愉快なことではありますまい。」（『法律』I. 625a6–b1）

その日、三人の老人たちは、クレテ島はイデ山腹にあるというゼウスの神聖なる洞窟を目指して歩きながら、国制（πολιτεία）と法律（νόμοι）について語り合おうというのだった。プラトンの対話篇『法律』の冒頭には、このように、その対話篇が国制と法律という二つのテーマをもつものであることが明確に語られている。

さて、アリストテレスは、『政治学』Δ巻第一章において、この国制と法律という対概念について明確な定義を与えている。国制とは、「諸国家のさまざまな官職にかんする取り決めであって、それらの役職がいかなる仕方で配置されているか、また国制の主権的部分が何であり、それぞれの共同体の目的が何であるかを規定するものである」のに対して、法律とは、「国制のあり方を明らかにするさまざまな事柄と混同されるべきものではなく、支配する者がそれらによって支配し、違反する者をそれらによって告訴しなければならない当のものである」と（1289a15–20）[1]。そしてそのような基本的理解に立って、アリストテレスは、プラトンの『法律』の大部分を占めているのは法律であって、国制について彼はわずかしか語らなかったと述べ、さらに『法律』の国制が基本的には『国家』の国制と同じものだとみなすのである（B6.1265a1–10）。国制と法律という二つの言葉には、このように政治組織の異なった二つのアスペクトが含意されている。したがって、プラトン自身が『国家』（Πολιτεία）と『法律』（Νόμοι）という二つの対話篇のそれぞれを執筆したときにも、そのようなアスペクトの違いが意識されていたということは十分に考えられるだろう。プラトンは、「国家（re publica）についてのみならず、これとは別に国家の法律（legibus eius）についても著述した最初の人だ」（『法律について』2.6.14、岡道男訳）というキケロの言葉にも、そうした考え方が如実に示されている[2]。

しかし、『国家』と『法律』の関係を、アリストテレスやキケロのように、その呼び名から単純に相補的なものと割り切ってしまうことは許されるだろうか。そのような意味で両作品が相補い合うものではないということは、それぞれの内容によって十分に明らかになる。それどころか、『法律』には、アリストテレスも認めているように、それ固有の国制が描き出されているだけでなく、その国制は『国家』の国制に取って代わることが意図されているようにさえ思われるのである。

ここでまず、あらためて二つの国制の最も顕著な相違点を確認しておこう。

(1)『国家』の国制は、全き意味での守護者（＝哲人王）の知恵に基礎づけられているのであって、その国家の正義は、哲人王の魂の内で理性が支配しているという事実によって保障されている。

(2)『国家』には、その国制に適合する組織的な法律は与えられてはおらず、社会構造と守護者教育のシステムが詳細に規定されているにすぎない。むしろ、些細な事柄について法律によって規定するのは愚かなこととされる（IV. 425b）。

(3)『国家』のいわゆる守護者たちは、妻女や子供たちの共有をはじめとする厳格な共有主義的制度によって結束させられ、これらの守護者たちが国家全体の統合を交代で維持するのである。

一方、

(1)『法律』では、人間による支配権力がさまざまな種類の役職の集合に分散され、「制定された法律に心から服従」する人に支配権がゆだねられる。いわゆる統治者は「法律の従僕」（ὑπηρέτας τοῖς νόμοις）と呼ばれ（IV. 715c7）、国家の主要な行政官たちは、守護者（φύλακες）ではなく護法官（νομοφύλακες）と呼ばれる。

(2)『法律』では、基本的な政治原則が詳述されるだけでなく、役職の選任と任務や、それらの役職に付与される法律が、個別事例による裏付けに至るまで詳細に制定されている。

(3)『法律』の国家のすべての市民たちは土地の私有を認められ、それぞれが自分自身の妻子をもった家族の長でもある。

一見して明らかなように、『法律』が『国家』の補足と解釈できる見込みはない。P・ショーリーは、「プラトンの思想の統一性」という自らの考えを支えるために、『法律』研究においては「『国家』の思想からの容易に説明できるわずかな逸脱よりも、原則においても細部においても全面的に広がっている一致点のほうが完全に重要である」と述べている。(3) たしかにその主旨に異論はない。だが、上にあげた相違点は「容易に説明できるわずかな」ものと言えるだろうか。少なくとも「逸脱」と認められるかぎり、それは統一主義よりも修正主義に有利にはたらくだろう。しかし、A・ラクスが指摘するとおり、おそらく統一主義か修正主義かという選択そのものに瑕疵があるのかもしれない。(4) なぜならその選択は、プラトンの二つの主要な政治的著作のあいだに生じている変化の意味について彼自身が語ろうとしていることを、あるいはさらに悪いことには、プラトンのある基本的な洞察を、真面目に受け止めてはいないからである。というのは、後に見るように、プラトンのパラディグマティズムそのものが示唆するところによれば、同一性と変化性は、同じ一つの根拠関係の二つの関連しあったアスペクトとみなされうるからである。そして、パラディグマティズムは、まさに『法律』が『国家』に対するそれ自身の関係を記述するために用いる概念枠にほかならない。すなわち、『法律』第V巻によれば、『国家』の国制に相当すると思われる「第一の国制」は「国制の範型」(παράδειγμά γε πολιτείας) でありつづけるのに対して、『法律』の国制は「できるだけこれに近い国制」(τὴν ὅτι μάλιστα τοιαύτην) であることが可能なかぎり求められる「第二の国制」なのである。(5)

はたしてこの「第二の国制」とは何なのだろうか。そして、その『国家』の国制との関係はいかなるものなのであろうか。私たちは、『国家』と『法律』のあいだに働いているパラディグマティズムの実態について、『政治家』を媒介としながら追究することによって、『法律』における「第二の国制」が、『国家』そのものにすでに内包されていた哲学と政治の緊張関係を可能なかぎり緩和しようとするものであることを明らかにしたい。それは同時に、いわゆる哲人統治論の行方を見定めることにもなるだろう。

二　第三の国制

『法律』の長大な序論部（第Ⅰ巻〜第Ⅲ巻）で立法一般の目的を明らかにしたアテナイからの客人は、いよいよ次にクレテ植民計画のための新たな国制モデルの構想を語り始める。入植者たちへの忠告のかたちで国制全体の前文が語られたあと（IV. 715e7–V. 734e2）、国制に属する法律の下絵が描かれ、国制には二つの相（δύο πολιτείας εἴδη）があることが明らかにされる（734e3–735a7）。①役職の選任と任務（VI. 751a1–768e7）と、②それらの役職に与えられる法律（VI. 769a1–XII. 960b5）という二つの相が、外形的には、アリストテレスのいう「国制」と「法律」の区別に相当するものであることは明らかであろう。

さてしかし、アテナイからの客人は、国制の前文につづけて、国制の本文、つまりその二つの相を直ちに語りはじめるのではない。それらすべてに先だって、その国制の前提条件となることがらが考察されねばならないのである。①入植者の募集とその浄め（V. 735a8–736c4）、②適正な人口と国土の分配（736c5–737d8）、③私有財産関係の規定（739a1–745b2）、④都市の配置（745b3–e6）などの論点は、クレテへの植民という時間的・空間的条件を含む国家建設の必然的な前提条件の確認である。そして、まさにこの私有財産関係の規定がなされる個所が、「第二の国制」が語られる場である。

『法律』という対話篇は、ある種の「後退」によって特徴づけられている。(6) 多くの解釈者たちは、それをプラトンの理想主義の放棄であるとか、修正主義への転換であるとか弁じ立ててきた。しかし、プラトン自身はここでその「後退」を、戦略的な理由によって競技者が「神聖線」から駒を後退させねばならないときの、将棋盤上の動きになぞらえている（739a1-5）。それは「普通行われない手」であるが、熟慮と経験を積んだ者には、理想国家の建設というゲームを有利に進めるためにどうしてもとらざるをえない次善の策に思われるのである。「神聖線」を死守することは、すべての競技者が目標とすべき最も美しい定跡である。それゆえ、ここで私たちは、「最善の国制」が最初からまったく無条件に実現不可能とされているのではないということに注意しなければならない。「最善の国制」が実現可能であるかどうかは、戦況に応じて変化する。したがって、戦況を正確に分析して、そのときどきの状況下で最善の手を打つ必要がある。だからこそ、最も正しいやり方は、まず卓越性において第一、第二、第三の国制を述べ、実際の選択はクレイニアスをはじめとする建国の責任者たちに任せることだとされるのである（739a1-b7）。

さて、K・シェップスダヴォによれば、「第一の国制」は、『国家』の理想の国制であり、「第二の国制」は『法律』で構想されている国制であり、「第三の国制」はクレテ（あるいは他のどこか）で建設される国家の国制である。「第三の国制」は、エルゴンによって、すなわち実践において現実化されるものであるのに対して、前の二つの国制は、ロゴスの上で、つまり理論的にしか現実化されないものである、という。(7)「第二の国制」が『法律』ですでに語り始められている国制を指すことは、「今われわれが着手している国制」（739e3-4）というアテナイからの客人の言葉が明示するとおりである。しかし、他の二つの国制についてはどうだろうか。

まず、「第三の国制」についてである。E・イングランドによれば、プラトンがここで予期しているのは、

「次善の国制」よりもさらに「理想の国制」からかけ離れた状況で、可能なかぎりすぐれたものとなるような立法の実例を、その機会が訪れれば、聞き手に与えるということである。(8) P・フリートレンダーやE・デ＝プラスは、なぜかこの「第三」という表現を、プラトンが『国家』において詩作品や悲劇作家の本性を規定するために用いた「真実から遠ざかること第三番目」という表現に重ね合わせて理解しようとする。(9) たしかに『法律』の「第一の国制」は、最善の国制の不死なる範型として提示されているのだから、真実在と呼ばれるにふさわしいものであるだろう。しかし、だからといって、「第三の国制」だけが前二者と存在論的資格を異にする現実の国家の国制であるということにはならない。ここでアテナイからの客人が第一から第三までの序列の基準としているものは、卓越性（ἀρετῇ 739b3）なのであって、その存在論的資格ではない。存在論的資格をいうのであれば、言葉で語られるかぎりの国制は、すべて真実から遠ざかること第三番目のものでしかないだろう。問題は、それぞれの国制の卓越性とその実現の可能性にこそある。

一方、その実現の可能性の鍵を握っているのは、むしろその国制が適用される市民たちの「生まれ、育ち、教育の現状」（740a）である。建国の責任者は、みずからの建設しようとする国家の必然的条件を十分に考慮して、可能なかぎり最善の国制を選択しなければならないのである。じつは「第一の国制」はもちろん、「第二の国制」でさえ、それが言葉どおりにすべて実現することは期待されていない（746bc）。現実との関係で具体的な立法は無限に多様化、多元化していかざるをえないのである。しかし「第三の国制」といえども、その立法の原則は、「第一の国制」と「第二の国制」のあいだに成立する「範型／似像」の根拠関係と基本的に同じである。まず、「範型を示す者は、最も美しく、最も真実なものを何ひとつとして落としてはならない」（746b6–8）と言われているのは、「第一の国制」についてではなく「第二の国制」についてである。そして次に、実現不可能なものは脇へのけて実行せずにおき、残されたもののうちで範型にできるだけ近く、実行すべきものに本性上できるだけ親近な性格をもつものを実現させるように工夫を凝らさなくてはならない（746b8–c4）。ここに示されているものは、理想的な範型と経験的な現実とのあいだのねばり強い対話と緊張関係に根拠づけられた、観想と実践の一体化への希求である。「第二の国制」のうちには、変更や改善の可能性があらかじめ前提されている。そのようにして、与えられた輪郭を後継者がつねに完成へ導くことが求められているのである。[10] こうした変化や改善のトポスは、『国家』の主題ではなかったようにみえる。[11]『国家』の国制は、あくまでも不変の真理としてつねにかかげられている。逆に、『法律』の「第二の国制」は、いわば「第三の国制」であることを必然的に条件づけられた国制である。クレテの立法府によって採用されるであろうマグネシアの国制は、「第二の国制」——もちろん「第一の国制」である可能性も開かれてはいる——であるかもしれないし、「第三の国制」、あるいは「第四」「第五の国制」であるかもしれない。つまり、この「第三の国制」は、すすんで自己変革に乗り出そうとするすべての国家が、なんらかの必然的条件のもとで採用するであろう可能的な国制そのものの表現である。

　では、そうした似像としてのすべての国制の絶対的な基準であるべき「第一の国制」とはいかなるものなのであろうか。

三　第一の国制

　さて、「第一の国制」を特徴づける端的なメルクマールは、「友のものは皆のもの」（739c2–3）という諺である。この諺への言及は、「第一の国制」が『国家』の国制であることを強く示唆する。『国家』においても、守護者教育の文脈のなかで、二度この諺が引用されているからである[12]。『国家』のいわゆる第二の「大浪」は、妻女と子供の共有を主張するものであって、すべての私有財産を排除しようとする『法律』の「第一の国制」との基本的な方向の一致は明らかである。しかし、「第一の国制」における共有主義の徹底ぶりは、『国家』の国制の比ではないようにみえる。『国家』で妻女と子供の共有が求められたのは、守護者階層のみであった。家族的な感情の抑制によって、エゴイスティックな情念や態度の根源が完全に抑え込まれていることが、国家を守護する者に課せられたnoblesse obligeだったのである。一方、『法律』の「第一の国制」では、そうした共同社会が「できるだけ国家全体にゆきわたって行われている」ことが求められている(739c1–2)。しかも、共有されるものは妻女と子供たちに限られず、いわゆる「私有物」から、目や耳や口といった「生まれながらの私有物」までが、何とかして共有されるようにあらゆるかぎりの工夫を凝らされるというのである(c3–d3)。この点に関するかぎり、『法律』の「第一の国制」のほうが、『国家』の国制よりもはるかに徹底的な理想主義を貫いていると言えるであろう[13]。

しかし、問題は、その理想主義の内実である。徹底的な共有主義を貫く国制が、なぜ最善の国制とみなされるのであろうか。その淵源を、私たちは、『国家』にまで遡って、とくにその正義論に焦点を合わせて探査することにしよう。

『国家』の中心的テーマは、国家の〈正義〉と魂の〈正義〉を擦り合わせて、政治と哲学のある緊張関係を明示することにあった。国家の〈正義〉とは、国家の三階層、すなわち、金儲けを仕事とする種族、補助者の種族、守護者の種族が、国家においてそれぞれ自己本来の仕事を守って行う場合の、本務への専心にほかならなかった（IV. 434c）。そして、その定義が個人の場合に当てはめられ、両者が擦り合わされて行くうちに、やがてあたかも火切り木から火花がでてくるように輝き出した真実の〈正義〉とは、自分の仕事をするといっても外的な行為に関わるものではなくて、内的な行為に関わるものであり、ほんとうの意味での自己自身と自己自身の仕事に関わるものであった（443de）。ところが、この魂の〈正義〉の最終的な定義によれば、魂のうちなる三つの部分がそれぞれ「本務への専心」を貫くだけでは、真実の〈正義〉は実現しない。魂の場合、自分の内なるそれぞれのものにそれ自身の仕事でないことをするのを許さない、ほんとうの意味での自己自身が、多くのものであることをやめて、完全な意味での一人の人間（ἕνα）になりきることが要求されるからである。

さて、この個人の魂の〈正義〉の定義は、厳密に言えば、先の国家の〈正義〉の定義と同じではない。国家のそれぞれの部分が本務への専心を貫くだけでは、真実の〈正義〉は実現しないからである。したがって、議論の展開を予示するソクラテス自身の約束（434e–435a）に従うならば、この定義は、ふたたび国家の場合に立ちかえって吟味されねばならなかったはずである。しかし、この手続きは、じつは『国家』の内部では行われなかった。『国家』には、〈正しい〉国家について語られるべきことが語られていないと言ってよいだろう[14]。そしてそれは、おそらく『国家』の議論がある特別な可能性の概念に依存しているからなのかもしれない[15]。すなわち、『国家』のソクラテスは、理想国家の実現の可能性を問われたとき、言葉で語られるとおりの事柄が、そのまま行為のうちに実現されるということは不可能なのであり、実践は言論よりも真理に触れることが少ないのだということをまず確認する。そして彼は、「むしろ、どのようにすれば国家が、われわれの記述にできるだけ近い仕方で治められうるかを発見したならば、それでわれわれは、事の実現可能性を見出して君の要求に応えたことになるのだと、認めてくれたまえ」と懇願するのである（V. 473ab）。きわめて逆説的なことではあるが、ここで範型としての国家が実現可能なものと言われるのは、それが経験的世界にそのまま再現されることはありえないというかぎりにおいてである。そして『国家』においては、範型としての国家が経験的世界に実現するための具体的な条件はいっさい論じられない。対話のテーマは、これ以後、範型としての国家の可能性にかんする問題から、哲人王の可能性にかんする問題へと転換してしまう。魂の〈正義〉の最終定義が国家の場合に立ち帰って吟味されなかったのは、おそらくこのためだったのだ。

一方、「できるだけ近い」というプラトンの可能性の表現は、『法律』において「第二の国制」が明確に性格づけられたときの表現とぴったり重なり合う。

「それゆえ、国制の範型を他のどこかに探し求める必要はなく、むしろこの［第一の］国制にすがって、できるだけこれに近い国制を可能なかぎり追求しなければならないのだ。そして、今われわれが着手している国制は、もしもそれが実現すれば[16]、ある意味で不死性にできるだけ近くなり、またその国家は、次善の仕方で一つのものとなるだろう。」（V. 739e1–5）

この表現の対応関係をも考慮に入れながら『国家』の国制と『法律』の国制とを重ね合わせてみれば、次の三つの仮設を導き出すことができるだろう。

(1)　『法律』の「第一の国制」は、『国家』の正義論から必然的に導き出される〈正しい〉国家のあり方と考えることができる。なぜなら、その国制は、「国家をできるだけ一つのもの（μίαν）に作り上げる」国制だからである（V. 739d3–4）。魂と国家のうちなる全体的な調和をめざす統一主義、ないし共有主義は、『国家』と『法律』の理想の国制に共通の基本原理である。その意味において、『法律』の「第一の国制」は『国家』の〈正義〉論に生じていた空隙を埋めるものである。

(2) 国制の範型としての「第一の国制」、したがってまた『国家』における最善の国制は、人間の国家というよりはむしろ神々の国家にふさわしい国制ではないか。じじつ『法律』においては、「もしもそのような国家が存在するなら、そこに住まうのが神々であれ、神々の子供たちであれ、一人よりも多くのものたちがそのように［一つのものとして］生活することによって、歓びの日々を送ることになるだろう」（V. 739d6–e1）[17]と語られている。しかし、もしそうだとすれば、哲人王は神的な存在だということになる。

(3) 一方、『法律』の「第二の国制」は、たしかに哲人王の登場を容易には期待できない経験的世界の現実を前提としながら、そこに可能なかぎり最善の国制を実現するための具体的な条件を示そうとしている。しかしだからといって、『法律』においては哲人統治論が放棄されているということにはならないのではないか。じじつ、第Ⅳ巻においてすでに、「最善の国制への変化が実現するのは、真の立法者が……国家最高の権力者たちとある種の力を共有する場合である」（IV. 710e7–9）ということ、そしてさらには、「一人の人間において、最大の権力と、思慮や節制の働きとが落ち合って一緒になるとき、そのときこそ、最善の国制と最善の法律の誕生が芽生えてくるのであって、それ以外の方法では、けっして生じてはこない」（711e8–712a3）ということが主張されているのだから。

これらの仮設から、哲人統治論の行方についていかなる示唆がえられるだろうか。『国家』の最善の国制は、もちろん人間の国家の最善のあり方を描き出すものでなければならなかったはずである。ところが、魂の〈正義〉の最終定義から当然要求されるべき〈正しい〉国家のあり方は、『法律』の「第一の国制」が示すような完全な共有主義の実現を求めるものだった。そしてそれは、経験的世界に生きる多くの人間の自然本性にとってはほとんど実現不可能なことであろう。『国家』の論究は、しかしながら、その可能性の前提条件を示すために、哲人王の魂の内なる国制の構築という一点に収斂していった。そのため『国家』では、その理想の国制を人間社会に可能なかぎり実現するための具体的な条件そのものについては、主題的に論じられることはなかった。ところが、『国家』のソクラテスがすすんで認めようとした可能性の概念は、じつは神々の国家と人間の国家との区別が導かれる特別な可能性の概念だったのである。したがって、哲人王は、人間の身でありながら、神々の国家をこの経験的世界に可能なかぎり実現させるための「最小限の変革」として要請されたアンビヴァレントな存在だと言うことができるだろう。その意味において哲人統治論は、理想と現実、あるいは哲学と政治の緊張関係を必然的な契機として内にはらんでいる。

　一方、『法律』の論究は、そのような理想の国制が、「第一の国制」という範型として提示されたその地点から始まると言えるかもしれない。アテナイからの客人は、その「第一の国家」に住まいうる者が、神々か、神々の子供たちであることを示唆している（V. 739d6–7）。つまり「第一の国制」は、おそらくは不死なるものにのみふさわしい「国制の範型」（739e1）なのであって、『国家』のソクラテスも明言していたように、「理想的な範型として、天上に捧げられて存在する」（IX. 592b）ものなのである。これに対して、「第二の国制」は、その範型に「できるだけ近い」（『法律』V. 739e2）ものであることを可能なかぎり追求される、「第一の国制」の似像なのである。

　『国家』と『法律』が相補的な関係にあるのは、アリストテレスやキケロが理解したように、『法律』の

「法律」が『国家』の「国制」に適合することが期待されるからではない。それは、『法律』において、可能的な似像（「第二の国制」）が理想的な範型（「第一の国制」）にできるだけ近いものであろうとするからなのであり、そしてさらに、その理想的な範型を『国家』の〈正義〉論が根底から支えているからなのである。

私たちは次に、『政治家』における最善の国制についての考察を媒介として、『法律』の「第二の国制」そのものがいかなるものであるのかを考察するための基本的な視座を模索することにしよう。

四　『政治家』における「第二の航海法」

プラトンの後期対話篇『政治家』は、一般に、『国家』と『法律』とのあいだを架橋する中間段階にあるものと見なされている(18)。とくに『政治家』後半部における、政治的な技術による支配と成文法による支配との相対的な価値についての考察は、プラトンが、『国家』における哲人王による支配から『法律』における法律条文にもとづく統治へと転換するにさいして、賛否両論の根拠を探究しようとしたものと見られてきた(19)。たしかに、『政治家』においても、最善なのは、法律が強力であることではなくて、知慮を備えた王者にふさわしい人物が強力であることだということが、明白に主張されるだけでなく、詳細に論じられてもいる（294a–297b）。しかし、蓋然的な規範や暫定的な覚え書きとしてなんらかの立法が必要になるということも、劣らず詳細に論じられている。現実問題として、いかなる支配者も、すべての個人のそばに生涯つねに付き添って適切な指示を厳密に命ずるなどということはできない（294d–295b）。それゆえ、哲人王が不在の状況下では、法律や成文法を制定する者にとって、それらに反することをけっして許さないというのが

「第二の航海法」（δεύτερος πλοῦς）である（300c1–3）。無知な支配者が私利私欲のために成文法を逸脱することによってもたらされる害悪のほうが、絶対的な法治主義によってもたらされる害悪よりもはるかに大きいだろうからだ（300ab）。このように、『政治家』においては、哲人統治の理想は高くかかげられながら、むしろ、熟練政治家の手にある有用な手段として、あるいは思慮を欠いた次善の代用物として、法律ないし成文法の必要性が新たに強調されるのである。この点は、一見したところたしかに『法律』の「第二の国制」を準備する考え方だと言えるかもしれない。しかし、後に見るように、『政治家』の「第二の航海法」を『法律』の「第二の国制」と同一視することはけっして許されないであろう。

さて、こうした相容れない二つの立場の優先関係をプラトンが仲裁する手だては、『政治家』においてもやはりパラディグマティズムである。すなわち、支配者たちが真実の意味で知者であるような国制こそ、唯一正当な国制（μόνην ὀρθὴν πολιτείαν）と呼ばれるべきである。そして他のすべての国制は、範型としてのこの国制を模倣したもの（μεμιμημένας ταύτην）なのであって、そのうち法制が整っているもの（εὐνόμους）はこれを美しく模倣し、それ以外のものはすべてこれを醜く模倣しているというのである（293d8–e5）。しかし、こうした「原範型／似像」の根拠関係はさらに、必ずしも整合的でないさまざまな位相においても記述されている。

(1)他のあらゆる国制も、この唯一の正当な国制の法典（τοῖς ταύτης συγγράμμασι）を使用しているかぎりそのまま維持されねばならない。（297d4–6）

(2)法律というものは、個別的な事柄の真理を模倣したもの（μιμήματα … τῆς ἀληθείας）、つまり、知識をも

つ者たちが可能なかぎりこの真理を文字で書き写したものである。(300c5–7)

(3)ところが、知識をもつ者、つまり真の政治家は、自分自身の実践にさいして、成文法などには少しも留意しないで、多くのことを技術によって成し遂げるであろう。そしてかれが技術をもってそうしているのであれば(ἔντεχνοι)、それはもはや模像(μίμημα)ではなく、かの最も真実なるものそのもの(αὐτὸ τὸ ἀληθέστατον)なのだ。(300d9–e2)

知識を欠いていれば、立法上のいかなる変革の試みも、悪しき模倣でしかないだろう。しかし、そのような知識をもつ者は、きわめてまれにしか生まれてこない。多くの人びとにとってそのような知識を身につけることは不可能である。したがって、金権支配制や民主制は、もしもかの真実の国制を可能なかぎり美しく模倣しようとするのなら、法律慣習に反することをなにひとつ許してはならない(300e–301a)。真実の国制を模倣するもののうちで最善の模倣は、唯一の人物が法律を守って統治している場合(=王制)であるのに対して、最悪の模倣は、誰か一人の支配者が、法律にも、慣習にも従わずに行動し、また、成文法に反してでも最善のことが行われねばならぬという理由で、知識ある者のような振りをしていながら、実際はなんらかの欲望と無知によって支配されているような場合(=僭主独裁制)なのである(301a–c)。このようにして、エレアからの客人は、法の支配と支配者の数とを規準とすることによって、現存のすべての国制を唯一真正な国制の秩序のもとにおこうとするのである。現存の国制は、支配者の数——単独者支配(M)であるか、少数者支配(O)であるか、多数者支配(P)であるか——によって三種類に分割され、そのそれぞれが、法に従って支配するか(+n)、法を欠いているか(−n)によって二分割される。結果的に六つに分割されになる。

た現存の国制を、かの唯一正当な（第七の）国制を範型とする優秀性の序列のもとに並べれば、以下のよう

「第七の国制」…＞M＋n（王制）＞O＋n＞P＋n＞P－n＞O－n＞M－n（僭主独裁制）

しかし、はたしてこの秩序のどこかに『法律』の「第二の国制」は位置づけられうるのだろうか。その問に答えるために、ここで私たちは、『政治家』のミュートスのうちに描き出されたクロノスの世の統治に眼を向けることにしよう。なぜなら、『法律』第Ⅳ巻にも、「クロノスの世の幸福な統治」と呼ばれるものが描かれているからである。しかしそれは、けっして『政治家』のミュートスの「要約」などではない[20]。二つの対話篇での描写の相違点を列挙してみよう。

●『政治家』（271c–272a）

(1)クロノスの世は、人間にとって必要なすべての自然物が人手を借りずに自生していた時代であり、戦争も内乱もまったく発生しなかった。

(2)現代の人間が動物群を牧養しているのと同じように、最高神であるクロノスが直接人間たちの監督者としてこれを牧養していた。他の動物群には、下位の神々であるそれぞれのダイモーンたちが牧養者として割り当てられた。

(3)さまざまな国制も、妻女と子供たちの所有も存在しなかった。それは、すべての人間が大地から蘇生

してきたからである。

● 『法律』(IV. 713a-714b)

(1)クロノスは、およそ人間の身で、傲りや不正に満たされることなしに、人の世のことといっさいを絶対の支配者として統治できるほどの者は、誰もいないということを心得ていた。

(2)人間たちの国家(ταῖς πόλεσιν)に王ないし支配者として、人間がではなく、神により近く人間よりすぐれた種族であるダイモーンたちがあてがわれた――「牛を牛の支配者に」するのではなく。

(3)ダイモーンたちの種族が、その配慮によって、平和(εἰρήνην)とつつしみ(αἰδῶ)、善き秩序(εὐνομίαν)と、つきることのないいましめの心(δίκης)をもたらし、もって人間どもの種族を、内乱のない幸福なもの(ἀστασιάστα καὶ εὐδαίμονα)にしてくれた。

「クロノスの世」という同じトポスが用いられているにもかかわらず、両対話篇でのその描かれ方はまったくと言ってよいぐらい異なっている。それはもちろん、それぞれのミュートスに負わされた役割が異なっているからにほかならない。まず、『政治家』のミュートスは、神による人間の支配が真の政治家のあり方を規定するための範型としてふさわしくないことを示すためのものだった。クロノスの世の人間たちには欲望も争いもなく、国家や国制は最初からその必要を認められていない。したがって、クロノスの統治を最善の国制の範型とみなすことはけっしてできない。最善の国制は、ゼウスの世における、人間による人間の支配を前提とするものでなければならないのである。『法律』の「第二の国制」が位置づけられるとすれば、それはおそらくここであろう。

一方、これとはまったく逆に『法律』のミュートスは、今日の最もすぐれた仕方で治められているかぎりのすべての国家が、クロノスの世の統治を模倣しているということを言わんとするものである（713b3–4）。ここでは、人間は明らかに欲望と情念に満たされており、国家や政治的な制度の存在が前提となっている。そしてダイモーンたち（δαίμονες）の配慮があるからこそ、人類は「つつしみ」も「いましめ」もない人間の自然状態を脱して、「善き秩序」と「内乱のない幸福な」状態を実現することができる。[21] つまり、この物語の真意は、

「神がではなく、誰か死すべきものが支配する国家であるかぎり、そこに住む人びとにとって不幸や労苦の止むときはない（οὐκ ἔστιν κακῶν αὐτοῖς）」（『法律』IV. 713e4–6）

ということなのである。この言葉が、『国家』第V巻のかの有名な個所の意図的な反復であることはいうまでもない。[22]

ここには重要な差異がある。すなわち、『政治家』においてあくまでも人間であることが強調された知識と技術による統治者が、『法律』では神的な存在であることを求められているのである。しかし、その差異を強調するあまり、ここで実質的に哲人統治論が放棄されていると見るのはとんでもない間違いであろう。[23] アテナイからの客人は、この直後にこう語っているからである。

「むしろ、われわれは、手段のかぎりをつくして、いわゆるクロノスの世の生活を模倣すべきであり、そして知性

（νοῦς）の行う秩序づけ（διανομή）を法律（νόμος）と名づけて、われわれのうちにあって不死につながるものに公的にも私的にも服しながら、家々をも諸国家をもととのえなければならない。」（713e6–714a2）

ここに語られるパラディグマティズムをつうじて、クロノスの世の生活が、すでに私たちの見た「第一の国制」に相当することが明らかになる。そして διανομή が δαίμονες のアナグラムであり、νοῦς が νόμος と重ね合わされていることは明白である。すなわち、人びとは、法律を媒介として、ダイモーンたちの配慮を知性の行う秩序づけとして自らの魂のうちに実現していくことが求められている。逆に言うならば、法律は、神的な知性として人間のうちに内面化されることによって、人びとの行為の根拠となるべきものであり、神々と人間を媒介する中間者なのである。

ここで私たちは、『饗宴』（202d–203a）におけるディオティマによる「ダイモーン的人間」（δαιμόνιος ἀνήρ）としての哲学者の規定を想い起こさざるをえない。クロノスの世の生活を模倣するということは、ダイモーン的人間として生きるということであり、それは明らかに哲学の道を歩むことにほかならないであろう。ここで、「公的にも私的にも」と「家々をも諸国家をも」というキーアスモス（交差対句法）は重要である。ダイモーン的人間として生きることを求められているのは、ごく一部のエリートだけではなく、文字通りすべての国家のすべての市民たちである。だとすれば、「第二の国制」は、哲人王なき世界に生きる私たち自身が、可能なかぎりより善く生きるための具体的な道筋を示すものなのではないか。そしてそれは、いわば哲人統治論をすべての人間の魂のうちに可能なかぎり浸透させようとするプラトンの意図を実現させようとするものなのではないか。少なくとも『政治家』のなかには、経験的な似像の世界において、可能なかぎり最善の国制を実現していくための具体的な提案はみられない。『政治家』の法治主義は、現存するすべての国制を唯一真正な範型のもとに秩序づけるための政治学的な「第二の航海法」だったのだ。しかし、『法律』の「法治主義」――というよりは「法＝知」主義――は、「第一の国制」をまさにこの経験的な似像の世界に可能なかぎり実現するための具体的な提案を根拠づけるものなのである。

はたして「第二の国制」は、このようなプラトンの意図をいかにして実現するものなのだろうか。

五　第二の国制

先にも述べたとおり、国家全体への共有主義の徹底化は、『国家』の〈正義〉論によって根拠づけられる「第一の国制」の基本原理であった。それゆえ、「第二の国制」が導入されるにあたってまず承認されねばならないことは、完全な共有主義からの「後退」、すなわち、土地と家の分配による私有財産の復権である。この措置は、立法の仕事そのものが始まる直前にあらわれるので、他の全ての変化を象徴的に代表するものといってもよいだろう。そもそも共有主義の理念は、国家の〈正義〉を実現すると同時に、「過度の自己愛」（τὴν σφόδρα ἑαυτοῦ φιλίαν）という、多くの人びとにとっての最大の悪（V. 731de）を撲滅しようとするところにある。それはすべての過ちの原因であるだけではない。なぜなら、この同じ過ちから、自己の無知を知とみなす万人に共通の思いこみが生まれるからである（732ab）。したがって、過度の自己愛を慎むことは、ソクラテスが生涯すべてのアテナイ市民たちに説きつづけた「魂への配慮」を実践することにほかならないのである。

それではなぜ、「第二の国制」ではこうした自己愛を容認するような措置があえてとられねばならないのだろうか。人間本性に根ざしたこのような無知の原因を、「第二の国制」はいかにして万人に自覚させることができるのだろうか。

『国家』における最善の国制は、守護者たちを完全な共有主義に服従させ、全き意味での守護者（哲学者）に権力をゆだねることによって実現されるものである。そして哲人王の魂は、その〈ロゴス的部分〉の力によって〈非ロゴス的な部分〉の力を完全に抑圧できると信じられていた。この考え方にはたしかに、人間本性の事実を無視していると誤解されても仕方がない側面がある。しかし、いくぶん逆説的に聞こえるかもしれないが、それほどまでに厳しい条件をプラトンは哲人王に課したのである。アテナイからの客人も認めているように、「第一の国制」は神々の住まう国家にこそふさわしいものなのだ。

しかし、「第二の国制」の枠組みに具体化された「後退」には、状況の再評価が反映されている。つまり、私有財産の復権が容認されるのは、「快楽と苦痛と欲望は、本性上最も人間的なものであって、全て死すべき生きものは、最も重大な関わりあいをもって、それらに端的に、いわば吊り下げられ、それらに左右されざるをえない」からである（732e4–7）。ここでプラトンが見定めているものは、あくまでも自然状態にある人間の本性である。その身体も魂も格別に傑出した一人の王が諸々の国家に自然発生することはありえない（『政治家』301d8–e2）。また、哲人統治者の育成の困難は、『国家』の知性教育のプログラムが何よりも雄弁に物語っている。だからこそ、『政治家』では「第二の航海法」として、人びとが最も真実な国制の痕跡を追い求めながら力を合わせて成文法を執筆しなければならないとされたのである（301e2–4）。

しかし、『法律』の「第二の国制」の顕著な特徴は、それが独自の哲学的人間学に基礎づけられているところにある。人間は神ではないが、単純に死すべきものであるのでもない。逆に、人間が人間であるのは、その魂のうちに何か神的なものが内在しているからである。しかし、この神的な要素もただしく導かれていなければ、人間は最も獰猛な獣と変わらなくなってしまうであろう[24]。このように〈ロゴス的部分〉と〈非ロゴス的部分〉とから構成されているあるがままの人間が、可能なかぎり最善の国制を実現するための道を探るのが『法律』の課題である。「神の操り人形」の比喩によれば、私たち人間の自然状態は、さまざまな情念と欲望の強硬な絃に引きずり回される木偶の坊状態そのものである[25]。しかしその一方で、「操り人形」としての人間は、一本の黄金でできた「ロギスモス（理知分別）」の絃に吊り下げられてもいる。人間は、さまざまな情念と欲望の絃に引きずり回されながら、じつは一つひとつの行為に至るたびごとに、どの絃に引かれるべきかの主体的な選択を繰り返しつつ、しだいに自己を形づくっていく。「ロギスモス」の絃は優しく穏やかで強制することはないのであるから、人間はより善き生を望むかぎりは、自由意志をもって「国家の共通の法」（645a1–2）の引く力に自らの欲望の束を同化させていかねばならないのである。

　自己愛は、たしかに人間本性の事実である。したがって、この絃の強大な牽引力を完全に抑え込むことは、事実上不可能なことかもしれない。そして、人間とは本来何であるかを快楽と苦痛とが規定するその程度に応じて、財産は快楽（そして苦痛）の典型的な源である。しかし、だからといって、私有財産のかぎりない追求が容認されてはならないだろう。過度の自己愛と欲心の限りない追求は、すべての過ちと無知の原因だからである。それゆえ、ここに必要になるのは、一種の快楽の計量術である（733a–734e）。「最も美しい生活を賞讃しなければならない」とアテナイからの客人は言う（732e7）。なぜなら、そのような生活は、よい評判という外形において優っているだけではなく、私たちすべてが求めること、すなわち一生をつうじて、楽しむことのほうが多く、苦しむことのほうが少ないという点においても、優っているからである。

かくして、土地と家を割り当てられた人間は、それを国家全体の共有物とみなし、母なる大地とそこに住まう神々への献身という相のもとに、厳格な規律に従ってこれを管理することを求められる（740ab）。問題は、たとい最も美しい生活が最も快いということの証明を各人の「ロギスモス」が受け入れたとしても、情念と欲望の束がこれに寄り添い同化しうるかどうかである。そして、自分自身がいかなる紘に引っ張られているのかは、そのひと自身の行為によって如実に示されるであろう。きわめて逆説的ではあるが、すべての市民たちは、土地と家を私有財産としてゆだねられることによって、自らの自己愛の強さを測り、自らの無知を自覚し、自らの魂のうちに共有主義の理念を刻み込むことを求められるのである。

このように、「神聖線から後退すること」の意義は、ある妥協を費やしても、自然本性的に人間的であるものを扱う方法を知ることに存する。神と人間、一と多のあいだを往還するこうしたダイナミズムが『法律』の醍醐味である。[26] つまり、過度の自己愛と欲心の追求に狂奔する人間本性の事実を冷徹に見すえながら、他方で人びとにその無知の自覚を促し、可能なかぎり共有主義の実現をめざすことが「第二の国制」の理念なのである。しかし問題は、この妥協の本質が正確に何であるかを理解することである。それが、『法律』の「第二の国制」とその「第一の国制」との距離を測る唯一の規準なのである。

最後に、私たちは、『法律』に語られるいくつかの論点について、この妥協の本質が何であるかを確認することによって、「第二の国制」がいかにして哲学と政治の緊張関係を緩和しているかを示しておこう。

(1) 合唱舞踏による市民教育

アテナイからの客人が、古式教育の伝統に倣って、呪詞（ἐπῳδή）としての合唱舞踏を「第二の国制」のうちに市民教育の手段として導入していることは重要である。[27] 人間が「操り人形」に譬えられるのは、それがさまざまの情念や欲望と神的な知性との対立葛藤する絃によって引っ張られるからだけではなく、この人形が歌い踊ることができるから、すなわち、両方の絃のあいだに生み出される調和を歓びとともに表現することができるからである。「知性の行う秩序づけ」へとすべての情念や欲望を同化させていくことを目指す教育は、デーミウールゴスによる宇宙の構築にも比せられうる政治的な仕事なのであるが、その基盤は、こうした快楽と知性の原初的な協和にある。市民たちの三つの世代に割り振られたコロスは、日々めぐりくる祝祭の場で、神々を伴侶として、歓びとともに美しきムゥサを歌いかつ踊る。人びとは、すぐれた品性のミーメーマである合唱舞踏によって、真に美しいものへのエロースを喚起され、自らの魂をよき秩序と法へと同化させていく。[28]『法律』の三つのコロスは、感情教育、治癒教育、再生教育というかたちで市民たちの生涯にわたる幸福への努力をうながす場なのである。これは、『国家』において守護者教育の前段階に位置づけられていた感情教育を、全市民の生涯教育へと拡張するものにほかならない。

(2) 法の前文と説得の問題

『政治家』における絶対的な法治主義と対比してみたとき、『法律』における法の前文の説得的機能はきわめて大きな意義をもっている。法の前文以外にも、合唱舞踏や神話伝説・物語、さらには対話問答など、さまざまな種類の語り方によって展開されている説得の技法は、ディアレクティケーを基盤とする立法者自身の立法行為を補助すると同時に、その法の命ずる真なる理をすべての市民たちが自発的に魂のうちに内面化するようにうながすという意味において、ソクラテスの対話活動の意義を可能なかぎり普遍化しようとするものだった。(29)「第二の国制」において社会的な合意の最終的な基盤となっているものは、対話的行為だとみることができる。さらに、第IX巻の決定的なパッセージ（857c2–e5）によれば、法の前文は、けっしてたんなる弁論術的効果をめざす非理性的な説得ではなく、対話問答による哲学的な議論にも似たかたちをとる理性的な説得でもある。第X巻の若き無神論者たちとの対話は、まさにそうした理性的な説得の実例である。立法者と市民たちとの理性的な議論というこの想定は、『国家』や『政治家』のいずれにも対応するものが見あたらない。「第二の国制」によって実現される社会のあり方は、真の意味での市民的自由の確立を積極的に推し進めている点において、『国家』のそれよりもいっそう民主的で開かれたものだということができるだろう。

(3) 犯罪の原因の哲学的考察と刑罰論

「第二の国制」が、経験的世界に可能なかぎり立派な政治を実現し、徳を実行するための条件をすべて備えた国家を生み出しうるのであるならば、犯罪の原因の分析や刑法の規定などはほんらい必要としないはずであろう。しかし、「第二の国制」は、『政治家』のいわゆる「ゼウスの世」において、人間の身でありながら、同じく人間の種子から生まれた者たちに向けて立法しようとするものである。したがって、市民たちのうちに、「どんなに強力な法律をもってしても、その性根を和らげられることのない者たち」がだれか生まれてきはしないかと心配しても、それは当然のことなのである（IX. 853a–d）。そこで「第二の国制」においては、まず、すべての加害行為が、加害者の魂の状態とは無関係に、あくまでも被害者の立場から評価される。たとえ故意によらない加害行為にもとづくものであっても、そこに生じたあらゆる物質的・精神的な不均衡は、賠償と浄めによって原状回復され、市民間に友愛の関係が再構築されなくてはならないのである。つぎに、加害者の魂の状態が吟味され、その魂が不正な状態、すなわち「最大の無知」や「二重の無知」におちいっていると認められたならば、その欠陥状態を可能なかぎり治療し変革するために、さまざまな治癒教育が施される[30]。そして、その魂がどうしても治療不可能であると裁判官によって判断された場合にかぎり、死刑が科せられるのである。アテナイからの客人が示すこの三段階の裁きの根底にあるものは、すべての不正は不本意なものだというソクラテスのパラドクスにほかならない。そしてこの考えは、『法律』において、いかに不正な人間であっても、「神の操り人形」であるかぎりは、黄金の「ロギスモス」の紘によって吊り下げられているのだという確信によって根拠づけられている。自らの無知を自覚して、真の自由を獲得するための自己教育に努めるならば、ひとはその不幸な魂のあり方を癒すことができるのである。このようにして、ソクラテスの愛知の精神は、可能なかぎりすべての市民の魂のうちに具体化されるに至るだろう。

以上の論点はことごとく、すでに『国家』において原理的な仕方で提起されていた原範型としての最善の国制を、経験的な似像の世界に可能なかぎり実現しようとする意図の現れとみてよいだろう。私たちはそこに、プラトンの変革へのねばり強い意志と深い人間愛、そして何よりもそれを支える真摯な愛知の精神を感じとらないわけにはいかない。プラトンは、ソクラテスがアテナイの同胞市民に対して生命をかけて「魂への配慮」を説きつづけたのと同じように、アテナイからの客人の口を通して、最善の国制を実現しようとするすべての国家のすべての市民たちに対して、「知性の行う秩序づけ」としての法律を自らの魂のうちに築き上げることを求めつづける。そしてそれは、死すべきものとしての自然本性をもたざるをえない人間が、哲人王不在の状況で歩みうるかぎりの最善の道であり、また、範型としての国制をこの経験的な似像世界という舞台において模倣しようとする人間たちの「最も美しきドラーマ」なのである(31)。

本書の以下の三章において、私たちは本章で確認されたような哲学と政治の緊張関係の緩和が、「魂への配慮」としての政治術の具体的な展開として、『法律』の立法のなかでいかに進められているかをみることにしよう。

註

（1）『ニコマコス倫理学』1184b20–22,『政治学』1286a2–3, 1298a17–20を参照せよ。プラトンにも、この対概念は繰り返しあらわれる。引用個所以外に、たとえば、『国家』IV. 424e1, 427a2sq.,『第七書簡』328bc。

（2）"re publica"が『法律』に描き出される国制ではなく、対話篇『国家』そのものを指すのだとすれば、キケロは、"legibus eius"という表現によって、『国家』と『法律』との直接的な関係に言及していることになる。

（3）Shorey（1914）, 347.

（4）Laks（1990）, 212.

（5）『法律』V. 739e1–5.「第二の国制」という表現は、739a7, b3をも見よ。

（6）Cf. Laks（2000）, 269.

（7） Schöpsdau（1977）, 441sq.（1991）, 150 und（2003）, 308sqq. ほかにも、たとえば、Wilamowitz（1959）, I 521 A. 1；Friedländer（1960）, 362 und 504 A. 12；des Places（1975）, 96sq.

（8） England（1921）, I. 517.

（9） τρίτος ... ἀπὸ ... τῆς ἀληθείας,『国家』X. 597e7.

（10）『法律』VI. 769a–771a. Cf. Müller（1951）173sq.

（11） ただし、『国家』IV. 425a3–6を参照せよ。

（12）『国家』IV. 424a1–2, V. 449c5.

（13） ただし、国民全体による苦楽の共有という観点は、『国家』にも明らかに存在する（V. 464a）。

（14） ただし『国家』の内部では、議論は首尾一貫しているのかもしれない。Cf. 朴（1988）, 50.

（15） Cf. Laks（1990）, 214sq.

（16） この個所のテクストの読みは底本（des Places）には従わない。多くの注釈家たちは、ἡ μία δευτέρως という表現に困難を感じ、des Places に至っては、Apelt の霊感を欠いた提案に従って、τιμία δευτέρως と読み替えている。しかし、この文脈は共有主義にもとづく国家の統一性を主張するものなのだから、「第二の国制」が次善の仕方で統一性を実現するものであると主張されることには何の困難もない。この点については、Vidal-Naquet（1978, 140 n.60）の読みが正しい。この件にかんしてはSchöpsdau（1991, 141）もかつてはdes Places に従っていたが、彼の新訳では、私たちの解釈に与している（Schöpsdau, 2003, 45, 314）。

（17） この個所のテクストの句読法は底本（des Places）には従わない。739d6–7の αὐτὴν οἰκοῦσι は、England も指摘しているように、「そこを治めるのが」と読むこともできる。いずれにせよ、「第一の国制」が神々の支配する国家であることにかわりはない。また、739d7の πλείους ἑνός は、多くの註釈家が困難を感じて削除を提案しているが、本書では、後ろのコンマを前に移して、帰結文の主語に同格の表現とみなしておく。こうすれば、直後の οὕτω と関連づけられることによって、この文脈が一貫して主張する共有主義の意味がより明確になる。Schöpsdau（2003, 44, 314）も同様の解釈に立場を変更している。

（18） 本書序章第二節2参照。
（19） Kahn（1995）, 51.
（20） *Pace* des Places（1975）, 61 n.2.
（21） 「つつしみ」と「いましめ」は、『プロタゴラス』の文化発生のミュートス（320d–322d）においては、ゼウスが人類に授けた政治的技術の代名詞だった。
（22） Cf. Kahn（1995）, 52.「政治的権力と哲学的精神が一体化されて、多くの人びとの素質が、現在のようにこの二つのどちらかの方向へ別々に進むのを強制的に禁止されるのでないかぎり、国々にとって不幸の止むときはないし（οὐκ ἔστι κακῶν … ταῖς πόλεσι）、また人類にとっても同様だとぼくは思う」（『国家』V. 473d5）。
（23） 『法律』IX. 875d3の「ほんのわずかの例外を除いては」という但し書きは、『法律』においてもプラトンが哲人統治者の出現の可能性を認めていることを明確に示している。
（24） 『法律』VI. 766a3sq., VII. 808d4sq., IX. 874e8–875a1.
（25） 『法律』I. 644c6–645c6.「神の操り人形」の比喩の分析とその哲学的な意義については、本書第四章を参照されたい。
（26） 佐々木（1984）、三四九頁参照。
（27） 『法律』における合唱舞踏、とくに「ディオニュソスのコロス」の哲学的意義については、本書第七章を参照されたい。
（28） Cf.『国家』IV. 425a3–6.
（29） 『法律』における説得の技法の本質的な意義については、本書第八章を参照されたい。
（30） 『法律』における無知とアクラシアーの厳密な分析と、刑罰論における魂の治癒教育としての裁きの意義などについては、本書第九章を参照されたい。
（31） Cf.『法律』VII. 817b8.

第七章　ディオニュソスのコロスの誕生

はじめに

『法律』第Ⅰ巻から第Ⅱ巻にかけての教育論は、「老人たちからなるディオニュソスのコロス」という奇妙な合唱舞踏団の養成をひとつの目標としている。それは、老人たちといっても三〇歳以上、六〇歳未満の市民からなる壮年組のコロスであり、祭礼において、ムゥサたちにつかえる少年組のコロスとアポロンにつかえる青年組のコロスにつづいて入場し、ディオニュソス神のために歌い踊るものとされている（II. 664cd）(1)。

ディオニュソスといえば、古代アテナイにおいて悲劇やディーテュランボスの競演が捧げられた祭礼の主神である。しかしながら、すでに本書第五章で見たように、中期対話篇『国家』において、ホメロスをはじめとする悲劇作家たちがある理由のもとに理想国家からの退去を宣告された。むろんその国家にも、神々への讃歌とすぐれた人びとへの頌歌だけは受け入れられるのであった（X. 607a, cf.『法律』VII. 801e）。だが、ディオニュソスのコロスと聞けば、だれしもエウリピデスの描き出したバッカイを想起するであろう。彼女たちは、酒と性愛の神ディオニュソスを讃えてその神と一体化し、「エウ・ハイ」の叫びをあげながら陶酔のうちに狂乱のコレイアー（合唱舞踏）を歌いかつ舞うのである。どう考えても、そのようなコレイアーがプラトンの国家に、しかもソクラテスや初期プラトンの耳慣れた教説のルフランとも評される『法律』の国家に受け入れられる可能性はないように思われる。(2)

はたして『法律』の理想国家マグネシアにおけるこのコロスの存在意義とは何か。また、そこにはプラトンの文藝批判のいかなる様相の変化が反映されているのか。私たちは、プラトンの文藝批判の基本的な考え方を確認しながら、(3)『法律』の文藝論において打ち出された新たな視野のなかで、ディオニュソスのコロスが有する政治哲学的な意義を探ることにしよう。

一　欲望と快楽に対する戦い

すでに序章において見たように、立法の目標をどこにおくべきかという問題に始まった『法律』の議論は、複雑な対話法的な行程を経て、いったん「酩酊と酒宴」というきわめてトリヴィアルなテーマを取り上げねばならない地点にいきつく。

まず立法者は、市民たちに対して、すべての法制度が「善」に着目していること、そのうち「人間的な善」は「神的な善」に、「神的な善」はすべてその指導者たる「知性」に着目していることを、勧告しておかなければならない（631de）。そしてこの「知性」という立法の究極の始原を出発点として、彼は「全体的な徳」（630e2–3）の実現を目的とする具体的な法制度を構築していくのである。しかし、そのためには、スパルタやクレテのように、「恐怖と苦痛に対する戦い」によって勇気を養うだけでは不十分である（633cd）。国家は、そして人間は、ほんらい自然のままに流れるにまかされた快楽と苦痛の泉である（636de）。この欲望の無制約な膨張のシステムを法律によって維持しようとする者は、「欲望と快楽に対する戦い」によって節制の教育をこそ立法化せねばならない。アテナイからの客人が「酩酊（μέθη）」というものを全体としてとりあげることを提案したのは、まさにそのためだった。あらゆる快楽をあおり立てる「酒宴」のような風習を、勇気と節制の教育のために立て直すことが要請されるからである（636e–641e）。

　しかしながら、この議論は長大化を予想させるものである。なぜなら、酩酊を本性に即して正しく扱う方法は、ムゥシケー（音楽・文藝）の正しさをぬきにしては、そしてさらにそのムゥシケーは、パイデイアー（教育）全般のあり方をぬきにしては、明確にも十分にも理解することができないだろうからである（642ab）。じじつアテナイからの客人は、複雑な対話法的行程を歩みながら、あたかも螺旋を描くようにくりかえし教育の規定に回帰してくることによって、ムゥシケーの問題と酒宴論とを織り合わせていく[4]。はたして彼にとって教育とは何か。

　さて、『国家』における教育の本義は、真実在への「魂の向け変え」の技術（VII. 518cd）にあり、そこにおいて学ぶべき最大のものは〈善〉のイデアだった。これに対して、『法律』における教育の要点は、「正しい養育」にある（I. 643cd）。アテナイからの客人が、ここで職業的な技能の訓練と対比させて規定する教育のあり方とは、

「徳をめざしての子供の頃からの教育、すなわち、正義をもって支配し支配されるすべを心得た完全な市民となる

ことを求め憧れるひとをつくりあげるもの」【教育の規定Ⅰ】(643e4-6)

である。もちろん『国家』においても、知性教育という意識的な層が、幼少期の感情教育という無意識的な層に深く根ざしているという事実は、はっきりと認識されていたし（III. 401d–402a）、逆に『法律』においても、国制と法律を保全する役割を担った「夜の会議」の探究課題として、『国家』の知性教育に相当する「より厳密な教育」の規定が示唆されている（XII. 963a–968b）。しかし、ここにおいて強調されていることは、「かりにそのような教育が失われても（ἐξέρχεται）、回復させること（ἐπανορθοῦσθαι）が可能であるかぎりは、そのことこそ、万人にとって生涯をつうじてつねに、力のかぎりに為されねばならない」という点である（644b2–4）(5)。『法律』冒頭の教育論において、アテナイからの客人の念頭にあるものは、全市民が生涯にわたって完全なる人間性――「全体的な徳」の実現――をめざして憧れ求めつづけることをいかにして可能にするかなのである。

この直後に導入される「神の操り人形」の比喩（644c–645e）は、人間の自然状態を具体的に描き出すとともに、そのような自然状態を脱して完全なる市民となるための方法を原理的に考察しようとするものである(6)。人間は、人生という舞台に立って歌い踊る神の操り人形である(7)。この人形を強制的に引きずり回す「快楽」と「苦痛」の絃の動きを、「ロギスモス（理知分別）」の絃の穏やかだが美しい導きにつき従って離れないようにすることが、教育にほかならない。ひとは、「敵を前にしての大胆」と「不名誉な恥辱をこうむることへの恐れ」――「慎み」（αἰδώς）とも「羞恥」（αἰσχύνη）とも呼ばれる――という魂の内発的な力を補助者として形成することをつうじて、快楽と苦痛をただしくしつけていかねばならない。そして市民としては、国家のロゴスを体現する立法者の語る法に聴き従うことが、必要だというのである。

ところが、「酩酊」というものは、快楽や欲望の情念をはげしくし、知的な諸能力を失わせることによって、成人を魂の状態において幼い子供と同じ状態にする。その意味において、酒は、人間各人の魂の性質と状態を認識するための試薬である。W・イエーガーも言うとおり、「酩酊はそのような効果をもたらすおかげで、本能生活との正しい関係をつくり出すというあらゆる教育のこの根本的な機能を、ごく幼い頃から成熟の年齢まで継続させることが可能になる(8)」。「酒宴」は、さしあたっては、正しい養育が達せられているかどうかを試す品性のテストであり、「魂への配慮」を仕事とする政治術にとって最も有用な手段の一つなのである(649d–650b)。

しかし、アテナイからの客人が酩酊と酒宴にこめようとした意図はその点にとどまらない。彼は酒宴を美しく立て直すことによって、「正しい教育の保全」をもたらそうとするのである(653a1–3)(9)。しかしそのためには、さらに、正しい教育とは何であるかが問われつづけなければならない。

二　ムゥシケーの本質と目的

さて、子供たちが幼年期にもつ最初の感覚は、「快楽」と「苦痛」である。そして、徳と悪徳が初めて魂にそなわってくるのは、その快楽と苦痛においてである。これに対し、「知慮」や「確固とした真なる分別の心」は、せめて老年においてひとにそなわれば、もってその人は幸運とすべきものである。なぜなら、そこに到達してはじめてひとは「全体的な徳」を獲得した完全な人間となるからである(653a)。『法律』の立法の目的は、もちろん、人びとの魂のうちにこの「全体的な徳」を実現することにある。ところが、アテナイからの客人がここで「教育」と呼ぼうとするものは、けっしてそのような完全性の獲得そのものではなく、それに至るための前段階にすぎない。

「子供たちの身に最初にそなわる徳のことを、わたしは教育（παιδεία）と呼ぶ。つまり、

(A) 快楽と愛、苦痛と憎しみが、なぜそうなのかという理（ロゴス）による把握のまだできない子供たちの魂のうちに正しく芽生え、

(B) そして、かれらがその理を獲得したあかつきに、それらが適切な習慣のもとで正しくしつけられることによってその理と協調するに至ったならば、

その両者の協調（συμφωνία）の全体が、徳にほかならないのであるが、しかし、その一部をなすものとして、「快楽と苦痛に関して正しくしつけられて、人生の始まった直後からその終わりに至るまで、憎むべきものを憎み、愛すべきものを愛するようになること」（＝(A)）、まさにそのことを、君がこの議論によって他から切り離して、それに教育の名を与えるなら、少なくともわたしの考えでは、正しく呼んだことになろう。[10]」【教育の規定Ⅱ】（653b1–c4）

まず第一に、ここには、「なぜそうなのかという理の獲得」（τὸν λόγον λαμβάνειν）以前の感情教育の段階(A)と、理の獲得以後の道徳教育の段階(B)との明確な区別がある。[11] 理の獲得が人間教育の重要な分岐点であることはたしかである。しかし、ここで「理の獲得」と言われているものが、そのまま「全体的な徳の実現」を意味しないことには十分注意しておこう。理の獲得とは、いわば「操り人形」が黄金の「ロギスモス」の紘に吊り下げられていることを初めて自覚したことを意味するのである。そして第二に、ここで「教育」と規定されるものが、「全体的な徳」を実現するための前段階として、「その一部をなすもの」とみなされている

ことは重要である。[12] 快楽と苦痛に集約されるさまざまな情念の強硬な牽引力を正しくしつけていくことは、人間が真の意味での自由をえるための前提条件である。理の獲得以前であろうと、以後であろうと、この精神の養育は、人間が生涯にわたって善き生を送るための最低限の必要条件なのである。

1　合唱舞踏の発生起源とその教育的機能（653c–654b）

ところが、アテナイからの客人は、こうした精神の養育が、子供たちの身に最初にそなわったとしても、人間の一生のあいだにはたるみを生じ、大部分、損われてしまうものであることを冷徹に見すえている（653c）。そしてそこにこそ、アテナイの古式教育の伝統に倣って、合唱舞踏という養育の手段が導入されてくる第一の理由がある。

「神々は、労苦をになって生まれついた人間の種族を憐れみ、その労苦からの休息となるように、次々とめぐりくる神々のための祝祭を定めてくださったのみならず、ムゥサたちとその指揮者アポロン、およびディオニュソスを、祝祭の伴侶としてつかわせてもくださった。それは人びとが、かつて受けた養育をその祝祭において神々の助けをかりて回復させるためなのだ。[13]」（653c9–d5）

祝祭によって人びとに与えられるものは、日々の労苦からの単なる気晴しではない。詩と音楽と舞踏によって精神的な栄養の回復をえることがその最大の恩恵である。

古典期のアテナイ市民たちにとって、大ディオニュシア祭における悲劇、喜劇やディーテュランボスの競演とその体験が、概して政治的、宗教的、教育的な意味をもっていたことは周知の通りである。[14] それゆえ、アテナイからの客人のこの発想は、そのような伝統をある意味において踏襲するものと言えよう。しかし、彼の発想の根源はむしろ、やはり当時アテナイで流行していたと見られる合唱舞踏の発生起源論（653d–654a）にあった。その主張によると、若い生き物は、身体をも音声をもじっとさせていることができず、たえず動き、声を出すことを求めている。しかし、人間は他の動物たちとは違って、その動きのなかに秩序と無秩序を感じとることができる。人間は神々によってリズムとハルモニアーを快楽とともに感じる感覚をさずけられているのである。

「じつにこの感覚によって、神々はわれわれを動かし、われわれのコロスの先頭に立って、歌と踊りでわれわれをお互いにつなぎ合せるのだ。」（654a3–4）

アテナイからの客人は、この考え方を基調としながら、そこに「神の操り人形」のイメージを重ね合せ、ディーテュランボスを歌う旋舞の発生起源を語る。人間は本性上、単純な身体運動の反復をつうじて、悦びとともにリズムとハルモニアーの感覚を身につけるものである。そして、人間にとってそのような秩序の感覚を身につけることができるのは、「神の操り人形」としての人間が、「ロギスモス」の黄金の紘に吊り下げられているからにほかならない。いわば神々の音頭取りによってこのように秩序づけられた魂の動きから、詩と音楽と舞踏の母胎である合唱舞踏（コレイアー）は生じたというのである。(15)

プラトンがここに見すえているものは、人間形成の最も基盤となる層である。彼は、合唱舞踏がもたらす魂の品性への影響を哲学的に考察することをつうじて、人間の自然本性に根ざした感情教育のあり方を新たに規定しようとしているのである。

「すると、無教育な人間とは、われわれの考えでは、合唱舞踏の心得のない者であることになるが、他方、教育のある人間とは、十分に合唱舞踏の経験を積んだ者のことだとしなければならない。」【教育の規定Ⅲ】(654ab)

美しく教育された者は、美しく歌い踊ることができる——ただし、美しい歌を歌い、美しい踊りを踊るならば——。アテナイからの客人は、まず、ひとが合唱舞踏とムゥシケーとにおいてよりよく教育された者となるための条件を分析する。それは、

(a)「美しいと判断されたものを、身体と音声を使ってそのつど十分に表現しうる」ことか、それとも、

(b)「快楽と苦痛を正しく感じることができて、美しいものは悦んで受け入れるが、美しくないものは嫌悪する」ことか。

(a)の条件は、合唱舞踏に関する専門的な技術の習得を意味する。通常の意味において合唱舞踏の心得があると語られるときの含意は、むろんこの場合であろう。だが、これは【教育の規定Ⅰ】において否定的に捉えられたものであり、アテナイからの客人にとって、正しい教育を構成する十分な条件ではない。むしろ、(b)の条件こそ、【教育の規定Ⅱ】を前提とした正しい教育の条件である。たとえ美しいものを美しい、醜いものを醜いと判断できたとしても、その美しいものに心から悦びを感じてこれを受け入れ、醜いものは心から嫌悪して退けることができなければ、本当に合唱舞踏の経験を積んだ者とはいえない。理知的な判断の能力が獲得されていても、快苦愛憎の情念がその力に寄り添うことができなければ、「全体的な徳」の実現を望

むべくもないからである。

しかし、私たちはさらに、これら二つの条件が、まさにその理知的な判断——美しいもの、正しいものとは何であるか——に支えられていることにも注意しなければならない。理を獲得する以前の子供たちを快楽と苦痛に関して正しくしつけるためには、養育する側に「正しさ」についての認識が不可欠である。この認識条件こそ、正しい教育が成立するための基本条件である。アテナイからの客人は、「自分たち三人が、歌と踊りの美しさを認識できれば、正しく教育された者とそうでない者をも認識できるが、もしもその点に無知であれば、そもそも教育の守護が存在するのかどうか、そして存在するならどこにそれが見出されるのかを識別することもできないだろう」と言う（654de）。[16]

議論の標的は、教育の守護者にある。しかし、その存在とトポスを認識するためには、まず合唱舞踏における美の本質を理解しなければならない。そればかりか、その点を見逃すことは、ギリシア風のものにせよ、異民族風のものにせよ、正しい教育に関するこれからの議論を不毛な議論にしてしまうという（654e）。プラトンの意図は、たんなる民族教育をこえた普遍的な人間教育の基礎づけにある。[17] こうして、アテナイからの客人は、正しい教育とは何であるかを最終的に明らかにするために、合唱舞踏にとって美とは何かを問うのである。

2　合唱舞踏にとって美とは何か（654b–659c）

さて、魂の品性の美しさは、ひとが窮境におちいったときに（ἐν πόνοις 654e10）明らかになる。臆病な魂はおおげさに嘆き悲しみ、身体を痙攣させて震えおののくだろうが、勇気ある魂は、平静に堪え忍び、熟慮ある言葉を語るだろう。それゆえ、勇気ある人の身振りと話し振りは美しく、臆病な人のそれは醜いと呼ぶのが正しい（655ab）。ところで、ムゥシケーとしての合唱舞踏は、リズムとハルモニアーに関わるものなのだから、そのなかには身振りと旋律が含まれている（655a）。したがって、

「魂や肉体の徳――徳そのものであれ、その似姿のようなものであれ（εἴτε αὐτῆς εἴτε τινὸς εἰκόνος）――に関わりをもつ身振りや旋律は、すべて美しく、逆に悪徳に関わりをもつものは、すべてその反対である。」（655b3–6）

徳そのものに関わりをもつ身振りや旋律とは、すぐれた品性や行為そのものを指し、徳の似姿に関わりをもつ身振りや旋律とは、すぐれた品性や行為のミーメーシス（模倣）を指す[18]。したがって、すぐれた品性や行為のミーメーシスは、すべて美しい。これは明らかに、「美」の絶対的な規準として「善」を想定する言明である。

ところが、私たちすべてが同じように、どんな合唱舞踏にも悦びを感じるということはありえない（655bc）。それは、美しいものが私たちすべてにとって同じではないということなのか。それとも、同じなのに、ただそう思われないということなのか。実際問題として、大多数の人びとの考えによれば、ムゥシケーの正しさ（正当な規準）は魂に快楽を与える力である。とすれば、美の絶対的な規準など存在するはずもなく、劇場の大勢の見物人たちを楽しませる快楽こそが善であることになるだろう。現にプラトンは、同時代のアテナイの現代音楽事情をまさしく「劇場支配制（θεατροκρατία）」にあるものとみていた（III. 700a–701b）。それは無干渉主義的な自由の徹底化によってもたらされる価値相対主義の病理現象なのである[19]。

プラトンは、『プロタゴラス』以来の快楽と善の問題を、ここであらためてミーメーシスとしての合唱舞

踏の本質を規定することによって解明しようとする。

「そもそも合唱舞踏というものは、さまざまな性格のミーメーマ（模像）であって、さまざまな行為や状況のなかで生じるものだ。そして各人はさまざまな品性とミーメーシスによってこれを演じるのである。」（655d5–7）

ここでのミーメーシスの主体は、詩人ではなく、みずから歌い踊る演者本人である。しかしそれは、観客をも含めた市民たちの象徴といえるかもしれない。『法律』の国家マグネシアでは、アテナイ市のばあいと同様に、祝祭におけるコロスへの参加は自由市民としての義務だからである。[20] いずれにせよ、まず注意しておくべきことは、この合唱舞踏の演者自身に、あらかじめなんらかの品性が存することである。

さて、ある性格をミーメーシスしようとするとき、そのひとにどのようなことが生じるのか。合唱舞踏がなんらかの性格のミーメーマである以上、もし快楽のみが美の判定規準であるならば、そこでミーメーシスされる性格が演者自身の品性と一致しているかどうかが、かれの美醜の判断根拠となるのは当然であろう。一致していれば、悦びを感じてほめたたえ、「美しい」と呼ぶだろうし、一致していなければ、悦びを感じることもほめたたえることもできず、「醜い」と呼ぶだろう（655e）。ミーメーシスが自己の本性の反復的強化にすぎないとすれば、美の判定規準は、各人の性格に直結した快楽の相対性のなかに雲散霧消してしまうことだろう。

しかし、ここでアテナイからの客人は、その本性（φύσις）と習性（ἔθος）とが分裂している演者の心理状態に着眼する。少なくともその習性において正しい人であれば、内心では劣悪な身振りと旋律に悦びを感じていても、「それらは、どれも楽しいが下劣だ」と主張し、知慮があると彼らが認めている人の前では、そういった身振りをしたり、歌ったりするのを恥じる（656a1–5）[21]。彼らは、合唱舞踏の美しさについて正しい「ロギスモス」の絃に導かれながらも、それに反する「快楽」の強力な絃に引きずられている。このような人びとの精神状態は、いわゆるアクラシアーの情態にあるとみてよいかもしれない。しかし、彼らが「羞恥」を感じている以上、「ロギスモス」に寄り添うべき魂のうちなる「補助者」の絃を強化していく可能性はひらかれている。自己の本性の変容——プラトンはそこにミーメーシスによる教育の役割を見るのである[22]。

アテナイからの客人の主張によれば、それがたとえ意識されていなくても、劣悪な身振りや旋律に悦びを感じる者には、なんらかの害がもたらされ、その反対のものに快楽を感じる者にはなんらかの利益がもたらされる（656a7–9）。したがって、魂のうちなる補助者を力づけ、熟慮する人間を形成しようとする教育にとって重要なことは、すぐれた品性のミーメーマである合唱舞踏によって、それを演ずる者の魂のうちに真に美しいものへのエロースを喚起することにほかならないだろう。なぜなら、悦びを感じる者は、善悪いずれのものに悦びを感じるにせよ、そのものに同化する（ὁμοιοῦσθαι）のが必然だからである（656b4–6）[23]。『国家』第Ⅲ巻のソクラテスの主張によれば、「声においてにせよ、姿かたちにおいてにせよ、自分を他の人に似せる（ὁμοιοῦν）ということは、自分が似ようとしているその人を、ミーメーシスする（μιμεῖσθαι）ということにほかならない」（393c）。ミーメーシスとは、自己本来のあり方を消去して、他のあり方に同化させようとすることである。だからこそ、リズムとハルモニアーが魂の品性に対してもつこの浸透力への洞察にもとづいて、すぐれた品性の似姿をこそ作品のなかにつくり込むことがムゥシケーには求められたのであり（III. 400c–402a）、そして逆に、『国家』第X巻においては、あたかも鏡のように、何もかもを無制約に真似る

「詩のうちで、ミーメーシスの機能を本領とするもの（ミーメーティケー）」が排除されたのだった（595a）[24]。

『法律』においても、こうした基本的な考え方に違いはない。

かくて、リズムや旋律や詩句に関しては、現在行われているように、創作にさいしても、また子供や若者たちにコロスのなかで教えるにさいしても、けっして詩人たちの無干渉主義的な自由にまかせられてはならない（656c）。また、祝祭を行う人びとについて現在言われているように、最も多くの人びとを最大限に悦ばせる者を優勝者とすべきでもない（657de）。むしろ、最もすぐれた人たちや十分な教育を受けた人たちを悦ばせるもの、とりわけ徳と教育の点でぬきんでている一人の人間を悦ばせるもの、それをこそ、最も美しいムゥサとしなければならない（658e–659a）。真の判定者は、大衆の喝采を判定規準としたり、その騒々しさに負けたりしてはならない。一方、観客はいつも、自分よりすぐれた品性の人の言葉に耳をかたむけることによって、その快楽をより善きものにしていかねばならないのである（659bc）。

3　詩人への説得――「快」を「正」「善」「美」から分離しないロゴスの有益性（659c–664b）

ここで議論は、螺旋を描きながら三度目、四度目に同じところへと逢着する[25]。

「教育とは、法によって正しいと語られた理（ロゴス）、また最もすぐれた最も年長の人びとによって経験をつうじて真に正しいと認められた理、そういう理へ子供たちを引っ張り、導いていくことにほかならない。」

【教育の規定Ⅳ】（659d1–4）

歌（オーデー）とは、子供たちの魂を魅惑して快苦と理（ロゴス）との協調へと向かわせるための、年長者たちによる呪詞（エポーデー）である（659e）。それゆえ、単なる楽しみのためでなく、そのような呪詞としての歌を創作しようとする詩人は、知慮ある勇敢な、あらゆる意味で善き人びとの身振りや話し振りをリズムやハルモニアーのなかでつくり出すように立法者から説得、あるいは強制される（660a）。アテナイのように、ある種の無秩序な快楽によってたえず新奇なムゥシケーを生み出すことも、またクレテやスパルタのように、ある特定の詩人の誤った信念を後生大事にすることも立法者は許すべきではない。単なる勇気ではなく、あらゆる精神的な価値の秩序そのものである正義こそが最高の善であること、そして最も正しい生活が最も快い生活でもあること（正義と幸福の一致！）を、この詩人はうたうべきなのである（660b–663a）[26]。

　さらに注目すべきことは、「快」（ἡδύ）を「正」（δίκαιον）、「善」（ἀγαθόν）、「美」（καλὸν）から分離しないロゴスが、ひとに敬虔で正しい生を送る気にさせるのに説得力をもつとされていることである（663ab）。そのようなロゴスほど、若者たちのすべてに強制的にではなくみずからすすんですべての正しいことを行うようにさせることのできる「有益な偽り」はない（663de）[27]。こうした歌にこめられる意図が「法によって正しいと語られた理（ロゴス）」――「全体的な徳」の実現――であり、「そういう理へ子供たちを引っ張り、導いていく」手段がミーメーシスであることは明らかである。そして、何を説得すれば国家に最大の善をなしうるかという問題について、国家という共同体の全体が、歌、物語、散文のいずれにおいても、生涯つねに同一のことを口にするようになるための方策として導入されるものが、三つのコロスの組織なのである（664b–d）。

三　三つのコロスの組織

ディオニュソスのコロスは、先に述べたように、三〇歳以上、六〇歳未満の市民からなる壮年組のコロスであり、祭礼においてムゥサたちにつかえる少年組のコロスとアポロンにつかえる青年組のコロスとにつづいて入場し、ディオニュソス神のために歌い踊るものとされている（II. 664cd）。それは、国家の最もすぐれた部分であり、年齢だけでなく知慮によっても市民たちのうちで最も説得力をもち、最も美しく最も有益な歌に関する最高権威たるべき部分である（665d）。

このコロスについてまず必要となる処置は、彼らをどこでいかに歌わせるべきかという法律の制定である。なぜなら、年齢によるさまざまな肉体的・精神的障碍にもかかわらず、彼らこそ熱意をもってその最も美しい歌に向うように元気づけられねばならないからである（666a）。そこで、彼らが四〇歳に達すると、共同食事の後、神々の名を呼び、わけてもディオニュソス神をかれら年長者たちの楽しみでもある秘儀へと呼び寄せること、とされる。

この秘儀、すなわち酒は、ディオニュソスが人間たちに老いのかたくなさに備える薬として贈られたものである。その結果、私たち人間は、ふたたび若さを取りもどす。すなわち、絶望の忘却によって、魂の品性が、火に投じられた鉄のように硬直なものから柔軟なものとなって、以前より型どられやすいものとなる。そのようにして彼らは、適度な人数の親しい者たちのあいだでなら、かの呪詞の歌をより熱意をもって歌う気持になるのである（666bc）。現実に対して絶望し、諦念に達した老人たちは、もはや若者たちに美しい理想を語ることはできないかもしれない。しかし、老年のプラトンは、けっして落胆に安住することをいさぎよしとしない。彼らこそ、熱き想いをもって、みずからの魂の品性を最も美しく型どることによって、より若い者たちの魂に美しいものへのエロースを喚起する役割を負わねばならないのである。

かくて、ミーメーシスの同化力は、祝祭の場に展開される市民教育の全システムのなかで最大限に活かされようとする。コロスの養成によるこの教育のシステムは、ディオニュソスのコロスの誕生によってはじめてその基盤を与えられる。なぜなら、この国家の最もすぐれた部分には、ムゥシケーに関する正しい認識が求められているからである。ディオニュソスのコロスにふさわしい最も美しい歌とムゥサを探し求める以下の議論（666d–671a）は、ミーメーシスとしてのムゥシケーの同化力に不動の根拠を与えるための、不可欠の作業である。その議論は、

(1)ミーメーシスの評価基準から「快楽」を切り離し（667b–668b）、
(2)ムゥシケー作品の「正しさ」を識別するための条件を規定し（668b–670a）、
(3)作品の「有益性」について最終的な判定を下すための「より厳密な教育」の必要性を説く（670a–671a）。

それぞれの議論を以下に詳しく吟味してみよう。

1　快楽か正しさか（667b–668b）

ここでプラトンは、ミーメーシスとしてのムゥシケー一般を評価するための規準について、きわめて原理的な考察に向う。徳の似姿に関わりをもつ旋律や身振りを表現してさえいれば、たしかにそれは美しい作品

なのかもしれない。しかし、それが無条件にディオニュソスのコロスにふさわしい最も美しい歌とムゥサといえるのだろうか。アテナイからの客人はまず、なんらかの悦びを伴うかぎりのもの一般を取り上げ、そのすべてに最も重要な要素が、「悦び」（χάρις）そのものと、「正しさ（正確さ）」（ὀρθότης）と、「有益性」（ὠφελία）のいずれかであるという地点から出発する（667b）。

まず例解として、（イ）飲食物など、すべての栄養物と、（ロ）学問と、（ハ）似像製作術[28]とが吟味される。どの個別事例にも、前提から、「悦び」、つまり「快楽」が伴っていることは言うまでもない。しかし、それぞれの「正しさ」や「有益性」をきめる要素は、けっしてその「快楽」ではなく、それぞれの（イ）「健康に役立つ部分」であり、（ロ）「真実性」であり、（ハ）「量と性質にかんする（原物との）等しさ」であることが確認される（667b–d）。したがって、「快楽」を規準に評価しても差し支えのないものは、《「有益性」や「真実性」や「類似性」を生み出すことはないが、少なくとも害悪を生み出すこともなく、それら他のすべてのものに随伴する「悦び」だけを目的として生じるもの》、つまり「害のない快楽」（ἀβλαβὴς ἡδονή）だけである。そして、かりにその「快楽」が害や益を与えても、それが真剣にとりあげて語るには値しない場合、その同じ「快楽」は「遊戯」（παιδιά）と呼ばれる（667de）。こうして、ミーメーシスの概念は、むしろ《その「快楽」が真剣にとりあげて語るに値するような「有益性」／「害悪性」を必然的に伴うもの》として切り出されてくるのである。

さて、ミーメーシス一般は、まさに似像製作術にほかならないのであるから、けっして「快楽」や「真ならざるドクサ」によってではなく、何よりもまず「真実性」によって（τῷ ἀληθεῖ）判定されるべきである（667e–668a）。そして、そのことは、ムゥシケーというものがすべてミーメーシスの技術である以上、ムゥシケーそのものについても当てはまることである。したがって、ムゥシケーは「快楽」によって判定されると主張する大多数の人びとの見解は[29]、ここで正式に否定されることになる。そしてさらに、私たちが探し求めるべきムゥシケーは、「美しいもののミーメーマであることによって類似性（ὁμοιότης）をもつものでなければならない」とされる（668b1–2）[30]。ムゥシケーの「正しさ」は、それが美しいものをミーメーシスすることによってその原物との「類似性」をどれだけ正確に実現しているか、すなわち、その作品が「ミーメーシスされるもの（τὸ μιμηθέν）本来の量と質をそのまま再現しているかどうか」（668b6–7）にかかっているのである。ただ、この段階においては、ミーメーシスされるべき「美」の何であるかは問われていないことに注意しよう。いずれにせよ、ここでのポイントは、ミーメーシスの評価規準からの「快楽」の切り離しにある。したがってまた、最も美しい歌とムゥサを探し求めている人びと（ディオニュソスのコロス）も、「快い歌とムゥサ」をではなく、まずは「正しい歌とムゥサ」をこそ探し求めなくてはならないのである（668b4–6）。

2　作品評価のための三つの条件（668b–670a）

それでは、この「正しさ」を識別するために、判定者はいかなる点に目を向けなければならないのであろうか。アテナイからの客人は、ムゥシケーの作品を正当に評価しようとする者がわきまえておかねばならない三つの条件を、造形藝術の例と対比させながら析出していく。すなわち、それぞれの似像について、①それが「何であるか」（ὅ ἐστιν）を認識すること、そして、それが言葉と旋律とリズムによるどんな似像であろうと、②「いかに正しく（正確に）」（ὡς ὀρθῶς）、また、③「いかに良く（うまく）」（ὡς εὖ）仕上げられているかを認識することである（669ab）。①作品の本質（οὐσία）、つまり、そもそもそれが何を意図していて、本来どういうものの似像であるのかという認識をもっていなければ、②その意図が正しく（正確に）実現されているかどうかを識別することはできないだろうし、さらに、③そうした「正しさ」を認識していない者が、そもそも作品の仕上りの「良さ／悪さ」を識別することはできないだろう、というのである。ここで作品の良し悪しとされているものが、けっしてそのまま倫理的な善悪を意味するものではないことに注意しておこう。これらの三条件は、さしあたってはそのような最終的判断を下すために欠くことのできない条件として、彫琢されているのである。

ところで、一般の詩人たちは、ムゥサ（詩神）ならばおかしようのない過ちを、混乱のかぎりをつくしておかす。しかもそのことは気づかれにくいので、最大限の警戒が必要である。なぜなら、もしひとがこの点で過ちをおかせば、劣悪な品性を悦んで受け入れるようになり、最大の害をこうむることになるからである。ムゥシケーの「正しさ」を阻害するさまざまな過ちのリスト（669c–670a）は、つぎのように要約できる。

(a)対象にふさわしくない要素（リズム・ハルモニアー・語り方）を同一の構成のなかで組み合せる。
(b)何か一つのものをミーメーシスしているつもりで、ありとあらゆる異質な音声を寄せ集める。
(c)互いに緊密な関係にあるべき三つの要素を、演奏効果のために分離する。

その批判の要点は明らかに、明確な意図の欠如と、各要素の無秩序、無制約な結合・分離、そして快楽のみを目的とした非ロゴス的な演奏技巧にある。少なくともムゥシケーの作品の「正しさ」に関しては、主題的モラリズムの主張などまったく存在しない。むしろ求められるべきことは、①一つの明確な意図のもとに、②各要素の適切な組み合せによって、一なるものが形成されること。そして、③その似像が、語るに値する原像のほんらいもっている性格をそのまま与えられていることである。このように、リズムとハルモニアーと語り方とが、魂の品性に対していかに正しく関係づけられているかを認識することが、ムゥシケーの作品を評価するための不可欠な条件なのである。

3　より厳密な教育（670a–671a）

ところで、このようなことの認識のすべてを必要とされているのが、詩人ではなくディオニュソスのコロスであることは、十分に注意を要することである。L・シュトラウスは、すぐれた画家が人間の身体についての知識をもっていなければならないのとちょうど同じように、すぐれた詩人は人間の魂についての知識をもっていなくてはならないのではないかと言っているが、詩人が詩人であることの必要条件として、プラトンが詩人たちにそのような過大な要求をしたことはけっしてない[31]。たしかに、最も美しいムゥサは、ここで明確に語られているように、対象の「何であるか」についての哲学的な認識へと発展していくべき可能性をもつものである。しかし、詩人にとっては、自分の表現しようとする原像を可能なかぎり正確にミーメーシスするために、ハルモニアーとリズムに関する技術的認識をもつことが最低限求められるだけであって、その原像そのものについて、たとえば「節制とは、正義とは何であるか」というような哲学的認識をもつことによって、ミーメーマが美しいかどうかを認識する必要はない（670e5–7）。かれらにとっては、具体的な感覚像によって、何も知らない多くの人びとの眼に美しいと見えるようなものを真似て描写すればことたりるからである[32]。

ところが、ディオニュソスのコロスに対しては、かの三つの条件すべてを認識することが求められる(670e7–671a1)。かれらは、まず何よりも、①魂のさまざまな品性について、それが「何であるか」の本質的な認識をもたなくてはならない。そして、②リズムやハルモニアーについて自ら歌い踊る程度の教育を受けていなければならないのはもちろん、さまざまなリズムやハルモニアーの構成が魂の品性に対してもつ関係について、とくにすぐれた感覚と認識をもっていなければならない。そしてそれは、③第Ⅶ巻のムゥシケー関連法案のなかに明確にロゴス化されているように、

「魂がさまざまな情態におかれるときになされる、いろいろな旋律によるミーメーシスの良し悪しを区別し、かつ善き魂の似姿と悪しき魂の似姿とを区別することができて、後者は排し、前者は公に示して歌い、若者たちの魂に呪文をかけて魅了し、かれら一人ひとりがそれらのミーメーシスをつうじて共に導かれつつ、徳の獲得をめざしてつき従ってくるように呼びかけること」(VII. 812b9–c7)

ができるためなのである。

ここで私たちは、ミーメーシスの「良し悪し」と、ミーメーシスされる魂そのものの「善悪」とが、事柄自体として区別されていることに注意しよう。先に作品評価のための第三の条件とされたもの、③「いかに良く(うまく)」仕上げられているかの認識は、それ自体としてはあくまでもミーメーシスの仕上りの「良し悪し」のことである。しかし、ディオニュソスのコロスにとっては、その地点にとどまっていることは許されない。その作品がそのような「正しさ」「良さ」をもっていることを必要条件にして、彼らはさらに、そ

の作品の本質と意図について認識を深めていき、それが善き魂の似姿であるかどうかを見極めなくてはならない。そしてそうした認識にもとづいて、彼らはその作品の「有益性」について最終的な判定を下す[33]。なぜなら、彼らは最も美しく最も有益な歌に関する最高権威でなければならないからである。ただし、このコロスが市民たち自身から組織されるものであることは、けっして忘れられてはならない事実である。プラトンのいわゆる詩人追放措置は、権力者による強制的な言論の封殺でも恣意的な検閲でもない。むしろそれは、少なくとも『法律』においては、市民たち自身による、詩人たちに対する、すぐれた作品を創作することへの促しなのである。

このように、ディオニュソスのコロスは、ムゥシケーの絶対的な規範となりうるものをコロスのなかで共同研究し、その認識をミーメーシスによる同化の働きをつうじて、可能なかぎり自らの行為へと現実化させるとともに、その規範をやはりミーメーシスをつうじて、公に向って、とくに若者たちの魂に伝達すべき立場にある。したがって、かれらの探し求める「最も美しい歌とムゥサ」とは、少なくとも合唱舞踏のムゥサ（音楽的教養）よりも、すなわち、大衆向きの教育や詩人たち自身が受ける教育よりも、はるかに厳密な教育でなくてはならないであろう。「哲学こそは最高のムゥシケーである」とするならば[34]、ディオニュソスのコロスがもつべき「より厳密な教育」（ἀκριβεστέρα παιδεία, 670e3）は、究極において哲学を指向していると言えるだろう[35]。

四　酒宴の効用

このようにして、ムゥシケーの正しさとそれを支えるディオニュソスのコロスの存在意義とを立証する対話法的な議論は、力のかぎりに語られた（671a）。そこで論点は、最終的に、教育全般に対する酒宴の効用の問題へと回帰してくる。

1　ディオニュソス縁起批判（672a–673d）

しかしながら、ディオニュソスのコロスは、なぜそのように呼ばれねばならなかったのだろうか。アテナイからの客人は、当時広く流布していたというディオニュソス縁起譚を紹介する。それによれば、カドモスの娘セメレとのあいだにゼウスが生んだ子、ディオニュソスは、「継母ヘラによって魂の判断力を奪われ、そのためにその復讐をしようとして、バッコスの狂乱や、あらゆる狂気の合唱舞踏をもたらした。それゆえ、彼が酒を贈ったのも、まさにその目的のためだった」というのである（672b）。ゼウスの不実に対する結婚の女神ヘラの嫉妬によって狂気に陥れられたディオニュソスが、その復讐として人間たち（これはむろん貞操を守るべき女たちにほかならない）にバッコスの狂乱をもたらした、という合理的解釈が行われていたのであろう。

しかし、アテナイからの客人に言わせれば、このような縁起を語ることはディオニュソスの神性に対する冒涜である。むしろ、彼の認識では、いかなる生き物も、成熟してはじめてもつにふさわしい知性（νοῦς）をそっくりそのままもって生まれてはこないので、ほんらいの知慮（φρόνησις）がいまだ身についていない時期には、狂乱状態となって無秩序な声をあげたり、無秩序に飛び跳ねたりするものである。しかしすでに述べられたように、[36]こういう状態にこそ、ムゥシケー（音楽・文藝）やギュムナスティケー（体育）の始原がある。そして、この始原こそ、私たち人間の内部にリズムとハルモニアーの感覚を植えつけたものであり、それは、神々のなかでもアポロンとムゥサたちとディオニュソスのおかげなのである。そしてさらに、酒も同様に、他の人びとの説が主張するように、私たちが狂気におちいるように、人間への復讐のために与えられたものではなく、むしろ反対に、魂が「慎み」を得、身体が健康と強さを得るための薬として与えられているというのである（672b–d）。批判の要点は、酩酊と狂乱がけっして人間に災いをもたらすものではなく、むしろ人間に恩恵をもたらすものだというところにある。

ここでプラトンは、陶酔と熱狂を本質的特徴とするディオニュソス崇拝と合唱舞踏との関連を、まったく独自な視点から見ている。『国家』において、ホメロスが悲劇詩人たちの「最初の師であり指導者」（X. 595c）であると主張するとき、プラトンは純粋に文学史的、哲学的な構想のもとにそのミーメーシス批判を展開している。[37]そのような文脈にあるために、トラゴーディアー（悲劇）は可能なかぎり世俗的な視点から捉えられ、そのオルギア的側面、ことに狂気のミーメーシスは厳しく戒められた（III. 396ab）。狂気のミーメーシスは、魂の非ロゴス的部分を強化するものだからである。[38]ところが、『法律』のプラトンは、悲劇的コロスやディーテュランボスが本来もっていたディオニュソス祭儀としての性格に真正面から立ち向かっている。一説によれば、トラゴーディアーとは、ディオニュソス神の身代りとして殺害され、かつその贖罪のために復元された――おそらくブゥポニアの場合のように――牡山羊のまわりで歌い踊られる死と再生の秘儀であったという。[39]そして、この秘儀に刻印されたディオニュソス神の原初的な特質は、「死者の霊と魂の支配者」（E・ローデ）としてのそれであろう。他者の性格に入り込み、この性格にもとづいて語り、行動するという役者の芸術（ミーメーシス）は、その究極の根源とのあいだに、深い闇に閉ざされた関係をもっている。その究極の根源とは、ディオニュソス崇拝の陶酔と狂乱に参与して本物の霊感を受けた者が、忘我の境にあって、我が身に生起していることを感じとる自己の本性の変容にほかならないのである[40]。

プラトンは、ミーメーシスとしての合唱舞踏のあり方をまさにこのようなものとして原理的に捉え直すと同時に、市民教育という彼自身の新たな政治哲学的な文脈のなかで、これにまったく新しい意味づけを与えようとしているのである。ただ、狂気のミーメーシスは、『国家』の場合と同じように、やはりここでも禁じられる[41]。では、ディオニュソスのコロスにのみ許された陶酔と熱狂の意義はどこにあるのか。

2　狂気の分類

周知のとおり、プラトンは『パイドロス』（244a–e, 265ab）において、狂気の分類を行っている。まず、狂気は、人間的な病いによって生じるものと、神に憑かれて、規則にはまった習慣的な事柄をすっかり変えてしまうことによって生じるものとの二つに大別される。自己の本性の変容をもたらすディオニュソス的な狂気が、後者に分類されることはいうまでもない。そしてそれは、さらにアポロンがつかさどる予言の霊感、ディオニュソスがつかさどる秘儀の霊感、ムゥサたちがつかさどる詩的霊感、そして第四にアプロディテとエロースとがつかさどる恋の狂気へと分割されたのだった。ここで登場する（第三までの）神々の名がすでに私たちになじみのものであることに注意しよう。そして何よりも、「われわれの身に起こる数々の善きもののなかでも、その最も偉大なるものが、これらの神から授かって与えられる狂気をつうじて生まれてくる」(244a) とされていることは重要である。

いったい、合唱舞踏をつうじて人びとの魂に生じる善きものとは何であろうか。ムゥサたちにつかえる少年組のコロスは、祝祭の最中(*intra festum*)に現前する詩的霊感に打たれて、その柔らかく汚れなき魂を美しくかたちづくられる。さらにアポロンにつかえる青年組のコロスは、未来のことを判断する予言の霊感にみちびかれて、すでに祭りの前(*ante festum*)に方向を見失っていたみずからの病める魂を癒されることであろう。そしてディオニュソスのコロスは、しのびよる老年のために固く、瑞々しさを失いがちな魂を柔軟で型どりやすいものにするために、まずは酒宴という秘儀に参与する。「魂の判断力を奪われる」(672b4-5)ということは、明らかに「死」のメタファである。[42] 酒によって儀礼的な死を経験したディオニュソスのコロスは、祭りのあと(*post festum*)の後悔と絶望を忘却し、熱狂的な想いを込めてその最も美しきムゥサを若者たちの魂に向って歌い踊る。このように、現在・未来・過去という三つの時間構造の交錯する祝祭において、人びとは日常的な「知性」から解放され、その狂乱状態のなかで美しい魂の似姿をミーメーシスすることによって、あらたに魂の品性の秩序を立て直していく。[43] これこそ「ドラーマの原現象」というべきものだ。

しかしこのとき、変容をとげようとする新たなる自己を導く「理知分別」(ロギスモス)の補助者として、「慎み」(あるいは「羞恥」671d2, 672d8)の紘が力を発揮せねばならないことはもちろんである。酒は、度を越して期待にあふれた魂がそれ自身の力によって「慎み」を得ることを促す、いわば逆症療法(allopathy)的な薬物でもある。ディオニュソスのコロスは単なる狂気のミーメーシスに終始するマイナデスではけっしてない。なぜなら、彼らの魂の品性の再生を究極において支え導くものは、自己変革を求める彼ら自身の不屈の意志と、知的・倫理的努力による最も美しいムゥサの不断の実践とであり、またさらに年長の六〇歳を越えた人たちの冷静な指揮だからである（671de）。このように、哲学という恋の狂気にみちびかれた彼らの魂こそ、「教育の守護」と呼ばれるにふさわしいものであるだろう。

以上のような対話法的行程を経て、第I巻（637d）に始まった酩酊の扱い方についての議論は、最後の仕上げを与えられたのである（673de）。

五　教育の守護者たち

『法律』の三つのコロスは、したがって、それぞれ感情教育、治癒教育、再生教育というかたちで市民たちの生涯にわたる幸福への努力を促す場である。そして、なかでもディオニュソスのコロスは、若者たちの魂の品性を美しく型どるミーメーシスとしての教育を市民の立場から根源的に支える役割を担っている。それゆえに、国家のレヴェルにおいて、彼らは、「ロギスモス」としての立法者の導きを補助する者たちだと言うことができるだろう(44)。

『国家』の哲人王教育においては、守護者たちが三〇歳になると五年間のディアレクティケーの行程を歩みはじめ、その後十五年間の実務経験を積まねばならないのだった。この教育期間は、まさに『法律』のディオニュソスのコロスの年少組の年齢に相当する。彼らは実務経験を積みながら、国家と法のあり方、教育と文化の行く末を語り合い、さまざまなムゥシケーをつうじてみずから修練することを求められるであろう。定期的にめぐってくる祝祭は、そうした自己教育を回復するための絶好の機会である。そして、四〇歳以上の市民は、コロスの運営を管理する競技審判官である音楽監（一名）に選出される資格を得る（VI. 764c–765c）、そして、五〇歳に達した市民たちは、文藝審査官（複数）――古来の文藝作品から国制にふさわしい作品を選別し、必要とあれば詩人や音楽家の助けをかりて改訂し、立法者の意図にそっていっさいの歌や踊り、合唱舞踏を体系化する（VII. 802a–e）――や、国家の教育全般を管理する教育監（一名）に（VI. 765d–766c）選出される資格を得る。いや、それ以前に、五〇歳以上の市民たちは、護法官（三十七名）や監査官に選出され、さらには「夜の会議」のメンバーとなる年齢資格を得る。ディオニュソスのコロスは、みずからが教育の補助者たちであると同時に、こういった国制と教育の守護者たちの選出母体なのである。(45)

人間形成におけるムゥシケーの重要性を否定する者は誰もいない。しかし、プラトンは、さらにそのムゥシケーを根底から支えるべきものが、市民レヴェルでの不断の哲学的認識であることを私たちに力づよく訴えかける。それを欠いたところには、民主制の堕落形態であるかの劇場支配制が確実に帰結するであろう。あたりまえの年長の市民たちが日常生活のなかで失いがちな精神の養育を、悦びを伴った知的、倫理的な実践をつうじて回復すること、そして、彼らが若者たちに美しきもの、善きものへのエロースを喚起しつづけることの意味は、教育と文化、そして市民生活と政治の伝統と創造にとってはかりしれないものだ。老人たちが祝祭を機会に酒と合唱舞踏によってディオニュソスの死と再生の秘儀に参与するという、このプラトンの壮大な喜劇的メタファの真意は、まさにそこにある。

そしてこの死と再生のシンボリズムは、絶望することなく生の意味を問いつづける哲学という力強い意志にみちびかれてはじめて正しく機能する。じつは、プラトンの対話篇『法律』そのものが、快楽と苦痛の泉を、しかるべき所から、しかるべき時に、しかるべき分量だけ汲みとるためのすべを、静かに、しかし熱き想いをこめて私たちに語りかける最も美しいムゥサなのである。そしてそれは、私たち一人ひとりの魂のうちに可能なかぎり最も美しく、最も善き国制を構築することを促すところの、最も美しく、最も善き生のミーメーシスである。プラトンの対話篇、とくに『法律』そのものが私たちによって演じられうるかぎりの「最も真実な悲劇」（817b5）と呼ばれたことの掛け値のない意味はそこにある。

註

（1）年齢別の三つのコロスという発想そのものはスパルタの古式に基づくものと推定される（プルタルコス『リュクルゴス伝』21参照）。

（2）Cf. Guthrie（1978）, 328–9.

（3）『法律』と『国家』における文藝論の基本的な一貫性は、藤澤（1956）によって簡明に立証されている。

（4）四つの教育の規定が、I. 643e, II. 653bc, 654b, 659d に現れる。また、その対話法的行程については、序章第三節2参照。

（5）ἐξέρχεται の解釈は、Jaeger（1973, 1376 [III / 440], Anm. 66）に従う。

（6）この比喩の詳しい分析とその哲学的意味については、本書第四章を参照されたい。

（7）歌い舞うべくして作られた神の操り人形のイメージが、のちの合唱舞踏論の伏線となっていることは明らかであるように思う。Cf. VII. 803e–804b. この点については、Kurke（2013）が説得的に論じている。

（8）Jaeger（1973）, 1377—8 [III / 441–2], Anm. 83.

（9）「正しい教育の保全」については、後註（16）参照。

（10）テクストの読みは、Schöpsdau（1994, 38, 254sqq.）に従う。

(11)「なぜそうなのかという理の獲得」が感情教育の重要な転機となることは、すでに『国家』(III. 402a) においても強調されていた。

(12) αὐτῆς, 653b7.

(13) テクストは、Schöpsdau (1994, 260) に従って、ἵν᾽ ἐπανορθῶνται τὰς ‹τό›τε τροφὰς γενομένας と読む。他に、Morrow (1960, 353 n.193) および Else (1986, 61) 参照。

(14) Cf. Cartledge (1985) 126–7. なお、古代ギリシアにおける舞踏の教育的役割については、Morrow (1960), 302–6、またアテナイの古式教育一般に関しては、マルー (1985, 50–61) を参照のこと。さらに、Lonsdale (1993) は、古代ギリシアの宗教的・社会的制度のなかにおかれた舞踏の意味を比較人類学的手法で考察するさいに、『法律』の合唱舞踏論を理論的導きとしている。

(15) 魂のなんらかの動きから歌と踊りが必然的に生まれてくると考えたのは、まさにアテナイの音楽教師ダモンとその弟子たちである。『ソクラテス以前哲学者断片集』第三七章　ダモン「断片」B六参照。

(16)「教育の守護 (φυλακή)」は、第II巻冒頭 (653a1–3) で「教育の保全 (σωτηρία)」と言われたものを指す。これは、これから論じようというわけだが、ディオニュソスのコロスを意味するものである (664d ff., 665d, 670d ff.)。ただし、『法律』の全体構想のなかでは、後述するように、かれらはむしろ「教育の補助者 (ὑπηρέτης)」と呼ばれるべき人びとである (cf. XII. 968ab)。

(17) Calame (2013) によれば、ユートピア的な仕方で『法律』が克服しようとしているのは、『国家』で批判された「新音楽」の大衆支配的な無秩序だけでなく、古代の音楽の貴族的・民族的なパラダイムである。

(18)『国家』(III. 402bc) においても、ムゥシケーに習熟した者となるためには、さまざまな徳の実際の姿とその似姿を (καὶ αὐτὰ καὶ εἰκόνας αὐτῶν) ともに認識することが必要であることが強調されている。

(19) 'an appalling relativism': Janaway (1995), 179.

(20) Cf. XII. 949c. また、当時のアテナイにおけるコロス運営の実際については、Morrow (1960), 311–2参照。彼の試算によれば、毎年少なく見積もっても千人を越える数の市民が、なんらかのコロスに実際に参加していたことになる。

（21）『国家』の詩への最重大告発（X. 605e）において問題視された人たちの態度は、これをちょうど裏返しにしたものだ。そこでは、グラウコンがそのような人たちの立場から、「自分自身がそうあることをよしとせずに恥じるような人物を見て、その人物に嫌悪をいだくことなく、かえって喜びを感じて賞め讃える」ことは「理屈にあわない」、と応えている。

（22）『法律』の感情教育における「補助者」の役割については、本書第四章第四節を参照されたい。

（23）連続的な旋律を構成するさまざまな音が、同化によって魂の性格形成に大きな影響をもたらすという基本的な考え方も、ダモンのものである（『ソクラテス以前哲学者断片集』第三七章　ダモン「断片」B七）。

（24）その追放の論理については、本書第五章においてすでに論じた。

（25）前註（4）参照。

（26）むろんこのテーマは、『ゴルギアス』におけるポロス論駁や『国家』の主要テーマを想起させるものである。

（27）この「偽り」については、『国家』における「言葉における偽り」（II. 382cd）を想起すべきである。

（28）「似像製作術」（εἰκαστική）は、『ソピステス』によれば、「影像を作る技術」（εἰδωλοποιική）に相当し、造形藝術やムゥシケーをも含意する「真似る技術」（μιμητική）と置換可能な概念である（235b–236b）。

（29）Cf. 655cd.

（30）τῷ τοῦ καλοῦ μιμήματι について、Ritter（1985, 71 Anm.）は「美の原像」と読む解釈を提案し、多くの解釈者が賛同を示してきた（Taylor, des Places, Saunders, Pangle, Brisson/Pradeau）。しかし、この文脈において τὸ μίμημα（模倣した結果＝似像）と τὸ μιμηθέν（模倣されるもの＝原像）の区別は厳格に守られている。cf. Stallbaum（1859）, 209. また、ここでの与格の用法については、Schöpsdau（1994, 321 sq.）および Meyer（2015, 299 sq.）を参照。

（31）Cf. Strauss（1975）, 35.『国家』第X巻において「寝椅子の絵」がモデルとして導入されたのは、このような藝術家の知識要求（598e）を批判するためであった。小池（1990）, 256sq. 参照。

（32）Cf.『国家』X. 602b. ただしこのことは、詩人であるところの人が、最も美しいムゥサを認識しえないということを意味するものではもちろんない。

（33）したがって、作品の出来栄えか、倫理的な価値かという二者択一が問題なのではない（cf. Schöpsdau（1994）, 274）。藤澤（1956, 41）および Stalley（1983, 127）の簡潔なコメントを参照。

（34）φιλοσοφίας μὲν οὔσης μεγίστης μουσικῆς（『パイドン』61a）.

（35）Saunders（1972, 9–10）は、「ムゥサ」（666d3, cf. 658e8, 667a10）の両義性に着眼し、それが哲学を意味することを示唆している。他に、Cherniss（1953）, 377 n.1；Morrow（1960）, 314–5参照。「夜の会議」の探究課題も「より厳密な教育」（965b1）と呼ばれることに注意。ただし、ディオニュソスのコロスのすべてのメンバーが純粋な意味での知性教育を受けねばならないということではもちろんない。

（36）653de, 664e.

（37）『国家』と『法律』におけるディオニュソス観の相違については、Vicaire（1958）, 15–18の考察が参考になる。

（38）Cf. X. 605b. こうしたミーメーシスの禁止が言語の可能性を抑圧するものではないことについては、小池（1996）, 10–11を参照のこと。

（39）Cf. Burkert（1966）. ブゥポニアとは、アテナイのディポリエイア祭で行われていた牡牛殺しの儀式で、殺害された牡牛は詰め物を施されて頸木に繋がれた。

（40）Rohde（1898）, II. 12sq., 44. この洞察は、しかしながら、ローデがニーチェによる『法律』研究に示唆を受けた結果えられたものかもしれない。Cf. KSA 7, 96,（September 1870 – Januar 1871）5［15］: *Die Geburt der Tragödie*（1871）, c. 8. KSA 1, 61, 7–18. いずれにせよ、真摯な古典研究のないところに、真の哲学的創造はないと言うべきだろう。なお、ヴァーグナーとの出会いを転機にニーチェ自身の古典研究が哲学的創造へと変容した経緯については、拙稿（2011）参照。

（41）Cf. VII. 815b–d.

（42）Cf. Burkert（1983）, 225 n.43.

（43）このときかれらは、けっして Belfiore（1986, 436）が言うように「狂気の若者たちの人物像を真似る」のではない。彼女は、ディオニュソスのコロスに課せられた厳しい認識条件を看過し、アリストテレスの『詩学』に対する『法律』の影響を重視するあまり、酒の浄化作用にのみとらわれすぎている。むしろ、この三つのコロスに世代別に象徴化された時間性は、精神病理学者木村敏が、内因性精神病の本態を人間学的に解明するために構想した祝祭をめぐる三つの時間構造の原型と見ることもできるだろう。木村（2012）および拙論（2016）参照。

（44） 本書第四章第二節（B）を参照のこと。

（45） ディオニュソスのコロスの構成メンバーと「夜の会議」との関連については、本書第十章第二節を参照。

第八章　説得の技法としての対話術

一　法の前文と説得的弁論術

「じっさい、キタラー（竪琴）に合わせてうたわれる歌――いわゆる「ノモイ」（歌曲）――の初めにも、またすべて音楽という音楽の初めには、驚くほど念入りに仕上げられた「プロオイミオン」（序曲）が置かれている。しかるに、真にその名に値する「ノモイ」、まさに国政に関わりをもつものとわれわれの主張する「ノモイ」（法律）については、あたかもそんなものは本来存在していないかのように、いまだかつて誰ひとりとして、「プロオイミオン」（前文）というものを口にした人もいなければ、またそれを起草して公にした人もない」（『法律』IV. 722d6–e4）

対話篇『法律（ノモイ）』において、クレテ植民のための新たな立法モデルを具体化しようと試みるプラトンは、国制全体の前文（προοίμιον）を起草するとともに（IV. 715e7–V. 734e2）、個別の法律条文の多くにもそれぞれの前文を添付するという新機軸をうち出している。[1] 冒頭に掲げた対話主導者アテナイからの客人の言葉に、私たちはプラトンのなみなみならぬ意気込みを感じとることができる。はたしてこの「法の前文」と呼ばれるものの存在意義はどこにあるのだろうか。

プラトン自身にとって、そもそも『法律』以前に書かれた対話篇、とくに『国家』と『政治家』においては、理想的な統治者はただみずからの知識に基づいてこそ統治すべきなのであって、なんらかの固定化された法の強制力に頼るべきではなかった。法というものがもつ一般性と硬直性が、統治者の知識にもとづく個別具体的な実践の妨げになるとみられたからである。[2] ところが『法律』においては、理想的な統治をなしうる真の知性が自然状態のなかから生じることはありえないという現実認識のもとに、次善の策としての法律や規則の必要性が選択されねばならなかった。[3] つまりプラトンは、こうした真の知性をもった統治者の不在という現実と、法の一般性・硬直性とを仲裁する手段として、法の前文というものを導入したともみられるのである。[4]

しかしながら、法の前文が法の適用を柔軟性あるものにすることを可能にしているのは、じつは法の前文がもっている弁論術的説得の機能にほかならない。プロオイミオンという用語そのものは、たしかに叙事詩やディーテュランボスの「序歌」、悲劇作品の「序詞」、器楽作品の「序曲」などにも適用される広い意味をもっている。しかしプラトンの「法の前文」は、たんにさまざまな法の目的や内容をあらかじめ示したり、その具体的な適用例を合理的に説明しようとするだけのものではない。それはあくまでも、市民たちの魂を導いて法の命じる理（ロゴス）を受け入れられるようにする弁論術的な説得を目的とするものである。したがって、それが直接的な関係をもつものは、法廷弁論や演説的弁論の「序論」だと見なければならないだろう。[5] 一方、『パイドロス』(270b)によれば、「弁論術とは、魂に言論と、法にかなった訓育とを与えて、相手のなかにこちらがのぞむような確信と徳性とを授ける仕事である」。それゆえ『法律』における法の前文は、市民たちを相手にこうした説得と訓育の機能を果たすべく、『パイドロス』(270b sqq.)でその原理・原則が示されたような哲学的弁論術のあり方を具体的に例証するものでもあるはずだろう。[6]

しかし、『法律』において展開される説得の技法は、法の前文のみにかぎられない。そこでは、まさしく市民たちの魂の種類と性質に応じて、[7] 呪詞・呪文(エポーデー)としての合唱舞踏(コレイアー)や神話伝説・物語(ミュートス)、さらには対話問答(ディアロゴス)に至るまでのさまざまな種類の語り方(ロゴス)が、説得の技法として展開されている。法の前文そのものも、けっしてその語られ方は一様ではなく、それこそ各々の法律条文が、何をいかなる人間に向かって語ろうとしているかによって千差万別といわなければならない。[8]『法律』の説得の技法に対する多くの解釈者たちの判断は、このような説得の多様性を必然化する『パイドロス』の原理原則を軽視した一面的なものであるように思われる。

本章の目的は、『法律』におけるそうした説得の技法の代表例をいくつか検討することによって、あらためてその本質的な意義を探ることにある。はたしてそれらの説得の技法は、市民たちを欺く「虚偽の宣伝」のための不当な手段なのか。[9] 市民たちの理性よりも情念にうったえかけることによって、真なる信念を熱心に説き聞かせる「紋切り型の説教」にすぎないのか。[10] それとも、真なる判断をくだす正当な論拠をすべての市民たちに与えることを目的とする「理性的な説得」なのか。[11] あるいは逆に、魂への配慮を促すソクラテス的な対話問答法の運用を、資質にすぐれた特定の人びと以外には「全面的禁止」にするための「偽り(虚構)と強制」の手段なのか。[12]

むしろ、それらの技法は、ディアレクティケーの行程をあゆむ立法者自身の立法行為を補助すると同時に、その法の命ずる真なる理をすべての市民たちが自発的に内面化するように促すという意味において、ソクラテスの対話活動の意義を可能なかぎり普遍化しようとするものだったのではないか。もしそうだとすれば、『法律』に描き出された社会のあり方は、『国家』におけるそれよりもいっそう「民主的」で「開かれた」ものでありうるだろう。(13) さらにまた、『法律』における説得の技法の展開は、社会的な合意形成の理想的なあり方を考察するための基礎理論として読み解くことができるのではないか。

まず、私たちは、説得の技法として法の前文が導入されたときのプラトンの意図を確かめることから始めよう。

二　プロオイミオン――「自由人の医者」の比喩

『法律』第Ⅳ巻において、新国家建設のための諸条件を明らかにしたアテナイからの客人は、入植者たちに向けて語り始めた忠告の言葉を一時中断して、つぎのような問題を提起する。

「そもそもの初めから、なすべきこと、なすべからざることを語り、威嚇的に罰則をもち出しておいてはつぎの法律に向かい、立法された事柄への一言の勧告も説得も（παραμυθίας δὲ καὶ πειθοῦς）つけ加えないでよいものだろうか。」（719e9–720a2）

そこで導入されるのが「自由人の医者」の比喩である。彼はまず自由人の医者と奴隷の医者助手とを区分し、そのどちらもが医者と呼ばれうることを確認したうえで、対話相手クレイニアスにこう問いかける。

「しかし後者〔奴隷の医者助手〕がその技術を身につけているのは、主人の指示や観察に従って、つまり経験にもとづいてなのであって、自由人（の医者）がみずから学んだときや、自分の弟子たちに教えるときにそうするように、自然本性に即してではない。医者と呼ばれている者たちに、以上の二種類があることを、君は認めるかね。」（720b2–7）

E・イングランドも指摘するように、ここで対比されているのは、「奴隷の医者助手が医者の技術の断片をランダムに拾い集めること」と「体系的（κατὰ φύσιν）に学びかつ教える医学校の課程」とである。[14] 重要なことは、自由人の医者が実際に知識を持っていること、そしてそのことのゆえに、彼は病者に理論的な説明を与えることができるということである。[15] ところが、アテナイからの客人によれば、この二種類の医者による病者の扱い方には、つぎのような違いが生まれてくる。

「ところで君は、以下のことにも気づいているだろうか。すなわち、諸々の国家のなかには奴隷の病者もいれば自由人の病者もいるのだが、そのうち奴隷に対しては、通常ほとんど奴隷〔の医者助手〕が走りまわったり、あるいは施療所で待機したりしながら、その診療にあたっている。そして、そうした医者は誰も、一人ひとりの奴隷の病気それぞれについて、なんらかの説明を与えもしなければ、受けつけもしない。むしろ、経験からしてよいと思われる処置を、あたかも正確な知識を持っているかのように、僭主さながら、自信たっぷりな態度で一人の病者に指示しておいては、さっさと、病気にかかっている別の奴隷のもとへ立ち去っていく。そして、そのようにして彼は、病者を診療する主人の労苦を軽減するのだ。

これに対し自由人の医者は、たいていのばあい、自由人たちの病気を看護し診察する。それも、（ｉ）病気をその根源から、自然本性に即して検査し、（ii）病者自身ともその友人たちともよく話し合い（κοινούμενος）、自分の方も、病者からなにかを学ぶと共に、その病者自身にも、できるだけのことは教えてやるのだ。そして、（iii）なんらかの仕方で病者の納得がえられるまでは、指示命令を下さず、（iv）納得がえられてからも、説得をもちいて、たえず病者の気持ちを穏やかにさせながら（μετὰ πειθοῦς ἡμερούμενον ἀεὶ παρασκευάζων）、健康回復の仕事を成し遂げるべく努力するのだ。」（720b9–e1）

両様の方法をこのように明確に区別したうえで、アテナイからの客人は、すぐれた医者ならどちらの方法で治療を行うか、つまり両様の方法を用いて一つの治療効果を上げるか、それとも、どちらか一つの方法、しかも病者の気持ちを頑なにさせる奴隷の医者助手のより劣った方法を用いて治療を行うだろうか、と問う。むろんクレイニアスは、両様の方法を用いながら一つの治療効果を上げるほうが、医療行為としてはるかにすぐれているということに同意するのである（720e1–8）。

これが法の前文を取り入れた立法行為を推奨するための比喩であることは言うまでもない。そこでアテナイからの客人は、実際に結婚に関する法の見本を、単式、複式双方のやり方で制定してみせたうえで（720e–722a）、これまでのいかなる立法者もただひたすら強制だけにうったえて立法してきたことを非難する。[16] そして冒頭に引用したように、プラトンはここで「法の前文」という新機軸を、「自由人の医者」の方法に相当する立法者の説得の技法として導入するのである（722e4–723b2）。

この比喩をつうじて明らかにされる説得の技法の本質的特徴はどこにあるのだろうか。C・ボーボニッチは、関連個所としてIX. 857c4–e6とX. 885c–890dをもあげながら、それを主としてつぎの三点に要約して

郵便はがき

料金受取人払郵便

左京局
承認

5236

(差出有効期限
平成30年
3月31日まで)

606-8790

(受取人)

京都市左京区吉田近衛町69
京都大学吉田南構内

京都大学学術出版会
読者カード係 行

▶ご購入申込書

書　名	定　価	冊　数
		冊
		冊

1. 下記書店での受け取りを希望する。

都道府県　　市区町　　店名

2. 直接裏面住所へ届けて下さい。

お支払い方法：郵便振替／代引　　公費書類(　　)通　宛名：

送料　ご注文 本体価格合計額　1万円未満：350円／1万円以上：無料
代引の場合は金額にかかわらず一律230円

京都大学学術出版会
TEL 075-761-6182　学内内線2589 / FAX 075-761-6190
URL http://www.kyoto-up.or.jp/　E-MAIL sales@kyoto-up.or.jp

手数ですがお買い上げいただいた本のタイトルをお書き下さい。

書名）

本書についてのご感想・ご質問、その他ご意見など、ご自由にお書き下さい。

お名前

（　　歳）

ご住所

〒

TEL

ご職業	■ご勤務先・学校名

所属学会・研究団体

E-MAIL

ご購入の動機

A.店頭で現物をみて　B.新聞・雑誌広告（雑誌名　　　　　　　　）

C.メルマガ・ML（　　　　　　　　　　）

D.小会図書目録　E.小会からの新刊案内（DM）

F.書評（　　　　　　　　　　）

G.人にすすめられた　H.テキスト　I.その他

常的に参考にされている専門書（含 欧文書）の情報媒体は何ですか。

購入書店名

都道府県　　市区町　　店名

購読ありがとうございます。このカードは小会の図書およびブックフェア等催事ご案内のお届けのほか、告・編集上の資料とさせていただきます。お手数ですがご記入の上、切手を貼らずにご投函下さい。

種案内の受け取りを希望されない方は右に○印をおつけ下さい。　案内不要

いる。(17)

（a）説得されるべき人が求めているのは、「教えられる」こと、つまり法によって要求される行動の指針や判断の方向性を受け入れるための正当な論拠を与えられることである（e.g. 885d1-4）。法が示すことを要求されるのは、法の推奨する判断が真であって（e.g. 885e）、法の命じる行動の指針がほんとうに市民のためになるということである。

（b）法（立法者）と前文が実際に行うことは、「教える」こと、つまり、市民たちにある論拠を示し、かれらが「学ぶ」ようにさせることと特徴づけられる（e.g. 718c8-d7, 720d3-6, 723a4-7, 857de and 888a2）。

（c）間違ってはいるが説得力のある論拠を、法が市民たちに示すべきだとプラトンが示唆することは決してない。前文がその結論すべてを導く徹底的な哲学的議論を提示することを私たちは期待することはできないが、プラトンは明らかに前文が正当な根拠を示すことを要求し、「ほとんど哲学しているのも同然の仕方で」議論を用いること（857d2）を推奨している。

この三点を十分に立証することによってボーボニッチは、プラトンが擁護する説得の本質に関する諸解釈者の主張をつぎのように反駁できると考えている。つまり（a）～（c）は、K・ポパー（そしておそらくL・ヴァーセニィ）に対しては、プラトンが「虚偽の宣伝」を用いているという彼らの想定を否定する決定的な証拠となる。また、G・モロゥとR・スタリーに対して、（a）～（c）は、プラトンが擁護しているのは理性的な説得の使用、すなわち、市民たちに対して真なる判断のための正当な論拠を与えることなのであって、単に感情的に効果的なレトリックを与えることではないということを示すというのである。

その後、ボーボニッチの議論は、彼が「理性的説得」と呼ぶものがはたして倫理的な知識を生み出しうるのかというアポリアーにおちいるのであるが、少なくともこの諸解釈者への批判の正当性は、かなりの程度まで認めざるをえないであろう。しかしいずれにせよ、ボーボニッチが「非理性的な説得」と呼ぶものの積極的な評価が不十分であることと、彼が「理性的な説得」と呼ぶものの真実性がいかに根拠づけられているのかということとが、問題として残されるであろう。私たちとしては、「自由人の医者」の比喩そのものに即して、いますこし「法の前文」によって示される説得の技法の本質的特徴について考えてみる必要がある。

まず第一に、「奴隷の医者助手」の方法が、劣った方法だという理由で全面的に排除されるわけではないことに注意しておこう。ことに時々刻々と変化する現実に対応して緊急の処置を必要とする場合、経験に基づいた戦略的行為が有効性をもつことは否定できないだろう。「奴隷の医者助手」の仕事が「病者を診療する主人の労苦を軽減」(720c8–d1)するとも言われていることに注意しなければならない。しかし、「奴隷の医者助手」が処置を施すのは、たいていの場合「奴隷の病者」に対してである。奴隷的精神をもつ人びとは、強制力をもってのみ支配する(奴隷的!)僭主に対して従順に屈服することだろう。「ただひたすら純然たる強制によって」(722c2)立法された「僭主的命令」(722e7–8)がこの方法に相当するわけだが、これはまさしく法の「本文」の果たすべき機能であって、この部分の存在を抜きにして法というものを語ることはできない。問題は、その法が命ずるロゴスそのものの真実性である。奴隷精神の持ち主は、その真実性をあえて疑おうとはしないだろう。しかし、市民たるものが真の自由精神の持ち主であることを求められていることは疑いえない。なぜなら、真の意味での「自由」は、立法が目標とすべき三つの基本原理のうちの一つだったからである。(18)

これに対して、「自由人の医者」の方法は、「奴隷の医者助手」の仕事になんらかの「説得」の手続きが加わるというような単純なものではない。引用文中（ⅰ）〜（ⅳ）のいずれの段階も、「奴隷の医者助手」のなしうる仕事ではないことに注意すべきである。たしかに「説得をもちいて」と明示的に語られているのは最終段階（ⅳ）だけであるが、プラトンにとって重要なのは、まさに「自由人の医者」の医療行為の全体であろう。したがって、「自由人の医者」に相当する立法者の立法行為には、そのすべての段階においてなんらかの説得の技法が展開されているのであり、法の前文はそうしたあらゆる説得の機能を綜合したものと見なければならない。立法者は、（ⅰ）立法の対象となる市民たちの魂のあり方をその根源から、自然本性に即して吟味し、（ⅱ）その人たち自身やその友人たちとの対話問答をかさねることによって、魂の卓越性について自らも学びつつ教え、（ⅲ）なんらかの仕方でかれらの納得がえられるまでは指示命令は下さず、（ⅳ）納得がえられてからも、説得をもちいて、たえず市民たちの魂を穏やかにさせながら、その魂の卓越性の形成や回復に努めるのである。

（ⅲ）の「指示命令」が法の制定を指すことは明らかであるが、ことに重要なのは、そこへ到るまでの（ⅰ）、（ⅱ）の段階である。第Ⅸ巻の刑法原論の冒頭（857c4–e1）においても、やはり第Ⅳ巻と同じ「自由人の医者」が、「自由人の病者」と対話問答をかわしながら（διαλεγόμενον）、「ほとんど哲学するのと同然のしかたでさまざまな議論をもちいて、病気をその始原から把握し、身体の本性全般にまで遡って論じる」さまが描かれている。(19) 刑罰を伴う法の制定に先立って、立法者は自由精神をもった市民たちと文字通りソクラテス的な対話問答をかわさねばならない。そのようにして市民たちが生の吟味を受けることは言うまでもないが、立法者自身もその対話問答によって何かを学び取らねばならないのである。そしてさらに、法が文書のなかに書きとめられてからも、それがあたかも永続的に批判吟味（ἔλεγχος）を受けつづけるかのように語られていることは注目に値する（X. 891a1–2）。『法律』の国家において自由な批判活動が禁じられているということは決してない。むしろ、自由な批判活動を前提とした対話問答が、説得の技法として市民教育のシステムのなかに体系的に位置づけられている。そして、立法者にとっても、その対話問答をつうじて批判勢力の立場や意見を自らの立法のうちにどれほど有効に取り込むことができるかが試金石となるのである。

さらに、ここで二種類の「前文」（プロオイミオン）が区別され、アテナイからの客人を中心とする三人の老人たちが法をめぐって第Ⅳ巻のここまで語り合ってきた『法律』の対話問答のすべてが、事実上新しい国制全体の一般的なプロオイミオンになっているとされていることは重要である（722c6–d2）。第Ⅰ巻において、対話法的行程をつうじて、魂の卓越性の綜合としての「全体的な徳」が立法の目的とされたこと。第Ⅱ巻において、その目的の実現のために、多くの人びとの魂の自然状態の哲学的人間学的な分析に基づいて教育の本質と目標が規定され、その具体的な方法として三つのコロスが組織されたこと。そして第Ⅲ巻において、国制の起源にかんする歴史的な考察を経て、「友愛」と「知性」と「自由」という国制の基本原理が析出されたこと。――こうしたすべての言説や対話的行為は、「音声に関わりをもついっさいの語りの形式に本来的にそなわっている一種の準備運動」だったのであり、そこでは、これから語られようとする法律全体のために役立つ組織的な手順への着手が、すでになされていたのである。[20]

そしてこの点は、のちに第Ⅶ巻（811c–812a）で『法律』のテクスト全体が、「若者たちが聞くのに最も満足すべき、最も適当な」学校教科書の手本として採用されることとも、あわせ考えられねばならない。次節以下で詳しくみるように、子供たちが教育の過程で受けいれるべき徳へ向けての説得の媒体は、けっして物語や合唱舞踏だけではない。かれらは、むろん十分な教育的配慮のもとにではあるが、立法者や詩人や若き無神論者たちを相手として語られる哲学的言論や対話問答をも受容することが求められるのである。そして、こうした市民教育のシステム全体において展開される説得の技法の目的は、「明らかに、立法者から法律を伝えられる相手側が、法律としてのその指示を、心をひらいて受け入れ、また心をひらいている分だけよりよく理解してくれるように」(723a4-5)というところにある。したがって、こうした説得の技法を十分に身につけた立法者のみが、市民たちを導いて、その魂の健全さを形成したり、守ったり、回復させたりすることができるのである。

しかし、ここで私たちはやはりつぎのような疑問を抱かざるをえない。第一に、ボーボニッチが言うように、プラトンが擁護しているのは理性的な説得の使用であるとしても、その説得内容の真実性を最終的に根拠づけるものは何であるか。立法者と市民たちとのあいだにかわされる対話的行為がそれであることは確かであるようにみえるが、その説得の技法としての正当性はいかにして保障されているのか。そもそも両者のあいだに有意味な対話問答は成立しうるのだろうか。また第二に、ここに描かれる説得は、市民たちの魂のなかに特別な感情的変化を生み出すことを、つまり、かれらの心をひらき穏やかにすることをめざしているようにみえるのであるが、これはひょっとすると、法の前文による説得が市民たちを御しやすく従順なものにすることを意味しているにすぎないのではないか。ことにいくつかの法の前文において重要な役割を果たすエポーデーは、ヴァーセニィの言うような「非理性的な説得」の技法であるかにみえる。はたしてそれは、人びとの情念にのみはたらきかける魔術的な呪詞・呪文にすぎないのだろうか。もしそうでないとすれば、その積極的な意義はどこにあるのだろうか。私たちは、まずこの問いを次節で追究し、しかるのちに第一の、対話的行為に関する問題へ向かうことにしよう。

三　エポーデー――コレイアーとミュートス

プラトンによるエポーデー（ἐπῳδή）およびその派生語の全用例は、おおむねつぎのように五つのタイプに分類できる。

(1) 本来の呪術的な営み――『饗宴』203a1：『国家』II. 364b7, IV. 426b1：『テアイテトス』149d1：『法律』X. 906b9, 909b4, XI. 933a2, d7.

(2) 群衆の魂を呪縛し麻痺させる弁論作家の技術――『エウテュデモス』289e5, 290a1：『ゴルギアス』483e6, 484a5：『パイドロス』267d1：『法律』XII.944b3.

(3) ソクラテスのエレンコス、あるいはそれに触発された対話的行為――『カルミデス』155b–158e, 175d–176b：『メノン』80a：『パイドン』77e8, 9, 78a1, 5：『国家』X. 608a3, 4：『テアイテトス』157c9：『第六書簡』323b6.

(4) 子供たちの魂を理へと導く合唱舞踏（コレイアー）の歌――『法律』II. 659e1, 664b4, 665c4, 666c6, 670e8, VII. 812c6.

(5) 説得の技法としてのミュートス——『パイドン』114d7：『法律』VI. 773d6, VIII. 837e6, X. 887d4, 903b1.

さて、これらのうち、『法律』の法の前文で重要な役割を果たしているのは、(5)の用例であるが、その意味を精確に比定するためには、他の用例によってエポーデーという言葉の奥行きを測っておく必要がある。(1)の用例は、ホメロス以前からギリシア人のあいだで負傷や病気の治療手段として用いられてきた魔術的な呪詞・呪文を直接的に意味するものである[21]。P・ライン＝エントラルゴはこれを特徴的ないし記述的用法と呼んで、説明的・解釈的な意図を込められた他の用法から区別している[22]。

この(1)の用法を弁論術に対して比喩的に適用した用例が(2)の場合である。法廷や民会などで群衆の感情をかきたてたり鎮静させたりして思い通りに動かす弁論術の効果を如実に示す表現である。ちなみにゴルギアスの『ヘレネ頌』に見られる以下の用例は、こうした弁論術の呪詞的作用を文字通り説得的に語っている。ヘレネがもし言葉によって説得されたためにあのような行為におよんだというのであれば、その責めを解くのは難しくないとゴルギアスは主張する。その根拠としてあげられるのが韻律をもつ詩の言葉と「入神の呪詞」(αἱ ἔνθεοι διὰ λόγων ἐπῳδαὶ) とである。「入神の呪詞は、快を導き苦を除去する。呪詞の力が魂の思いと一つになると、呪法によって魂を魅惑し説得し、また転換する[23]」。快楽をもって魂を呪縛し麻痺させる言葉のこうした非理性的な力をゴルギアスは是認する。なぜなら、大抵の人びとが「臆断を魂の顧問とし」ているかぎり、偽りの言葉による非理性的な説得は「魂の誘導[24]」の決定的な手段となるからである。ここで私たちは、聞き手の魂のうちにすでに「魂の思い」ないし「臆断」が内在していることに注意しておこう。説得は、たとえそれが表面的には聞き手の情念にはたらきかけるものにみえても、本質的にはかれの行為・行動を根拠づける「臆断」（ドクサ）を左右するものなのである。プラトンがこうした弁論術のあり方に批判的だったことは言うまでもない。彼は、弁論術が「魂の誘導」であることは認めるが、その説得の内容について、それが自他の臆断をこえたなんらかの真実を語るものでなくてはならないことを強調するのである。[25] こうした真実の裏付けをもたない説得を、私たちは「理性的」と呼ぶことはできない。

　しかしながら、そのような呪詞の使用は必ずしも情念や臆断にうったえかける非理性的な説得のみを目的とするものではない。注目すべきは呪術師（ἐπῳδός）としてのソクラテスの姿を描き出す(3)の用例である。『カルミデス』におけるエポーデーは、直接的には薬物による頭痛治療を補助する呪術的な手段を意味しているが、ソクラテスがその言葉に込めた真意は、それが魂の世話のために用いられて節制を生み出す美しい言論だというところにある。そしてその機能は、『テアイテトス』のソクラテスが「産婆術」の行使にさいして用いるエポーデーの場合と同様である。また『メノン』では、対話相手をアポリアーに追い込んで呪縛するソクラテスのエレンコスを、また『パイドン』では、死の恐怖を対話者の心の中から追い出すためにソクラテスが行う説得（ἀναπείθειν 77e4）の議論を指している。また『国家』では、それは詩の魅惑に抵抗する'counter—spell'として繰り返し自らに言い聞かせるべき哲学的言論である。[26] いずれにせよ、(3)の用例がソクラテス的な対話問答、あるいはそれに触発された対話的行為を指すことは明白であり、それは(2)の場合とは逆に、理知分別のはたらきそのものを強化して、それに情念や欲望を服せしめることを目的とする、理性的な説得である。[27] この場合、エポーデーという言葉の使用は、理性的な対話問答（とその反復）が、人びとの偽なる信念を排除する消極的な役割を負うだけではなく、魂を全体として真実へと誘い導き、変容させるという積極的な役割をも負うものであることを示唆している。

以上の用法を念頭に置いて、残された『法律』を中心とするエポーデーの用例について見てみよう。まず⑷の用例である。これらはいずれも、子供たちの魂が、法や法に説得された人たちと反対の快苦を感じる習慣を身につけることがないように、かれらの魂がまだ若くて柔軟なときに歌い踊らせるべき合唱舞踏（コレイアー）の歌を指している。この歌は、年齢別に組織された三つのコロスによって、めぐりくる祝祭を機にうたわれる。古代アテナイにおいて悲劇的コロスが果たしていた市民教育の機能を、プラトンは彼の祝祭のシステムのなかに最大限に生かしている[28]。この呪詞の、魂を鼓舞し変容させるディオニュソス的な力は、たしかに音楽の精神から生まれるのであって、それが身体感覚や魂の非ロゴス的部分にはたらきかけるかぎりにおいて、非理性的な説得の技法と解釈されるのも無理はないかもしれない。しかし、「神の操り人形」としての人間が、リズムとハルモニアーという音楽の秩序感覚を身につけることができるのは、「ロギスモス（理知分別）」の黄金の絃に吊り下げられているからである。プラトンにとって、ムゥシケーの本質は、音楽と詩の統合された根源状態にこそあり、しかもその音楽的な要素、すなわちリズムとハルモニアーは、ロゴスに従わねばならないのである[29]。したがって、エポーデーとしての歌にとっても、その決定的な要素はあくまでもうたわれることの内容（ロゴス）にこそある。

むろん子供たち自身にその内容を吟味する力はない。しかし、『法律』の立法者は、けっして強制的にその内容を「検閲」するわけではない。その内容を吟味するのは、市民たちのなかでも最も美しく最も有益な歌に関する最高権威と呼ばれる人びと、すなわちディオニュソスのコロスである[30]。彼らは『パイドン』（78a5）でソクラテスがそう呼ばれたように、若者たちを魅惑して徳へ向かわせるに十分な「呪術師」（ἐπῳδός）

とならねばならないのである。しかしそのためには、彼らは、私たちが本書第七章（二〇一頁）ですでに見た三つの認識条件をすべてそなえる必要があった（II. 670e7–671a1）。つまり彼らは、それぞれの似像について、それが①「何であり」、②「いかに正しく」、③「いかに良く」仕上げられているかを認識しなければならない。そしてそれは、第Ⅶ巻のムゥシケー関連法案のなかに明確にロゴス化されているように、「魂がさまざまな情態におかれるときになされる、いろいろな旋律によるミーメーシスの良し悪しを区別し、かつ善き魂の似姿と悪しき魂の似姿とを区別することができて、後者は排し、前者は公に示して歌い、若者たちの魂に呪文をかけて魅了し（ἐπᾴδειν）、かれらの一人ひとりがそれらのミーメーシスをつうじて共に導かれつつ、徳の獲得をめざしてつき従ってくるように呼びかけることができるため」なのである（VII. 812b9–c7）。若者たちの説得を可能にするこれらの認識条件が、彼らの真実についての知を要求し、したがってまたかれらの対話活動を必然化することは言うまでもないことだろう。

『法律』における魂への呪詞としての歌は、もちろん魂の訓育を、すなわち、魂の非ロゴス的な部分の習慣づけを目的とする。しかし、それはけっして真実の裏付けを欠いた虚構でも、魂の非ロゴス的な部分にのみはたらきかける非理性的な説得でもない。それは、年長の人びとが理知によって自分たち自身の魂を美しく秩序づけることによって、若者たちの魂にも、美しきもの、善きものへのエロースを喚起する理性的な説得の技法なのである。

さて、最後に(5)の用例である。これらのエポーデーの用例は、すべてなんらかの仕方でミュートスと関連づけられているところに特徴がある。

『パイドン』（114d7）の場合、それは魂の不死証明の後を受けて語られる「真の大地」のミュートスである。[31]

このミュートスには、語り手であるソクラテス自身が認めるように、非理性的な要因が含まれている。[32] はたしてこのミュートスはいかなる機能を果たしているのだろうか。私たちが注目すべきことは、「魂が不死なるものであること」が明らかになったという条件のもとで初めてこのミュートスが導入されている点である。[33] ソクラテスはたしかに、シミアスとケベスの反論をイデア原因説によって退け、魂の不死証明に成功したかに見えた。にもかかわらず、シミアスは語られた事柄について一抹の不安が残ることを隠そうとしない。そしてソクラテス自身も、イデア原因説の根本前提についてさえ、さらに明確な検討が必要であることを認めるのである。

これは、イデア原因説が「第二の航海法」(99c9–d1)だったことからも納得できる事実ではある。しかし、シミアスの不安がより直接的に示していることは、ソクラテスの対話問答そのものがもつ強制力に対する不安であろう。真なるロゴスの強制力にはたしかに従わざるをえない。しかし、多くの人びとを現実に動かしているものは、けっして真なるロゴスの力のみではない。たいていの場合、それはさまざまの情念や欲望に支配された偽りのロゴスである。[34] したがって、人間の能力のはかなさを悲観的に考えるとき、ひとはロゴスの強制力を認めつつも、なおもそこに一抹の不安を抱かざるをえない。そしてこの不安を取り除くためには、ロゴスそのものをさらに徹底的に強化していくことを求めるだけでは不十分である。それに加えて、人びとの魂の全体が真なるロゴスの命令に聴き従うように促すエポーデーが必要なのである。ソクラテスがここで「真の大地」のミュートスを語るのはまさにそうした説得のためである。魂が不死であることの根拠について不安を抱いてはいても、ひとはそのことによって魂への配慮を怠ることがあってはならない。ソクラテスはこのミュートスを物語ることによって、自己の生の吟味を片時も忘れてはならないと、人びとがくり返し自分自身に言い聞かせることを促しているのである。したがって、確かにこのミュートスは、感性――とくに魂の気概の部分――に訴えかけ、恐怖を払いのけ、危機に立ち向かう勇気を与えるために用意された呪詞である。[35] しかし、そのミュートスが力を発揮しうるのは、対話問答に基づく真なるロゴスがすでに明確な方向づけを与えているからにほかならないのである。

一方、残された『法律』での用例は、すべて法の前文に相当する部分にあらわれる。『法律』におけるエポーデーの最初の二つの用例（VI. 773d6, VIII. 837e6）は、「説得する」という動詞を直接修飾する分詞のかたちをとっている。そしていずれの場合も、その説得の媒体はいわば哲学的ミュートスであって、[36] その内容は、無抑制な快楽の追求を戒めて市民社会に不均衡が生じることを防ごうとするものである。前者は結婚に関して、また後者は性の問題に関して、法律で強制的に禁ずることのできない性質の事柄を、前者の場合は生まれのよい子供たちに向かって、また後者の場合はクレイニアスを、そして血気盛んな若者たちを相手に、可能なかぎり情理をつくして説得しようとするものである。

重要なのは、残りの二つの用例である。第X巻のエポーデーの二つの用例は、神々に対する不敬罪に関する刑法の前文に相当する長大な議論（885b–907d）のうちにおかれている。そのいずれもが神々について古くから語られてきた民衆知としてのミュートスになんらかのかたちで言及するものであるが、その語りのあり方はまったく異なっている。

前者（887d4）のミュートスは、幼子が乳母や母親たちから聞かされる神話物語のことを指している。少年たちのコロスにはまだ参加できない年齢の子供たちがその説得の対象であるが、ミュートスの機能そのものは、（4）のエポーデーとしての歌と基本的に同じと考えてよいだろう。生活世界の価値観を支える子守歌や昔話の説得的機能をプラトンは軽視してはいない[37]。そしてもちろん、ミュートスをつうじて何が語られるのかが問題となることは言うまでもない[38]。ただ、『法律』のプラトンは、「徳を目指してできるだけ立派につくられた物語」という『国家』(II. 378e2–3)の原則をこのミュートスに厳格に適用することは避けている[39]。むしろ、胎教や幼児期教育の中心的手段は、ミュートスから「舞踏と音楽を伴った運動」(VII. 790e3–4)による魂の動の秩序付けへと移動したのである。

しかし、若き無神論者たちがこうしたミュートスの語る内容を軽視することを、アテナイからの客人は許さない。なぜなら、かれらは、自分たちの立場を的確に説明することはいっさいせずに、立法者に対しては、

(p)「神々は存在しない」

(q)「存在するけれども、人間のことを気づかってはくれない」

(r)「神々は犠牲や祈願によって心を動かされる」

というかれらの考え方を反駁することを要求するからである(X. 887e–888a)。ただし、この事実は、ミュートスの内容が非理性的であることをも、またその語り方が非理性的な説得の技法であることをも、また逆に、そのミュートスの内容を受け入れないことが理性的であることをも意味しない。若き無神論者たちがそのミュートスを軽視するほんとうの理由は、「快楽をむさぼること」(888a4)、すなわち無抑制(いわゆるアクラシアー)と「きわめて厄介な無知の一種」(886b6)にあるのであって、「非理性的」と呼ばれるべきはかれ

らの魂のあり方のほうであることは明らかである。アテナイからの客人が、このあと若き無神論者のひとりと対話問答をするつもりで（ὡς ἐνὶ διαλεγόμενοι, 888a7）証明していく内容、すなわち神の存在は、その真実性においてこのミュートスの語る内容と矛盾するものではない。[40] むしろこのエポーデーとしてのミュートスは、この対話的行為によってその真実性を根拠づけられているのであって、この点においても（4）の場合と同様なのである。

さて、後者のエポーデーとしてのミュートス（903b1）が導入されるのは、まさにこの対話問答の一つ（（q）の論駁）がおこなわれた後である。

「さて、これでもうわれわれは、神々の無関心さを好んでとがめだてする者とは十分に対話問答してきた（διειλέχθαι）ように思う。……でもそれは、その者の言い分が間違っていることを、議論によって強制的に同意させている（βιάζεσθαι τοῖς λόγοις ὁμολογεῖν）だけのことだ。さらにその上に、何か呪詞としてのはたらきをするミュートス（ἐπῳδῶν ... μύθων）が必要だと思われる。……その若者をつぎのような議論によって説得することにしよう（Πείθωμεν ... τοῖς λόγοις）。」（903a7–b4）

このミュートスは、たしかに直前に語られた対話問答そのものからは明確に区別されている。けれどもそのことは、ミュートスの内容が非理性的であることを意味しない。若者はそのどちらをも受け入れることが求められている。[41] しかし、この若者は、対話問答の内容に自らすすんで同意することはできない。あくまでもロゴスの強制力によって同意させられているにすぎない。このことは、対話問答が、「自由人の医者」の比喩における（i）、（ii）の段階で語られているような、対話者の魂のあり方の吟味でもあったことを意味している。それゆえ、「呪詞としてのミュートス」は、そのような魂のあり方にふさわしい説得の技法として語られるのであって、それがかの比喩の（iii）の段階に対応することは明らかである。ライン＝エントラルゴは、「そのミュートスは、（聞き手の）心を動かすことによって、その人間の理性が――あるいはある人間の理性が――論理的に明白で反駁不可能な議論をもってしては証明できないことを、熱意と信念をもって受け入れさせる」と述べているが、[42] これは明らかに誤解である。むしろこの若者は、論理的に明白で反駁不可能な議論をもってしてもそのロゴスを受け入れようとはしないのである。この心理状態は、程度の差こそあれ、『パイドン』のシミアスの場合と同様である。そしてこの若者がそのロゴスを受け入れられない原因は、彼自身の心の頑なさにある。[43] アテナイからの客人は、そうした若者の魂のあり方を確認したうえで、呪詞としてのミュートスを説得の手段として用い、それをつうじて彼がそのロゴスを受け入れるように促しているのである。

じじつ、このミュートスの主旨は、神によって宇宙全体が秩序づけられているにもかかわらず、その一部である個々の魂がどのような性質のものになるかの責任は、一人ひとりの意志にあること（ταῖς βουλήσεσιν, 904c1）を語るところにある。このミュートスは、頑なで惨めな精神状態にあることを明らかにされたこの若者が、自らの魂のあり方をまさに自らの意志によって変容させるようにうったえかける。アクラシアーという精神の病いに陥っている者に対しては、真っ向からロゴスの強制力を突きつけるだけではかえって逆効果である。その魂のうちなる補助者にはたらきかけて、魂の全体に、ロゴスへの聴従を促す美しきもの、善きものへのエロースを喚起することが求められるのである。たしかに、だれでもが自己の生の吟味を望むわけでもなければ、またできるわけでもないであろう。しかし、少なくとも『法律』のプラトンは、「従ってそうすべきでもない[44]」とはけっして考えていない。対話問答が対話者の議論の放棄や無関心に終わっても、また、たとえそれがロゴスによる強制的な同意という結果になったとしても、プラトンはなお反駁を受け入れる用意のあることを表明するだけではなく[45]、真の納得がえられるまで可能な説得の技法を駆使して退転することがない。刑罰を伴った法による強制が加えられるのは、文字通り最後の手段であり、かの「自由人の医者」の比喩の、(ⅳ)の段階が示しているように、相手が自由精神の持ち主であるかぎりは、その執行そのものも説得をもって行われねばならないのである。

このように、プラトンにおけるエポーデーの全用例を概観してみると、それが、人びとの心のあり方をなんらかの仕方で変容させる契機を与えるものであることが明らかになる。そして、『法律』の(4)、(5)の用例においては、それは、幼子から老人に至るまでのすべての市民たちに対して、それぞれの魂のあり方に応じた仕方で、法が命ずる真なる理を、自らの魂の内なる「ロギスモス(理知分別)」として、自発的に歓びをもって内面化していくことを促す説得の技法である。そして、こうした市民教育の基本的な考え方は、第Ⅰ巻における人間の魂の自然状態の哲学的人間学的分析においてすでに明らかにされていたのだった[46]。魂のうちなる「黄金でつくられた神聖な紘」は、美しくしなやかではあっても、穏やかなもので強制的な力をもつものではない。このロギスモスの紘の引く力を強化するためには、他のさまざまな情念の紘が補助者としてこれに付き従い、そこから離れない状態をつくり出さなくてはならない。そのプロセスにおいて、「ロギスモス」による善悪の判断は、そのひと自身の魂全体による判断としてしだいに強化され、深められていくのである。

しかし、それはけっして立法者によるパターナリスティックな理の強制であってはならない。この場合、

「ロギスモス」による判断そのものの真実性を深めていくものは、そのひと自身の対話的行為でなければならないだろう。じじつ、少なくともエポーデーとしてのミュートスが語られるときには、すでに聞き手の魂のうちに、あらかじめ対話問答をつうじて真なる信念が呼び覚まされ、さまざまな信念の間の葛藤状態が立ち現れているにちがいない。だからこそエポーデーは、それをはたらきかけられる者の魂のあり方にふさわしい形式や内容をもって、それぞれの魂のうちにすでに内在していた真なる信念のさらなる強化を補助することが期待されうるのである。

このように考えると、『法律』の国家においてその社会的な合意の最終的な基盤となっているのは、対話的行為であることは明らかである。だがしかし、この対話的行為そのものの、説得の技法としての正当性はいかにして根拠づけられているのだろうか。私たちは、最後に、第X巻において立法者による若き無神論者との対話問答が導入される状況を再確認することによって、この問題を考察することにしよう。

四　ディアロゴス——若き無神論者との対話

さて一般に、対話的行為が社会的な合意形成の基盤として備えるべき基礎的な条件とは、いかなるものであろうか。まず第一に、対話問答の意図が公に示されていなければならない。立法者の意図が最終的には立法行為にある以上、利害関係にある対話者——立法者自身をも含めてその法に服すべきすべての市民たち——は、その立法者の意図を十分に認識している必要がある。第二に、自由な批判活動を許容する対等の関係性が存在しなければならない。対話の過程において、ロゴスの真実性以外のいかなる強制力がはたらくことも、可能なかぎり避けられるべきである。また第三に、対話問答そのものが十分な真理性を確保されていなければならない。これが何よりも重要な条件であることは言をまたないであろうが、そこに、人間は誰しも間違いうるという可謬性の条件も付加されるべきことを忘れてはならない。そして第四に、対話問答の帰結を現実に立法へと適用するさいの公正さが約束されねばならない。立法者の側の誤りが明らかになれば、ただちにそれは改められねばならないのはもちろんだが、とくに自分自身の意図とは逆の結論に同意せざるをえなくなった法服従主体としての対話者に対しては、真の納得がえられるまで可能なかぎり説得が行われる必要があるだろう。そしてこれらの条件は、対話者相互の好意と信頼によって特徴づけられる「対話的関係」(47)をとりむすぶための前提条件でもあって、真に理性的な説得はこの条件のもとにでしか成立しえないであろう(48)。

はたして、『法律』第X巻における若き無神論者との対話は、このような条件を満たしているのだろうか。この若者たちの考え方は、アテナイからの客人の立法の基本原理に真っ向から対立するものと思われるので、この問題を考えるのに最もふさわしい対話状況といえるだろう。

「不敬罪に関する法律」とその前文（885b–910d）は、つぎのような手順で展開される。

（A）予備的考察（885b–887c）

（B）法の前文

①神々が存在しないという見解（=（p））の論駁（887c–899d）

②神々が人間に対して無関心であるという見解（=（q））の論駁（899d–905d）

③神々が買収できるという見解（＝（r））の論駁（905d–907d）

（C）不敬罪に関する法律（907d–910d）

この立法の過程を、かの「自由人の医者」の治療行為の比喩と照合してみれば、議論の全体が、いわば立法行為の雛形として、きわめて周到な意図のもとに構築されていることは明らかであるように思われる。

まず（A）の予備的考察において、立法者は、自らすすんで不敬行為を行う者に対して、かれらが（p）、（q）、（r）のいずれかの誤った考え方に陥っているという主旨の勧告を行う（885b4–9）。この勧告は、「不敬罪に関する法律」を制定しようとする立法者の意図を明らかにするものであると同時に、対話問答の論点を提示するものでもある。そしてこの勧告に対して若者たち——むろんその役はアテナイからの客人によって演じられるのであるが——は、自分たちの考えの誤りを十分な証拠をあげて「説得し教える」（πείθειν καὶ διδάσκειν）よう要求する（885c5–e6）。彼らのこの挑戦的な態度は、自由な批判活動が許容されていることの何よりの証しである。少なくとも表面的には彼らは自由精神の持ち主である。「自由人の病者」であるかれらは、「自由人の医者」との対話問答を積極的に求めるのである。すぐさまクレイニアスは、宇宙全体の秩序性など伝統的な宗教観に基づくいくつかの事実を神々の存在の証拠としてあげるのだが（885e7–886a5）、アテナイからの客人は、それらの証拠がまったく効力をもたないことを明らかにする。なぜなら、彼の診断によれば、若き無神論者たちが伝統的な価値規範を、多くの人びとのように表面的にすら守れないのは、前述のように、快楽や欲望にうち克つことができない（いわゆるアクラシアーの）ためばかりではない。彼らがそのような考え方（（p）、（q）、（r））に陥っているほんとうの理由は、きわめて厄介な無知（ἀμαθία）の一種にこそあるからである。それは、最高の知恵と思いなされているためにまず若者たちの心をとらえるのであるが、やがては国家全体のもろもろの禍の原因となる或る特定の思潮――自然学的無神論――であることが露呈する（886a6–e3）。

ここで私たちは、この診断が、若き無神論者たちの魂のあり方をその根源から自然本性に即して明らかにするものであることに注意しよう（「自由人の医者」の比喩の（i）の段階）。こうした無知とアクラシアーの共犯関係は、プラトンにとって最も強く断罪されるべき犯罪の原因であった(49)。しかし、彼らの犯罪行為を法の強制力によってのみ取り締まることは、彼らの魂からその犯罪の原因をほんとうの意味で取り除くことにはならない(50)。つまり、彼らが説明を求めている事柄については、単なる事実の列挙によってではなく、その特定の思潮に対抗する哲学的言論によって適切な証明を与えること（ἀποδείξαιμεν μετρίως τοῖς λόγοις）が要請されるのである（886e7–887c5）。ちなみに、「いわば誰かがわれわれを不敬虔な人たちの前で告発したかのようなつもりで、これに弁明することにしよう」（886e8–9）というアテナイからの客人の言葉は、立法者の側に過重な立証責任を負わせることによって、可能なかぎり対等な関係のなかで対話問答を成立させようとするプラトンの意図の現れと見てよいだろう。

ところで、この弁明が果たされるのは、対話問答による（p）、（q）、（r）の「論駁」（比喩の（ii）の段階）においてであることは言うまでもない(51)。そしてその証明が完了するのは明らかに法の前文がすべて語り終えられたときである(52)。重要なことは、（p）、（q）、（r）を反駁するこの議論が、「不敬罪に関する法律」のみならず、「この法律全体のために最も美しく、最も善き前文」（ὑπὲρ ἁπάντων τῶν νόμων κάλλιστόν τε καὶ ἄριστον προοίμιον）となるだろうとされていることである（887b8–c2）。（p）、（q）、（r）を反駁するということは、まさに神々の存在とその本性の善と正義とを証明することである。そしてこのことは、立法者自身にとっても、国制の最高原理を再確認し、これを哲学的に根拠づけるという計り知れない意義をもつことであろう。つまりこの対話的行為は、「自由人の医者」の比喩の（ii）の段階に示唆されていたように、若き無神論者に対して彼らの考えが間違っていることを教えるだけではなく、彼らの批判的な立場から立法者自身が可能なかぎり多くを学びつつ、これを国制の原理のうちに批判的に取り込むことをも可能にするのである。

ただ注意すべきことは、この「論駁」の対話問答が、実際に若き無神論者たちを相手に行われるのではなく、アテナイからの客人の自問自答にクレイニアスが加わるという形式で行われるということである。これはいかにも不公正な印象を与えるかもしれない。しかし、この措置には二つの利点がある。第一に、理想的な対話状況を設定できること。少なくとも対話者の若さにつけこんで情念や偏見にはたらきかける非理性的な説得は不可能になる[53]。そして第二に、対話問答を最後までやり抜くことができること。アテナイからの客人自らも認めるように、この議論は「騙されやすい議論」（892d2）である。このような議論に不慣れな老人はついていけないかもしれないし、若者たちは自分の意に添わない帰結を受け入れざるをえなくなる前に対話を破綻させてしまうかもしれない。したがって、この問答形式は、対話問答そのものの真理性を確保するために必要な手段だったのである。

また内容的に見て、とくに自然学的無神論に対する論駁（①）は、万有の生成の原因を「自分で自分を動かすことのできる動」と規定することによって、自然学的無神論の自然分析そのものを徹底化するだけでなく、じつはその諸原理をさらに遡った無仮設の始原（アルケー）にまで到達させようとするものである。まさにそれは知性（ヌゥス）を助けにえた魂としての神なのであって、宇宙万有の生成のみならず、人間個人の魂のあり方（そしてもちろん国家のあり方）をも根拠づける究極の原因なのである（896e8–897b6）。この探究はあきらかにディアレクティケー（哲学的対話法）の実践を例証するものであり、その限りにおいて対話的行為としての真理性は最大限に確保されていると見てよいだろう。[54]じじつ対立点は、宇宙万有の秩序性を認めるかどうか、そして究極のアルケーを作用力そのものにまで純化できるかどうかというところにまで明確化されていて、[55]対話者は最終的に、この論駁の間違いを逆に教示するか、その帰結を受け入れて残りの人生を神々を信じながら生きるかの選択を迫られるのである（899c2–d3）。そしてもちろんここにおいても、対話者は反駁の機会を与えられているのであって、対話的行為を合意形成の基盤とするための公正さも十分に守られていると言わなければならない。

またさらに、重要なことは、（q）の論駁（②）とその後に語られる呪詞としてのミュートスとの関係である。無関心は悪徳であるが、神は善なる本性をもつがゆえに、人間のような小さなものにも無関心であるわけはない、というのがこの論駁の主旨である。ところが、この若者は、不正な人間が幸運にめぐまれているにすぎないのを幸福であると思いなしているために、この論駁の帰結を自らすすんで受け入れることができない。つまりかれは自然学的無神論という無知を克服できたとしても、その魂がアクラシアー状態にあるために、幸福が自己の魂のうちなる卓越性によってもたらされるというロゴスを魂の全体によってまさに心から受け入れることができない。したがって、たとえ論駁を受けたとしても、神が人間に無関心であるという誤った信念を捨て去ることができないのである。

しかし立法者は、この若者に対してただちに刑法を適用したりはしない。なんらかの仕方で納得がえられるまで、彼は指示命令を下すことはしないのである（比喩の（iii）の段階）。それゆえ、ここで語られるミュートスは、すでに前節で見たように、魂のうちにすでに内在している真なる信念を強化するべく、美しきもの、善きものに対するエロースを喚起するための説得の技法である。それはけっして情念にのみはたらきかけて理知分別のはたらきを眠らせる非理性的な説得ではなく、まさに論駁において証明されたロゴスを受け入れるよう、魂の全体にはたらきかける真の意味で理性的な説得である。なぜなら、対話者がこころから神を畏れ、不敬行為を憎む者になるためには、神の本質についての論駁を理知分別（ロギスモス）によって十分に理解するだけでなく、そのロギスモスの黄金でできた紘の引く力を他のもろもろの情念の紘が補助するよう、魂の全体が変容されねばならないからである。このことは、じつは『法律』の国家における社会的合意形成の目的でもあるのである。

またこのように考えれば、（C）における実際の法の制定と適用（比喩の（iv）の段階）は、（p）、（q）、（r）の論駁という対話的行為によって周到に根拠づけられていることが理解されるであろう。そして、いよいよ法による強制、すなわち刑罰が執行されるにさいしても、相手が対話的関係をもちうる者であるかぎりは[56]、五年以上もの長期間にわたって「夜の会議」のメンバーたちによる説得が継続されるのである（908e6–909d2）。かくして、対話問答の帰結を現実に立法へと適用するさいの公正さは、このような仕方で十分に約束されているといえよう。

以上の考察によってもちろん、『法律』の基本構想が社会的な合意の基礎理論そのものとして提示されているということが主張できるわけではない。しかし、若き無神論者との対話において、対話的行為が社会的な合意形成の基盤として備えるべき基礎的条件が、かなりの程度満たされているとみることはできるであろう。

一方、すでに見たように、『法律』において語られた対話的行為の全体は、学校用教科書の手本とされ、子供たちによってくり返し研究されるべき最も基本的なテクストなのだった。そのことは、国制の基本原理や社会構造のあり方や立法の具体的な手続きがことごとく公に示されていることを意味している。これは、対話的行為に根拠づけられた立法行為をいわば日常化することによって、社会的な合意を日々新たに形成しようとすることでもあるだろう。

このように、市民教育の過程でさまざまな説得の技法が果たす役割はきわめて大きい。プロオイミオン、コレイアーとミュートス、そしてディアロゴスは、そうした説得の技法として、『法律』の国制の不可欠の部分である。それらはむろんなんらかの虚構であることに違いはない。しかし、それらはまたなんらかの対話的行為に根拠づけられた「有益な偽り」（II. 663d9）であるという宣言のもとに語られるのであって、そのような仕方で立法者の意図はすべての市民たちに開かれている。こうしたいっさいの意味をこめて、『法律』の全テクストは、最も美しく、最も善き生のミーメーシスとして構成された「最も真実な悲劇」とも呼ばれるのである（VII. 817b4–6）。

このようにして、プラトンは、ソクラテスの対話活動の意義を可能なかぎり普遍化する道を拓いたのである。

註

（1）伝統的なアテナイ法には、法の前文は存在しなかった。プラトンのこの新機軸の歴史的な意義については、cf. Morrow（1960 b）, 55–6.

（2）Cf.『国家』IV. 425c10–e7 ;『政治家』294a–c, 295a.

（3）IX. 874e–875d.「次善の策」としての法治主義の提案そのものは、すでに『政治家』（297b–e）においてなされている。

（4）Silverthorne（1975）, 10.

（5）Cf. IV. 723a3–4. アリストテレス（『弁論術』III. 14, 1415a8 sqq.）は、法廷弁論の序論にそうした心理的効果をみている。

（6）Cf. Morrow（1953）, 242.

（7）Cf.『パイドロス』271b.

（8）たとえば、隣人同士のけちくさい境界争いを戒める「農業関係法の前文」（VIII. 842e6 sqq.）のいかめしい文体、「故意による殺人罪に関する刑法の前文」（IX. 870d7 sqq.）の宗教的な雰囲気、「傷害罪に関する刑法の前文」（874e7 sqq.）における哲学的言論のひとの心を打つ誠実さ、「不敬罪に関する刑法の前文」（X. 888a7 sqq.）の暴慢な若者に対するパターナリスティックな調子と神学的議論の真摯な内容との対比、死を前にした老市民たちに対して語られる「遺言法の前文」（XI. 923a2 sqq.）の噛んで含めるような文体、「軍事法規の前文」（XII. 942a5 sqq.）の陳腐な弁論的文体等々。なお、『法律』における法の前文の全リストは、本書付表『法律』の全体構造（四〇〇頁以下）を参照。

（9）Popper（1950）, 139, 270 n.5 and perhaps Versényi（1961）, 69–70.

（10）Morrow（1953）, 243–4 and Stalley（1983）, 43. また廣川（2005）は、「忠告」としての哲学というより広い視野のもとに、『法律』における法の前文の機能が「説得すべきことがらを一般に規則・原則のかたちで端的に指示・命令する」ところにあるということを、説得的に論じている。

（11）Bobonich（1991）, 369, 387 and（2002）, 97–106.

（12）朴（1999), 98, 108.

（13）Cf. Klosko（1993), 46 and Fine（1999), 31.

（14）England（1921), *ad loc.*

（15）ここで『ゴルギアス』（463b, 465a）における技術と経験の峻別が想起されるべきであることは言うまでもない。しかし後に見るように、『法律』における「自由人の医者」は、医療にかんする技術知のみならず、病者を励まして自らの治療方針を受け入れさせるための説得の技法をも身につけていなければならない。この点にJouanna（1978, 87–91）は、『ゴルギアス』から『法律』に至るプラトンの医術概念の「発展」を見て、そこにヒッポクラテス学派からの影響を推定している。

（16）『政治家』（296b1–c3）においては、エレアからの客人が、同様の「技術を正しく身につけた医者」の比喩を用いて、説得ぬきのすぐれた法の強制を是認していたことに注意。『法律』におけるアテナイからの客人との観点の相違は明白である。

（17）Cf. Bobonich（1991), 373 et（2002), 104.

（18）Cf. III. 693d2 sqq.

（19）この個所の詳しい分析については、本書第九章第一節（A）を参照。

（20）Cf. IV. 722d3–6.

（21）『オデュッセイア』（XIX. 457）において、アウトリュコスの息子たちがオデュッセウスの傷を治療したときに唱えた「まじないの呪文」（ἐπαοιδῇ）を参照。

（22）Laín-Entralgo（1948), 299. ただし、五つのタイプへの分類は筆者による。また、より広い「魔術」（γοής）の概念の歴史とそのなかにおけるプラトンの用例の特別な地位については、Burkert（1962）を参照。

（23）『ソクラテス以前哲学者断片集』第八二章　ゴルギアス「断片」B一一（一〇）。邦訳は岩波版（小池澄夫訳）に準拠。

（24）Cf. *ψυχαγωγία*『パイドロス』261a8.

(25)『パイドロス』259e sqq.

(26) Cf. Halliwell (1988), *ad loc.* なお、『クリトン』(54d) のソクラテスをとらえた「コリュバスたちの笛の音」もこのエポーデーと同類のものとみてまちがいないだろう。

(27)「そういったおそれをいだくひとりの子供がわたしたちの心のなかにいる」というケベスの言葉に注意(『パイドン』77e5)。

(28) Cf. Goldhill (1997), 67. 詳しくは本書第七章を見よ。

(29)『国家』IV. 398cd,『法律』II. 669de および本書第七章第三節2参照。

(30) ただし、冷静な護法官たちが彼らの対話活動を指揮・指導することはもちろんである (cf. II. 671d5–8)。なお、ディオニュソスのコロスの哲学的意義とその認識条件については、本書第七章第三節を参照されたい。

(31) このミュートスの呪術的機能については、Boyancé (1972, 155–165) の考察が参考になる。

(32)『パイドン』114d1–2.

(33)『パイドン』114d2–7.

(34)『プロタゴラス』におけるアクラシアー批判がこの点を明確に示している。詳しくは、本書第二章を参照されたい。

(35) Cf. Boyancé (1972), 156.

(36) Cf. VI. 773b4, VIII. 840c1, 841c6. これらのミュートスはいわゆる神話的な物語ではないことに注意。プラトンが用いるミュートスのこうした「派生的用法」の分析については、Brisson (1998), 128 sqq. の分類が参考になる。

(37) Cf.『国家』II. 377b11–c5.

(38) Cf.『国家』II. 377c6–378e3 :『法律』X. 886b9–c6.

(39) Cf. 886c6–d2.

(40) この対話問答については次節で詳しく扱う。

(41) エレンコスとエポーデーを「根本的に異なる」ものとみる Belfiore (1980, 134) の見方は一面的である。また、エレンコスの危険性 (cf.『国家』VII. 538d–539d) を強く受けとめすぎると、ソクラテス的な対話問答法の意義を狭く限定してしまうことになりかねない。『法律』における説得の技法としてのエレンコスの位置づけについては、次節を参照。

(42) Laín-Entralgo (1958), 308.

(43)「強情なる者」(903c1) という呼びかけに注意。

(44) 朴 (1999), 107.

(45) Cf. 899c6.

(46)「神の操り人形」の比喩 (I. 644d–645b)。この比喩の全体的な解釈については、本書第四章を参照されたい。

(47) Cf. Klosko (1993), 40.

(48) 刑法犯である若き無神論者との対話は、後に「夜の会議」の任務として規定される。なお、以上のような、対話的行為が社会的な合意形成の基盤としてそなえるべき基礎的な条件については、本書第十章において、「法の支配」の普遍的な正当化の可能性の問題との関連でより詳しく扱われる。

(49) この無知とアクラシアーの共犯関係に関する刑罰論的観点からの徹底的な究明は、本書第九章を参照されたい。

(50) この点は、『ソピステス』(226b–231b) における「魂の浄化」の方法に関する分割法的考察において、「何ごとかを実際には知らないのに、知っていると思いこむ」ところの〈無智〉(ἀμαθία) を取り除く方法が「論駁」(ἔλεγχος) とされていたことにちょうど対応している。本書第九章第二節（特に二七二頁）参照。

(51) ① 893b1–899d3, ② 900d5–903a9, ③ 905d8–907b4.

(52)「十分に論証された」(ἱκανῶς ἀποδεδεῖχθαι 907b7) という表現に注意。

(53) じじつ、論駁に先立つ勧告や、呪詞としてのミュートスにおいては、「息子よ」(ὦ παῖ) というまさにパターナリスティックな呼びかけがなされていることに注意 (888a8, 904e4)。

(54) *Pace* Versényi (1961), 74.

(55) Cf. 藤澤 (1980), 146–203. また、藤澤 (2014), 310 sqq. をも参照。

(56)「野獣のような者」(909a8) とはもはや対話関係を結ぶことができない。

第九章　魂の治癒教育

はじめに

「だれも本意から不正をおかすひとはいない」というソクラテスの主張――いわゆるソクラテスのパラドクス――は、人間の魂の善きあり方を知識と結びつけようとするものである。善悪の知を完全に身につけた人間は、けっして不正をおかすことはない。ひとが不正をおかすのは、それが悪であることをほんとうの意味で知ってはいないからなのだ。こうしたソクラテスの最も基本的な立場を、プラトンが終生、堅持しつづけたということはまぎれもない事実である(1)。そしてこの立場が、「知性」をこそ立法の究極の始原とみなす『法律』の政治哲学を根底から支えるべき立場でもあることは、当然だと考えられてよいであろう。

さて、この立場が多くの人びとによって反常識（パラドクス）的な立場と見られたこともまた事実である。そしてこの立場は、政治的現実に対処すべき刑法論の視点から見られた場合、そのパラドクス性がより明確になる。なぜなら、「故意による犯罪」と「故意によらない犯罪」とを区別して、前者にはより重い刑罰を科すべきだと考える刑法上の通念が、この立場と真っ向から対立するように見えるからである。『法律』第Ⅸ巻において、プラトンが犯罪の諸原因を分析するにさいして、このソクラテスのパラドクスのパラドクス性を可能なかぎり解消しようとするのはそのためである。

ところが、このとき議論全体はソクラテスのパラドクスを出発点としているにもかかわらず、不正の原因とされる快楽と激情が、無知から明確に区別されているようにみえる（863a–d）。もしもここで、激情や快楽への敗北——いわゆるアクラシアー——がいかなる無知をも含意しないのだとするならば、いわゆるアクラシアーが「最大の無知」（ἀμαθία ἡ μεγίστη）にほかならないと断定した初期対話篇『プロタゴラス』（357b–e）のソクラテスの立場は、明らかに変更を余儀なくされていることになるだろう。(2)

私たちはすでに、本書の第二章において、プラトンが『プロタゴラス』で提起した快楽と善、知識と行為の関係についての問題が、中期対話篇『国家』では国制論という大きな枠組のなかで捉え直され、これによってソクラテスの知性主義的な立場に、新たな視点から強固な基盤が与えられていることを明らかにした。そしてさらに、第四章においては、その立場に基づくプラトンの哲学的人間学が、『法律』の政治哲学を根底から基礎づけていることを見た。いわゆるアクラシアーの克服によって、人びとが自己自身を支配できる真の意味での自由な人間となることをめざすように配慮するのが、政治術の仕事だったのである。はたして、このような『法律』の立法の基本精神は、第Ⅸ巻の刑法規定の中にどのように生かされているのだろうか。

そこで本章においては、上記の犯罪の原因分析を含む『法律』の刑法原論（IX. 857b–864c）に焦点を絞り、そこに見出される無知とアクラシアー、犯罪の故意性をめぐるさまざまな問題点を析出する（第一節）。つぎに、それらの問題を解明する手がかりを、悪徳と無知に関するプラトン後期の哲学的対話法の行程のうちに探る（第二節）。そして、とくにここ刑法原論において、無知とアクラシアーがいかなる意味で対比されているのかという問題を中心に、犯罪の原因としての「無知」の諸相について考察する（第三節）。そして、故意による犯罪の種々の可能性とその裁きのあり方とがどのように説明されるかを確認した上で、『法律』のきわめて精緻な刑罰理論の原理的な出発点がソクラテスのパラドクスにおかれていることの意味を、魂の治癒教育がもつ普遍的な意味との関連において考えてみたい（第四節）。

これによって、私たちは、「魂への配慮」を勧告するソクラテスの哲学が、プラトンの哲学的対話法の行程をつうじて、プラトン最晩年の政治哲学をも根底から支えており、それが可能なかぎり現実的・具体的な政治実践に結びつけられていることを見ることができるであろう。

一　刑法原論

『法律』の国家マグネシアは、立派な組織のもとに運営され、徳の実践に好ましいあらゆる条件を備えた国家として構想されている。アテナイからの客人に言わせれば、そのような国家にあって「裁き」（δίκαι）に関する法律を定めること自体、それが犯罪の抑止を目的とするのであれ、応報を目的とするのであれ、恥ずべきことである（853bc）。しかし、人間というものは、往々にしてかつて身につけた養育を失いがちである。アテナイからの客人は、そうした人間本性の弱さに警戒の目を向けながら、市民の生命や国家の存立をおびやかす可能性をもつ最も重大な事件（τὰ μέγιστα）については、刑法を規定しようとする。以下に分析する刑法原論は、多くの人びとの間の異論と立法者たちの間の異論とをつき合わせることによって、市民教育の媒体でもある国制全体に可能なかぎり整合性を築きあげようとする、哲学的対話法の試みである。(3)議論の全体は以下のように展開する。

（A）「自由人の医者」の比喩（857b9–859c5）
（B）アポリアーとその解決方針の提示（859c6–861d9）
（C）第一の立論
　（1）不正と加害行為の区別（861e1–862b6）
　（2）損害の賠償と不正の治療（862b6–863a2）
（D）クレイニアスの要請（863a3–6）
（E）第二の立論
　（1）犯罪の原因の分析（863a7–d5）
　（2）三種類の原因の対比と統合（863d6–e4）
　（3）「正」「不正」の定義（863e5–864a8）
　（4）犯罪をひきおこす三種類の原因のまとめ（864a8–b9）

本節においては、まずこの刑法原論の議論全体を順次追うことによって、いくつかの問題点を析出することにしよう。

（A）「自由人の医者」の比喩（857b9–859c5）

さて、アテナイからの客人は、第Ⅳ巻において「法の前文」の必要を主張したときと同じ理由で、法律制定の仕事がこれまでけっして正しい仕方では行われていなかったということを、ここでもくり返し指摘する。そして、これも第Ⅳ巻のばあい（720a–e）と同じように、「自由人の医者」の比喩をふたたび導入することによって、真の立法者のなすべき課題を明らかにしようとする。

「われわれは以前、現在法律を与えられている側の人たちすべてを、奴隷〔の医者助手〕によって治療を受けている奴隷たちに擬《なぞら》えたのだが、その擬え方は悪くはなかった。というのも、以下のような点によく留意しなくてはならないからなのだ。つまり、いまかりに、理を欠いた諸々の経験によって医術に携わっている医者たちのうちの誰かが、何かの折に、自由人の医者が自由人の病者と語り合っているところ（διαλεγόμενον）に行き合ったとしてみよう。そしてこの自由人の医者はそのとき、ほとんど哲学するのと同然のしかたでさまざまな言論をもちいて（τοῦ φιλοσοφεῖν ἐγγὺς χρώμενον μὲν τοῖς λόγοις）、病気をその始原から把握し、身体の本性全般にまで遡って論じているのだ（ἐξ ἀρχῆς τε ἁπτόμενον τοῦ νοσήματος, περὶ φύσεως πάσης ἐπανιόντα τῆς τῶν σωμάτων）。すると、先の奴隷の医者の方は、たちまち大声を上げて笑い出すことだろう。そして彼がそのときに語る言葉は、いわゆる「医者」と呼ばれている者の大多数が、このようなことに関していつもすぐに口に出しそうな言葉以外のものではないだろう。つまり彼はこういうわけだ。『なんてとんでもないお方なのだ。あなたは患者を治療しないで、教育しているようなもの。まるで相手が願っているのは、健康になることではなくて、医者になることであるかのようにね』。」（強調筆者 857c4–e1）

法的権威の強制力に無批判に服従するだけの市民たちが、奴隷的存在であることは言うまでもない。しかし、ここで私たちが注意すべきことは、理を欠いた諸々の経験によって法律を制定する立法者たち自身が奴隷の医者助手に擬えられることによって、やはり奴隷的存在だとされていることである。法的権威の強制は、もしも立法者の側に立法の究極目的である「知性」への眼差しが欠如し、そしてまた理性的な説得に基づく市民たちのあいだの合意が欠如しているならば、その国家にけっして真の意味での「自由」を実現することにはならない。すでに本書第八章においても見たように、刑罰を伴う法律の制定に先立って、自由精神をもった立法者は、自由精神をもった市民たちと文字どおりソクラテス的な対話問答をかわさねばならない。そしてそのさい立法者は、「ほとんど哲学するのと同然のしかたで」さまざまな対話法的言論を用いて、犯罪をその始原から把握し、魂の本性全般にまで遡って論じなければならないであろう。そのようにして市民たちがその生の吟味を受けることは言うまでもないが、立法者自身もその対話問答をつうじて何かを学び取らねばならない。したがって、真の立法者の課題は、立法をつうじて「市民たちを教育する」（παιδεύει τοὺς πολίτας, 857e4–5）ことにあるのである。

そこで、対話者たちは、自分たち自身が国制全般について吟味する者となって、「最低限必要なこと」よりも「最善のこと」を実現させる方法を見きわめようとする（857e10–858a3）。以下に提示されるアポリアーとその解決の試みは、「美しいこと」「善いこと」「正しいこと」について、それらがどのようなことであり、また幸福になろうとする者がそれらのことをどのように実践すべきであるかを教え、忠告しようとする立法者の対話法的言論なのである（858d6–9）。

（B）アポリアーとその解決方針の提示（859c6–861d9）

さて、多くの人びとの間では、ほんらいは同一のことであるべき「正しいこと」と「美しい（立派な）こと」とがすっかり切り離されて、不整合な語り方がなされている（860c1–3）。ところが、それは一般の立法者たちの間のアポリアーを反映しているにすぎない。なぜなら、たとえば死刑について、たしかにそれが刑罰としては「正しい」ものであっても、受苦であるかぎりは「醜い」ということを立法者たち自身も認めているからである。(4) このアポリアーから抜け出すためには、「正しいこと」が本質的に何を意味し、また刑罰というものがそれを受ける者にとってなぜ「美しいこと」なのかを明らかにしなければならないであろう。そこでアテナイからの客人は、まさにこのことに関して、(5) 立法者たちの間でどの程度まで整合性のあることが語られているのかを吟味しようとする。

考察の出発点におかれるのは、いわゆるソクラテスのパラドクスである。もしもこれが「故意による犯罪」の可能性を否定するものであるとするなら、ソクラテス的な知性主義の立場を堅持しようとするアテナイからの客人たちにとって、それが「正しいこと」に関する最大のアポリアーとなることは明白だからである。「万人にとって不正をおかすことは不本意なことである」（860d9）という命題を是認しなければならないのならば、「人びとが不正な者であるのは不本意（ἄκοντας）なことだが、本意から（故意に ἑκόντας）不正をなす者は多い」と主張するような妥協的な立場にたつことは認められない。次のようなアポリアーが提示されるのは、ソクラテスのパラドクスを堅持しながら、一般の立法者たちも承認しうる刑法を制定する道を探るためなのである。

（a）「故意による犯罪ないし不正行為」（ἑκουσίων ἁμαρτημάτων τε καὶ ἀδικημάτων）[6]と「故意によらないそれ」とを区別し、前者により重い刑罰を科すのか、

それとも、

（b）「故意による犯罪／本意からの不正行為」（ἀδικημάτων … ἑκουσίων）[7]というもの自体の存在を認めずに、すべての犯罪を同列に扱うのか。（860e7–861a2）

（a）は一般に立法の根拠となっている慣習的な区別であるが、その区別の哲学的な基準はまだ明確にされていない。一方、アテナイからの客人としては、ソクラテスのパラドクスを何の論拠も示さぬままに宣告するだけで、（b）の立場をとることもできない。しかし、だからといって、「故意による犯罪」の存在を認めるためにソクラテスのパラドクスの真実性を否定することは、どうしてもできない。そこでアテナイからの客人は、故意性とは「別の観点で」[8]、犯罪のあり方をより原理的なしかたで区別することを試みる。すなわち、彼は哲学的対話法の行程を歩むことによって、法学的・政治学的な判断を哲学的人間学に基づいて根拠づけようとする[9]。じじつそうすることによって、彼はソクラテスのパラドクスの真実性を確証すると同時に、このアポリアーの解消を試みるのである。

（C）第一の立論

（1）不正と加害行為の区別（861e1–862b6）

まず、ここで導入される区別は、実際に犯罪として露見する外的な加害行為（βλάβη）を、魂の内なる不

正（ἀδικία）から切り離すという基本原則に基づいている。そうすることによって、刑法上の故意性の有無は、不正にではなく加害行為についてのみ適用されることが可能になるからである。アテナイからの客人は、「ある人が、誰かを、そう願ってではなく、故意によらずに（μὴ βουλόμενος ἀλλ᾽ ἄκων）傷つけた場合、……そのような加害行為は、けっして不正とみなされるべきではない」（862a2–6）[10]と断言する。そして、ある人の行為が正しいか不正であるかの判定基準は、それが加害行為であるかどうかではなく、その人がその行為を「正しい品性や性向に基づいて」（ἤθει καὶ δικαίῳ τρόπῳ χρώμενός 862b3–4）行なっているかどうかにのみ帰せられるのである。プラトンは、ここで既存の刑法の常識的な整合性よりも、「魂への配慮」を促すための新たな刑法規定の有益性を優先している。そしてこの新たな刑法規定の背景には、もちろん、不正を外的行為から切りはなし、魂の内乱状態と定義した中期対話編『国家』の正義論がある。

（2）損害の賠償と不正の治療（862b6–863a2）

そこで、アテナイからの客人は、この区別に留意し、まず加害行為の結果として生じた損害については、これを賠償させ、さらにその行為が不正に基づくものであったならば、治療の見込みのあるものにかぎり、魂の病いと考えてこれを治療しなければならない、という裁きを提案する。法律は、いかなる手段を用いても、犯罪者が不正を憎んで正義を愛するようになって、二度と再びそのような加害行為を故意によって（ἑκόντα 862d3）なすことがないように教え説得し、かつ刑罰によって強制しなければならない。そして、いかなるしかたによっても治療不可能な状態にあると立法者が認める凶悪な犯罪者たちに対してのみ、死刑が科せられるのである。

ここまでが「刑法原論」の第一の立論である。

(D) クレイニアスの要請 (863a3–6)

ところが、この第一の立論を聞いた対話相手クレイニアスは、一般の立法者たちの意見を代弁するかたちで、

(i) 「不正」と「加害行為」の相違点 (τὸ τῆς ἀδικίας τε καὶ βλάβης διάφορον) と、

(ii) 「故意によるもの」と「故意によらないもの」の相違点 (τὸ τῶνἑκουσίων καὶ ἀκουσίων) と

が第一の立論のなかにどのように織り込まれていたのかを、さらに明確にすることを要請する。なぜなら、これまでの議論のなかでは、「犯罪」(ἁμαρτήματα) が「不正行為」と「加害行為」とに区別されたことの意味が十分に明らかになってはいないだけでなく、「本意から」と意味の上で区別された「故意性」の有無が何を意味するのかもまだ明らかではないからである。以下に展開される第二の立論は、「不正」と「加害行為」とに区別された「犯罪」をその原因から分析し、魂の本性全般にまで遡って「不正」の本質を把握することによって、そのクレテ人の要請に応えようとする対話法的な営みである。

(E) 第二の立論

(1) 犯罪の原因の分析 (863a7–d5)

さて、アテナイからの客人は、生命存在としての人間の魂のうちなる自然本性にまで遡って犯罪の原因根

拠を追究する。[11] まず最初に指摘される自然本性は、〈激情〉(θυμός) と〈快楽〉(ἡδονή) である。〈激情〉は「無分別な暴力によって多くのことを転覆させる」ものであり、また〈快楽〉は「〈激情〉とは反対の力によって威力をふるいながら、暴力的な欺瞞を伴った説得によって、何であれそれ自身の願望 (αὐτῆς ἡ βούλησις) がなそうとすることをすべてなしとげる」ものである。そして三番目に指摘されるのが〈無知〉(ἄγνοια) であるが、私たちは、これが最初からはっきりと明示的に犯罪の原因 (τῶν ἁμαρτημάτων αἰτίαν) として——不正の原因としてではなく——導入されていることに注意しておこう。そしてこの〈無知〉は、立法者の立場から、軽い犯罪の原因である〈単純な無知〉(τὸ μὲν ἁπλοῦν) と、〈二重の無知〉——「たんなる無知の結果としてだけでなく、まったく知らないことについて完全に知っているつもりで智恵があると思いこむことによって無智であること」——(τὸ δὲ διπλοῦν, ὅταν ἀμαθαίνῃ τις μὴ μόνον ἀγνοίᾳ συνεχόμενος ἀλλὰ καὶ δόξῃ σοφίας, ὡς εἰδὼς παντελῶς περὶ ὧν μηδαμῶς οἶδεν) との二種類に区分される。[12] さらに後者は二区分され、「それが強さをもち力が伴う場合」は重大で凶悪な犯罪の原因とされ、「これに弱さが伴う場合」は子供っぽい、あるいは老人特有の犯罪の原因とされる。

犯罪の原因
- 〈激情〉
- 〈快楽〉
- 〈無知〉
  - 〈単純な無知〉
  - 〈二重の無知〉
    - 「強さをもち力が伴うばあい」
    - 「弱さが伴うばあい」

このように、〈激情〉と〈快楽〉については、明らかに理知分別に反抗するそれぞれの暴力性が強調されている。しかし、

《問題①》私たちは、〈無知〉がそれらから区別され、さらに二段階に下位区分されていることの意味を、どう理解すればよいのであろうか。

次節において扱うこの問題は、C・リッターの「所与の問題解明のためには何ら貢献しない」という発言は論外としても[13]、これまでいかなる研究者によっても十分に納得のいく説明はされてこなかったように思われる。

（2）三種類の原因の対比と統合（863d6–e4）

つづいてアテナイからの客人は、このように分析された三つの原因をある観点に基づいて対比する。

> 「〈快楽〉と〈激情〉については、われわれほとんどすべての人間が、なかにはそれにうち克つ者もいれば、負ける者もいると語り（λέγομεν）、また事実そのとおりのことが起きているが、……〈無知〉については、それにうち克つ者や負ける者があるということをいまだかつて聞いたことがない。」（863d6–11）

彼はこのように、自分自身が析出した犯罪の原因を、いったんは日常言語の用法（λέγομεν）に従って対比しておきながら、それらをつぎのようにただちに統合してみせる。

「しかし、われわれの主張では（φαμεν）、これらすべて（πάντα … ταῦτά）が、自分自身の願望のめざす方向へ（εἰς τὴν αὐτοῦ βούλησιν）引きつけられている人間各人（ἕκαστον）をしばしば同時に正反対の方向へ（εἰς τἀναντία）駆り立てるのである。」（863e2–3）

このことを、アテナイからの客人は明らかに、ソクラテスのパラドクスを擁護する自分たち自身の立場から主張（φαμεν）している。そしてクレイニアスが、この対比と統合にほとんど何の疑いもなく同意していることに注意しよう。[14] しかもその用語法が、明らかに「神の操り人形」の比喩に基づくものであることにも注意しておこう。

この短いパッセージは、第二の立論の最終目標である「正」「不正」の定義を直前において根拠づけるという重要な役割をになっているだけでなく、まさに私たち自身の問題を解決するための鍵をにぎっている。〈快楽〉や〈激情〉に対する〈理知分別〉の敗北がいわゆるアクラシアーを意味することはたしかである。しかし、

《問題②》そのアクラシアーの原因である〈快楽〉や〈激情〉と、〈無知〉とが対比され統合されるのは、いかなる意味においてなのだろうか。

（3）「正」「不正」の定義（863e5–864a8）

アテナイからの客人は、このような原理的考察に基づいて、いよいよ「正」「不正」（τό τε δίκαιον καὶ τὸ ἄδικον 863e5）をつぎのように定義する。

「魂のうちで激情や恐怖、快楽や苦痛、嫉妬や欲望が専制支配の地位についている状態のことを、そのことがなんらかの加害をひきおこすかどうかは別として、総じて[15]わたしは不正（ἀδικίαν）と呼ぶ。一方、最善を考える分別の心（τὴν δὲ τοῦ ἀρίστου δόξαν）――まさにその最善のことがどのようなしかたで実現しうると国家や個々人が考えようとも――が、いったんそれぞれの魂のうちで優位に立ち、一人の人間を全体として秩序づけるに至ったならば、たとえなんらかの過ちをおかすことがあっても（κἂν σφάλληταί τι）、そのようにしてなされる行為と、そういった支配に服している各人の態度とは、すべて正しい（δίκαιον）のであり、そしてそれこそが人間の全生涯をつうじて最善のことであると主張されなくてはならないのである。もっとも、いま述べたような加害行為が多くの人びとによって「故意によらない不正」（ἀκούσιον ἀδικίαν）だと思いなされている、ということも言っておかなくてはならないが。」（863e6–864a8）

『法律』の正義論が集約されているこの個所については、後にあらためて詳しく分析することにしよう。

（4）犯罪をひきおこす三種類の原因のまとめ（864a8–b9）

最後に、アテナイからの客人は、犯罪を引き起こす三種類の原因を快楽と苦痛の観点からまとめなおす。

① 「苦痛」（λύπη）の種類――これをわれわれは「激情」（θυμός）とか「恐怖」（φόβος）とか呼んでいる。

② 「快楽」（ἡδονή）や諸々の「欲望」（ἐπιθυμία）の種類。

③ 「最善のことに関するさまざまな予期や真なる判断を得ようとめざす心」（ἐλπίδων δὲ καὶ δόξης τῆς ἀληθοῦς περὶ τὸ ἄριστον ἔφεσις）。

ここで目を引くのは、先に分析された第三種の〈無知〉が、右表③のようにパラフレイズされていることである。[16] 後述するように、〈無知〉は、「最善を考える分別の心」がなんらかのしかたで欠陥状態にあることを意味している。ここでその欠陥状態が、「何かを得ようとめざす心」（ἔφεσις）という積極的な表現にパラフレイズされていることは、〈無知〉というものの不本意性を強く示唆しているように思われる。

このようにして、「不正」は魂のうちなる状態として定義されることによって、「加害行為」から明確に区別される。加害行為そのものには、その原因の種類や深刻さ、そして故意性の有無をはかる基準が何もない。だからこそ、立法者は、ある犯罪に対する裁きのあり方をその魂のうちなる原因にまで遡って決定しなければならないのである。

これによって、クレイニアスが（C）において明確化を要請した（i）の相違点の意味は、十分に説明されたことになる。残された問題は、（ii）の「故意によるもの」と「故意によらないもの」との相違点である。

A・アトキンズは、晩年のプラトンにペシミスティックな現実主義への転向を読みとろうとする伝統的解釈の立場から、「正」の定義をつぎのように要約する。[17]「もしある人の理性と欲望が葛藤状態にないのなら、その根本的な人生観がいかなるものであっても、その行為が情念や欲望にではなく理性に基づいていることを条件に、その人を正しいと呼ぶことができる」と。この解釈によれば、ひとは自らの良心に従って行動しているかぎり、その理性の判断がどんなに間違っていても「正しい」とされることになる。つまり、アトキンズは「不正」の定義のうちに〈無知〉が不在であることを根拠に、「故意による加害行為」の原因は〈快楽〉や〈激情〉への敗北、すなわちアクラシアーであり、三つの犯罪の原因のうちの残りの一つ、〈無知〉はそれがいかに重大なものであっても「故意によらない加害行為」の原因でしかないと単純に考えているように思われる。

はたして、このように犯罪の故意性と〈無知〉とを切り離すことによって、単純にプラトンが知性主義から訣別したと結論づけることは許されるのだろうか(18)。

ここで私たちは、解釈を分岐させる問題点を以下のように整理しておこう。

《問題③》「正」「不正」の定義のなかに表立って〈無知〉が現れないのはなぜか。〈無知〉はそのなかにどう位置づけられるのか。

《問題④》「正しい」人間のあり方や行為と両立可能な「過ち」とは何か。もしそれが〈無知〉を意味するとすればいかなる〈無知〉なのか。

これらの問題はいずれも、《問題②》とともに、この文脈において〈無知〉がどれだけのことを含意しているのか(=《問題①》)の解明にかかっている。これらの問題が解明されてはじめて、アテナイからの客人は、犯罪の故意性がいかに説明されるのかというクレイニアスの要請(ii)に十分応えることができるのである。

たしかに『法律』の文体は、饒舌と暗示がないまぜになったかのような表現と、対話篇全体の飛躍にもみえる息の長い対話法的論理とに彩られている。この刑法原論が多様に解釈されてきたことの原因の一端も、そこにあるのかもしれない。しかし、私たちは、このテクストのそのような性格がむしろ試練的なものであることをよく銘記して、以上で明らかになった問題点の解明に努めることにしよう。

二　さまざまな無知とアクラシアー

さて、これらの個別の諸問題の検討に先立って、まず確認しておかねばならないことがある。それは、プラトンが知識と徳の関係、あるいはいわゆるアクラシアーと無知の関係一般を、『法律』全体をつうじてどう捉えているかという問題である。私たちはその点を確認することから始めることにしよう。そうすることで、個別の諸問題を解明するためのいくつかの重要な論点が浮かび上がって来るであろう。

まず、**第Ⅰ巻**において真の自己支配を促す立法の構想が示されるとき、「自分自身を支配できる人は善き人、できない人は悪しき人」(644bc, cf. 626e) という言葉の意味をより明瞭に説明するために、「神の操り人形」の比喩が導入されている (644c–645c)。情念の紘に引きずり回される操り人形の姿は、いわゆるアクラシアー情態におちいった人間の魂そのものである。しかしこの比喩はむしろ、理知分別 (ロギスモス) の紘の引く力に他のさまざまな情念の紘がつき従う状態になるように、各人が真なる理 (ὁ λόγος ἀληθής) を魂のうちにほんとうの意味で内面化していくことの重要性を説くものであった[19]。そして、**第Ⅱ巻**では、快苦愛憎が正しくしつけられて理 (λόγος) と協調するようになったとき、そうした魂全体の秩序ある状態そのものが徳だとされている (653b)。これらの証言はいずれも、「知性」が「全体的な徳」を根拠づける究極の始原であることを告げるものである。

一方、**第Ⅲ巻**における国制の発生論的考察のなかでは、ドリア三国崩壊の原因が戦争に関する技術的な

「無知」（οὐκ ἠπίσταντο）にではなく、それ以外のありとあらゆる悪徳、とりわけ人間にかかわりのあることがらのうち最も重要なことがらの「無知」（ἀμαθία）にあったことが確認されている（688cd）。立法者は、理にかなった分別（ἡ κατὰ τὸν λόγον δόξα）に対する快楽と苦痛の不調和を国家から可能なかぎり取り除かなくてはならない。この不調和は、魂が知識や判断や理知などの本性上支配すべき部分に反対しているという意味で「究極の」（ἐσχάτη）無知であると同時に、それが魂の広範囲に及ぶという意味で「最大の無知」（ἡ μεγίστη ἀμαθία）なのである（688e–689e）。

魂の内部に美しい理が内在しているのに、情念と欲望が行為を規定する可能性が認められている点において、ソクラテス的な「知性主義」からの逸脱をここに読み取る研究者は多い[20]。しかし、『プロタゴラス』（357e2）においていわゆるアクラシアーがやはり「最大の無知」と断定されたのは、理に反する行為を根拠づけている判断が、結局は自分自身にとっては最善のものだという思いこみにすぎなかったからである[21]。そして、『法律』における「最大の無知」、すなわち、

> 「自分ではあるものを美しいとも善いとも思っていた（δόξαν）のに、それを愛さずにかえって憎み、反対に、劣悪で不正と思っている（δοκοῦν）ものを愛し迎える」（III. 689a5–7）[22]

という倒錯的な行為を根拠づけている判断も、やはり何が美しく、何が善いのかについての知の思いこみを露呈するものであろう。なぜなら、たといかれが劣悪で不正だと思っているものであっても、それを少なくとも行為の時点においては最善だと思っているのでなければ、これをその人が愛し迎えたりはしないだろうからだ。もちろん、『法律』の「最大の無知」という表現には、すでに『国家』において提示された魂の三

区分説がその背景としてあるために、魂全体の内乱状態という豊かな奥行きが与えられている。しかし、「最大の無知」におちいっている人間の行為を何が根拠づけているかについての基本的な考え方は、『プロタゴラス』以来一貫していると言わなければならない。

ところが、第Ⅴ巻におけるマグネシアの入植者たちへの勧告の中には、つぎのような注目すべき発言がある。すなわち、「だれしも放縦であることは必然的に不本意なことである」というソクラテスのパラドクスの真実性を根拠づける意味で、人類全体が節度を欠いて生きているのは、

「無知によるか、アクラシアーによるか、あるいはその両方によるか（δι᾽ ἀμαθίαν ἢ δι᾽ ἀκράτειαν ἢ δι᾽ ἀμφότερα）のいずれかである」（734b, cf. XI. 934a）：　（T_1）

と語られているのである。この無知はアクラシアーから事柄自体として区別されているのだから、「最大の無知」と同一のものとは考えられない[23]。しかもこの発言は、その無知がアクラシアーとなんらかの共犯関係をもちうることを示唆するものでもある。

一方、第Ⅸ巻では、故意による殺人の原因として、快楽や欲望や嫉妬への敗北が第一に挙げられている。しかし、そのなかでも最大の原因である金銭への飽くことなき欲求は、

「自然的素質と悪しき無教養のゆえに（διὰ φύσιν τε καὶ ἀπαιδευσίαν τὴν κακήν）生じる」（869e–870b）：　（T_2）

と語られている[24]。もろもろの善のなかでほんとうは魂、身体に次いで第三の善でしかない「富」を第一の善とみなすこの悪しき無教養は、魂における欲望の専制支配を積極的に促すものである。これは、ある種の無

知が不正のいわば副原因となりうることを示している。

また**第X巻**では、無神論者の心が不敬な生活の方へ向っている原因は、「快楽や欲望にうち克つことができないこと」（ἀκρατείᾳ）にだけでなく、「きわめて厄介な無知」（ἀμαθία τις μάλα χαλεπή）にもあることが認められる（886ab）。そして、無神論者のうちに、

タイプ（a）：　正しい性格をもちながら神々の存在と本質に関わる無知（ἄνοια）のゆえに不敬の罪をおかす者と、

タイプ（b）：　無知であるだけでなく、快楽や苦痛へのアクラシアーにおちいって、個人や国家を根底から破壊しようとする者とがある（908b–909d）：（T_3）

と述べられている。これも、無知とアクラシアーとが事柄自体としては区別されながら、なんらかの共犯関係をもちうることを強く示唆する証言といえるであろう。

このように、『法律』全体において無知とアクラシアーをめぐるアテナイからの客人の発言はきわめて錯綜しているようにみえる。しかし刑法原論との関連において、さしあたりつぎのように総観することは可能であろう。

〈快楽〉や〈激情〉に対する敗北——いわゆるアクラシアー——によってもたらされる魂全体の欠陥状態はここで「不正」と定義されるが、これは第Ⅲ巻の記述に従えば、あくまでも「最大の無知」（ἡ μεγίστη ἀμαθία 689a1）とも呼ばれるべきものである、と。

この「最大の無知」を、私たちはけっして〈無知〉（ἄγνοιαν 863c1）——立法者によって不正の原因ではな

く、犯罪の原因としてまず総観的に提示される〈無知〉——と混同してはならない。なぜなら、「最大の無知」は〈快楽〉や〈激情〉への敗北によってもたらされる魂全体の欠陥状態であるけれども、後者の〈無知〉には、魂全体の欠陥状態のみならず、魂の〈ロゴス的部分〉そのもののなんらかの欠陥状態も含まれうると考えられるからである。（T_1）〜（T_3）においてある種の無知がアクラシアーから区別されるのは、それが「最大の無知」とは異なった意味での〈無知〉に相当するものだからだと考えるのが自然ではないか。

さて、ここで私たちは、プラトン後期の対話篇『ソピステス』（227d–228e）において、エレアからの客人が、魂に関係する欠陥（κακία）をその浄めの方法によって〈悪徳〉（πονηρία）と〈無知〉（ἄγνοια）とに分割したことを想起しよう。この記述を参考にして、私たちの《問題①》を解明する手がかりを探ることはできないだろうか。魂に関係する欠陥を分割するエレアからの客人の構想は、魂のうちなる自然本性にまで遡って犯罪の原因根拠を究明しようとするアテナイからの客人の構想と原理的に重なり合うように思われるからである。

そこでは、〈悪徳〉が魂の病い、内乱、すなわちアクラシアーとして、また〈無知〉は、魂の醜さ、均衡の欠如として捉えられる。前者は明らかに『法律』における「最大の無知」と対応づけることができよう。しかし後者は、「魂が真理をめざして進みながら、その理解からそれる場合の、理解（知）の逸脱（παραφροσύνη）」（228c10–d2）と定義される以上、魂の〈ロゴス的部分〉がなんらかの原因によって欠陥状態におちいっているケースとみなすべきである。

注目すべきことは、この〈無知〉がさらに下位区分され、「職人たちの専門技術の教授によって浄められる種類の無知」と、「訓戒（νουθετητική）ないし論駁（ἔλεγχος）によって浄められる種類の無知」とに分割されていることである。しかも、さらに注目すべきは、後者のような無知が、「何事かを実際には知らないのに、知っていると思いこむこと」（τὸ μὴ κατειδότα τι δοκεῖν εἰδέναι）であって、おそらくこれによってこそ「われわれが思考においておかすすべての過ち」（πάντα ὅσα διανοίᾳ σφαλλόμεθα）が、すべての人びとにとって起こるとされるだけでなく、まさしくそれだけがとくに〈無智〉（ἀμαθία）と名づけられていることである（229c5–10）。

- 魂に関する欠陥
  - 〈悪徳〉（πονηρία：魂における内乱）
  - 〈無知〉（ἄγνοια：魂の不均衡）
    - 〈専門技術に関する無知〉
    - 〈無智〉（ἀμαθία）

文脈も目的も異なる二つの対話篇における分割を完全に対応させることは困難であるかもしれないが、『ソピステス』の〈専門技術に関する無知〉は『法律』の〈単純な無知〉に、また前者の〈無智〉は後者の〈二重の無知〉に対応させることができるのではないか(25)。この対応関係に基づいて、〈単純な無知〉がある意味で技術的な——魂の〈ロゴス的部分〉にのみ限定された——無知であるのに対して、〈二重の無知〉が訓戒や論駁によって浄められるべき——魂の全体的な徳と直接的な関係をもつ——無知である、という示唆を読み取ることは不可能ではない(26)。そして、この後者の無知、すなわち〈無智〉は、もちろん事柄自体としてはアクラシアーとしての「最大の無知」からは区別されるのである［（T_1）、（T_3）］。

しかし、もしもある人の魂の〈ロゴス的部分〉が、まさに最善のことについて、まったく知らないのに知っていると思いこむことによってその人が重大な犯罪をおかす原因をつくるとすれば、そして、それが〈快楽〉や〈激情〉の専制支配を許すことになるとすれば、そこにはおそらく葛藤すら生じないだけに、より深刻で救いがたい魂全体の欠陥状態が現出するであろう。その意味において、〈二重の無知〉は不正のいわば副原因として主原因たるアクラシアーと共犯関係をもちうるということができる［（T_2）］。いずれにせよ、立法者はこの〈二重の無知〉に対しては慎重に対処することが求められる。それが強さをもちそこに力が伴った場合は、重大で凶悪な犯罪の原因となるからである。

刑法原論において「無知」がどれだけのことを意味しているか（＝《問題①》）についてこれだけのことを前提としたうえで、私たちはいよいよ個別の問題の解明に移ろう。

三　犯罪の原因としての〈無知〉

まず第一に考察しなければならないのは、（E）（2）において、アクラシアーの原因である〈快楽〉や〈激情〉と〈無知〉とが対比され、統合されるのはいかなる意味においてなのか（＝《問題②》）である。

G・ミュラーは、ここで〈無知〉について支配抑制の可能性が問題にならないのは、それが〈快楽〉や〈激情〉のようなモラルに関わる現象ではないからだと考えた[27]。しかし、〈二重の無知〉を含意し、また（E）（4）において「最善のことに関するさまざまな予期や真なる判断を得ようと目ざす心」とパラフレイズされる〈無知〉が、人間の魂の善きあり方と無関係であるはずはないであろう。にもかかわらず、H・ゲルゲマンスは、ミュラー説を踏襲して、ひとが責任を負うのは〈激情〉と〈快楽〉のような抵抗可能な力によって引き起こされた行為に対してだけであって、〈無知〉のうちにとられた行為は、そのすべてが法的には「故意によらないもの」とみなされていると考える。情念と無知の区別が、「故意による加害行為」と「故意によらない加害行為」との区別に対応するとみるわけである。[28] しかし、(T3)において見たように、一種の無知が明らかに重大な犯罪の原因としてとりあげられているのだから、この刑法原論において、〈無知〉が「故意による加害行為」のなんらかの原因となる可能性があらかじめ排除されていることはありえない。

私たちがこの対比から最小限読み取れることは、〈快楽〉と〈激情〉はいわゆるアクラシアーの直接の原因であるが、〈無知〉は違うということである。この対比は、それぞれによってもたらされる魂の欠陥のあり方が種類として異なることを言わんとしているにすぎない。『ソピステス』においてすでに見たように、〈無知〉は直接的には魂の不均衡状態そのものを意味するからである。しかしながら、魂の不均衡状態がアクラシアーのなんらかの原因となる可能性はけっして排除されないであろう。すでにみたように、〈二重の無知〉は、情念の専制支配を許すことによって、不正の間接的な原因たりうるからである。[29] したがって、この対比は〈無知〉とアクラシアーとの関係を完全に否定しようとするものではない。

むしろ、アテナイからの客人の主眼点は、対比よりも統合の方にあるとみるべきであろう。なぜなら、上に述べたような対比にもかかわらず、〈快楽〉〈激情〉〈無知〉のすべてが、自分自身の願望(ἡ αὐτοῦ βούλησις)とは正反対の方向へその人を引きずっていくということが、即座に主張されているからである。これは、魂のいかなる欠陥状態も不本意なものであることを強調する言葉にほかならない。すべての犯罪行為の魂の内なる原因が――したがってまた、その行為そのものも――不本意なものである、というソクラテスのパラドクスの最も基本的な原則を、「正」「不正」の定義に先だってあらためて確認しておくことこそ、この個所におけるプラトンの意図だった。すべての犯罪の原因が不本意なものだからこそ、犯罪者に対して可能なかぎり魂の治癒教育を施すべき必然性が生じるのである。

しかし、T・ソーンダーズのように、この願望のめざす方向と「同時に正反対の方向へ向かわせる」という表現が、そのまま「故意によるもの」を意味すると考えるのは行きすぎである[30]。彼の考えによれば、そうした不本意な犯罪行為を故意におかさせるものは、〈無知〉をも含めた三つの原因のすべてであることになる。しかし、不本意なものがすべて故意によるとはかぎらないだろう。第四節で考察するように、〈激情〉による殺人を故意によるものと限定するのは困難であるし（867b）、ある種の〈無知〉が故意によらない犯罪の原因となりうることは、だれしも認めることであろう[31]。結局、ゲルゲマンスとソーンダーズの解釈は、クレイニアスの要請（ii）に対する回答をここに性急に読みとろうとするあまり、直前でなされた〈無知〉の下位区分の意味をまったく考慮に入れようとしないところに欠点がある。

では、その〈無知〉はなぜ「正」「不正」の定義のなかに表立って現れないのだろうか（＝《問題③》）。それは、犯罪の原因として析出される〈無知〉が、立法者によってさらに慎重に類別されなくてはならなかったからである（863c）。〈単純な無知〉は軽い犯罪の原因にしかならないが、〈二重の無知〉は重大で凶悪な犯罪の原因となりうるという区別は、魂の自然本性全般にまで遡って適正な裁きとして魂の治癒教育を位置づけようとする立法者にとって、きわめて重要な区別と言わなければならない。しかも後述するように、〈二重の無知〉がアクラシアーとの共犯関係のもとに不正の原因となっているかどうかは、立法者によって注意深く吟味されねばならないことなのである。このように、さまざまな〈無知〉の分割法的考察を無視して、〈無知〉の全体を「正」「不正」のいずれかに無条件に関連づけることはできないからこそ、それぞれの定義のなかに〈無知〉は表立っては登場しないのである。

さらに、「正」の定義における「過ち」の意味（＝《問題④》）については、次のように考えることができる。アトキンズは、『ソピステス』と『法律』とが同じ刑罰観を示しているということを自説の主要な根拠としていた[32]。しかし、彼の過ちは、σφάλλεσθαι という用語の対応を根拠にして、『法律』の譲歩節（κἂν σφάλληταί τι 864a4）に現れる「過ち」のあり方を、『ソピステス』の「私たちが思考においておかすすべての過ち」（σφαλλόμεθα 229c6）と同定し、〈無智〉の意味に解したところにある。私たちがすでに見たように、『ソピステス』における〈無智〉は、『法律』における〈無知〉の全体にではなく、〈二重の無知〉のみに対応するものだった。

一方、アトキンズは、（T_3）における無神論者タイプ（a）は、無知であっても不正な人ではないのだから、まさにここで「正しい」とされている人に該当すると考える[33]。しかし、神々の存在と本質に関わる無知に陥りながら、その無知を自覚できない彼らの魂は、たとえ性格的に正しい人間のそれだとしても、より根源的なしかたで「不正」である疑いが濃い[34]。〈二重の無知〉は、明らかに魂の全体的な徳との直接的な関係をもつ無知、すなわち〈無智〉だからである。だからこそ、この種の無神論者は、裁きとして監禁刑と同時に、訓戒（νουθέτησις 908e3）による魂の治癒教育を施され、それでもなお健全なる精神（σωφρονεῖν 909a6）を取り戻すことなく再犯に及んだ場合にのみ、死刑を科せられるのである。したがって、この譲歩節に現れる「過ち」は、少なくとも不敬罪のような重大な犯罪の原因としての〈二重の無知〉ではない。

逆に、M・オブライエンは、この伝統的解釈を批判する立場から、〈無知〉が正義と両立可能だといういかなる提案をも退けようとする。[35]〈無知〉が魂の根本的な欠陥であると考える点ではアトキンズと同じなのだが、オブライエンはそれだからこそ、犯罪の三つの原因はすべて不正の原因にほかならないと考える。その結果、彼は問題の「過ち」がなんらかの〈無知〉を意味するのではなく、具体的な「加害行為」を意味するものと解する。この読み方は、J・ロバーツも指摘するように、[36]ギリシア語の読みとして無理があるだけでなく、やはりここで〈無知〉が三種類にさらに下位区分されていることの意味をまったく無視することになってしまう。

　私たちはここで、アテナイからの客人が〈無知〉をけっして不正の原因として導入したのではないということを想起しなければならない。[37]〈無知〉はあくまでも犯罪の原因として導入されたのである。そして、犯罪の概念には、不正行為、すなわち「故意による加害行為」だけでなく、明らかに「故意によらない加害行為」も包摂されている。[38]たとえば、狂気、病気、高齢、未成年であることを理由とする責任不能力による加害行為の事例（864de）や、殺人罪と傷害罪の刑罰規定のなかで「故意によらないもの」とされている加害行為の事例、すなわち、競技、戦争、軍事訓練、治療行為などであやまって、あるいは偶発的に同胞を殺傷した場合（865a–866d, 879b）、それらは、明らかに〈快楽〉や〈激情〉を主原因とするものではないので、不正行為の事例ではない。こうした「故意によらない加害行為」を多くの人びとは――誤って――「故意によらない不正（行為）」だと思いなしているのである。[39]したがって、このような犯罪の原因としてある種の〈無知〉が析出されてくるのは当然のことである。[40]

　さて、「故意によらない加害行為」は、その事例から察するに、誰に対して、いかなる手段によって、どのような危害を加えるのかという認識を欠いてなされるものである。[41] 私たちは、「正」と両立可能な「過ち」とは、そうした個別の状況についての無知であると考えてよいのではないか。[42] それはまさしく〈単純な無知〉と呼ばれるものにほかならないだろう。いかにすぐれた正しい魂の持ち主であっても、人間であるかぎりは、そのような〈単純な無知〉を完全に免れることはできない。したがって、〈単純な無知〉に基づく「過ち」は、「正」と両立可能なのである。

一方、責任不能力による加害行為には明らかに精神的・肉体的な弱さが伴うので、その原因が〈二重の無知〉に弱さが伴ったものだと考えることができるかもしれない。ただ、こうした責任能力をもたない人間の場合は、かれがほんとうの意味で「正しい」と積極的には言えないだろう。しかし逆に、〈快楽〉や〈激情〉に屈服することなく、最善を考える分別の心がその魂を全体として秩序づけている人間の場合は、たとえかれが〈単純な無知〉におちいって、その結果としてなんらかの加害行為をおかしたとしても、そのような魂の状態に基づいてなされた行為とそのような理知分別の支配に服そうとする人間の態度とは、あくまでも「正しい」。〈単純な無知〉はそうした魂の全体的な秩序を乱すものではないからである。したがって、〈単純な無知〉を原因とする犯罪については、その加害者に対して損害の賠償が要求されるだけであって、それ以上の裁きは何も必要ではない。正しい人間であれば、自らの〈無知〉を悟って、こころから賠償に応ずるだろうからである。

四　魂の治癒教育としての刑罰

こうしてアテナイからの客人は、第二の立論によって、「故意によらない犯罪」についてかなり明確に規定をなしえたと言えるだろう。しかし、クレイニアスの要請（ii）に対する回答が十分に与えられたと言うためには、「故意による犯罪」の原因がソクラテスのパラドクスと矛盾することなくいかに説明されているのかを明らかにしなくてはならないであろう。ほんらいは不本意なものであるはずの犯罪の原因に基づいて、故意に犯罪をおかすことがいかにして可能なのか。多くの解釈者たちはこの問題の解決に苦慮してきた(43)。じじつ、アテナイからの客人は、少なくとも「故意によるもの」の明確な定義をこの刑法原論のなかでは与えていないからである。それは、私たちの解釈によれば、「故意によらない加害行為」の原因が〈単純な無知〉であることによって、いわば外堀を埋めるようなしかたで示されているに過ぎない。

その理由はおそらくこうである。犯罪者に対して適正な治癒教育を施すためには、一般に「故意によるもの」として一括されているさまざまな加害行為の原因を、魂の内なる欠陥状態にまでさかのぼって吟味し、確定しなければならないであろう。そうした魂のあらゆる欠陥状態をディアレクティケー（哲学的対話法）に基づいて分析・総観することによってはじめて、哲学的人間学によって根拠づけられた人間形成を目的とする具体的な刑法の制定が可能になる。したがって、クレイニアスの要請（ii）は、厳密な意味においては、刑法原論の範囲内では応えられる性質のものではなく、実際の刑罰規定とその適用過程のなかで、具体的な加害行為の原因との関連において応えられていくのである。

その点が最も特徴的に現れているのが、殺人罪と傷害罪に対する刑罰規定である。それによると、純然たる「故意による加害行為」の原因といえるものは〈快楽〉の種類のみであり（869e–873c, 876e–878b）、〈激情〉による犯罪は「故意による加害行為」と「故意によらない加害行為」との中間に位置づけられている（866d–869e, 878b–879a）[44]。そして、〈激情〉による犯罪の故意性は、その犯罪が計画的（μετ᾽ ἐπιβουλῆς）に行われたかどうかに左右されるのである（867b）。ここで私たちは、刑法原論において、〈激情〉はその無分別な暴力性が指摘されていたのに対して、〈快楽〉は何であれ「それ自身の願望」（αὑτῆς ἡ βούλησις 863b8–9）がなそうとすることをすべてなしとげさせてしまうほどの説得力をもつとされていたことを想起すべきである。つまり、「理知分別」が最善をめざして——強制力をもたずに——導こうとする「自分自身の願望」（τὴν αὑτοῦ βούλησιν 863e2–3）の方向に真っ向から対立する暴力的な自己欺瞞こそ、その計画性の正体である。〈快楽〉に説得され、あるいは〈激情〉にねじ伏せられ、それらの願望に従おうとする明確な意図をもってこの計画をおこなうのは「理知分別」自身にほかならない。そして、「理知分別」が〈快楽〉や〈激情〉の専制支配をうけているこの状態こそ「不正」であり、また「最大の無知」と呼ばれるべき魂の欠陥状態だったのである。

ひとはこのような欠陥状態そのものを本意から欲求することはできない。「神の操り人形」である人間は、ほんらい黄金の「理知分別」の紘に吊り下げられているのであり（I. 645a）、善をさしおいて悪と信じるもののほうへ行こうとするようなことはもともと人間の本性の中にはないからである[45]。しかし、そのことはそうした欠陥状態の存在自体を否定することにはならない。そして、げんにそうした欠陥状態にある魂の〈ロゴス的部分〉は、

① ある願望が最善であるという判断に基づく意図的な選択によって、

② それが誰に対する、いかなる手段による、どのような行為であるかという個別的な認識をもって、ある加害行為を動機づけると考えることができるだろう。②の個別的な認識の条件はその行為が〈単純な無知〉を原因とするものではないことを意味するが、そうした個別的な認識を正当化しているものは、①の意図的な選択の条件にほかならない。そしてそのかぎりにおいて、この行為は「故意による加害行為」なのである。したがって、〈激情〉による犯罪が計画的におかされる場合、犯罪者は少なくともその行為の時点においては、加害行為との認識をもって（＝②）、その行為を意図的に選択している（＝①）のだから、その犯罪は「故意による犯罪の似姿」と呼ばれる。一方、計画的でない突発的な犯罪の場合は、加害行為との認識はあっても（＝②）、その行為が意図的に選択されている（＝①）わけではないので、「故意によらない犯罪の似姿」とされるのである（867ab）。

しかし、①の意図的選択を根拠づけている願望は、じつは「理知分別」によって最善であると思いこまれているものにすぎない。「理知分別」がそのような不本意な判断を故意に下してしまうのは、魂全体が「最大の無知」におちいっているからである。そして、この「最大の無知」があくまでも不本意なものであるからこそ、立法者はその犯罪者に魂の治癒教育を施すことを求めるのである。この犯罪者は、懲戒によって〈快楽〉や〈激情〉そのものを抑制されるだけでなく、その「理知分別」に対しては、自分が最善と思って行為したことがけっしてほんとうの意味で最善のことではなかったことを、論駁によって悟らされなくてはならないであろう。これによって、クレイニアスの要請（ii）は十分に応えられたと言ってよいだろう。

では、〈二重の無知〉は、いかなる意味において「故意による犯罪」、すなわち不正の原因となるのだろうか。重要な鍵をにぎっているのは、第X巻の神々に対する不敬罪への刑罰規定である。すでに本書の第八章第四節において詳しく分析したように、誰かが「故意によって」(885b5) 不敬なことを行ったり、また不法な言葉を吐いたりするのは、三つの考え方（p）神々は存在しない、（q）存在するけれども、人間のことを気づかってはくれない、（r）神々は犠牲や祈願によって心を動かされる）のうちのどれか一つに陥っているからである。彼らの心をとらえているものは、最高の知恵と思われているものであるが、じつはアテナイからの客人の無神論批判によって徹底的に論駁されるべき、「きわめて厄介な無知」の一種である（ἀμαθία τις μάλα χαλεπή 886b6）。彼らは、神々の存在と本質という最善のことに関して、ほんとうはまったく知らないのに完全に知っていると思いこんでいるのである。

こうした〈二重の無知〉による犯罪は、とくに無神論者タイプ（a）の場合は性格的に正しい者にみえるだけに、扱いが困難である。なぜなら、彼らの犯罪はたしかに、その行為が不正行為だとの認識（＝②）が欠如している点（cf. 908b6–7）において、「故意によらない犯罪」に酷似するが、その行為が意図的に選択されている点（＝①）が、「故意によらない犯罪」とは異なるからである。[46] この意図的選択を根拠づけている原因は〈二重の無知〉にほかならない。それはおそらく歪んだ教育によって形成されたものであり、しかも情念の専制支配を積極的に促す危険性がある。彼らの魂がいかなる状態にあるのかは、「夜の会議」のメンバーたちによって十分に吟味されなくてはならない。[47] そして、彼らが監禁と訓戒を経ても健全な精神をとり戻すことなく再犯に及ぶのであれば、彼らの罪は死に値するものとなるのである（908e–909a）。

一方、最善のことに関する「理知分別」の本質的な過ちは、単に魂の不均衡状態にあるにとどまらず、たやすく魂の内乱状態と共犯関係をもつことであろう。なぜなら、〈二重の無知〉はアクラシアーを主原因とする不正のいわば副原因となりうるものだからである。快楽や苦痛へのアクラシアーに陥っている無神論者タイプ（b）のおかす犯罪は、その行為がまさに加害行為であるとの認識を伴う（＝②）かぎりにおいて、「故意による犯罪」であるばかりでなく、それが正しい行為（救済計画！）であるという偽りの確信をもって意図的に選択されるもの（＝①）でもあるために、最も深刻な「故意による犯罪」である。そして、かれらが強い記憶力や鋭い理解力をそなえ、狡知や策略をもって権力をにぎろうとするとき、僭主独裁者や民衆煽動家や将軍たち、さらには、私的な秘儀を企む者やソフィストと呼ばれる人びとの術策が生まれてくる（908d）。

このように〈二重の無知〉が強さをもちそこに力が伴う場合と、いわゆるアクラシアーとが結びついたときに生じる、いわば観想と実践の最も恐るべき乖離ともいうべき事態への着眼と断罪は、『法律』の刑法の最大の特徴の一つである。なぜなら、このような犯罪は、国制の基本原理である「友愛」と「知性」と「自由」をことごとく破壊する作用をもちうるからである。ただし、これらの犯罪者の場合も、裁きとして死刑が科せられるのは、タイプ（a）のときと同様に治療不可能と認められる場合に限られる。実際に規定されている刑罰は、終身監禁である（909a–c）。

このように、〈快楽〉や〈激情〉に専制支配を許し、加害行為が加害行為だとの認識をもって、その行為を意図的な選択によってひきおこすものは、犯罪者の魂の「理知分別」にほかならない。しかしながら、そこには何が最善であるかについての完全な思い違いがある。すなわち、〈二重の無知〉がいわば副原因となる場合を含めて、不正の本質は、いわゆるアクラシアーを原因とする「最大の無知」である。だからこそ、不正に対しては、そうした魂の欠陥状態を治療するための治癒教育が施されなければならない。立法者は、犯罪者の魂の内なる〈快楽〉と〈激情〉に対しては、それぞれの強さと種類に応じた懲戒を施すことによって、それらが「理知分別」の最善の導きに従うことで、魂の内乱状態が終息することをめざす。そして、「理知分別」そのものに対しては、訓戒と論駁によってその〈無知〉を自覚させ、魂の不均衡状態がただされることをめざすのである。

こうした裁きとしての治癒教育は、すでにみたように、すぐれた教育体制を整えた国家においてはほんらい無用のものであることが理想的である。しかし、プラトンは、経験的世界の現実への眼差しをけっして失うことはない。『法律』において展開されるこの魂の治癒教育は、市民たちの快楽・苦痛を正しくしつける感情教育（第Ⅰ〜Ⅱ巻、第Ⅶ巻）と、「夜の会議」のメンバーたちに要求される「より厳密な教育」（第Ⅻ巻）とに原理的に対応し、補完しあうものなのである。

本章を閉じるにあたって、最後に、『法律』における裁きの特徴を総括することによって、その普遍的な意義を展望しておこう。

まず、いかなる犯罪者のおかしたいかなる加害行為も、加害者の魂の状態とは無関係に、あくまでも被害者の立場から評価される。たとえ故意によらない加害行為に基づくものであっても、そこに生じたあらゆる物質的・精神的な不均衡は、賠償と浄めによって原状回復され、市民間に友愛の関係が再構築されなくてはならない。つぎに、加害者の魂の状態が吟味され、その魂が不正な状態、すなわち「最大の無知」や〈二重の無知〉におちいっていると認められたならば、その欠陥状態を可能なかぎり治療し変革するために、さまざまな治癒教育が施される。(48) そして最後に、その凶悪な犯罪者の魂がどうしても治療不可能であると立法者によって判断される場合にかぎり、死刑が科せられるのである。ただ、そのような最終判断をあくまでも不完全な人間である立法者が下しうるとプラトンが考えていたとは思えない。

アテナイからの客人が示すこの三段階の裁きの根底にあるものは、すべての不正は不本意なものだというソクラテスのパラドクスにほかならない。そして、『法律』においてこのソクラテス的な立場を根拠づけているものは、いかに不正な人間であっても、「神の操り人形」であるかぎりは、黄金の「理知分別」の絃によって吊り下げられているという確信である。それゆえ、自らの無知を自覚して、真の自由を獲得するための自己教育に努めるならば、ひとはその不幸な魂のあり方を癒すことができる。これこそ、『法律』における裁きとしての魂の治癒教育がもつ普遍的な意義である。そして、以上のような「全体的な徳」の実現（あるいは回復）を目的とした刑法の具体的な構想を究極において支えているのは、真実の善の認識をめざす知性に人間の善き生の根拠をおくという――『法律』第I巻（esp. 630e–632c）の対話法的行程をつうじて明らかにされた――正しい立法の「無仮設の始原」だったのである。

ここに私たちは、知性へのプラトンの強い信頼と、すべての人間の魂がもつ治癒力を可能なかぎり信じようとする深い人間愛と、魂全体の自律的自由への強い促しとを感じとらないわけにはいかない。対話篇『法律』において、アテナイからの客人の口を通して私たちが聴きとるものは、アテナイの同胞市民に対して生命をかけて「魂への配慮」を説きつづけたソクラテスに対する、プラトン最後の渾身のオーダーなのである。

以上の三つの章をつうじて、私たちは「魂への配慮」としての政治術が具体的な立法のなかでどのように展開されているのかを見てきた。そのさい『法律』における哲学の課題を追究するという本書の目的を達するために、哲学的知性への上昇志向の側面がいささか強調されすぎた嫌いがあるかもしれない。しかし、『法律』の対話は、序章でも指摘されたとおり、あくまでも「法＝知」主義をめざすものである。次章においては、以上のような哲学的知性への近接が、「夜の会議」による法的な根拠づけの営みを通していかに——まさに「法の支配」というかたちで——現実化されるのかを考察することで、本書の締め括りとしたい。

註

（1）Cf.『プロタゴラス』345de,『ゴルギアス』488a,『ヒッピアス（大）』296bc,『国家』I. 336e, IX. 589c,『法律』V. 731c, 734b, IX. 860de.

（2）Hackforth（1946, 118）の問題提起をも参照せよ。なお、本章においては、便宜上、プラトンが ἀκράτεια と呼んでいるものも含めて、一般に情念への敗北とされる魂の状態を「アクラシアー」と呼ぶ。

（3）刑法原論の対話法的行程については、本書付表『法律』の全体構造四〇九頁の7・3を参照のこと。

（4）Cf. δόξειαν 860a10, φανεῖται b8.

（5）περὶ αὐτὰ ταῦτα 860c6. この語の指示内容について、Saunders（1968, 423）のように問題をたんなる述語づけの問題に限局することはできない。

（6）一般の立法者の見解を記述するとき、プラトンは「犯罪」一般を意味する用語として主に ἀδικήματα を用いている（859b8, 860e9, 861b5, 862a5）。この語は明らかに「不正行為」を本義とするものである。ところが、ここ（860e9）では、その語が ἁμαρτήματα と交換可能なものとして扱われている。しかし、（C）において「不正」（ἀδικία）と

「加害行為」（βλαβή）とが厳密に区別されてからは、その両者を包摂する広義の「犯罪」を意味する語としては、ἁμαρτήματα が一貫して用いられることになる（863a1, c1, 3, 7, d1, 2, 864b1 et passim）。

（7）このギリシア語は両義的である。そしてもちろん、「故意による」と「本意からの」に対応するギリシア語がまったく同一だからこそアポリアーが顕在化することに注意。本章では便宜上、明白にソクラテス的な知性主義の立場から言われていると分かる場合は「本意／不本意」、一般の刑法上の用語と分かる場合は「故意による／故意によらない」の訳語を用いる。

（8）ἄλλῳ τινὶ（861d6）。この周辺の句読法は England に従う。

（9）これによって「法の支配」の普遍主義的な正当化の可能性が保障されていると見ることができる。本書の第十章を参照されたい。

（10）このような「故意によらない加害行為」を、多くの人びとは「故意によらない不正行為」（ἀκούσιον ἀδίκημα 862a5）、あるいは「故意によらない不正」（ἀκούσιος ἀδικία 864a7）と思いなしているのである。

（11）その背景にある基本的な人間観として、魂の三区分説、ないしは「神の操り人形」の比喩（I. 644c–5c）が想起される。魂の状態あるいは部分が一つひとつ析出されていくからである（863 b2-3）。用語法に関するかぎり、πάθος は『法律』I. 644e1に、μέρος は『国家』IV. 442b11, c5, 444b3に対応する（cf. Schöpsdau, 1994, 228sq.; 2011, 301）。なお、三区分説との関係をも含めて「神の操り人形」の比喩そのものの分析については、本書第四章を参照のこと。

（12）ἄγνοια と ἀμαθία とをプラトンは、少なくともこの文脈においては明確に使い分けているように思われる。したがって、この文脈に限り、前者には「無知」、後者には「無智」の訳語を当てる。

（13）Ritter（1985）, 285sq.

（14）本書第四章第二節を参照されたい。

（15）テクストは、England, Pangle とともに Hermann の校訂に従う。Schöpsdau（2011, 304）も同様。

（16）テクストは写本どおり。底本の Diès（1956）は、Grou に従って、ἔφεσις を ἄφεσις と読んでいるが、伝承されたテクストが完全に無傷のものであることについては、Schöpsdau（2011, 305）を参照されたい。

(17) Adkins (1960), 308. また、Stallbaum 以来のその長い伝統については、O'Brien (1957, 82 n.3 et 1967, 196 n.18) が辛抱強く紹介してくれている。なお、本書序章第二節1、および第四章第一節を参照。

(18) Stalley (1983, 158) は、こうした単純素朴な伝統的解釈の背景に、ある種のプロテスタンティズムをかぎつけている。

(19) 本書第四章第二節参照。

(20) 最近では、Schöpsdau (1994, 416) がその代表である。

(21) 本書第二章第一節参照。

(22) δόξαν と δοκοῦν の時制の違いに配慮している訳者は、des Places のみである。

(23) Cf. Schöpsdau (2011), 510.

(24) この発言をもって、プラトンが悪の原因を自然本性に帰したとみなすことはできない。『ティマイオス』(86de) においてもたしかに、ひとが不本意に悪人となることの原因として、「身体のある劣悪な状態」と「無教育に養育されていること」とがあげられている。しかし、ひとは「養育をつうじ、また日々の営みや学課をつうじて悪を避け、善をとらえるように心がけねばならない」(87b) とつけ加えられていることを、私たちは忘れてはならない。その重点は、自然的素質よりも自己教育におかれている。

(25) 本章第一節 (E) (1) の犯罪の原因分析の図を参照のこと。また、訳語については前註 (12) を参照のこと。

(26) ここにいわゆる観想知と実践知・製作知との区別 (アリストテレス) を導き出す動機が含まれていることは否定できないだろう。しかし、プラトンの意図はけっしてそこにはない。〈専門技術に関する無知〉に陥っている人間が、そのことについて知っていると思いこむのであれば、それは容易に〈無智〉に転化しうるからである。

(27) Müller (1951), 58.

(28) Görgemanns (1960), 138. Schöpsdau (1984, 113-5 ; 2011, 285) も同様に考えている。

(29) もちろんその場合のアクラシアーは、もはや無抑制ではなく完全なる悪徳というべきかもしれない。

(30) Saunders (1968), 426-7. 森 (1991, 53-4) もこの点は Saunders に従っている。

(31) アリストテレスによる「故意によらないもの」の定義は、明らかに無知を第一義としている(『ニコマコス倫理学』V.8, 1135a31-33)。

(32) Adkins (1960), 307.

(33) Roberts (1987, 36 n.11) もその点は同じ。

(34) 無神論者タイプ(a)のおかす犯罪については、次節においてより詳しく論じる。

(35) O'Brien (1957), 84-5 ; (1967), 191-3. 森 (1991) もおおむね O'Brien に従っている。

(36) Roberts (1987), 35 n.5.

(37) この点を多くの解釈者たちは見落としている。たとえば Saunders (1968, 430 sq.) はそのために、(E)(3) における「正」の定義が〈無知〉を原因とする不正の記述だと曲解してしまった。

(38) 前註(6)参照。

(39) 前註(10)参照。

(40) アリストテレスが『ニコマコス倫理学』(V.8 1135b11-25)において三区分した加害行為((A)無知を伴うもの、(B)知りながら、無計画になされるもの、(C)選択によるもの)のうち、(A)がまさにこの「故意によらない加害行為」に対応すると考えられる。

(41) アリストテレスにとっても、「行為を構成し、行為がかかわりをもつ個別の状況についての無知」(『ニコマコス倫理学』III.1 1110b33-1111a1)が故意によらないことのひとつの基準である。それはとくに「誰に対して、何を用いて、何のために」するかについての無知である(V.8 1135a24-5)。

(42) Görgemanns (1960, 139-40) や Schöpsdau (1984, 121-2) は、この「過ち」がそれ自体は正しくとらえられている善を実現するための手段についての無知と考える(ただし、Schöpsdau (2011, 304) 参照)。Mackenzie (1981, 247-9) は、それが moral grasp に関わるものではなく、practical assessments に関わるものだと考え、Stalley (1983, 159) も、個別の事実判断についての過ちと考えている。しかし、かれらは〈無知〉の下位区分との関連を考慮していない。

（43） Stalley（1983, 154-7）による問題点の整理は有益である。要するに、本意性と故意性という両義性を ἑκών に認めないかぎり、アポリアーは解消できない。

（44） それどころか、869e4では「故意によらないもの」と明言されてさえいる。

（45） Cf.『プロタゴラス』358d.

（46） Roberts（1987, 29）は、不正と無知との区別を強調するあまり、①の条件を無視するために、無神論者タイプ（a）の犯罪を故意によらないものと考えてしまった。

（47） Schöpsdau（1984, 122 n.41）も指摘するように、かれらの信念は、かれらが子供のときにうけたであろう宗教的な経験を軽視し（887de）、また、万有の調和に基づく（p）という事実と、神々の完全性によって（q）、（r）が排除されるという論理とに矛盾するものである。しかし、とりわけ刑法が適用されるにさいして、かれらは「夜の会議」のメンバーたちの（p）、（q）、（r）に関する訓戒・論駁によっても心を動かされず、気質的に潔癖であるだけにいっそう自分たちの信念に固執する。

（48）『ゴルギアス』（464bc）および『ソピステス』（226b–231b）に鑑みれば、「最大の無知」は司法術によって、〈二重の無知〉は立法術によって癒される。

第十章　「夜の会議」と法の支配

一　問題の所在

ここでようやく私たちは第一章末尾で提起した問題に向き合うことができる。『法律』の「国制と法律の保全策」として最終的に導入される「夜の会議」(ὁ νυκτερινὸς σύλλογος) が、さまざまな対話的行為をつうじて行われるマグネシアの市民教育との関連において、「法の支配」の理念をどのように現実化しようとするものであるかを確かめることにしよう。

1　「夜の会議」に関する研究の動向

「夜の会議」はいわばプラトンの『法律』という画竜に点ぜられる睛《ひとみ》である。『法律』第XII巻において、死者の埋葬に関する規定を語り終えたアテナイからの客人は、「われわれの法律制定の仕事は、これでほとんど完成の域に達したと言ってよいだろう」と述べる (960b4–5)。マグネシアのあるべき国制の本文の記述は、第Ⅴ巻（734e以下）における国制の経済的・社会的前提条件、官職の選任と任務の規定に始まり、第Ⅵ巻から第Ⅻ巻に及ぶきわめて詳細な法律の制定によってようやく終止符が打たれようとするのだ。しかし一般に、いったん生み出されたもののために完全で永続的な保全策（σωτηρία）が見出されないかぎり、その全体は未完成と見なされねばならない、と客人は言う（960b6–c1）。いったん紡がれた立法の糸を逆戻りさせない「法律の保全策」（σωτηρίαν τῶν νόμων, 960d4）が整えられなければ、この画竜は点睛を欠くことになる。そこでまさに「国制と法律の保全策」（σωτηρία … πολιτείᾳ τε καὶ τοῖς νόμοις, 960e9sq.）としてここ『法律』最終巻末尾に導入されるのが「夜の会議」なのである[1]。

しかしそれは、このきわめて扱いにくい対話篇を解釈しようとする人びとにとって、最大の躓きの石ともなってきた。アテナイからの客人は、「夜の会議」設立に至るプロセスについて語り終えた後、こう付け加える。

「ところで、この神的な会議（ὁ θεῖος σύλλογος）が実際に成立したなら、親愛なる同志諸君、国家はその手に委ねられねばならない（παραδοτέον τούτῳ τὴν πόλιν）。」（969b1–3）

多くの注釈家たちは、これを『法律』に不適切な屋上屋を架するものとみなしてきた。なぜなら、もしも最後の最後になって、哲学的な教育を受けた「守護者たち」（φύλακες, 969c2）に国家の支配権が委ねられるのだとすれば、そのことは、プラトンがこれまで『法律』全巻にわたって支持してきた「法の支配」の原則を放棄し、『国家』で自らが推奨していたような「哲学者の専制支配」にふたたび回帰していることを意味すると彼らには思われたからである[2]。

しかし、このような「回帰」説に対してはすでにG・モロゥが、「夜の会議」は『法律』の残りの部分と完全に調和しており、その果たすべき役割は「非公式」なもので、それがもつ正規の政治的権力は限定されたものでしかないという説得的な反論を提示し、確固たる支持を得てきた。(3) ところがその後、G・クロスコがいくつかのテクスト上の根拠をあげ、①「夜の会議」は『法律』の全体計画と矛盾する存在であって、②哲人統治者の改訂版として機能することを意図されている、という再反論を提示したのだった。(4) そしてこれに対しては、V・ルイスが再々反論を展開し、「法の支配」か「哲学者の支配」かという単純な二者択一を「哲学者の支配」から「哲学をもってする支配」へという図式で捉え直すことによって、国家が「神的な会議」に委ねられるということは、実質的には法に従って任命された執政官たちに国家が委ねられることを意味するのであって、それはけして「法の支配」を拒否することにはならないと結論づけたのである。(5)

2 「法の支配」とは何か

さてしかし、このとき「夜の会議」は、いかなる資格において、いかにして国制と法律を保全するのだろうか。そしてその場合、「法の支配」はいかなる仕方で実現されるのだろうか。そもそも「法の支配」とは何を意味しているのだろうか。

前五世紀後半のアテナイにおける思想状況がノモスとピュシスを対立させるソフィストたちの図式的な考え方に支配され、いっさいのノモス的なものを否定する方向へ進んでいったことはよく知られている。「法の掟は人為的なものであるが、自然の掟は必然だ」(アンティポン「断片」四四)とか、「正しいこととは、強い者の利益にほかならない」(トラシュマコス「断片」六a)とする考え方は、最終的にクリティアスに代表されるような無神論的思考にさえ行きついたのである。

このような思想状況のなかで極度に民主制を発達させつつあったアテナイにおいて、政治的・社会的ヒエラルヒーを大きく左右したものは、言論の自由に支えられた闘争の精神（アゴーン）だった。しかしそれは、激情、貪欲、敵意、暴力といった遠心力の束縛を解き放ちもする。トゥキュディデスが冷徹に見すえているように、これらの力が、妬みという強い破壊力や復讐への原始的な衝動に煽りたてられることによって、内乱が必然的に引き起こされることになったのである。(6)

はたしてこのような遠心的な傾向は、いかにして阻止できるのだろうか。D・コゥエンも指摘しているように、古代アテナイの多様な政治思想家たちが一致してこの内乱に対する防波堤を提供しうると考えたものが、じつは「法の支配」だった。(7)ソフィスト的なノモスとピュシスの対立の図式を経験した彼らにとって、ノモス的なものになんらかの仕方でピュシス性を回復させることが必要だったのである。トゥキュディデスは、ポリス社会が内乱を克服して生き残るためには、党派政治の対立を超えた法制度の維持が肝要であることを逆説的に示した。(8)アリストテレスは、プラトンと同様に、ポリスの安定が法の支配に依存すると考えた。極端な民主制に懐疑的だった彼らは、理想社会における法の支配を、同時代のアテナイの無法な放埒状態と対比したのである。(9)一方、民主アテナイの政治家たちは、法の支配が徹底的な民主制の防波堤なのであって、非民主国家の権力者たちは法律制度に対する敬意なしに自己利益を追求していると再三主張した。(10)その意味において、前四〇三年の民主政回復以降のアテナイの政治史は、「民衆の至高性から法の至高性へ」（M・オズワルド）の根本原則の移動の歴史と見ることができる。(11)

このように、「法の支配」が、国家を内乱から保全するほとんど唯一の手段であるということについて否定できる者は、だれもいなかったであろう。しかしながら、彼らが「法の支配」をいかなるものと考えるかは、各人がいかなる政治理念にコミットしているかに応じて千差万別だった。

そしてこうした事情は、現代の法哲学者のあいだにも同様にあてはまる。民主社会における「法の支配」の重要性は一般に誰しも認めるところであるが、それがそもそも何であるかについては意見の一致をみないのである。それが正義や政治組織の実体的諸原理とは無関係の形式的原理にすぎないと主張する人びともいれば、現代の自由・民主主義の基本的な信念の中核をなすものとみる人びともいる(12)。いずれにせよ、「法の支配」は、普遍的な合意を得られた中立的な用語のように見えながらけしてそうではなく、正当性と支配権を得るための戦略に密接に結びついた係争地を際だたせる概念なのである。

じっさい、プラトンの理想国家における「哲学者の支配」であれ、現代の自由・民主主義国家における「人民の支配」であれ、それが「恣意の支配」であることをまぬかれて、なんらかの正当性の基盤に立脚しようとするならば、「法の支配」というものを前提とせざるをえないであろう。しかし、時局的な政治的対立を超越した正当性の基盤を「法の支配」に求めるとき、それが実定法の物神崇拝に帰着しないという保障はどこにあるのだろうか。また、「法の支配」が権力に対する批判的な抑制原理であるというのは、一種の弁論術的な虚構にすぎないのかもしれない。「法の支配」は、体制化された権力が政治的中立性の仮面によって自己を合理化するためのイデオロギー装置にすぎないともみられるからである(13)。じじつ、すでに第一章で見たように、「法の支配」への徹底的な信頼によって破滅的な内乱の危機を脱したはずの民主アテナイでさえ、ソクラテスを合法的になきものにしようとすることによって、その信頼そのものを裏切ったのだった。

一般に、法はいかなるものをも支配しない。法は、人間によって解釈され、適用され、守護され、保全されねばならない。いわゆる「合法的支配」が「カリスマ的支配」よりも自由裁量を制限する度合いが大きいことは確かである。しかし、法律制度の適用という活動そのものは、ただ闇雲に法律条文に従うことだけを意味しない。それはほんらい、一定の政治理念への確固たるコミットメントに立脚した知性のはたらきによって生み出される、創造的な活動でなければならないだろう。問われるのは、その政治理念の本質と、その活動の正当性である。

そのような「法の支配」についてのプラトンの原理的な思考が、初期対話篇『クリトン』においていかなる仕方で提示され、中期対話篇『国家』と後期対話篇『政治家』においてどのように展開されていったかについては、すでに見たとおりである。[14] はたして最晩年の『法律』において、「法の支配」の理念はどのように現実化されるに至るのだろうか。

『法律』の対話主導者であるアテナイからの客人も、「全体的な徳」の指導者である「知性」をまずは立法の最高原理だと考えている（I. 631b–d）。いかなる法律も規則も、けして知識にまさるものではない。そして「知性」というものは、もしもそれが自然本性に即してほんとうに真正なものであり、自由なものであるならば、いかなるものの従者でも奴隷でもなく、すべてのものの支配者であることが至当である。プラトンの政治哲学の最も基本的な始原は、やはり「知性の支配」なのである。しかし、現実にはそのような知性はどこにもけして——ほんのわずかの例外を除いて——見出されはしない。だからこそ、人間にとっては、次善の策として法を制定し、法に従って生きることがぜひとも必要である（IX. 874e–875d）。このように『法律』の理想国家マグネシアの国制は「最善の国制」を範型とする「第二の国制」であり、ひとが哲人王なき世界で可能なかぎり善く生きるための具体的な道筋を示そうとするものなのである。[15]

しかし私たちにとって注目すべきことは、アテナイからの客人が支配・被支配に関する至高の条件・資格を「知性の支配」と見なしながら、これをさらに、「自らすすんで従おうとする人びとに対する、ほんらい強制によることのない法の支配」（τὴν τοῦ νόμου ἑκόντων ἀρχὴν ἀλλ' οὐ βίαιον πεφυκυῖαν）とパラフレイズしていることである（III. 690c3）。真の政治的安定は、強制的支配からではなく、市民たちの内的な確信からこそ生まれる。人びとは「知性の行う秩序づけ」に服しながら家々をも諸国家をもととのえなければならないのだが、そのさいに人びとを実際に導くものはまさしく法なのである（IV. 713e–714a）。だからこそ、法によって正しいと語られたロゴス（原理・原則）へと子供たちを導くことが『法律』における市民教育の出発点となった（II. 659d）。そして市民たちがその法の正当性を吟味し、これに本意から同意するためには、彼らの間に共同熟議の場がもたれることが要求されるだろう。さまざまな対話的行為をつうじて行われるマグネシアの市民教育は、まさにそのような共同熟議の場の形成を目差すものなのである。[16]

ところで、私たちが問題にしようとしている「夜の会議」は、まさに「国制と法律を保全するための方策」として導入されている。とすれば、それが単純な哲学者による「カリスマ的支配」への回帰を象徴する存在であるはずはないだろう。本章の目的は、「夜の会議」が、哲人王不在の「第二の国制」のもとで、「法の支配」に正義と善を志向する「知性の支配」としての自然本来性を回復させると同時に、正義の論争化が避けられない民主社会において、法服従主体の自発性を保障しうるような仕方でこれを実現するための、決定的な保全策となっていることを明らかにするところにある。そのようにして、この会議がプラトンの政治哲学にとってもつ意味を確認することは、現代のいわゆる自由・民主主義国家にとってめざされるべき共同社会の理念と、それを根底から支えるべき哲学の課題を提示することにもなるだろう。

そこで、まず『法律』における「夜の会議」の基本的なあり方を、その導入状況と構成メンバーとに注目しながら明らかにし、つぎに「夜の会議」に課せられた正規の職務を確認した上で、その本質的な役割が何であるかを考察する。そして最後に、「夜の会議」の政治哲学上の意義を「法の支配」との関連において明らかにすることにしよう。

二 「夜の会議」の導入状況と構成メンバー

1 その導入状況

アテナイからの客人が「夜の会議」(νυκτερινὸς σύλλογος)[17] を初めて明示的に導入するのは、『法律』第X巻(909a3–4)においてである。そこでは、不敬罪に関する刑法の制定に関連して、国内に設けられるつぎの三つの獄舎についての説明がなされている(908a)。

①　一般の獄舎:　アゴラーの近くにある。大多数の犯罪者用。

②　「矯正院」(σωφρονιστήριον):　夜に集まる人びととの会合場所近くにある。[18]

③　「懲罰院」(仮称):　国土の中央付近の、人影のない、できるだけ荒涼とした場所に設けられる。

すでに第九章においてみたように、上級審へ移送される三種類の無神論者たちは、「生まれつき正しい性格」を持っている者たちのグループ(以下、「無神論者タイプ(a)」と呼ぶ)と、「快楽や苦痛へのアクラシアー」

に陥っている者たちのグループ（以下、「無神論者タイプ（b）」と呼ぶ）とに分割された。このうちタイプ（a）の無神論者が「矯正院」へ送られ、タイプ（b）の無神論者が「懲罰院」へ送られる。後者は偽善的な人びとで矯正不可能とされるのに対して、前者は、誠実な人びとであるが故に、その知慮の回復が試みられる。そして、彼らに訓戒を施し、その魂を救済するために、五年間にわたって「矯正院」を訪ねるものとされるのが、「夜に集まる人たち」、すなわち「夜の会議」のメンバーたちなのである。

さて、その「夜の会議」という名称そのものが『法律』のテクストにおいてそのまま登場するのは二度だけである（909a3–4, 968a8）[19]。ただ、「夜の」会議といっても、それは一晩中徹夜で開かれるのではない。それは、「毎日必ず、夜明け前から（ἀπ᾽ ὄρθρου）太陽が昇るまでの間、集まることになっている」（951d7–8）。なぜなら、「この会議は、だれにとっても公私ともに他の実践活動からいちばん解放される時刻の、夜明け前（ὄρθριον）に開かれるべき」（961b6–8）だからである。つまり、「夜明け前」は、一日のうちでも、他のさまざまな実践活動に携わっているメンバーたちの大部分がほんらいの職務を離れて自由になりうる時間である。したがって、この会議が「夜の」会議であることは、それが非公式な会合であることを示唆している[20]。

一方、σύλλογος という言葉には、たとえばアテナイにおける βουλή（評議会）や ἐκκλησία（民会）という語が持っている、法的に規定された公式の団体というニュアンスは希薄である。この語は、より一般的にさまざまな種類の会合を表す用語であり、通常は、非公式的な、あるいは臨時の会合を意味する[21]。

プラトンの用例をみても、そうしたそれほど公式的でない意味で用いられた用例がほとんどである。『法律』[22]以外の対話篇では、σύλλογος は、一般的な公の集まり（ἐκκλησία の集まりをも含めた）に言及する言葉である。それに対して、『法律』における σύλλογος の他の用例は、通常マグネシアの βουλή（政務審議会、cf.

756b7–758e7）や ἐκκλησία（民会、cf. 764a3, 850b8）とは明確に区別されたさまざまな集会や会合に言及するものである[23]。したがって、σύλλογος という言葉は、ごく一般的な「会合」や「会議」を意味しているのであって、少なくともその訳語として「顧問会議」というような表現は用いられるべきではない。いずれにせよ、この会議の年長の構成メンバーは、次節で見るように、正式の役職を別にもっている。したがって、「夜の会議」という名称は、その表現自体が、非公式な集まりであることを強く示唆するものであると見てよいだろう。

ただし、この会議の設立については、すでに『法律』第Ⅰ巻からくりかえし暗示され、最終巻に至ってようやくその全貌が明らかにされるという見方も可能である。なぜなら、第Ⅰ巻（632c）において立法者が徳の全体に着目してすべての法律を制定した後に設置することが予告されている「これらすべての法律のための守護者」（ἅπασιν τούτοις φύλακας）は、すでに「夜の会議」のことを暗示しているとも見られるからである[24]。その設置目的は「知性がすべての制度を統轄することによって、それらが節制と正義に従うように、けして富や名誉心のもとに屈しないように」するところにあるとされている。また、第Ⅵ巻において、国家の体制と秩序をつねにより善くしていくために、無数に残されている修正点を委ねられる「誰か後に続く者」（τινα συνεπόμενον, 769d6–7）や、第Ⅶ巻において、神的な必然性をもった数学的諸学科を詳細にわたって学ぶべきだとされる「少数の人たち」（τινας ὀλίγους, 818a2）も、これを暗示していると見られるだろう。

しかし、この解釈の正当性を吟味するためには、まず「夜の会議」の構成メンバーが最終的にどのような人たちとされるのかを確認する必要がある。

2　その構成メンバー

『法律』最終巻において、アテナイからの客人は、「夜の会議」の構成メンバーについて二つの異なった説明を与えている。第一のパッセージでは、国外視察員の資格について語られるとき、彼らがこの「夜の会議」に出頭しなければならないという話のついでに、会議のメンバー構成が話題に上る。一方、第二のパッセージは、まさに「夜の会議」が主題的に論じられる個所であり、そこには第一のパッセージに対する明瞭な言及が二カ所ある（961a1–2, b8–c1）。ただし、この二つのパッセージの間にはいくつかの食い違いがあるとみられている。

第一のパッセージ（951de）：

（i）最高の栄誉を授けられた神官たち
（ii）護法官たちの中でそのときどきの最年長者一〇名
（iii）教育全般を司る現役の教育監とその前任者たち
（iv）以上の各メンバーが適当だと考えて一人づつ伴う三〇歳から四〇歳までの同数の若い人たち
（v）帰国した国外視察員

第二のパッセージ（961a–c）：

（i）護法官たちの中でそのときどきの最年長者一〇名
（ii）最高の栄誉を授けられた者たちすべて
（iii）法の守護に関する調査のために国外へ出かけていって、無事帰国した者たち――ただし、この者たちの場合には、以上のメンバーたちによってあらかじめ審査を受けて、この会議に参加するに値する者であると認定される必要がある。

(iv) 会議の各メンバーが一人づつ伴う三〇歳未満でない若い人たち

『法律』のテクストにこのようないくつかの混乱が認められることは、すでに指摘したとおりである。[25] しかし、私たちは、安易に修正主義の立場を取ることはできない。これら二つのパッセージに言及される会議の構成メンバーたちのグループを、一つひとつ仔細に検討することにしよう。

(a) 護法官たち(五〇歳〜七〇歳)の中でそのときどきの最年長者一〇名

護法官(νομοφύλακες)については、第Ⅵ巻(752e–755b)において、国制の第一の相——役人の選任と任務についての規定——が記述され始めたとき、「まず最初に全力を傾けて選ぶことがぜひとも必要」な役人として、その選任方法や任務が詳しく論じられている。定数三七名の護法官の年齢資格は五〇歳から七〇歳で、戦争に参加したすべての市民たちの三度にわたる厳格な記名投票を経て任命される。[26]

彼らの本質的な機能は、なんといっても法律と国制を守護することである。しかし、それは立法者によって与えられた法律を条文どおりに厳格に適用することだけを意味するのではない。護法官は、建国当初の立法者によって試みられた立法活動を完成し、与えられた法律を必要なら修正することを求められている(VI. 769d–770b)。この立法活動は無視できない。彼らは、「可能なかぎり立法者でもある護法官」(770a8–9)になることを期待されているからである。彼らは「法律の救済者」(σωτῆρες νόμων, 770b4)として、すべての市民たちの本性が人間たるにふさわしい魂の徳を具えることによって、彼らが善き人になる、という目的にかなわぬ法律は非難する一方、これにかなう法律は称讃し、受容し、自らそれに従って生きることを求められる（770e–771a）。彼らは明らかに、十分な熟議を経たうえで法律を変更したり、新たに制定したりする使命がゆだねられている。そして、彼らのうち最年長の一〇名が、「夜の会議」に参加するのである。彼らの参加が「夜の会議」の存在意義と最も密接に関わるであろうことは、当然予想されることである。ただし、彼らが参加することによって、「夜の会議」そのものに立法機能が付与されるわけではないことには十分注意しておこう。

(b) 現役の教育監（五〇歳以上）とその前任者たち

教育監の原語は、「男女児の教育全般にわたる監督者」（ὁ τῆς παιδείας ἐπιμελητὴς πάσης θηλειῶν τε καὶ ἀρρένων, 765d4–5）である。その定数は一名で、任期は五年であり、政務審議会とその執行部とをのぞくすべての役人によって護法官たちの中から選ばれる。これはマグネシアの行政システムの中で、集団体制でない唯一のケースである。国家における最高の役職の中でも、とくに最も重要なものとされ、五〇歳以上で、嫡出の子（できれば息子と娘、できなければその一方）をもつ父親でなければならない（VI. 765d–766c）。「夜の会議」のメンバーとしては、現役を退いた教育監たちもそこに加わらなくてはならない。

ところで、教育監自身の職務は以下のとおりである。

（i）子供たちの養育にとくに配慮し、子供たちとその教育に携わる人びとを監督する（VII. 808e–809

a)。

（ii）市民教育の重要な部分をなす詩人たちの作品を監督し（801d, 812e, VIII. 829c-e）、教えるにふさわしい言論について教師たちに勧告したり（VII. 811de）、祝祭にさいして催される合唱舞踏の競演に関する規則を定めたりする（VIII. 835a, XI. 936a）。

（iii）国外からやってくる視察員を自宅に迎え入れていっしょに時を過ごし、教えたり学んだりする（XII. 953d）。

教育監が教育に関する規則の制定権を持っていることは重要である。また、教育監が在任中も、役職を離れてからも「夜の会議」に参加することは、マグネシアにおける教育の重要性をあらためて強く印象づける。退任者には年齢制限は設けられていないので、世代論的に見て、教育監が会議の象徴的役割を果たすであろうことは想像に難くない[27]。

（c）監査官（五〇歳〜七五歳）

「夜の会議」の構成メンバーに関する第二のパッセージでは、「最高の栄誉を授けられた者たちすべて」（XII. 961a3）が会議の一部をなすとされている。ところが、第一のパッセージのこれに対応する部分では、「最高の栄誉を授けられた神官たち」（951d8-9）という表現が用いられていた。この食い違いはどう理解すべきなのだろうか。

まず、この「神官たち」が、役人の執務監査を行う監査官たち（εὔθυνοι）を指すことは明らかである。監査官は、国家全体から「最高の栄誉に値する者」とみなされ（946e6–947a1）、その全員が「アポロンとヘリオス（太陽神）に仕える神官」（947a6–7）であることがはっきりと語られているからである。しかしながら、「最高の栄誉を授けられた者たちすべて」という表現は、監査官に限定されないより一般的なカテゴリーを指すともみられるだろう。たしかに、「最高の栄誉」を授けられることが『法律』において明示的に確認される人びとは、監査官である（946b5, 947a1）。しかし、最高の栄誉を授けられる人びとの中には、おそらく教育監とその前任者たちをも含めて考えてよいかもしれない。自らが全体的な徳を実現した者でなければ、市民たちの教育の最高の監督者となることはできないだろうからである。だとすれば、会議の構成メンバーに関する第二のパッセージにおいて、教育監への直接の言及がなく、しかも「最高の栄誉を授けられた者たちすべて」という、より一般的な表現がなされていることを矛盾なく説明できるだろう。

さて、監査官たちが「最高の栄誉」を授けられるのは、なぜだろうか。それは、彼らがどのようにして選抜されるか（945e–946c）をみれば明らかである。毎年、夏至が過ぎると、太陽神ヘリオスとアポロンをともに祀る神域でその選抜は行われる。「市民一人ひとりが、自分を除き、五〇歳未満ではない者で、どの点からみても最もすぐれていると考える人物を選び出し」、神の前に示すのである。候補者を得票数の多い順に半数残しては投票するという手続きがくり返されて、最終的に三人が残される。そして、もしこれら三人の者全部が、あるいはそのうちの二人の者が同数の票を得た場合には、抽籤によって勝利者と第二位、第三位の者とを決め、彼らにオリーヴの冠をかぶらせる。こうして、彼らに「最高の栄誉」を授けた上で、全市民にはつぎのような布告を行うのである——

「神のご加護によりふたたび存続することをえたマグネシア人の国家は、いま、その国のなかから、三名の最もすぐれた人物をヘリオスの神の前に差し出す。この者たちは、監査の職務に従事している間、古来の法に則り、この年の初穂として、アポロンとヘリオスの神に共通に献じられたものである。」(946b6–c2)

この詳細な規定によって知られることは、毎年行われるこの選抜が、市民たちのうちで全体的な徳をこの上なく実現しているとみられる人物を市民たち自身が選び出す「徳のコンクール」だということである。それゆえ、このコンクールの勝利者に国家から「最高の栄誉」が授けられるのは当然のことである。そしてこのようにして選抜された人物は、アポロンとヘリオスの神官であると同時に、「役人の中の役人」として他のすべての役人たちの執務監査を行うのである。彼ら自身がその職務に関してより厳しい自己拘束性を要請されるのは言うまでもない(947e–948b)。

彼らは、徳の領域において、市民たちのエリートを代表するだけではない。毎年、その年に神官になった三人のうちで、第一位に選ばれた者が神官長(ἀρχιερεύς)となる。そしてその人の名前は年ごとに公簿に記録され、国家が存続するかぎり、年を数える基準となるのである(947ab)。しかも、彼らに授けられる死後の名誉は、ほとんど英雄化に等しい(947b–e)。つまり、彼らは宗教祭祀の領域においても、市民たちのエリートを代表する存在なのである。彼らの参加によって、「夜の会議」の本質的な役割が決定的に特徴づけられるのは当然のことだろう。

(d)　国外視察員

マグネシアにおいては、軍事的な遠征をのぞけば、市民たちが国外へ出ることは厳しく制限されている。四〇歳未満の市民には、いかなる場合もけして国外に出ることは許されない。四〇歳以上の市民であっても、軍使や外交使節、あるいはなんらかの宗教行事に参加する祭使などの公の資格でしか外国旅行をすることはできない。それは、徳にかけて可能なかぎり最も立派で最もすぐれた国家であることをめざしている国家の市民が、いたずらに他国の風習に触れて害悪を被ることを避けるためである。しかし、マグネシアの法は、他国の人びとの様子をより長期にわたって視察したいと考える市民たちの望みを妨げはしない。なぜなら、「もし国家が善き人びとだけではなく悪しき人びとともつき合って、その経験を積むことなく、ただ自分の国だけに閉じこもって孤立してしまうなら、十分に開化された完全な国家（ἥμερος ἱκανῶς εἶναι καὶ τέλεος）になることはできないだろうし、さらにまた、たんなる慣れによってではなしに、しっかりした見識に基づいて法律の存在理由を把握するのでなければ、法律を守り通すこともできないだろうから」である（951ab）。このような目的のために護法官によって国外派遣の許可を与えられるのが、国外視察員である。

国外視察員に関する規定は、第XII巻（951c–952d）で導入されているが、彼らは五一歳から六〇歳までの市民で、とくに戦争において高い名声をあげた者でなければならない。国外視察員は、国家の法律をより善くする調査のために、自分が望むだけの期間、外国の慣習や制度を視察しに外国へ行く。そして帰国すると、ただちに彼は「夜の会議」に出席して、法律や教育、養育に関して彼が学んだことを報告しなければならない。もしも国外視察員が出国前より大いにすぐれた人間となって帰国したなら、生存中も死後も大きな称賛を受ける権利があるが、もしも逆に堕落して帰国したなら、若者であれ老人であれ、だれ一人とも交際は禁じられる。しかも、この点において禁を犯して、教育や法律のことに口出しをして、そのために法廷で有罪とされた場合には、死刑に処せられるべきだとされるのである。

このように国外視察員は、「夜の会議」との緊密な連絡のもとに活動する。護法官と監査官は国家の法律の変遷と適用のあり方を監視するのであるが、国外視察員は、現行法の改善のためにあらかじめ定められている外的な視点を、実体験に基づいて提供する。彼らの役割は、国家における徳の支配を、実定法の保守によってのみならず、未来予測によっても確実なものとするために、なくてはならないものである。

(e) 若い人たち（三〇歳～四〇歳）

「夜の会議」には、すべて五〇歳以上であるメンバー一人ひとりが、三〇歳から四〇歳までの若者を一人ずつ一緒に伴って出席することになっている。各メンバーが素質と教養の点で適格であると判断した若者を推挙するのであるが、彼らが実際に会議に参加するには、他のメンバーたちの承認を得なければならない（961ab）。非公開の、しかも卓越性に基づく彼らの選抜は、マグネシアの他のほとんどすべての役職への選任が、全市民のさまざまに組み合わされた選挙と抽籤によるのとは対照的である。しかし、その選抜の正当性は、彼ら自身の自然本性によってやがて明らかになる。彼らは、年長のメンバーが許可する学問を真剣に学び、その適格性を厳しく評価される。不適格者を伴った年長のメンバーは、会議のすべてのメンバーによって非難されるが、高い評価を受けた若いメンバーは、他の国民全体から特別の庇護が与えられる。そして彼らが期待どおりの人物になれば、栄誉を与えられるが、もし一般大衆よりも悪い者になったばあいは、他の人たちよりも不名誉な扱いを受けるのである（952ab）。

「夜の会議」は、知性と、人間の最も高貴な感覚である視覚・聴覚との結合に譬えられる（961d）。後に明らかになるように、感覚に譬えられているのは若者たちであり、知性に譬えられているのは年長者たちである（964e–965a）。ここでのアテナイからの客人の言葉は、プラトン後期対話篇における感覚のメカニズムについての説明に対応しているとみられる[28]。要するに感覚の役割は、身体の周囲や身体の内部で生じる出来事について知性に報告するだけでなく、知性と協同してその指図と決断を身体の全体に伝達し実現することにある。このように、国家の感覚としての若者たちは、国家の内部に生じた新たな出来事について国家の知性としての年長者たちに報告すると同時に、彼らと協同して国家全体の安全を保つ働きをなすのである。

さらにまた、「夜の会議」がとくに天分に恵まれたより若いメンバーを募り、国制と法律の保全のために必要な「より厳密な教育」（965b1）に参画させるということは、年長のメンバーたちにとっては新鮮で有益な刺激となるだろうし、若い人たちにとっては、将来、国家の最高の役職を担うための予備教育ともなるのである。

かくして、「夜の会議」はつぎの五つのグループから構成されることになる。

(a) 三七名の護法官（οἱ νομοφύλακες）のうち最年長の一〇名（五〇歳～七〇歳。全市民の記名投票による）。

(b) 教育監（ὁ τῆς παιδείας ἐπιμελητής）一名（五〇歳以上。政務審議会とその執行部をのぞくすべての役人によって護法官の中から選ばれる。五年ごとに退任）と、すでに職務を退いた教育監たち（不定数 $\alpha=x/5$　ただし、xは建国からの経過年数）。

(c) 監査官たち（οἱ εὔθυνοι）（五〇歳〜七五歳。建国初年度は一二名。以後毎年、厳格に定められた全市民の投票手続きによって三名づつが補充される。$12+\beta$. ただし、$\beta=3x$）。
(d) 帰国した国外視察員（ὁ θεωρός）（五一歳〜六〇歳。不定数 γ）。
(e) 以上の各メンバーによって一人ずつ推薦された若い人たち（οἱ νέοι）（三〇歳〜四〇歳。ただし、国外視察員が若い人を伴うかどうかは明確な言及がない）。

このように「夜の会議」の構成メンバーを総括してみると、いくつかの注意すべき事実が浮かび上がる。

（i）年齢構成：　世代的に見れば、三〇歳から四〇歳までの若い世代と、五〇歳以上の年長の世代とが会議を二分する。三〇歳未満の青少年世代と、四〇歳から五〇歳までの壮年世代には、そもそも参加資格がない。前者に参加資格がないのは当然であるが、後者に参加資格がないのは、おそらく彼らが「昼の世界」、すなわち「洞窟」のなかで実務経験を積まねばならない世代に属するからであろう。[29]

また、世代論的に見て注目すべきは、本書第七章で詳しく考察したディオニュソスのコロスとの関係である。[30] 三〇歳以上六〇歳未満の市民からなるディオニュソスのコロスの年齢構成は、「夜の会議」のそれに――四〇歳から五〇歳までの世代を除外すれば――包摂されている。このコロスのメンバーがすべて「夜の会議」に参加するということはありえないが、逆に、「夜の会議」の六〇歳未満のメンバーは、原則的にすべてディオニュソスのコロスのメンバーでなければならないだろう。このコロスは、すでに見たように、市民レヴェルでの哲学的探究の場であった。「夜の会議」が組織全体としてこのコロスに公式の影響力を持つわけではないが、その探究の場において「夜の会議」のメンバーが主導的な役割を果たすであろうことは想像に難くない。自らは冷静な素面の状態で素面でない者たちの指揮者となる人たち、酒宴に関する法律を守護し、これに協力する六〇歳を超えた人たち（671de）に、「夜の会議」の年長のメンバーが含まれていないはずはないだろう。

（ii）会議の規模：国外視察員を含めたすべてのメンバーが若い人たちを伴うとすれば、初年度の会議の規模は、$46+2\gamma$名である。すべての監査官が五〇歳で会議に参加しはじめるとすれば、会議の規模は、建国二十五年目には、最大二〇〇名前後にまで膨らむ可能性がある。計算式は、$(10+1+\alpha+12+\beta+\gamma)\times 2=46+2(\alpha+\beta+\gamma)=46+6.4x+2\gamma$である。

（iii）構成比率：会議を構成する最大のグループは、意外に思われるかもしれないが、三〇歳から四〇歳までの若い人たちのグループである。また、公の役職者として最大のグループとなりうるのは、監査官たちのグループであることに注意しておこう。

総じて彼らは、政治的現実のなかに深く根をおろしながら、「法の支配」の理念を現実化する職務を負っている。しかし彼らは、「夜の会議」に参加するときには、ほんらいの職務を離れて哲学的な対話活動に従事する。それは、彼らが現実化を図る「法の支配」の理念を普遍的に正当化し、法そのものを根拠づける意味をもつのである。「夜の会議」のメンバーとしての彼らには、国家の実質的な支配に関わる政治的権力はまったく認められていない。したがって、たとえばG・クロスコが主張しているように、プラトンがここで「法の支配」の理念を放棄し『国家』におけるような「哲学者の専制支配」に「回帰」している、などということはけしてない。[31]むしろ彼らは、国家の知的・倫理的・宗教的エリートを代表する存在なのであって、その本質的な役割は、「法の支配」に「知性の支配」としての自然本来性を回復させることにあると思われるのである。

　そのことを確認するために、「夜の会議」の固有の職務と本質的な役割について、詳しく考察することにしよう。

三　「夜の会議」の固有の職務と本質的役割

1　若き無神論者との対話（X. 908a–909a）

「夜の会議」に固有の第一の職務は、神学の教育・研究に関連している。すでにみたように、この会議に参加する人たちは、矯正院（σωφρονιστήριον）に収容されている刑法犯の無神論者（タイプ（a））を五年以上もの長期にわたって訪ね、彼らに訓戒を施し、[32]その魂の救済をはかる（908e6–909a5）。若き無神論者たちは、最高の徳と学識をそなえた国家最高の指導者たちを含む「夜の会議」のメンバーたちとの対話をつうじて感化を受け、文字どおり健全な思慮をもつ（σωφρονεῖν, 909a6）に至ることが求められるのである。

　さて、「夜の会議」のこの職務は、よく批判されるように、「異端審問」や「洗脳」と同類の思想統制にあたるのだろうか。たしかに、無神論者が健全な思慮をもつに至らず、ふたたび不敬神の罪で有罪となった場合は、死刑によって罰せられるのであるから（909a）、そのような誹りは免れないようにも思われる。しかし、はたしてアテナイからの客人は、無神論者一般に思想的な転向を強要しているのだろうか。少なくともタイプ（a）の無神論者たちは、快楽や苦痛へのアクラシアーに陥っている無神論者（タイプ（b））とは違って、気質や性格に悪いところはない。ただ彼らは、無知（ἄνοια）のゆえに、不敬神の言動に及んでしまう若者たちなのである。

彼らの主張によれば、神々の存在は人為によるのであって、自然ではなく一種の法律・習慣による（889e）。いわゆる「ノモス対ピュシス」という対立の図式に基づいて、「正しいことは人為や法律・習慣によって生じるのであって、なんらかの自然によって生じるのではない」とみなし、「法律に従って他者に隷属するのではなく、他者を支配して生きること」こそが最高の正義だとする「知者」たちの教説が、その背景にはある（890a）。しかし、全体的な徳の実現を可能なかぎりめざそうとするマグネシアの国制にとって、神々の存在とその働きについての無知は、国家形成の根幹を揺るがしかねない重大な魂の欠陥である。なぜなら、魂の物体に対する優先性と、神的な知性による万有の秩序づけとは、後にみるように、宇宙万有と国家社会と人間個人との誕生と発展と現状を説明する究極の原理であり、かかる神学的知識は、「夜の会議」にとって、「法の支配」の普遍主義的な正当化の可能性を保障する最終的な根拠とみなされうるからである。いかなる社会にとっても、そうした国家形成の根幹に関わる事柄について、すべての市民のあいだになんらかの仕方で合意が形成されることは、理想的な共同社会を築いていくための基本的な条件であろう。

たしかに、マグネシアの大多数の市民にとっては、そのような事柄に関しては、「たんに法律の条文に従っているだけであっても、大目にみられる」（XII. 966c）。しかしそれは、理性的論議に参与する能力をもたない存在が「知性の支配」としての「法の支配」の保護対象から除外されることを意味するのではない。マグネシアの法は、すでに第八章で詳述したように、かかる能力を十分にもたない人びとに対しても、法の前文の公示をはじめとするさまざまな説得的対話の場を用意することによって、可能なかぎりすべての市民たちに、「法の支配」の正当化根拠について主体的に合意することを促している。

ましてや、このような事柄に関してあえて法に反する言動に及ぶ人びとに対しては、国制と法律の守護の役割を果たすべき人たちが真剣に対応しなければならないことは言うまでもない。「夜の会議」のメンバーたちは、無知ゆえに反社会的言動をくり返す者に対して、根気よく問題の事柄について対話を積み重ねることによって、健全な思慮をもつように説得しなくてはならない。若き無神論者たちは、おそらく、「夜の会議」のメンバーたちとの対話をつうじて、自分たちの素朴な疑念が社会に広く受け入れられたときの破壊的な作用の可能性を認識し、「健全な思慮を有する人たちと共に暮らす」(909a6–7)ために、不用意な発言や行動を自己抑制するように促されるだろう。快楽や苦痛へのアクラシアーに陥っている無神論者(タイプ(b))とは違って、生まれつき正しい性格を持っているタイプ(a)の無神論者たちならば、市民としての自覚にたってそうした自己抑制に向かうことは可能だろう。たしかに彼らには潔癖な性格ゆえの頑固さというものはあるかもしれない。しかし、以上のような意味で健全な思慮をもつように促されることは、けして思想信条の自由を侵されることではない。

したがって、矯正院における対話活動は、支配者がコミットする政治理念に真っ向から反対する思想をもった犯罪者に対して、その犯罪者自身が裁かれた法の普遍主義的な正当化の可能性を論議する場を提供することを意味する。そして、このような熟議の場が設けられているということそれ自体が、少なくとも思想信条の自由が認められていることの証しである。

しかしながら、むしろ私たちは、この若き無神論者との対話が「夜の会議」のメンバーたち自身にとってもつ意味にこそ注意すべきである。彼らは告解師でも、精神科医でも、検察官でもない。年長のメンバーの多くは、会議の場を離れれば、国家の最高の指導者として政治的権力を行使する執政官たちである。V・ルイスが指摘しているように、若き無神論者との対話によって、彼ら自身が問題の事柄について理解を深め、場合によっては考えを改めるように促されることがありうるかもしれない(33)。とすれば、この対話のプロセス全体によって意図されていることは、やはり哲学的探究の営みがその国制にとって善きものとして担保されることにほかならない。なぜなら、国制の究極の基盤について誠実な疑念を抱く若者たちとの対話は、「夜の会議」によって実践される哲学的探究にとって、計り知れない利益をもたらすだろうからである。

さらに、「法の支配」の観点からみて、このような対話活動は次のような利益をもたらすことにもなるだろう。すなわちこの場合、「法の支配」はけして権力のたんなる自己合理化装置として機能してはいない。むしろそれは、権力をいわば批判的審問の法廷に引き出す理念として機能している。これによって、権力行使の正当性をめぐる対話の参加者は、自己の主張を、自己の視点に真っ向から対立する他者の視点からも受容しうるような公共的な理由に基づかせることが可能になるのである(34)。これは、同じ不敬罪による告発を合法的に認めながら、被告には五〇一名もの市民裁判官に対するたった一度の弁明を許したのみで、不当な死刑判決を下すに至ったアテナイの国家と国法に対する皮肉な逆転像とみてよいかもしれない(35)。

2　国外視察員との対話（XII. 951de）

すでに述べたように、「夜の会議」は、『法律』最終巻においては、国外視察員が帰国後まず出席しなければならない報告の場として導入されている。会議はここでは「法律を監視する人たちの会議」と呼ばれている。そして会議の構成メンバーたちが集まって語り合うテーマは、つねに自国の法律に関すること、またそれに関連する重要な問題で、国外で何か耳にしたこと、さらにまた、法律の考察において事柄がよりいっそう明瞭になるという利益をもたらすと思われる学問についてである（951e–952a）。

ここで規定されている「夜の会議」の直接的な職務とは、帰国した国外視察員から法律の制定や教育・養育の問題に関する報告を聞いて、異国の法律・習慣に触れた彼らの徳の現状を評価することである。しかし、会議の本質的な役割は、むしろそういった職務をつうじて、諸外国において現在行われている実定法について語り合い、さらに正義と徳について哲学的に考察することであろう。そもそも国外視察員の派遣目的は、十分に開化された完全な国家の建設に寄与することにあった（951ab）。彼らは直接経験した善悪さまざまな異国の法律・習慣について報告することによって、「夜の会議」が法律の存在理由を確固たる見識に基づいて把握するための外的な視点を提供するのである。その意味において、外国から派遣されてきた視察員が、「夜の会議」の重要な構成メンバーである教育監、監査官と個人的に交際することを許されている（953de）のも重要なことであろう。

したがって、若き無神論者との対話も、国外視察員との対話も、その本質的な目的は、「夜の会議」自身の哲学的考察の深化にあるといってよいだろう。その点が明瞭に主題化されるのは、他のすべての法律が制定された直後のことである。

3 「より厳密な教育」（XII. 961a–968b）

本章の冒頭にも触れたように、アテナイからの客人は、マグネシアのための法律制定の仕事がほとんど終了したことを確認した上で、その法の永続性をいかにして確保するかを問題にする。そしてまさに「国制と法律を保全するための方策」として、彼がふたたびその設立の必要性を強調するのが、「夜の会議」なのである。彼は、国家の安全を守るというこの会議の役割を説明するために、いくつものメタファをくり出す。

まず、国家は一隻の船に譬えられ、「夜の会議」はその船の安全を保つために投じられる「国家全体の碇」（ἄγκυραν πάσης τῆς πόλεως, 961c5）と呼ばれる。それは、「それ自身にふさわしいものをすべて具備しているかぎり、われわれが存続を望んでいるものすべてを安全に保ってくれるだろう」とされる（961c5–6）。では、その碇自身にふさわしいものとは何だろうか。国家はさらに、動物の身体に譬えられ、「夜の会議」は、その動物の魂と頭に譬えられる。魂には知性が宿り、頭には視覚と聴覚が備わっている。知性が「夜の会議」の年長のメンバーであり、感覚が若者たちのメンバーであることは言うまでもない。そして、この知性が最も高貴な二つの感覚と結びついてこれらと一体になって働くときに、その動物の安全は保たれる。この比喩がふたたび船の場合に適用されて、舵を取る船長と水夫たちが、舵取りの技術に関わる船長の知性に水夫たちの見たり聞いたりする感覚を結びつけたときに、自分たちをも船全体をも安全に保つことになるというのである（961de）。

このようにして、「夜の会議」は、国家全体の安全を保つ役割を果たす。そしてそれは、軍隊の遠征にさいしての将軍や、病者との関係における医者が、自分たちの実践的活動の目標——すなわち「勝利」や「健康」——の何であるかを知っているのと同じように、「夜の会議」が国家の目標の何であるかを知っているからである（961e–962b）。いかなる国家であろうとも、そのなかに、国家の目標とその目標を実現するための手段とについて、そしてその探究にさいして立派な勧告をなしうる法律や人間について、認識をもったある一つの部分（τι τὸ γιγνῶσκον, 962b5）が存在しなければならない。もしもそのような知性と感覚を備えていなければ、その国家は、国家全体の安全を保つことができないであろう（962b4–9）。「夜の会議」は、国家の「ひとつの部分、あるいはひとつの営み」（μερῶν ἢ ἐπιτηδευμάτων, 962c5–6）として、「守護者の役割」（φυλακτήριον, 962c7）を果たすのであるが、その役割の実質は、けして『国家』における「全き意味での守護者」（φύλακας παντελεῖς, 414b2）のように国家を直接支配することにあるのではない。それはむしろ、「第二の国制」における統治を根底から支える国制と法律を守護し、国家全体を保全するために、哲学的探究を行うことにある。

　では、その政治哲学的探究の内実はいかなるものなのか。数多くの目標をめざしてあれこれと彷徨わねばならない他の諸国家とは違って、マグネシアがめざす国家の目標は、クレイニアスが確認しているように、「徳」（ἀρετή, 963a3）というただ一つの目標である。そのことは『法律』の要所要所でくり返し強調されてきたとおりである[36]。しかし、その目標を達成することは容易なことではない。人間的な徳の本性それ自体を探究し、さまざまな徳の種類、とくに知慮、勇気、正義、節制のすべてがいかにして徳そのものの本性に与るかを探究しなければならないからである（963a–964a）。この探究が、「他の市民たちの守護者たち[37]」にとって必要不可欠な営みであることは言うまでもない（964bc）。そして、こうした哲学的探究の場が、個別の官職の遂行される場と直接的に同じでないことは当然であろう。しかし「夜の会議」は、民主政治が多数の専制や利益集団政治、あるいは最悪のばあい僭主専制に陥る危険に対して、「知性」をただ先在的・超越的規範として実体化する場ではない。それはむしろ、「知性」と「感覚」との共同作業による対話と熟議をつうじて、そのような危険を可能なかぎり回避するための保全策を探究する場なのである。

さて、「夜の会議」がこの探究の営みをよりよく果たすために必要とされるのが、「何かより厳密な教育」(τινα ἀκριβεστέραν παιδείαν, 965b1) である。一般に、「少なくとも個別の領域において最高の専門家にして守護者でもあるひと」は、「たんに雑多なもの (τὰ πολλά) へ目を向けることができるだけでなく、一なるもの (τὸ ἕν) へ急迫してこれを認識し、そのうえで、その一なるものとの関係においてすべてのものを綜観しながら秩序づけること (πρὸς ἐκεῖνο συντάξασθαι πάντα συνορῶντα)」(965b8–10) もできなければならない。「一なる形相」(μίαν ἰδέαν, c2) の認識に基づくこの探究の方法 (μέθοδος, c5) 以上に、観察や考察を「より厳密に (ἀκριβεστέρα, c1)」する方法はないのであって、これがディアレクティケーに相当することは明らかである[38]。そしてこの方法は、「われわれの神的な国制の守護者たち」(τοὺς τῆς θείας πολιτείας ἡμῖν φύλακας, c9sq.) にとっては、何よりもまず全体的な徳の一性を理解するために活用されねばならない (956c–966a)[39]。また同様の認識は、「美」と「善」についても、さらには、「真の意味で法律の守護者となるべき人たち」(τοὺς ὄντως φύλακας ἐσομένους τῶν νόμων, 966b5) が真剣になるべきすべての事柄についても適用される (966ab)。そして、そうした事柄のうち最も立派なものの一つが神々についての理論であり、「守護の仕事に与るべき人たち」(τοῖς δὲ φυλακῆς μεθέξουσιν, c6) は、神々についてなされているすべての証明を把握することに努力しなければならないのである (966cd)[40]。

このようにして、アテナイからの客人は、第X巻の自然学的無神論批判の議論を想起させ、「夜の会議」の第一の職務の重要性を再確認する。この第X巻の議論の要点は、ここではつぎの二点に集約されている

（966d–967d）。

① 物体に対する魂の優先性：　魂こそあらゆる事物のうちで最も年月を経た古いもの、最も神に近いものであるが、それらの事物の運動変化は、魂によってひとたび生ずると、つねに流動してやまぬあり方を事物にもたらすということ。

② 知性による宇宙万有の秩序づけ：　星の運動や、万有を秩序づけている知性の支配下にあるかぎりのその他の諸天体の運動が、いかに規則正しいものであるかということ。

これら二つの点は、人びとを確固とした敬神へと導く必要条件であるが、これらを把握するためには、それに先立って必要となる予備的な諸学問を学び[41]、さらにこれらの学問と音楽（ムゥサ）との関連をも綜合的に考察して、その成果を性格形成のための制度や法律にうまく適合するように用いるだけではなく、これに可能なかぎり理論的な説明をも加えることができなくてはならない（967d–968a）。そのとき若き無神論者たちとの対話は、彼ら自身の対話活動を活性化する役割を負うだろう。注目すべきことは、以上のような知識を身につけることができないでいる者は、けして「国家全体の執政官」（ἄρχων … ὅλης πόλεως）として充分な資格を得ることはできないとされていることである（968a1–4）。これによって「夜の会議」は、そのメンバーが「昼の世界」において適正な支配権力を発揮するための教育の場でもあることが示唆されている。

この知識のもとでは、生命の源としての魂（プシューケー）が、宇宙万有と国家社会と人間個人との、誕生と現状と発展を説明する究極の原理となる。自然（ピュシス）と法律・習慣（ノモス）とを鋭く対立させるソフィストたちの考え方に基づけば、自然的有機体としての人間は、本能と欲望と情念の主体として、法律・習慣による抑圧から解放されるべき存在だった。明確に区別される二つの原理の衝突から、人間にとって避けがたい脅威が生まれたというわけである。しかし、生命の源である魂が、法の源であると同時に自然の源ともみなされる神的な知性と同化されるとき、この脅威は遠ざけられるであろう。アテナイからの客人は、魂がすべての運動の始原であるという仮設を出発点として、国家の法を自然学によって根拠づけ、さらにはそれを神学によって根拠づける（966c–968b）。こうして彼は、自然のうちに法の基礎をおくことによって、法の正当化の根拠を普遍化しようとするのである。

かくして、「夜の会議」の設立は、『国家』第Ⅵ巻において明言されていた要求――すなわち、「国の中には国制に関して、立法者である君が法の制定にあたってもっていたのと同じ理論的根拠（ロゴス）をしっかりともっているような、なんらかの要素がつねに存在しなければならないだろう」（497c8–d2）――に対応するものである。「夜の会議」は、まさにそのような要素たるべき哲学的探究の場なのである。もちろんその関心は、『国家』の哲人統治者たちのそれよりもずっと直接的に政治と法に向けられてはいるだろう。しかし、法の研究は広範な知識を要求する。じじつ『法律』の「夜の会議」に要求される「より厳密な教育」の少なくとも前半部分（XII. 967d4–e2）は、『国家』第Ⅶ巻に与えられる哲人王教育のプログラムに対応するものとさえ見られるのである[42]。したがって、それはとくに会議に参加する若い人たちにとっては将来、国家の最高の役職をになうための予備教育ともなるであろう。しかし、その教育の後半部分（967e2–968a1）は、市民教育の重要な手段である音楽・文藝を、イデア論の哲学との共同関係のもとに綜合的に考察し、その成果を具体的な教育制度と法律に反映させることをめざすものなのである。

このようにして、アテナイからの客人は、クレイニアスとメギロスに対して、自分たちがこれまでに述べ

てきたすべての法律に、次のような趣旨の法律をつけ加えることについて同意を求める。すなわち、

「執政官たちが集まる夜の会議は、われわれが述べてきたかぎりの教育に与るものとなることによって、法に基づいて、［国制と法律を］保全するための守護となるものとする（ὡς φυλακὴν ἐσόμενον κατὰ νόμον χάριν σωτηρίας τὸν τῶν ἀρχόντων νυκτερινὸν σύλλογον, παιδείας ὁπόσης διεληλύθαμεν κοινωνὸν γενόμενον）。」（968a6–b1）

ここで「守護」（φυλακή）という言葉が用いられていることは、確かに目を引く事実である[43]。しかし、これを根拠に「夜の会議」を単純に『国家』の哲人王と同定することはできない。「夜の会議」のメンバーは、たしかに「守護者」（φύλακες）と呼ばれさえする[44]。しかし、彼らは、「夜の会議」のメンバーとしての資格においては、『国家』の哲人王に付与されていたような国家の「支配者」（ἄρχοντες）としての実質的な政治的権力を持ってはいない。会議の年長のメンバーたちが、職務上自分たちの公式の官職を有していることはすでに見たとおりである。つまり、彼らは一般的な意味での「執政官」（ἄρχοντες）ではある。したがって、アテナイからの客人が彼らにそう呼びかけるときは、そのような一般的な意味においてである。要するに、彼らは「夜の会議」にも出席する「執政官」なのであって、特別な意味での「支配者」ではない。それゆえ、彼らに対する「守護者」という呼び名も同様に読まれるべきである。すでに960e9sq.において予告され、この法案にも示唆されているように、彼らはあくまでも国制と法律を保全するための守護者なのであって、『国家』における「全き意味での守護者」のような存在ではない。

　少なくともここで確認しておくべきことは、「夜の会議」が「法の支配」に服することが明言されていること。また、イングランドも指摘しているように、アテナイからの客人の宣言の最も重要なポイントが、

「教育」の一点にあることである。[45] すでにみたように、「夜の会議」そのものに付与されている政治的権力は、ごく限られたものでしかない。しかもその権力が、『国家』の哲人王のように、法よりも優先されることはありえない。その権力の実体は、あくまでもそれがもつ知的・倫理的権威のうちにあると言うべきであろう。

しかし、こうした「夜の会議」の権威と「法の支配」との関係は、やはり微妙であることは確かである。じじつクロスコは、少なくともこのパッセージを書いたときのプラトンが、この「守護者」という名にふさわしい機能を「夜の会議」にもたせる方向へ回帰した、と見る。[46] そして彼はモロゥの「非公式」説に深刻なダメージを与えるためと称して、直後の重要なパッセージ（968c3-7）を自説の論拠にあげたのである。第一節においてすでに見たように、モロゥの「非公式」説にクロスコが反論した重要な論拠は、この神的な会議が生まれたなら、「国家をその手に委ねなければならない」（969b3）というアテナイからの客人の言葉だった。次節ではこの一連のパッセージを慎重に吟味し、それを支えるプラトンの政治哲学のより広い文脈に目を向けることにしよう。

四　国制の守護者たち

1　「夜の会議」の知的・倫理的権威

本章の冒頭にあげた問題のパッセージ（969b1-3）は、モロゥの読みによれば一種の「熱弁の結論」（peroration）であって、語り手の考えを必ずしも正確に伝えてはいない。[47] ここで強調されているのは、国家の堕落を妨げる哲学的探究の重要性である。「夜の会議」は、そのメンバーの多くが自分たち自身の役職に関する法律規定によって縛られているだけでなく、会議そのものにも明白で一般的な政治的権力は何一つ与えられていない、というのである。一方、クロスコによれば、このパッセージには、会議が国家の中心となる政治的権力であるべきことが明らかに含意されている。[48] しかもこれは、会議の国制上の地位についてなされる唯一の最も明確な指摘なのだから、真剣に受けとめられるべきだというのである。

さて、クロスコが自説を裏づける論拠とした個所（XII. 968c3–7, 節番号筆者）を見てみよう。

(i) Οὐκέτι νόμους, ὦ Μέγιλλε καὶ Κλεινία, περὶ τῶν τοιούτων δυνατόν ἐστιν νομοθετεῖν, πρὶν ἂν κοσμηθῇ — (ii) τότε δὲ κυρίους ὧν αὐτοὺς δεῖ γίγνεσθαι νομοθετεῖν — (iii) ἀλλὰ ἤδη τὸ τὰ τοιαῦτα κατασκευάζον διδαχὴ μετὰ συνουσίας πολλῆς γίγνοιτ' ἄν, εἰ γίγνοιτο ὀρθῶς.

問題は、（i）の τῶν τοιούτων が何を指し、（ii）が全体との関連において何を言わんとしているかである。（i）の κοσμηθῇ の主語が「夜の会議」であり、（ii）の αὐτοὺς がそのメンバーを指すことに異論はないだろう。解釈の分岐点は、αὐτοὺς と同格に置かれている κυρίους ὧν が何を意味し、（ii）における νομοθετεῖν の意味上の主語が誰なのかである。

クロスコは、τῶν τοιούτων が、設立後に会議が持つであろう「政治的権力」を意味するものとみなし、（ii）では、会議が設立されたとき、そのメンバーがもつべき権力を彼ら自身が規定しなければならないという、会議の「国制上の地位」が語られていると考える。[49] 彼によれば、当該個所（ただし、（ii）節まで）の英訳は以下のとおりである。

(i) It is not possible at this stage, Megillus and Cleinias, to treat laws about these things, before it [i.e., the nocturnal council] is duly framed; (ii) when it is, its members must themselves ordain what authority they should possess; ...

一方、モロゥは、H・チャーニスの読み——κυρίους ὧν αὐτοὺς δεῖ γίγνεσθαι を"masters of what they must become masters"と訳して νομοθετεῖν の主語と見なす——に従って、問題のパッセージが「夜の会議」に必要とされる「より厳密な教育」に関する大きな文脈のなかにあると考える(50)。アテナイからの客人が直前に述べたことは、会議によって研究されるべき事柄についてだった（967d–968a）。客人は、「その方面の事柄にはかなりの経験を積んでいるし、多年にわたって研究もしてきた」と述べて、さらなる協力を申し出ている（968b4–8）。彼が誇りうる経験とは、もちろん哲学と教育に関わるものであって、問題個所において話題となる事柄もまさにこの「より厳密な教育」に関わる事柄だというのである。チャーニスによる当該個所の英訳は以下のとおりである。

(i) Legislation is no longer possible about such matters [as those concerning the council] until it has been organized, (ii) and then it is possible for masters of what they must become masters to do the legislating; (iii) but training of that kind, if done right, would already amount to schooling by long association.'

さて、（i）の τῶν τοιούτων の意味を探るに当たってまずこれに関係づけなければならないのは、前節で見たようにこの直前の個所で提案されていた法案——「夜の会議」がすでに述べられてきたかぎりの教育に与るものとなったとき、法に基づいて、［国制と法律を］保全するための守護となるものとする、という趣旨の法案（968ab）――である。「国制と法律の保全策」（960e9sq.）を見出すことは『法律』全篇の最終課題だったのであるから、この法案が具体化されないかぎり、マグネシアの法律制定の仕事は完成しないはずだ。ところが、ここでアテナイからの客人は、（i）「もはや法律というかたちでは、そうした事柄について規定することは不可能」だと述べる。「夜の会議」の組織が整えられることがその条件だというのである。そして（ii）では、会議の組織が実際に完成されたあかつき（τότε）に可能となること――これが論争の的である――を補足する。ところが（iii）では、会議の組織がまだ完成されていないうちからすでに、「そうした事柄を準備する営み（τὸ τὰ τοιαῦτα κατασκευάζον）」が「長期にわたる交わりをもってする教え」というかたちでは行われていることになるだろうと述べるのである[51]。はたして「そうした事柄」とは何を意味するのだろうか。

ここで私たちは、「法律（νόμους）」という対格がνομοθετεῖνの内的客語として取り出され、わざわざ文頭におかれて強調されていること、また、それと対比されるようなかたちで「教え（διδαχὴ）」という表現がとられていることに注意しておこう。第Ⅶ巻（788a1-5）において、アテナイからの客人が養育と教育に関する諸規則を導入するにあたってまず確認していたことは、養教育に関する事柄は法律（νόμοις）によって命じられるよりも、教えたり諭したり（διδαχῇ τινι καὶ νουθετήσει）して説かれるほうが適切だということだった。むろんそこで問題になっていたのは、私的な家庭生活において習慣づけによって育まれる人間形成の基礎である。生活の細部にわたる事柄に対して、法律という書かれた掟をつうじてその時々の政治権力が介入していくことの愚かしさを、客人は鋭く指摘したのだった。しかし、こうした「法律」と「教え」の対比は、ここで問題となっている「より厳密な教育」にも本質的な意味において同様に当てはまるのではないだろうか[52]。もしそうした理解が許されるなら、そこには、「夜の会議」の組織が整えられないかぎり、（i）もはや「法律」というかたちではそうした事柄について規定することは不可能だが、（iii）そうした事柄を準備する営みは、すでに「教え」というかたちで行われている、という対比が浮かび上がってくる。すでに見たように、「より厳密な教育」の具体的な内容は、たしかに、その概略を示されてはいたが、法律として規定されてはいなかった。そして、「より厳密な教育」の方法が長い時間をかけた対話問答という「交わり」にあることは言うまでもない。その「教え」のあり方に対して、「夜の会議」の組織が整えられないうちから、国家権力が法的強制をもって介入することは、「夜の会議」の設立目的そのものを蔑ろにすることになるだろう。

このような展望に立って、問題の個所に帰ろう。（iii）の τὰ τοιαῦτα は、さしあたり（i）の τῶν τοιούτων と——さらにはおそらく968b7の τὰ τοιαῦτ' とも——同じ内容を指すと見てよいだろう。そしてこの「教え」によって準備される事柄が、「夜の会議」の設立目的を実現する具体的な仕事であることは明らかである。したがって、「そうした事柄」は、先の法案を制定するという目標のために前提条件となる事柄、すなわち、国制と法律の保全策である「夜の会議」がいかなるメンバーによって構成され、彼らがいかなる研究・教育課題に精通した者とならねばならないかを意味するとみることができよう。このかぎりにおいて、チャーニス、モロゥの解釈は正しい[53]。

つぎに、（ii）における νομοθετεῖν の意味上の主語については、チャーニスの読み以外に、「われわれ」を主語として補う人たち[54]、非人称的に理解する人たち[55]、そしてクロスコのように「夜の会議」のメンバー自身を主語とみなす人たちがいて、文法的にはいずれの解釈も不可能とは言えないだろう。ただし、αὐτοὺς という強意代名詞を νομοθετεῖν の主語とみなすことは語順から見て無理がある。また構文としては、(ii) の νομοθετεῖν が (i) の δυνατόν ἐστιν νομοθετεῖν とパラレルな構造にあると考えて、(ii) に δυνατόν ἐστιν を補うことは許されるだろう。だが、チャーニスの読みについてはどうだろう。たしかにそれは論理的・文法的整合性において画期的な読みだったと言えるかもしれないが、じつはクロスコの解釈にも有利にはたらくことになる。なぜなら、その読みは、「夜の会議」そのものに立法機能が賦与されることを強く示唆するからである。しかしながら、そのような解釈は、『法律』における「法の支配」の原則に明らかに抵触する。マグネシアにおいて将来的に法律を改定し、法律によって何かを命じることができるのは、あくまでも立法者でもある護法官であろう。この原則を適用するかぎり、νομοθετεῖν は非人称的に理解し、κυρίους ὧν αὐτοὺς δεῖ γίγνεσθαι をその目的語にとるのが自然な読みではないか[56]。ただし、こう読んだとしても、「より厳密な教育」の具体的な内容が法律のかたちで規定されるということは、あくまでも可能性の問題にとどまっていることを忘れてはならない。直後の個所において、そうした具体的な法律条文が規定されていないのは、むしろ当然である。「夜の会議」の組織がまだ整えられていない以上、ここで語られているのは、まさに「そのような事柄を準備する」ための研究・教育の指針だからである。

第一になされるべきことは、国制と法律の守護たるにふさわしい人たちのリストの作成である(968c9-d3)。「夜の会議」の年長のメンバーが自らの名誉をかけてなさねばならない最も重要な仕事は、じつは自分自身が伴うべき若い人たちの推挙である。会議のメンバーの半数を構成する若い人たちは、四〇歳になれば「夜の会議」をいったん離れて昼の世界で実務経験を積むことになるのであるが、彼らは将来かなりの確率で、すべての市民たちによる厳しい選抜を経て、護法官や監査官などの国家全体の指導的な役職につき、「夜の会議」のメンバーに復帰してくるであろう。したがって、「夜の会議」は、国家全体の守護にふさわしい若者を発見して育成し、市民たちに対してその成果を示すという教育上の役割を担っているのである。

その次になされるべきことは、彼ら自身の研究テーマや教育課題を決定し、そのそれぞれの研究・教育に相応しい時期を定めることである（968d3–6）。ところが、アテナイからの客人は、これらの事柄を条文のかたちで語ることは無駄なことだと主張する。なぜなら、そういった事柄については、学ぶ人それぞれの心のうちに、その学問についての知識が生まれてこないうちは、その人自身にもはっきりわからないだろうからである（d6–e3）。すなわち、「より厳密な教育」に関する具体的な事柄を、すべて「語られえぬこと」（ἀπόρρητα）とするのは正しい言い方ではないが、「あらかじめ語られえぬこと」（ἀπρόρρητα）と言うのは適切だというのである（e2–5）。

この「あらかじめ語られえぬこと」という概念は、一見難解である(57)。しかし、「夜の会議」が適正に組織されないかぎり、「より厳密な教育」の具体的な内実が決定できないことは明白であろう。「夜の会議」は、時々刻々と変化する現実へと適切に対処しながら現行法を可能なかぎり改善していく「立法者でもある護法官」のために、法的判断の正当化の根拠を哲学的に考察する場を提供する。「夜の会議」の視野は、内に向かっては、つねに新たに生まれてくる若い世代に開かれていると同時に、外に向かっては、未知の善悪さまざまな異国の法律習慣にも開かれている。それればかりか、その視野は、国制と法律の最終的根拠である神学的な知そのものに疑念を投げかける異質な他者の言説にも開かれている。したがって、会議の場で展開される哲学的対話は、多様に変化する現実に的確に対処しながら下されるべき法的判断の正当化の根拠を可能なかぎり普遍化するという、すぐれてディアレクティケー的な思考運動として、つねに生成途上にあると言わなければならない。だからこそ、「より厳密な教育」に関する具体的な事柄は「あらかじめ語られえぬこと」なのであり、その事柄について法律のかたちで規定することはもはやできない。そして「夜の会議」の組織が整えられたあかつきは、ほかならぬその会議のメンバーたち自身がそうした事柄について権威者とならねばならないのであり、法律によって担保されなくてはならないのは、まさにこうした「夜の会議」がもつべき知的・倫理的権威なのである。その時々の政治権力が法的強制力をもって「より厳密な教育」の具体的な内容に介入することは、その国制全体の運命を危険にさらす愚行である。むしろ法律は、超越的な知性の権威を直接的な政治権力から切り離すと同時に、これに国制と法律の守護としての地位を賦与するのでなくてはならない。

かくて、問題個所の試訳は次のようになる。

「（i）もはや法律というかたちでは、メギロスにクレイニアス、そうした事柄について規定することは不可能なのだ、その会議の組織が整えられないかぎりはね――（ii）そのときになってはじめて、何であれ彼ら自身がその権威者とならねばならない事柄を規定することが可能になる――（iii）けれども、そうした事柄を準備する営みは、もしもそれが正しく行われていれば、長期にわたる交わりをもってする教えというかたちで、すでに行われていることになるだろう。」（968c3-7）

「夜の会議」の組織が整ってはじめて、その本質的な役割に関連する事柄、すなわち、そのつど生成途上にある「より厳密な教育」の具体的な内容は明らかになる。しかし、その事柄について法律というかたちで規定することは、可能ではあっても、むしろ避けられるべきであろう。（ii）の部分が強意代名詞を用いて強調していることは、「そのような事柄」の権威者とならねばならないのはほかならぬ「夜の会議」のメンバーたち自身だということである。そしてそのとき、立法者でもある護法官に求められることは、「夜の会議」の知的・倫理的権威に対して法的根拠を与えることであるだろう。したがって、「この神的な会議の手に国家を委ねなければならない」というのは、それがなんらかの実体的な政治的権力を授けられることを意味しない。(58) それは、「夜の会議」が「法の支配」の理念のもとにそれを根底から支える知的・倫理的権威を有すべき存在であることを意味している。このようにして、ようやく968abで提示された法案が現実化されるに至るのである。

この規定に基づいて、とりわけ会議に参加する若い人たちは、「感覚」としての働きをするとともに「より厳密な教育」に与ることによって、将来の護法官や監査官として相応しい人間へと形成されていく。そこでの共同研究・教育の内容は、けして「語られえぬこと」ではないのであって、原理的にすべての市民たちに開かれていなければならない。なぜなら、「法の支配」を対立競合する正義構想にも通底する普遍主義的な正義理念に依拠させるためには、対立が最も先鋭化している問題に関する法的判断をいかなる普遍的根拠に基づいて正当化するのかが、そのつど明らかにされていなければならないからである。そして事実このような対話的行為の帰結は、法律とその前文をつうじて公に示されたり、ディオニュソスのコロスをつうじて主題化されたりして、多くの市民たちの対話活動のなかへと浸透していくであろう。「夜の会議」による探究と教育は、市民レヴェルでの哲学的探究を究極において根拠づけている。そのようにして「夜の会議」は、それ自体が「法の支配」に服すとともに、それをより強固に根拠づける役割を担っている。「夜の会議」

は、あくまでも「保全という徳にかけて」(πρὸς ἀρετὴν σωτηρίας) 比類のない、国制と法律の守護者たちとして完成されることを求められるのである (969c2-3)。アテナイからの客人は、そのような探究と教育が生起する場を国制内に創造することが、哲人王不在の「第二の国制」の保全のために決定的に重要であると確信している。

2 「知性の行う秩序づけ」としての法の支配

それでは、以上のような知的・倫理的権威を持った「夜の会議」の設立は、プラトンの政治哲学というより大きな文脈のなかではどのような意義を持っているのだろうか。私たちは本章の締めくくりとして、とくに『第七書簡』と『国家』に照らしてプラトン哲学の課題を見たうえで、その課題が「法の支配」の理念のもとに『法律』においていかに実現されているかを最終的に確認することにしよう。

『第七書簡』の執筆時期は、おそらく『法律』が書き始められる直前の頃である。そしてその中心をなす考え方は、哲人統治論にほかならない[59]。じじつシュラクゥサイの政治的混乱という症例に対してプラトンが下した処方は、専制君主ディオニュシオスに対して、正統的な哲学が専制政治よりも魅力的であることを示し、法によって秩序づけられた政体を創設するよう彼に納得させることだった。これは、実際にプラトンが畏友ディオンにだけでなく、ディオニュシオスにも建言した内容であり (331de, 334cd)、またディオンの政変が成功していたなら、彼にそう行動することを期待した内容だった (335e-336b)。もちろんプラトンは、ディオニュシオスが実際に哲学者になると期待してはいなかっただろう。しかしながら、哲学の研究によって専制政治の根である無抑制な欲望にそれ以上心を向けないという自己認識を彼のうちに呼び覚ますことができると期待し、そしておそらく一種の立憲君主制が成立することを期待したのは、プラトンにとって不合理なことではなかったはずである。(60)

さてプラトンは、この書簡のなかでとくに「法の支配」との関連でつぎのような注目すべき提言を行っている。

「内乱の渦中にある人びとがその災いを断とうとするのであれば、闘いで勝利を得た側の者が、多数の人間を追放し殺害することによって怨みを晴らしたり、敵に対する報復に出たりしているのをやめるとともに、自制心を働かせて、自分たちにとってと同じく敗れた側の者にも満足のいくよう規定された双方共通の法（νόμους κοινούς）を制定し、それを彼らに強制して守らせるようにしなければならない……。しかも、ここに言う強制は畏敬と恐怖（αἰδοῖ καὶ φόβῳ）という二とおりのもので、力を見せつけて自分たちが敗者たちよりも強いという事実によって恐怖を抱かせるとともに、快楽に関しても彼ら以上にすぐれた態度を持することができ、法に対しても彼らよりも率先して服従する意志があり、またそうすることができることをはっきり示すことによって、畏敬の念を起こさせるのである。こうするよりほかには、内乱状態にある国家は、けして災いを鎮めることができないであろう。自らが自らに対してこのような事態に陥った国家には、内部分裂や対立抗争や憎悪や不信がたえず生ずるようになっているのである。」（336e4-337b3. 内山勝利訳。強調筆者）

このような立法の反転可能性と自己拘束性は、当の法律が普遍主義的に正当化可能であることを保障する意味をもつ。すなわち、国政になんらかの変革がもたらされるためには、被支配者に対してはもちろん、むしろ支配者に対してより強く、それが法の支配に基づいた変革であることについて同意することが求められる。民主制においては、支配者であるすべての市民たちの合意が求められることは言うまでもない。

したがって、この書簡には、プラトンの政治哲学の重要な二つの原則が示されている。

① 正統的な哲学が国政の基本計画に影響を及ぼすようにならねばならないこと

② 国政になんらかの変革がもたらされるとき、それが法の支配に基づいた変革であることについて支配者・被支配者のあいだに合意が成立しなければならないこと

この第一の原則によって『国家』第V巻の哲人統治論が再確認されていることは言うまでもない。そしてこの基本原則は、本書においてくり返し指摘してきたように、『法律』においても、いくぶん変奏された形ではあるが、明確に維持されている。[61] たとえば、

「神がではなく、誰か死すべきものが支配する国家であるかぎり、そこに住む人びとにとって不幸や労苦をのがれるすべはない。」(IV. 713e4–6)

ここでは哲学者の観念が神の観念に置き変わっているが、その真意は、アテナイからの客人のつぎの言葉によって明らかにされる。

「われわれは、……知性の行う秩序づけを法律と名づけて、われわれのうちにあって不死につながるものに公的にも私的にも服しながら、家々をも諸国家をもととのえなければならない。」(713e6–714a2)

本書第六章で詳しく論じたように、ここにおいて人びとは法律を媒介として、ダイモーンたちの配慮を知性の行う秩序づけとして自らの魂のうちに実現していくことが求められている。逆に、法律は、神的な知性と

して人間のうちに内面化されることによって、人びとの行為の根拠となるべきものであり、神々と人間とを媒介する中間者である。要するに、マグネシアにおいては、支配者であれ、被支配者であれ、すべての市民たちが各人に可能なかぎり哲学的探究に参与しなければならない。しかしながら、すべての市民たちに「魂への配慮」を促すこのような公共性の哲学は、「法の支配」の普遍主義的な正当化を試みる正統的な哲学によって原理的に根拠づけられていなければならないだろう。まさにそのような仕方で、正統的な哲学がマグネシアの国制の基本計画に影響を及ぼすための入り口となっているのが、「夜の会議」における哲学的探究である。「夜の会議」は、とくにディオニュソスのコロスを媒介として、市民レヴェルの哲学的探究を国家レヴェルで最終的に根拠づける役割をも果たしているのである(62)。

一方、『第七書簡』の第二の原則は、哲人統治者を僭称する専制君主の恣意の支配に対して権力発動の普遍主義的な正当化を要請する意味をもつだけでなく、民主制が反知性主義に陥って多数の専制や利益集団政治に堕する危険性に対しても、反転可能性の吟味を要請することによって、抑止機能を果たすことになる。マグネシアの政治的権力は、きわめて民主的な手続きによって選任された複数の執政官たちによってにぎられている。「夜の会議」は、その執政官たちのなかでも知的・倫理的に最も卓越した人たちが、自分たちの公式の職務を離れて、若者たちの鋭い感覚と協同しながら、さまざまな法的判断の普遍主義的な正当化の可能性を熟議する場である。その知的・倫理的権威は、政治的権力とのあいだで絶妙のバランスを取りながら、国制と法律を守護する役割を果たすのである。

このような意味において、「夜の会議」における哲学的な対話活動は、哲人王不在の「第二の国制」において、「法の支配」の理念に、正義と善を志向する「知性の支配」としての自然本来性を回復させると同時に、正義の論争化が避けられない民主社会において、法的判断への公共的な信頼を保全するための決定的な手段である。このように後期対話篇『法律』においては、プラトン初期において提示されたソクラテスの吟味と探究の哲学が、けして個人主義的なレヴェルにとどまることなく、国家という共生の場を媒介としつつ、中期のイデア論の哲学と結び合わされて、新たな公共性の哲学へと発展していこうとしている。これはすべて、プラトンの言う「正統的な哲学」の発展の相なのである。[63]

註

（1）因みに、こうした法律の保全策の必要は、すでに『法律』第Ⅰ巻において「いっさいの法律のための守護者」（632c4）という表現で示唆されている。Cf. Tarán（1975), 22 n.83 et Brisson（2001), 161.

（2）Cf. Zeller（1888), 539sq.; Barker（1918), 406sqq.; Sabine（1950), 85; Müller（1951), 169sq.; Brunt（1993), 250sq. そのような解釈の淵源はアリストテレス『政治学』（II 6, 1265a3–4）にある。ただし「哲学者の専制支配」から「法の支配」へというプラトン中・後期の政治哲学に対する発展的な解釈を、すでに私たちは本書第六章において斥けている。

（3）Morrow（1960), 500–515. Cf. Kahn（1961), 421; Saunders（1970), 516; Guthrie（1978), 369, n.3; Stalley（1983), 112; Bobonich（2002), 393sq.

（4）Klosko（1988).

（5）Lewis（1998). クロスコは最近になってふたたび、ルイスの批判にはまったく応えることなく、マグネシアにおける「法の不変性」を強調するという観点に基づいて彼の①の論点を打ち出したが（Klosko（2008))、この論点もX・マルケスによって正当に反駁されている（Marquez（2011))。

（6）『歴史』III. 82–3.

(7) Cohen (1995), 34–57.

(8) III. 84は、偽作とされることが多いが、そこでは「共通の法」の重要性が指摘されている。

(9) Cf.『政治学』III. 10–11, 16, IV. 4.

(10) たとえば、トゥキュディデス (II. 37) の伝えるペリクレスの追悼演説や、デモステネス『ティモクラテス弾劾』(24. 5, 75–6) などを参照。

(11) 本書第一章註 (2)、および橋場 (1997, 151sq.) 参照。

(12) Raz (1977, 195–211), Dworkin (1986, 93), Shklar (1987, 1–16) などを参照せよ。井上 (2003, 33–67) は、そうした状況のなかで、「正義への企て」として、法の支配の理念化プロジェクトを誠実に敢行している。

(13) Cf. 井上 (2003), 35–36.

(14) 本書第一章、および序章第二節2を参照されたい。

(15) 本書第六章を参照されたい。

(16) 本書第八章を参照されたい。

(17) 「夜明け前の会議」、「暁の会議」、「夜の顧問会議」とも訳される。

(18) σωφρονιστήριον (矯正院) という滑稽な単語は、プラトンの造語である。Pangle (1980, 535, n.42) が指摘しているように、この言葉は、アリストパネスが喜劇『雲』(94, al.) において φροντιστήριον (「思索院」) と名づけたソクラテスとその弟子たちとの居所の捩りであろう。

(19) この句は、「夜に集まる人びとの会合」(τὸν τῶν νύκτωρ συλλεγομένων σύλλογον, 908a4–5)、あるいは「あなたが先ほど夜に集まるべきだと言っていたあの会議」(τὸν σύλλογον ὃν εἶπες νυνδὴ νύκτωρ δεῖν συνιέναι, 962c9–10) という表現をそのまま圧縮したものである。そして、他の多くの個所では、それは「夜の」という形容詞なしで「会議」(σύλλογος) とのみ呼ばれる (952a8, b5, 9 ; 961a1, 7, c3)。しかし、その役割に関連して「法律を監視する人びとの会議」(τὸν σύλλογον ... τὸν τῶν περὶ νόμους ἐποπτευόντων, 951d5–6)、あるいは「神的な会議」(ὁ θεῖος ... σύλλογος, 969b2) という表現が用いられることもある。

(20) 因みに、アテナイからの客人は別の個所で、市民のうち誰であれ、「いかなる夜にせよ、一晩中ぐっすり寝込んでしまい、つねに真っ先に目を覚まして起きる自分の姿をすべての召使いに見せないこと」を、自由民にふさわしくない恥ずべきことだと語っている（VII. 808e–808a）。「すべての人は、国家の役人も家庭の主人や主婦も、夜目覚めている間に、国事や家事の多くの部分を処理しなければならない。睡眠を取りすぎることは、われわれの身体にも魂にも、またこれらすべての公私の活動にも、ほんらい調和しない」（808b）というのだ。また、L・ブリッソンは、この会議をあえて「徹夜の会合」（le collège de veille）と訳し、「覚醒（la veille）は生と意識の側にあるのだから、死と無意識の側にある睡眠は最小限に切りつめなければならない」というのが『法律』の状況であると考えている（Brisson, 2001）。たしかに、アテナイからの客人は、睡眠の意味を、あまり高く評価していないように思われる。しかしそれは、プラトンが死と無意識の意味を高く評価しなかったということを意味しないだろう。本書第七章第五節ですでに見たように、死のメタファである魂の陶酔によってもたらされる魂の再生は『法律』の重要なモティーフである。

(21) 'assembly', 'meeting', 'concourse'（LSJ）; 'conventus', 'coetus', and 'concilium'（Ast, *Lexicon Platonicum*, 1956）。

(22) 『ラケス』187e2,『ゴルギアス』452e3, 4, 455b3, 456b8,『ヒッピアス（大）』304d1,『国家』II. 359e2, VI. 492b7,『パイドロス』261a9. ただし、『エピノミス』992d8は、上にあげた『法律』の用例と同様に「夜の会議」に言及している。

(23) Cf.『法律』V. 738d4, VI. 755e4, 764a3, 6, 765a5, IX. 871a5, XI. 935b7, XII. 943b9. ただし、VI. 758d3は、ἐκκλησία の集まりに言及するものである。また、II. 671a5は、酒宴に言及している。

(24) たとえば、Susemihl（1862–1863, A.15）, Friedländer（1960, 367, 504 A.17）, Tarán（1975, 22 n.83）, Brisson（2001, 161）らは、そう考えている。ただし、Ritter（1896, 350A）は、護法官を指すと考えている。

(25) 本書序章註（8）参照。

(26) Brisson（1998, 165）によれば、プラトンは、アテナイのアルコーン（執政官）たちの権限を範としてひとつの翻案を生みだしたのであって、それはある道徳的な見地によって行動指針を与えられ、彼の政治哲学の要求に応じたものである。

（27）会議の構成メンバーに関する第二のパッセージで教育監に対する直接の言及がないのは、教育監が護法官の中から選ばれる以上、当然、最年長の護法官一〇名の中に含まれるからかもしれない。

（28）Cf.『テアイテトス』156a–157a,『ピレボス』34a,『ティマイオス』47a–e.

（29）『国家』のカリポリスにおいては、ディアレクティケーの修練を経た将来の守護者たちが、三五歳から五〇歳までの十五年間、「洞窟」のなかで実務経験を積まなければならないのだった。『国家』539e–540a.

（30）「夜の会議」とディオニュソスのコロスとの「隠された」関係については、Larivée（2003）参照。

（31）*Pace* Klosko（1988）and Brunt（1993）, 250–1. Cf. Morrow（1960）, 500–515 and Lewis（1998）, 15–16.

（32）Cf. X. 908e–909a. ここで直接言及される教育の手段は「訓戒」（νουθέτησις）であるが、実際の対話問答において用いられている手段には、『ソピステス』（229e–230e）で魂を浄化する教育の手段としてこれと対比される「論駁」（ἔλεγχος）も明らかに含まれている。

（33）Cf. Lewis（1998）, 5.

（34）Cf. 井上（2003）, 66.

（35）Cf.『弁明』37ab.

（36）Cf. 630c, 631b–d, 688ab, 693b–e, 705d, 807cd, 836d.

（37）この文脈でくり返し用いられる「守護者」という表現（969b9, c7, d4, e2）は、ここで「それらの事柄についての解説者であり、教師であり、立法者である人たち」と説明されているように、護法官、監査官、教育監など、「夜の会議」のメンバーたりうる人たちを指す。

（38）Cf.『国家』VII. 537c,『パイドロス』265d,『ソピステス』253de.

（39）ここで「第二の国制」にすぎないマグネシアの国制が「神的」と言われているのは、徳の全体に着目して行われる立法が、たとえ「第二の国制」のための立法であっても、「神的な立法」（I. 630e1）であることに変わりはないからであろう（*pace* Guthrie（1978）, 371 n.5）。

（40）ここで未来分詞がくり返し用いられていることは、若いメンバーたちのことが念頭におかれているからだけでなく、「夜の会議」そのものがつねに新たな現実に対処すべき本質的役割を担うものだからであろう。

（41）この予備的な諸学問とは、第Ⅶ巻において「少数の人たち」が詳細にわたって究めるべきとされた数学的諸学科を指すものとみられる。そこにおいても「これらのことをあらかじめ計画を立てた上で立法化することは困難である」とされていたことに注意しよう（817e–818e）。『国家』の哲人王教育においても、「本曲」であるディアレクティケーを補助し準備する「前奏曲」として数学的諸学科が配置されていたことは言うまでもない。

（42）『エピノミス』の著者は、そこに明らかに対応関係を見ている。cf. 990c–991c.

（43）この文脈において他にも、964d8, 966c6, 968d1.

（44）964b9, c7, d5, e2, 965b8, c10, 966a7, b5, 969c2.

（45）England（1921）, II. 635.

（46）Cf. Klosko（1988）, 81.

（47）Morrow（1960）, 512.

（48）Klosko（1988）, 79.

（49）Klosko（1988）, 80–1. Cf. Ritter（1896）; Bury（1926）; Pangle（1980）. また、Apelt（1916）; England（1921）; Taylor（1926）; Müller（1951）も同様と見られるが、不定法の主語については非人称的に理解している。

（50）Cherniss（1953）, 373–4 ; Morrow（1960）, esp. 513 n.22. Cf. Saunders（1970）; Tarán（1975）.

（51）Stallbaum（1859）は διδαχὴ を τὸ τὰ τοιαῦτα κατασκευάζον と同格に読む句読法を提案している。

（52）この点については山本巍氏との私信によって考察を深めることができた。謝してここに記す。

（53）Cf. Müller（1968）; 式部（1975）; Schöpsdau（1977）; Schöpsdau（2011）, 602 sq.

（54）Ast（1824）; Stallbaum（1860）; Jowett（1892）; Diès（1956）; 加来（1993）; Brisson et Pradeau（2006）.

（55）前註（49）にあげた人たち以外にも、Müller（1968）; Schöpsdau（1977）; Lewis（1998）; Schöpsdau（2011）.

（56）式部（1975）; Schöpsdau（1977 ; 2011）も同様。

(57) 因みに、T・スレザークは、プラトンの著述批判を背景として、この言葉に哲学的伝達の限界性を読み取ろうとしている。Cf. Szlezák (1993), 87［邦訳一〇一頁］。
(58) 瀬口（2007）は、この言明を文字どおりにとって、「夜の会議」に『国家』における哲人統治者の機能が賦与されると解釈している。「夜の会議」が、「法律による支配を通して、『国家』の哲人統治者でめざされた知性による最善の統治を生みだすための仕組み／機構である」（四八頁）という理解の方向性には同意できるが、『法律』に示された「第二の国制」における「法の支配」と「夜の会議」の関係について厳密なテクスト上の根拠は示されていない。
(59)「正統的な哲学にほんとうにたずさわっている類の者が国政の支配の座に就くか、あるいは現に諸国において政権を掌握している類の者が、何か神の配剤のごときものによって、ほんとうに哲学するようになるかするまでは、人間の族（うから）が悪禍をまぬがれることはない」(326ab)。
(60) Cf. Taylor (1949), 7 ; Lewis (1998), 18.
(61) 序章、ならびに第六章第四節を参照されたい。
(62) 本章第二節の年齢構成の項を参照せよ。
(63) 本章は、二〇一一年九月一〇日・一一日、専修大学生田キャンパスにおいて開催された第一五回ギリシャ哲学セミナー「プラトン『法律』」での発表に基づいています。この「会議」での活発な議論にご参加下さったすべての方々に謝意を表します。

終章　対話篇『法律』における哲学の課題

本書の目的は、対話篇『法律』の厳密なテクスト分析をつうじてプラトンの政治哲学の基本的な理念を明らかにし、それが政治哲学の始原としてもつ普遍的な意義を問うことにあった。『法律』における哲学の課題を正当に評価することによって、『法律』を「非プラトン」的とする一般の解釈を斥け、伝統的なプラトン像やプラトニズムのあり方のみならず、私たち自身の哲学的思考のあり方そのものをも問い直すきっかけとしたかったのである。

さて、『国家』と『法律』との関係に注目しながら、私たちが考察の手がかりとみなした論点は、⑴哲学的人間学にもとづく人間形成の構想、⑵国制論のパラディグマティズム、⑶「魂への配慮」としての政治術、の三つだった。

まず第一に、私たちは、プラトンが『法律』において、人びとの生の全領域を規定すべき立法を根拠づけ正当化するために、人間的主体性の陶冶を目ざす哲学的人間学を基盤におくことを構想している点に注目した。『プロタゴラス』において提起された行為のアイティアーをめぐる問は、『国家』においても『法律』においても、国家論という大きな枠組みの中で、人間の魂の善さとしての「市民的な徳」のあるべきかたちと、それを窮極において支えるべき〈善〉の認識、すなわち「真実の徳」のあり方を追究するという仕方で問いなおされる。『国家』では守護者教育と哲人王教育の視点から、支配するべき人間の行為を根拠づける「知」のあり方が主題化されたのに対して、『法律』ではさらに、主として市民教育の視点から、支配されるべき人びとの行為を根拠づける「理知分別」としての法律のあり方にまで視野が広げられたのである。

『法律』の「神の操り人形」の比喩は、まさに大衆市民の常識的な知識観の背景となっている人間の自然状態を具体的に描き出すとともに、そのような自然状態を脱してより善き生を生きるためにはどうすればよいのかを、まさにその世人大衆に対して説き勧めるための手段だった。私たち人間の自然状態は、さまざまな情念と欲望の強硬な紘に引きずり回される木偶の坊状態そのものである。しかしその一方で、人間は、一本の黄金でできた理知分別の紘に吊り下げられてもいる。人間は、さまざまな情念と欲望の紘に引きずり回されながら、じつは一つひとつの行為に至るたびごとに、どの紘に引かれるべきかの主体的な選択を繰り返しつつ、しだいに自己を形づくっていく。理知分別の紘は優しく穏やかで強制することはないのであるから、人間はより善き生を望むかぎりは、自由意志をもって「国家の共通の法」の引く力に自らの欲望の束を同化させていかねばならない。環境世界との相互関係の中でそのような主体的な努力を行なう魂の動きの総体によって、「操り人形」の本来の自己は形づくられていく。プラトンがすべての市民の魂に実現されることを求める人間的自由は、あらゆる法的判断の普遍主義的な正当化の根拠として正義と善を志向する知性の支配にもとづかなければならないのである。

このような哲学的人間学を基盤とするのがプラトンの政治哲学の顕著な特徴である。しかしそこには、

『国家』と『法律』とのあいだに働くパラディグマティズムの問題が横たわっている。それが私たちの第二の論点だった。『法律』の国制は、「最善の国制」を範型とする「第二の国制」であり、哲人王なき世界に生きる私たち自身が可能なかぎり善く生きるための具体的な道筋を示そうとするものだった。プラトンは、過度の自己愛と欲心の追求に狂奔する人間本性の事実を冷徹に見すえながら、人びとにその無知の自覚を促し、可能なかぎり共有主義の実現をめざす道を探る。彼は、『法律』の「第二の国制」において、「法の支配」の理念のもとに、『国家』そのものにすでに内包されていた哲学と政治の緊張関係を可能なかぎり緩和し、新たな公共性の哲学を確立しようとしたのである。

さて、このような公共性の哲学の具体的な課題は何であったか。これを真のリベラリズムの実現をめざす「魂への配慮」としての政治術の具体的な展開として、『法律』の立法のなかに読み取っていくことが、私たちの第三の論点であった。

まず私たちが注目したのは、文藝批判と市民教育の問題である。市民教育の手段として三つの世代に割り振られるコロスは、日々めぐりくる祝祭の場で、神々を伴侶として、歓びとともに美しきムゥサを歌いかつ踊る。人びとは、すぐれた品性のミーメーマである合唱舞踏によって、真に美しいものへのエロースを喚起され、自らの魂をよき秩序と法へと同化させていく。マグネシアの三つのコロスは、感情教育、治癒教育、再生教育というかたちで市民たちの生涯にわたる幸福への努力をうながす場なのである。これは、『国家』において守護者教育の前段階に位置づけられていた感情教育を、全市民の生涯教育へと拡張するものにほかならない。そしてとくにディオニュソスのコロスの日常的な対話活動は、市民レヴェルでの文藝批判の実践なのであって、彼らは実務経験を積みながら、国家と法のあり方、教育と文化の行く末を語り合うことによって、ロゴスとしての立法者の導きを補助する役割を担うのである。

次に私たちが注目したのは、法の前文の説得的機能だった。すでに見た合唱舞踏はもちろん、『法律』には、法の前文以外にも神話伝説・物語、さらには対話問答など、さまざまな種類の語り方によって多様な市民に対する説得の技法が展開される。これらの技法は、ディアレクティケーを基盤とする立法者自身の立法行為を補助すると同時に、その法の命ずる真なる理をすべての市民たちが自発的に魂のうちに内面化するようにうながすという意味において、ソクラテスの対話活動の意義を可能なかぎり普遍化する機能をもつ。「第二の国制」において社会的な合意の最終的な基盤となっているものは、そのような対話的行為である。法の前文のはたらきは、けっしてたんなる弁論術的効果をめざす非理性的な説得ではなく、対話問答による哲学的な議論にも似た理性的な説得である。第X巻の若き無神論者たちとの対話は、まさにそうした理性的な説得の実例である。立法者と市民たちとの理性的な議論というこの想定は、『国家』や『政治家』のいずれにも対応するものが見あたらない。「第二の国制」によって実現される社会のあり方は、真の意味での市民的自由の確立を積極的に推し進めている点において、『国家』のそれよりもいっそう民主的で開かれたものだということができるだろう。

第三に私たちが注目したのは、プラトンの刑罰論である。「第二の国制」においては、すべての加害行為が、まずは加害者の魂の状態とは無関係に、あくまでも被害者の立場から評価される。たとえ故意によらない加害行為にもとづくものであっても、そこに生じたあらゆる物質的・精神的な不均衡は、賠償と浄めによって原状回復され、市民間に友愛の関係が再構築されなくてはならないのである。次に、加害者の魂の状態が吟味され、その魂が不正な状態、すなわち「最大の無知」や〈二重の無知〉におちいっていると認められたならば、その欠陥状態を可能なかぎり治療し変革するために、さまざまな治癒教育が施される。そして、その魂がどうしても治療不可能であると判断された場合にかぎり、極刑が科せられるのである。アテナイからの客人が示すこの三段階の裁きの根底にあるものは、すべての不正は不本意なものだといういわゆるソクラテスのパラドクスにほかならない。そしてこの考えは、『法律』において、いかに不正な人間であっても、「神の操り人形」であるかぎりは、黄金の理知分別の紘によって吊り下げられているのだという確信によって根拠づけられている。自らの無知を自覚して、真の自由を獲得するための自己教育に努めるならば、ひとはその不幸な魂のあり方を癒すことができる。このようにして、ソクラテスの愛智の精神は、可能なかぎりすべての市民の魂のうちに具体化されるに至るのである。

そして最後に私たちは、哲人統治論と「法の支配」の問題を取り上げた。マグネシアの国制と法律を保全するための方策として導入される「夜の会議」は哲人統治者の集団ではない。その本質的な役割は、政治的権力をにぎる執政官たちが、本来の職務を離れて、有能な若者たちと協同して、立法の目的である「全体的な徳」とは何であり、それがいかにして実現されうるかを語り合うことにある。『国家』にも『第七書簡』にも『法律』にも共通して示されるプラトンの政治哲学の重要な原則は、①正統的な哲学が国政の基本計画に影響を及ぼすようにならねばならないことと、②国政に何らかの変革がもたらされるとき、それが法の支配にもとづいた変革であることについて支配者・被支配者のあいだに合意が成り立っていなければならないこと、の二点である。「夜の会議」は、マグネシアにおいて、これらの原則を最終的に保障する知的・倫理的権威である。「夜の会議」における対話活動は、哲人王不在の「第二の国制」において、「法の支配」に正義と善を志向する知性の支配としての自然本性を回復させると同時に、正義の論争化が避けられない民主社である。

会において、法的判断への公共的信頼を保全しうるような仕方でこれを実現するための、決定的な手段なの

以上の考察によって最終的に明らかになったことは、『法律』の国家モデルが、すでに『国家』において原理的な仕方で提起されていた原範型としての最善の国制を、経験的な似像の世界に可能なかぎり実現しようとするものだということである。それは、一方においてソクラテス的な対話問答にもとづく「魂への配慮」によって支えられながら、他方において〈善〉のイデアの直知によって最終的に根拠づけられるべき「知性の支配」によって構築されている。プラトン初期において確立された吟味と探究の哲学が、『法律』においては、けっして個人主義的なレヴェルにとどまることなく、国家という共生の場を媒介としつつ、プラトン中期のイデア論の哲学と結び合わされて、新たな公共性の哲学へと発展したのである。私たちはそこに、プラトンの変革へのねばり強い意志と深い人間愛、そして何よりもそれを支える真摯な哲学的精神を感じとらないわけにはいかない。プラトンは、ソクラテスがアテナイの同胞市民に対して生命をかけて「魂への配慮」を説きつづけたのと同じように、アテナイからの客人の口を通して、最善の国制を実現しようとする、あらゆる時代の、あらゆる国家の、すべての市民たちに対して、「知性の行う秩序づけ」としての法律を自らの魂のうちに築き上げることを求めつづける。そしてそれは、死すべきものとしての自然本性をもたざるをえない人間が、哲人王不在の状況でなしうるかぎりの最善の道であり、また、範型としての国制をこの経験的な似像世界という舞台において模倣しようとする人間たちの「最も美しきドラーマ」なのである。

補論一　愛、知性及び自由(1)

A　現代において真の哲学的精神を蘇らせるために

私たちをとりまく束の間の現象の世界を超越したところに永遠不滅のイデアの世界があり、現世の事物はそのイデアの不完全な似像でしかない――西洋の思想史のなかでプラトニズムの名のもとにくりかえし人びとの心をとらえ、新たな思想・文藝を生み出す源泉となってきたこの二世界論的思考の伝統が、プラトンその人の哲学に起源をもつものであることは言うまでもない。世の哲学案内書のなかには、感覚的世界の現実を仮象とみなし、政治的挫折を契機にますますアカデミズムの世界に閉じこもっていく観念論者プラトンの像をつくり出すことでよしとするものすらある。ところが、プラトン最後期のそして最大の作品でもある『法律』を読むとき、私たちはどこか異郷に迷い込んだかのような印象を受ける。現代のもっとも有力な『法律』研究者の一人であるソーンダーズの言をまつまでもなく、最後の数頁をわずかの例外としてもそこにはイデア論それ自体はまったく語られもせず、全篇の序文的性格をもつ最初の三巻に国制論が展開された後は、残りの全巻が現実の世界における国家建設とその運営のための広範にして具体的な法制度の記述に捧げられているのである。プラトン哲学の鋭利な刃先がそこでは失われてしまっているとひとは感じないわけにはいかない。(2)

こうした『法律』の内容はその特殊な文体もあいまって、プラトン研究の長い歴史のなかでもこの対話篇を不遇な状況におとしめるに十分であった。古代においてすでに『法律』を読む者がほとんどいないということをプルタルコスは書きとめている。(3) 中世やルネッサンス期のネオ・プラトニズムにとっても『法律』は意義を失ったままであったし、近代のプラトン研究もつい最近まではこの作品を扱いかねていたというのが実情である。アストやツェラーのような大家が偽作説に傾いたことに対しては複雑な思いにかられながらも、「プラトン哲学を哲学者として探究している者はこの難渋な作品が読者に用意している労苦をなしですますことができる」というヴィラモーヴィッツの論評を、一種心地よい口実を与えてくれるものとして受けとめたプラトン研究者は少なくなかったはずである。(4) 二十世紀後半に入っても、たとえばG・ミュラーのように、『法律』と他のプラトンの著作との間には文体的にだけでなく哲学的内容の点においても深い裂け目があるという主張が後を絶たないのである。(5) したがって、少なくとも『法律』が冒頭に述べたようなプラトニズムの伝統の形成のために積極的な貢献をしなかったことだけはたしかである。しかし一方で『法律』が、中期イデア論の聖典としての地位を疑われたことのない対話篇『国家』と同じテーマを扱うプラトン後期の最大の作品であるという事実に変りはないのである。とすれば、『法律』をぬきにして成立してきたプラトニズムの伝統とは何だったのかという疑問が生じても不思議ではないであろう。

さて、安易に偽作説や転向説をとらないばかりか、この『法律』をこそプラトン哲学の総体を正当に理解するための出発点と考えた二人の学者がいる。その一人は日本の西洋古典学研究に磐石の礎を築いた哲学者、田中美知太郎である。彼は畢生の大著『プラトン』第二巻（一九八一）を書きはじめるに当って、『法律』をプラトン哲学の最終的到達点と見なしそこから逆にプラトンの思想の発展を辿りなおすという方法を提示した。そしてこのいわば純朴なるがゆえに堅固な発想に支えられた書物は、現在も日本人学者の手になる世界最大級のプラトン研究書であり続けているのである。一方その十五年前、一九六六／七年の冬学期、ハイデルベルク大学の福音神学部において『法律』をプラトン哲学入門のためのテクストとして取り上げたのが、ゲオルク・ピヒトである。

　ピヒトはミュラーが認めたような裂け目の存在を真っ向から否定しようとする。むしろその裂け目は、もっぱら他の著作を拠り所とするプラトン解釈と『法律』においてもやはり私たちに語りかけてくる真正のプラトンとの間にあると考えるのだ。ピヒトの判断によれば、『法律』がおろそかにされてきたのは新プラトン主義の初期段階から今日に至るまで受け継がれてきた二元論的なプラトン哲学のイメージに『法律』が対立するからである。その意味において『法律』はプラトニズムの伝統そのものを打ち消すものなのである。したがって、もしも『法律』と他のプラトンの著作群とが唯一つの大きな連関をなすものとして理解されねばならないとすれば、プラトン哲学の解釈が新たな基盤の上に立てられねばならないことになるであろう。そのとき変化するものは、プラトンの政治思想についての私たちの理解だけではない。これによって、イデア論を中心とするプラトンの世界観そのものばかりでなく、二元論的プラトニズムとの対決を宿命としてきたキリスト教神学のあり方、そしてプラトニズムをそのつきせぬ源泉としてきた西洋哲学の歴史をも根本的に見直すことが強く促されることになるのである。

つねに真理を根拠にしてテクストを読むことによって、今日の歪曲されたプラトン像を誤ったプラトニズムの伝統から解き放つこと――ギリシア哲学、ことにプラトン哲学に対する伝統的なイメージとの対決は、私たちが無意識のうちに囚われている常識の罠を解き放ち本来的な意味で自由に思考するための比類なき修練となる。このような視野に立って、ピヒトはプラトンの対話篇への沈潜それ自体が愛智の営みへの導きであることを如実に示そうとする。しかもそのさいにピヒトは、プラトン自身がそこから生まれ育ってきた古代ギリシアの思想・文藝の歴史の中でありのままのプラトンを理解するという基本姿勢をあくまでも貫こうとするのである。

このピヒトが一九六八／九年の冬学期に哲学概論のテクストとしてプラトンの対話篇『饗宴』を選んだのも同様の目的からである。プラトンの愛智の営みの内部にありながら、プラトニズムの伝統の中ではまったく排除されないまでもおろそかにされてきた要素にピヒトは解釈の重点をおく。ストア派の影響をうけた思想の伝統は、情念と認識能力とを両立不可能な二つの領域に定住させるのが常である。そしてイデア論を根幹とするプラトン的理性主義こそそうした伝統の源であると見なされてきた。しかし『饗宴』において私たちが出会う精神のあり方はけっしてそのようなものではない。原初的な意味においてそれはエロース（欲望）にほかならない。いかがわしく挑発的でさえあるこの精神のあり方はすべての法律・習慣を疑問視し、いかなる政治的秩序にも収まりきらない。『饗宴』の解釈をつうじてピヒトは、私たちが哲学二千年の死せる沈澱物として持ち運んでいる観念の重荷を投げ捨て、哲学というものの可能性に人間が気づきはじめたばかりのかの瞬間に立ち戻ることを求めるのである。

ピヒトはこうしてプラトン哲学の必ずしも奔流に位置するとは思われていない側面に注目して、そこにプラトン哲学の真正の姿を描き出すための糸口をさぐろうとする。そしてこの試みをつうじて、いわゆるプラトニズムとの間に不可分の関係をもちつづけてきたキリスト教神学と西洋哲学の歴史に根本的な反省を加え、「いま、ここで」生きる私たちの魂のうちにほんとうの意味での哲学的精神を蘇らせる切っ掛けを掴もうとするのである。本論において私たちは、そのようなピヒトのプラトン解釈の要点を追跡しながら、この二つの対話篇に明示されていながら気づかれることの少なかった哲学の豊かな可能性の一面を見つめ直してみたい。

B 『法律』における自然学的国制論

一 形式と内容の対位法

1 『法律』の文体形式の特殊性

さて、ピヒトはまず『法律』の文体形式に対する私たちの偏見を取り除こうとする。たしかに『法律』の一見晦渋で無味乾燥な文体はプラトンの他の対話篇の文体とはひどく違って見える。プラトンの死後、弟子であるオプゥスのピリッポスが蝋板からその原稿を書き写したという報告もあいまって、『法律』は内容的にも文体の面でも十分な推敲を受けなかったということが定説となっている(6)。しかし、ピヒトは「書かれた言葉」に対するプラトン独自の考え方を根拠に『法律』の文体の特殊性を説明しようとする。それぞれの対話篇にこめられた哲学的内容はその内容に固有の形式をつうじてしか伝えることができないという信念に基づいて、ピヒトはプラトンの対話篇をプロトレプティコス（哲学の勧め）としての性格をもつ初期から中期にかけてのグループと、すでに哲学への転向を前提とした後期のグループとに大別する。後者は明らかにアカデメイアの学徒たちを念頭において書かれたものであり、プラトンが高度に専門的な問題について共に考察を深めていた人たちとの精神的なまじわりを証しするものだというのである。

このような前提のもとにピヒトは、『法律』が本来的な意味での哲学的作品ではなくむしろ青年向きに書かれた教科書であるというH・ゲルゲマンスの見解を批判する。(7) ピヒトは第Ⅶ巻（809-12）の厳密な解釈をつうじて、『法律』のテクストそのものが教科書なのではなく、むしろ学校で読まれようとするすべての詩と散文が許容されるものかどうかを吟味するためのパラデイグマとしての意味をそれがもちうるのだ、という主張をそこに読み取る。そもそも『法律』の目的は、現実の世界に国家を建設するために国制の諸原理とその具体例とを立法者に対して示すことにあるのであって、国家公務員のための行政マニュアルとは似て非なるものである。この意味において、ここに実現された文体は『法律』以前のギリシア文藝にはかつて存在しなかったものである。立法の諸原理と立法の精神についての比較国制論的な考察——ここにはまさしく法律に関する新たな学の構想が具体化されている。(8) プラトンはこの学を初めて形式化し、何が人間にとって善であるのかについての理論、すなわちアリストテレス以後今日においても政治学と倫理学という二つの名で呼ぶ慣わしとなっている学問の原型を、『国家』第Ⅶ巻において構想された予備学問の最高位をしめる新たな学としてディアレクティケーの前段階におく。(9) ピヒトはアカデメイアがまさしくこの学の研究機関でもあったと考えるのである。

2　プラトン哲学の経験主義的側面

このようにしてピヒトが『法律』解釈をつうじて描き出すプラトンは、けっして二元論的に解釈されたイデア論の哲学者ではなくプラトン以前の法律に関する学の領域にはまだ存在したことのなかったような経験主義者である。理想国家のユートピア詩人が、ここでは政治的世界の多彩な問題について経験を積んだスペシャリストとして語り、あらゆる歴史現象の無限の変化の可能性と法を国家の局地的条件に適応させることの必然性とをうむことなく指摘するのである。アカデメイアの設立目的が政治家の育成と立法のための助言者の育成とにあったことは周知のとおりである。プラトン自身が何度か国制の起草を求められただけでなく、多くのアカデメイアの学徒たちがギリシア諸国の立法者、政治的助言者として活躍した。しかし、そのようなことが可能となるのに純粋な理論的探究だけで十分だと考える者はいないであろう。プラトンが『法律』を完成させるためには、やがてアリストテレスによって編集されるようなギリシアの諸国制の包括的な収集作業がすでに実行されていなければならなかったはずである(10)。その意味で『法律』のギリシア国制論に対する関係は『ティマイオス』のギリシア自然学に対する関係に等しい。『ティマイオス』は明らかに、ギリシアの医学、自然学、数学などがプラトンの時代までに発見し理論的に発展させてきたことすべての百科全書的な収集を前提としているからである。しかし、ピヒトはこれによって後期のプラトンが経験主義者へと転向したなどと言いたいのではない。『ティマイオス』の宇宙論がじつは感覚的世界をまさにそれにふさわしく記述する「ありそうな話」でしかなく、イデア論をその明確な原理的出発点としていたことを私たちは忘れてはならない。ピヒトは『法律』と伝統的なプラトン像との間に越えがたい溝が存在することを認めながら、その溝の存在はプラトンの全体像が、したがって『国家』や『パイドン』のような作品でさえもが間違って解釈されてきたことの証しではないかと問うのである。

このような基本的なスタンスをとりながら、ピヒトは『法律』のとくに第Ⅰ巻及び第Ⅲ巻の序論部に焦点を合わせる。なぜなら、そこではあらゆる立法にとってもっとも重要な普遍的原理が考察されており、本論に当たる第Ⅳ巻から第Ⅻ巻に展開されるクレテ人の新国家のための具体的な国制の記述はことごとくその原理によって根拠づけられているとみられるからである。

3　国制の基本原理の呈示

さて、冒頭のわずか数頁のなかにピヒトは、あたかも《フーガの技法》のテーマのように、国制の基本原理を始めとする『法律』の基本思想がきわめて意義深い仕方で呈示されていると考える。プラトンが国家を存立させるための基本原理と考えるものは、「友愛」と「知性」と「自由」にほかならない[11]。

まず第一に呈示されるのは「友愛」の原理である。クレテとスパルタの国制に共通のドリア的基盤、すなわち「強者の利益」を当然と見なすソフィスト的な自然権至上主義が、アテナイからの客人のソクラテス的な吟味によって破綻させられる。そのエレンコスは、『国家』の正義論の展開と同様に、「自分自身に打ち克つことがすべての勝利の根本というべき最善のこと」(626e) という内面化の原理を根拠としている。しかし、自己支配といえども最善のことを実現するための必要条件でしかない。「兄弟喧嘩」の比喩 (627d-628a) によって示されるように「戦争」によってより悪しき者を始末するだけでは最善の結果は生まれない。説得をつうじて支配者・被支配者の間に一致点を見出し、その協定が保たれることが必要である。したがって、プラトンにとって立法と司法の起源は、ソロンのひそみに倣うがごとく、「友愛」の原理にある。プラトンの政治哲学はあくまでも平和主義を貫こうとするものなのである。

しかし「友愛」はさらなる根拠づけを必要とする。すべての立法者は最善のものを目的として立法を行う（628c）からである。いっさいの善きもの――人間的な善と神的な善と――についての理論的な考察（631b–d）が展開されるのはそのためである。いわゆる四大徳相互の依存関係を明示することによって、プラトンは人間のエートスというプリズムを通して魂の構造を描き出すと同時に、真なる立法者が国家の秩序づけにさいして念頭におかねばならない徳の序列を明らかにする。国家を統合しようとする者は国家全体のイデアを観なければならず、したがってまた彼は、すべての人間存在を統括する一者である〈善〉のイデアを認識する能力としてすべての徳の先頭に立つ「知慮・知性」を体現する者でなくてはならないのである。

このようにしてピヒトは、第Ⅰ巻冒頭部の構想の内部に、『法律』という巨大な作品の思想としてその正確な位置づけを示せないような思想は存在しないと主張する。しかし筆者としては、もうひとつの国制の基本原理についてもここで付言しておきたい。立法は多くの人びとを可能なかぎり説得して納得させる市民教育を前提とするものでなくてはならない。そしてこの市民教育が目標とする徳とは、正しく支配し、支配されるすべを心得た完全な市民になろうと求め憧れる者をつくりあげるものである。第Ⅱ巻の教育論は、市民が快苦の情念を抑制することによってそのような「自由」を獲得することを目指すものでもあるのである。

二　プラトンの歴史哲学

1　国制の起源の歴史的考察

さて、第Ⅲ巻に入ると『法律』の文脈は国制の起源の考察に移る。この議論の出発点は、最善の国制の成立根拠を析出するためにさまざまな国家が徳へも悪徳へも移り変りうる発生論的な起源を問うところにある(676a)。しかしプラトンは、けっしてプロタゴラスのように啓蒙主義的な立場から歴史現象をいわば後向きに説明し評価しようとするのではない。プラトンはたんに国制の起源を問うのではなく、この起源というものをそもそもどこから観るべきかという原理的な問いから始めるのである。歴史的発展の全体的な法則とその個別的な局面を正しく認識するためには、いわば発展の進行から進み出て歴史の展開を外から観察しなければならない。ピヒトは「時の無限の長さと、そのなかで起こる様々の変化から」(676b)考察を始めようというアテナイからの客人の言葉をプラトンの歴史理論の展開を先触れするものと見なし、これをプラトン哲学の全体的な脈絡のなかで理解しようとするのである。

『ティマイオス』(37d sqq.)の時間論によれば、時は永遠の動く似像として現象の担い手である。すなわち時は善きものが具体的なかたちをとって現れたりふたたび隠れたりする次元なのである。このように時を純粋に時として認識することによって、ひとは時のうちなる諸現象から距離をおく能力を獲得することができる。そして人間が歴史を歴史として認識する可能性を得るのはそうした能力のおかげなのである。現代の歴史主義の起源は、ピヒトの考えでは、あらゆる歴史現象を徹底的に相対的なものとみるプロタゴラスの選択にまで遡る。しかし歴史を見つめるプラトンの根源的な立場は、真理の絶対的な自己同一性か、徹底的な相対性かという二者択一を超越したところにこそ存在する。ある変化を変化としてありのままに確定し記述できるのは、個々の変化の程度と方向を読み取ることのできる真実の座標が与えられているときだからである。[12] ほんとうの意味で歴史を「経験」しようとする者は、到達しがたい歴史的な形象との出会いをつうじて自己自身の視野の限界を悟らなくてはならない。その意味で、悠久の歴史を誇るエジプト神話もプロタゴラスの文化発生論も神話的な思考様式の制約に囚われている。プラトンはしかしながら、歴史的時間が原理的に無限の長さをもつというその時間論をつうじてこうした神話的思考のすべての制約を打ち破り、歴史論を宇宙論と結び付ける。プラトンにとって歴史とは、私たちが現代においても研究できるような同じ法則に基づいてすべてが自然になり行く過程である。その意味での生成変化の原因を、つまり様々な政治形態が構造的に変化する普遍的な原理をその自然本性に従って認識することができれば、ひとは国制そのものの成立と推移をも認識することができるわけである。

このような視野のもとにくりひろげられるプラトンの歴史観を、ピヒトは、ヘシオドス流の文明堕落論とプロタゴラス流の文明発展論との矛盾を解消するものともみている。大洪水の後の原始の自然状態は、いわば黄金時代としてたしかに「素朴な善良さ」（679c2–3）に満ちているが、『国家』における「豚の国家」と同様に国家を国家たらしめるメルクマールに欠けている。不正も悪徳も生じないということが無条件に徳の実現を意味するのではない。そこには国制の基本原理が、少なくとも「知慮」が欠けているからである。したがって、この後につづく同じ共同体の前史時代における三つの発展段階の叙述をささえているものは、けっして単純なペシミズムでもオプティミズムでもないのである。

そのようにして「当時の人びとにとって法律に対するいかなる必要性があったか」（679e sq.）が明らかになるのは、家父長制から生じた小部族共同体が統合され、国制の「質的な変化」（681d4）が生じるときである。あらゆる部族の風習（νόμιμα, c9）を比較考量して部族間の葛藤を仲裁し、いかなる国制をもつべきであるかを決定づける必要を満たす役割を負うのが立法者（νομοθέτης, d2）にほかならない。一方、すべての法（νόμος）はその根拠の説明を必要とする。なぜなら市民が法を守ることを期待できるのはそれらの法が正しいとみずから認識するときだけだからである。このようにして、まず立法が葛藤状態の仲裁からもたらされるのであれば、必然的に「法」と「善」の関係を認識することが要請される。しかし同時に、ぶつかりあう法律・習慣の選択に際して立法者が原則の釈明を求められるのであれば、何が有益であるのかの認識の「真」であることも必然的にかかわりをもってくることになる。ピヒトはここに、人間の必要という自然本性的原理に基づく歴史の観察がいかにして徳論に結び付き、またこの歴史と徳論との関係がさらにはプラトンの存在論ないしは神学の根本問題にいかに根差しているかを知ることができると考えるのである。

2　自然本性の学としての歴史学

つづいて第Ⅲ巻の中心部は、歴史時代のギリシア史の観察にむかう。ここにおいてピヒトは、いよいよ歴史的現実そのもののなかでプラトンの国家哲学の諸原理を認識するための手ほどきが私たちに与えられるものと考えている。「さまざまなディアノイアを手がかりとして過去の時代に身をおくこと」[13]はそのための方法にほかならない。ピヒトは、このディアノイアという言葉が〈善〉の実現を目指す立法者の意図を意味するものと考える[14]。すなわち、歴史を理解するためには歴史事実を情報として知るだけでは不十分なのであって、むしろその事実を生ぜしめた人間の意図を理解しなければならない。ただそのとき私たちは結末からの予断（vaticinatio ex eventu）の過ちを避けるために、過去の時代の人びとが計画し、思考し、努力し、期待し、行動した状況に実際に身をおいてみることが必要なのである。しかもそのさい、自分自身の思考や目標を評価しようとする場合と同様に、その評価の規準を吟味し批判する必要がある。そしてこのディアノイアの正しさを決定する規準はまず何よりも自然本性（φύσις）でなくてはならないのである（cf. 686cd）。もちろんこの自然はギリシア人にとって宇宙自然だけを意味するものではなく、人間やその思考、行為までもがその一部をなすものであることを忘れてはならない。こうしてピヒトは、政治学の法則が物理学の法則と同じ自然的法則であること、そしてプラトンが『法律』において展開している学が人間の自然本性の学と理解されなくてはならないことを強調するのである。(15)

3 「最大の無知」――ディアノイアの実現を阻むもの

そこで、プラトンは前史時代につづく第四の国制としてドリア三国(アルゴス、メッセネ、ラケダイモン)の国制を取り上げ、その崩壊過程の歴史のなかに身をおくことによって、ある政治秩序が存立ないし崩壊する原因を事実として確証しようとする。ドリア三国は創建当時の政治的条件が可能なかぎり最善のものであったにもかかわらず崩壊するに至ったのはなぜか。ピヒトが注目するのはつぎの言葉である。

「当時のディアノイアが少なくとも実現されて一つに調和していたなら、戦争にさいして決して動揺させられることのないような力をもつことができたであろうが」(686b3-4)

「当時のディアノイア」とはドリア三国が建国された当時の支配者たちの考え方・意図・計画を意味する。そのディアノイアが目指したものは、三国王の国際的な協調関係であり、各国の支配・被支配者間の宥和であり、個々の市民の魂のうちなる調和にほかならない(cf. 684ab)。国制の基本原理である「友愛」が政治的な実現をみなかったことが破局の原因だとされているのである。そもそも法というものはロゴスとして形成されるものであって、政治的な現実のなかにそのままでは実現されはしない。この上なく道理にかなった理論であってもそれが「じっさいの出来事に出会って、同じロゴスに達し」(683e) ないかぎりはたんなる空虚なミュートスに過ぎない。したがって哲学の真剣さは、認識された真理を政治的現実のなかに現実化しその真実性を裏づけようとする決断がそこにどの程度含まれているかによって測られる。この現実化への意志と事実の裏づけがあってはじめて、プラトン的な意味での観想の遊戯が哲学になるのである。[16] それゆえ「洞窟」からの上昇とそこへの帰還とは分かちがたく結び付いているのであって、双方の道を歩むことのできる者だけが真の哲学者なのであり、双方の道の必然性を把握する者だけが真の歴史認識を達成できるのである。

ではそのようなディアノイアの実現を阻むものは何なのであろうか。プラトンは、ドリア三国の「王たちが没落し、その意図したこともすっかり崩壊した原因」は、「人間にかかわりのあることがらのうちもっとも重要なことがらの無知」にあると結論づける (688cd)。この「最大の無知」とは「快楽と苦痛が、理にかなった思わくとの間できたす不調和である」(689a) とプラトンは語る。それは、むろん「知性」の原理を踏みにじるものではあるが、私たちの判断を根拠づける認識が間違っているというところにではなく、私たちが正しい認識を自分たちの情念と調和させることができないところ――いわゆるアクラシアーの情態――に成立する。逆に知とは、プラトンによれば、何が真であるかの知的認識そのものではなく、私たちが認識と欲望、理性と非理性と呼ぶものの矛盾を解消することであり、人間の魂のうちに善の統一を現象させることであり、「洞窟」の倒錯した世界における私たちの日常的な意識の二元論を解消することなのである。したがってプラトンの二元論とか観念論とかいうものは、プラトンの哲学をいわばそれが洞窟の住人にそう見えるような仕方で記述したものに過ぎない。むしろ二元論こそ「最大の無知」そのものなのであり、プラトン哲学とは真っ向から対立するその逆転像でしかないのである。

ところでピヒトは、プラトンがここで展開する思想の現代性をつぎの点にもみている。それは「無知」の概念の両義性を駆使して、大衆の無知だけではなく、むしろ言葉だけで行動の伴わない知識人の無思慮・無抑制をこそ「最大の無知」として撃っている点である。哲学がヘラクレイトス以来挑んできたこの二重の闘いをめぐる状況は、ソクラテス裁判を契機に劇的に先鋭化された。なぜなら、この闘いの政治的な意味がソクラテスをつうじて顕在化してきたからである。プラトンはこの点においてソクラテスの直接の後継者なのであり、終生忠実にソクラテスの立場を守り続けたのである。

＊＊＊

このようにピヒトがプラトン晩年の大著のなかにみるものは、プラトンの徳論の最高にしてもっとも成熟した形態が、〈善〉のイデアとの関連において、市民生活の基盤をなす諸現実の分析といかに結びついているかということである。しかしそれはけっしてプラトンの「現実主義」への転向を証するものではない。むしろそれは、いまやディアレクティケーの行程を歩もうとする者に対して、政治的世界と人間的生の諸現象を総体として、それらが生起するままに、すなわちそれらの自然本性において観るための原理的な視点を与えようとするものなのである。私たちがピヒトの解釈をつうじてここに出会うプラトンは、たしかに「観念論」の哲学者ではない。ピヒトは、プラトニズムの伝統のなかで不当に切り詰められてきたプラトン哲学の、とくにイデア論の豊かな可能性を実証してみせてくれるのである。

C　amor Platonicus の真実とその再生へ向けて――

一　愛と哲学との架橋

プラトンの『国家』の理想社会は、友愛（φιλία）の絆によって結ばれた市民共同体である。G・ヴラストスは、恐らくこの事実がプラトンの社会理論について書かれてきたことの多くから推察されることはないであろうと慨嘆し、逆にこの事実を裏付けるいくつかの証拠をあげている。[17]一方、私たちはすでに前述の個所で、『法律』のプラトンが国制の基本原理の一つとして「友愛」をなくてはならないものと考えているのをみた。[18]ピリアーと呼ばれる愛の観念がプラトンの国家論において、したがってまたその哲学においてきわめて重要な役割を負っていることはたしかである。

しかしながら、プラトンの愛と聞いてただちに私たちが思い出すのは、『饗宴』のディオティマが語るエロース（ἔρως）修業の奥儀であり、『パイドロス』のソクラテスが語るエロースのミュートスである。G・フェラーリが「プラトニック・ラヴ」という啓発的な論考を発表したときその念頭にあったのもまさにこのエロースであった。[19]だがしかし、彼がプラトンの愛に対するアプローチをめぐって愛と哲学との架橋をテーマにするというのであれば、上記のようなピリアーの概念をまったく無視することは許されないのではないか。たしかに『饗宴』のディオティマ＝ソクラテス演説においてはエロースの本質規定に基づいてその上昇の過程が語られるのであり、そこにピリアーの観点が入り込む余地はないかにみえる。[20]しかしそのことがプラトン哲学におけるピリアー的なるものをエロース的なるものから切り離してよい理由とはならないであろう。なぜならプラトンにとってエロースとピリアーとの区別はけっして本質的なものではなかったともみられるからである。

プラトンは『法律』第Ⅷ巻において性愛に関する法を制定するに先だち、「ピリアーと欲望、同時にまたエロースと呼ばれているものの本質」を見きわめるべきことの必然性を強調し、つぎのような三種類の愛の形を一般的に区別している（837a–e）[21]。

(1) 徳において似たもの同士、同等のもの同士の愛（穏やかで生涯をつうじて相互的）

(2) 欠乏しているものが豊かなものを愛求するという仕方で相反するものから生まれる愛（激しく野性的であり、相互的であることはめったにない）

(3) これら二つが混じりあった場合

プラトンは、(1)であれ(2)であれそれが強烈になるとエロースと名づけられると言いはするが、これらをすべてピリアーともエロースとも呼んで名称にはこだわりをみせていない。そして法律は(1)の愛だけが国家にあることを願い、他の二つはできることならこれを禁じるであろうというのである。通常のギリシア語の用法をこの区別に当てはめてみるなら、そこにはエロースを否定してピリアーを尊重する方向性があると言われるかもしれない[22]。しかしこの『法律』における区別がディオティマのエロースの教説を真っ向から否定するものでないことは明らかである。(1)の愛が肉体的欲望を完全に排除するものではないということだけではなく、それが徳を目指すエロース、つまり若者ができるかぎりよくなることを欲するエロースであることが明言されているからである[23]。

そこで私たちは一つの問題に直面する。『国家』と『法律』の国家論に共通してみられるピリアーの思想は、『饗宴』におけるエロースの修練の奥儀といかなる関連にあるのか。あるいはこう言ってもよい。『饗宴』のエロース論のうちにピリアー的なるものはどのように位置づけられるのか。この問いに答えるためには、プラトンが愛と哲学との間に架ける橋というフェラーリの論題を、より広い視野のなかで考察することが求められるであろう。

たとえば、先に引用したヴラストスの解釈はこうである。プラトンの愛の理論は個人に対する人格的な愛を扱うものではない。ほんらいの意味における個人ではなく、愛する者の美的感覚に対応する諸性質の複合体がエロースの対象だと。プラトンのエロースを利己的な愛だとする解釈は正当に退けながら、愛する者の側のイデア認識中心主義を強調しようとするこの解釈は、ロマン主義的な愛との図式的な対比のもとに構成されたものであり、せっかくのピリアーへの着眼がプラトン的愛の真実を解き明かすために生かされてはいない。逆にこの論文はM・ヌスバウムのような過剰反応を引き起こした(24)。彼女によれば、アルキビアデス演説は、普遍的存在の価値を説くソクラテスと、個別的な人格との交わりによる自己理解の価値を説くアルキビアデスとの悲劇的な対決を設定して、読者の選択に委ねるというプラトンの戦略の現れだということになる。ただ彼女のアルキビアデス演説への注目は評価されてよい。アルキビアデス演説のソクラテスがディオティマの教えを具体化する意図をもって描かれていることは明らかだからだ(25)。

さて、G・ピヒトは、『饗宴』という対話篇の全体を統合的に解釈することを意図して、やはりこのアルキビアデス演説に注目している(26)。残念ながらその講義は肝腎のディオティマ演説を扱う直前で中断されてしまった。しかし本論は、ディオティマによるエロースの上昇の記述それ自体を細かに分析することを目的とするものではない。むしろそのような分析に先だって前述の問題を念頭におくときに確認されるべきプラトン的愛の真実を、ピヒトによる『饗宴』解釈のトルソーを導きとして素描しようとするものである。

二 『饗宴』のライトモティーフ

いかなる哲学作品も、それが第一級のものであるならば、その形式と内容との間に密接な相互関係を認めないわけにはいかない。しかしプラトンの対話篇、ことに『饗宴』ほど文学的な造形技法が哲学的思想の伝達に奉仕している作品はない。ピヒトはプラトンの形式感覚を鮮やかに解析することによって、対話篇『饗宴』という織物がいかに巧みに織りあげられているかを照し出そうとする。

ピヒトが着眼するのは二組の対向する部分動機である。まずは距離と信頼性の動機。対話篇全体が複雑な入れ子構造をとることによって、作品の中核に当たるディオティマ演説がまるで何重もの外壁に囲まれた城郭の奥室に隠されてあるかのような印象を与える。ディオティマによって語られた真理を私たちはソクラテス、アリストデモス、アポロドロスという三人の口を通してしか耳にすることはできない。ピヒトはこうした形式的な間接性によって、真理へ近づくことの困難さが暗示されていると考える。しかしそのような距離は、けっして物語そのものの虚構性を強調するものではない。伝達者として選ばれたアリストデモスもアポロドロスも熱烈なソクラテス信奉者として知られていた。ことに直接の語り手であるアポロドロスは、一説には哲学者像のすぐれた彫像作家でさえあったという。[27] その彼がソクラテスその人に内容上の確認をとり、下稽古まですませるという手の込みようである。物語の信頼性を強調するプラトンの意図を感じとらないわけにはいかない。『饗宴』はソクラテスの哲学の容易には近づきがたいデモーニッシュな真実を可能なかぎり生き生きと描写することをその重要な目的の一つとしているのである。

そしてつぎに覚醒と酩酊の動機。『饗宴』の第一部をなす五つの演説とそれに続くディオティマ演説とは、エリュクシマコスの提案をいれて覚醒の状態で行われている。そのルールの変更が余儀なくされるのは、第三部でアルキビアデスがまさに酩酊の状態で登場するときである。一方、ディオティマ演説には、哲学のダイモーンであるエロースがネクタルに酔い潰れたポロスと冷静に策を弄するペニア、すなわち酩酊と覚醒の結合から生じるさまが描かれている。こうした覚醒と酩酊との関係、明晰な分別と忘我との関係は、プラトンにとって哲学的認識の基本的なあり方を規定するものである。したがって、この対話篇の全体を構成する覚醒部分を酩酊部分と結びつけることができてはじめて、そこに内包されている思想は理解され始めるのではないかとピヒトは考えるのだ。ディオティマ演説をクライマックスとするアポロン的悲劇と、アルキビアデス演説というディオニュソス的喜劇とを統合的に理解することのできる者でなければ、『饗宴』全体の真意を悟ることはできない。そこでピヒトは、実際の対話篇の進行とは逆にアルキビアデス演説を詳細に分析することから始めるのである。

三　アルキビアデス演説の悲劇的アイロニー

1　魂を向け変える秘儀としての哲学

アルキビアデスのソクラテス賞讃演説はソクラテスの言論（λόγοι）をディオニュソスの従者であるマルシュアスの音楽にたとえることから始まる（215a–d）。ソクラテスの言論は聴く者を恍惚の想いに誘うマルシュアスの音楽と同様に、神々と秘儀を求めている人びとが誰であるかを明らかにする。そこでは神の現在を直観するディオニュソス的な忘我と理性のアポロン的な明証性とが一体化される。ここで私たちは、『パイドン』(63e–70e)において哲学が魂の肉体からの分離解放、すなわち死への努力だとされていたことを想起しなければならない。哲学はいわばディオニュソス的な秘儀による浄化の儀式と同一視されているのである。そしてこうした哲学の本質描写は『パイドロス』の神的な狂気についての議論(244a–249e)はもちろんのこと、ピヒトのみるところ「洞窟」の比喩とも厳密に対応しており、プラトン哲学全体のもっとも内奥にある秘密を明るみに出すものなのである。

さらにアルキビアデスは、ソクラテスの言論のもたらす効果を弁論術のそれとも対比する(215d–216c)。弁論術は思わくに対して瞬間的に作用するに過ぎないが、ソクラテスの言論はそれが向けられた人びとにあまりに深い衝撃を与えるので、彼らはそれまでの人生を耐え難いものと思い、その生き方を変えようとせざるをえなくなる。これが秘儀を求めバッコイになる天分をそなえた人びとにソクラテスが及ぼす情念の浄化作用である。まさにこうした魂全体の向け変えから哲学という秘儀へのイニシエイションは始まるのである。

ところが話はそう簡単ではない。たしかにアルキビアデスはソクラテスと対峙することによって、自分の生き方を根底から変えなくてはならないこと、自分自身にまだ欠けるところが多いにもかかわらず自己自身に専念することなく(ἐμαυτοῦ μὲν ἀμελῶ)アテナイの国事をなしていることを認めさせられる。しかし、このまま年寄りになってしまってはたいへんとの口実で(28)いったんソクラテスのもとを離れると、アルキビアデスは大衆によって与えられる名誉に負けてしまっている自分というものをはっきりと自覚する(σύνοιδα γὰρ ἐμαυτῷ)のである。彼はソクラテスが命じる哲学への道と世の人びとの評判との間で引き裂かれるような葛藤を覚えながら、結局は名誉欲にすっかり負けてしまう。あれほどのすぐれた資質とつきせぬ上昇意欲をもちながら、そしてソクラテスという最高の導き手を得ながら魂の向け変えを成し遂げることのできなかった彼の本性は、意志の弱さ——いわゆるアクラシア——である。プラトンがアルキビアデスにみたものは、いわばアッティカ史上最大の無抑制な人間（ἀκρατής）の姿だったのである。結局のところ、魂の向け変えはそのことの必要性を単に自覚するだけではけっして成就されはしない。そのためには、あらゆる情念と欲望を正しく秩序づける真の自由が獲得されねばならないのである。節制と勇気こそ、そのギリシア的概念にほかならない。

2 アイロニーの概念

アルキビアデスはソクラテスの仮面を剥ごうと言う。彼はさらにソクラテスをシレノス像にたとえることによって、ソクラテスがその内面の神々しい真実とは矛盾するような仮面をかぶっていることを示そうとする（216c–217a）。シレノス的であるということは、ソクラテスが美しい者たちに対する恋に陥りやすく（ἐρωτικῶς διάκειται）いつも彼らのことで夢中になっているように見えながら、真実はと言えば、美しさだけではなく富や名誉などあらゆる人生の価値を軽蔑しているということを意味する。彼のほんとうの内面は神々しく燦然と輝きながらすべての人間的な情念や欲望に打ち克つ徳の光に満たされているというのである。

この個所は言うまでもなくソクラテスのエイローネイアーの locus classicus である。[29] アルキビアデスはこの言葉をアリストテレス的な意味で「己が価値を低く装う」ところの悪徳に対する非難の言葉として用いている。[30] しかしピヒトは、いわゆるソクラテスのアイロニーをアリストテレスの図式に当てはめるなら、それはむしろ「空とぼけ」（εἰρωνεία）と「はったり」（ἀλαζονεία）とを両極とする中庸の徳、「真実」（ἀλήθεια）に相当すると考える。つまり自分自身の無知について語るとき、ソクラテスはけっして無知を装っているのではなく真実を、しかも自らのもっとも深い真実を述べているのである。[31] ところが、他の人びとはこの真実を理解することができず、そのためにこれをエイローネイアーと見なす。見せかけの知、すなわち思わくに囚われている彼らには、神的な知の絶対的な秩序への視野がひらかれていないからである。ソクラテスはそのような見せかけの知に対して、知ではなく無知を対置する。神的な真理の前には、あらゆる人間的な知は無力だからである。そして『弁明』（29d–30c）にもっとも明確に示されているように、ソクラテスはアルキビアデスのみならずすべてのアテナイ市民に対してこの真理を愛し求める同胞たることを説きつづけたのである。[32]

さて、ソクラテスとの一夜の出来事を語るアルキビアデスの告白（217a–219d）は、ソクラテスの言論を聴くことによって愛智の秘儀に参加した者の衝撃的な経験を物語るものである。ここでアルキビアデスが自らの美しさに対するソクラテスの関心をひこうとする自己愛は、むしろエロースに対する冒涜だとピヒトは考える。たしかにアルキビアデスの求愛は、パウサニアス演説に語られたような古代ギリシアの倫理の最高の形態と一致しているかに見える。しかし、彼の心のなかでもっとも高い位置を占めているものは、可能なかぎりすぐれた者になろうとする意志ではなく、すべて狭量な人間がしでかしがちな打算にほかならない。彼はソクラテスに対して自分自身の肉体の美を捧げ、引き替えに徳を、もしも徳を手に入れようと思えばその道を通るしかないはずの厳しい自己超克の道を通ることなく獲得しようと望むのである。

しかし、少なくともそのような仕方では徳は教えられるものではない。ソクラテスが拒否の態度を示すことによってアルキビアデスに教えようとしたことはまさにそのことである。人間は神々とその真実の前には無に等しいという認識、即ち私たちが美や真理をけっして所有できないという徹底的な否定の精神から、やがて自分自身から生まれ出て自分自身を超え出ていこうとする力、高貴なるエロースが生じるのである。これに対してアルキビアデスが自らの肉体を代償としてソクラテスの知恵を独占することができると思いこんでいるかぎり、彼にはこの知恵（あるいは無知）の本質だけではなくエロースの真実にして神聖な力も隠されたままである。すでにアルキビアデスはソクラテスから得ようとしていたエロースの本義を示されているにもかかわらず、それに気づくことができない。彼は何よりも自己自身に専念し、それによって生まれる真なるものへのエロースを他者と共有すべきだったのである。このような意味での他者への関心こそプラトン的な愛の真実なのではないか。

3　エロースとアレテー

さて、アルキビアデスがシレノス像の内部に隠された黄金の神像に見まごうたものは、ソクラテスの徳、即ちアレテー（ἀρετή）にほかならない。ペロポネソス戦争出征時のソクラテスの行動に関する報告（219d–221c）に描き出されているものはまさに「この人の資質（φύσις）、即ちその節制と勇気」である。節制も勇気も人間の非ロゴス的な衝動が正しく秩序づけられたときに現れる。そしてこれら二つのアレテーがピュシスの概念と結びつけられているところに、ピヒトはある人間のさまざまな衝動や力や可能性の総体がただしく調和したときにこそ真実のアレテーが現れるという思想を読み取るのである。これこそ、プラトンの倫理が規範的な道徳と混同されてはならない理由である。

この調和を根拠づけるものが知性（φρόνησις）であることは言うまでもない。そしてソクラテスの場合、この知性は忍耐（καρτερία）の概念と深く結びついている（219d7）。ポテイダイアの戦場におけるソクラテスのデモーニッシュな忘我によって描き出されているものは、批判的理性の概念とは完全には一致させられない思考の徹底性である。そしてこの思考対象に対する徹底的な執着心こそエロースのはたらきにほかならないのだ。ピヒトは、アルキビアデスが何気なく用いた諺「痛い目にあって初めて悟る」（παθόντα γνῶναι、222b）という言葉に、[33] この忍耐と知性の関係についての真実が秘められていると言う。この言葉がかすかな曲線で輪郭を描き出しているものは、悲劇の英雄の運命をも規定しているところの運命曲線にほかならない。[34] ヒュブリスからある形の無分別が生まれ、やがて様々な艱難辛苦の末に真実が明らかにされる。これはアルキビアデス自身の悲劇的運命をも暗示するものなのだ。人間の不幸はすべて無分別に由来するのであるから、自分にとって有益なことを我がものにしようとする人間のわずかばかりの限られた可能性の在処は、自らの意志によって真理の認識に到達しようとする欲求（＝エロース）でしかない。しかし、人間は艱難をつうじてしか賢明になれない。それは人間というものの本性に根差すことなのである。

　ところが、アルキビアデスにはこうした真理が完全に覆い隠されている。彼はまさにその言葉を用いていながら、アガトンに対して、自らがうけた屈辱的な経験に学んでソクラテスとの交わりにけっして巻き込まれてはならないことを悟れと忠告する。しかし、ソクラテスがアルキビアデスを導こうとした知性の道筋は、まさに精神的打撃をつうじて忍耐づよく様々な情念の浄化へと至るべき自己鍛錬の道だったのである。ここに、アルキビアデス演説の真に悲劇的なアイロニーがある。それは恋されまたみずから恋する者でありながら、真に知を愛するソクラテスの同胞たりえなかった男の悲劇である。そして、魂全体を向け変えられるような打撃をうけて精神の解放へ至りこの解放をつうじて真理の体験へ至る道とは、まさにディオティマの物語るエロースの修練の道にほかならない。かくして、プラトンは「艱難によりて学ぶ」というギリシア文藝の伝統が生み出した知恵を受け継ぎ、そこにエロースの秘儀、真なる哲学の秘儀という新たな生命を吹き込んだのである。

このように、アルキビアデス演説はソクラテスとアルキビアデスのそれぞれの愛のせめぎ合いを生々しく描き出した記録である。それでは、ここに示された様々なモティーフは、対話篇の覚醒部分とどのように結びつくのであろうか。

四　プラトンの愛の真実

1　『饗宴』におけるピリアー

さて、『饗宴』の諸演説はエロース賞讃をテーマとしているにもかかわらず、ピリアーの観念をけっして無視してはいない。それどころか、注意深い読者であれば、すべての論者によってエロースとピリアーが相互に補完しあう観念であることがさりげなく示されていることに気づくであろう。最初の五人の演説においてそのことを確認してみよう。

まず、神々のなかでも最も古く強力な神という伝統的なエロース理解を聴く者に想起させ、ひとをアレテーへと鼓舞するものとしてのエロースという対話篇全体のライトモティーフを呈示するパイドロス演説では、アルケスティスが夫を恋するがゆえに愛情の上で（τῇ φιλίᾳ）夫の両親を圧倒し去ったとされている（179bc）。激しいエロースがより永続的なピリアーを動機づける契機となる場合があるのだ。一方、少年愛を道徳的政治的問題としてとらえ、天上的な愛へとかりたてるエロースのみが賞讃に値すると説くパウサニアス演説では、心よりも肉体が愛されるような地上的な愛は人間を隷属させ、自由意志に基づくいかなる高貴な愛（γενναίαν φιλίαν）の基礎ともならないとされる（184b, cf. 182c, 185ab）。アテナイの慣習道徳の弁証法的構造が自由社会の前提であるという認識がその考え方の根底にはある。他方、そのような相対立するエロースの作用が認識できる領域を、人間関係の領域から熱冷乾湿のような対立物の調和に関わる宇宙論的領域にまで一気に拡大するエリュクシマコス演説では、それら二つのエロースの間に調和をもたらすことが医学の目的とされるとともに、卜占術――人間のエロースに関わることの認識によって神々と人間との間に友愛をつくり出す工作者としての（ἡ μαντικὴ φιλίας θεῶν καὶ ἀνθρώπων δημιουργός, 188cd）――という重要な概念が導入されている。そのいずれの観点もエンペドクレス以来の愛の哲学を志向しており、そのディオティマ演説との関連は明白である。さらに、失われた完全性への渇望にさいなまれながらも自分自身が何を渇望しているのかを理解しえない人間存在の悲劇的な運命を開放的な喜劇精神をもって描き出すアリストパネス演説においては、友愛と親近感と恋情と（φιλίᾳ τε καὶ οἰκειότητι καὶ ἔρωτι）が一まとまりのものとして語られている（192bc）。それはむろん自己幻惑の描写であるが、人間の根源的な本性の想起がいかなる愛によって導かれるべきであるかを端的に示している。そして最後に、エロースがあらゆる善美なる性格を一身にあつめた神であることを、ひとの魂を呪縛するゴルギアス流の言葉の魔術によって歌いあげるアガトン演説では、エロースがもしも神々のうちにいたならば友愛と平和と（φιλία καὶ εἰρήνη）が生じただろうと語られているのである（195c）。

　これらのモティーフを大局的に総括すれば、美しいものへと激しくひとを動機づけるエロースが正しく方向づけられることによって、より永続的で高貴なピリアーが成立するに至るという描像が浮び上がってくるであろう。しかしこれらのモティーフは、ソクラテスによるアガトンの吟味によって明らかにされるように、エロースの真なる本性を見きわめるというもっとも基本的な作業を抜きにして得られたものである。エロースの本性はピリアーの本性とどう関わるのか。そのことを確かめるために、私たちはただちにディオティマ演説に向わなくてはならない。

2　ディオティマ演説における愛の変貌

さて、ディオティマは、エロースの一般的な本性を「善きものが永遠に自分のものであることをめざすもの」（206a）と規定し、そのはたらきを「肉体的にも精神的にも美しいものの中に出産すること」（206b）だと説く。なぜなら、死すべきものは出生という方法によってしか永遠に存在し不死であることを望めないからである（207d）。そこで、肉体の上で身籠っている人びとは女性を相手に子を生むのであるが、魂の上で身籠っている人びとは知恵とそのほかの諸々の徳を出産するための美しいものを探し求める。彼らは美しい肉体を、そしてさらには心身両面の美を合せもった者を悦び迎え、彼を徳に関して教育しようと試みて出産し、その彼との間に現身の子供による繋がりよりもはるかに偉大な繋がりとしっかりとした愛情（φιλίαν βεβαιοτέραν）とをもつに至るのである（208e–209e）。

これがいわゆる小秘儀であり、それはいたるところで数々の偉業やあらゆる徳を生み出してきたところの愛の現象学的考察である。その特徴はつぎの二点に集約できよう。⑴徳が生まれるには、教え教えられる一対一の関係が必要である。⑵その徳を共有することでお互いの間に確固たるピリアーが育まれるが、美しい肉体の媒介が不可欠の要素としてあり、生み出されるものは市民的な徳のレヴェルにとどまる。

ではそれにつづく大秘儀、まさしく愛と哲学との架橋を実践するエロースの上昇の道筋は、どのように特徴づけられるのか。(1)恋し恋される一対一の関係から脱却して、導き導かれる知的なパートナーシップを創出することが求められる。[35] (2)肉体の美しさから魂のうちにある美しさへ、さらに諸々の知識の美から〈美〉のイデアの知へという上昇の契機は、見せかけのはかない美から真実の永遠なる美への魂の向け変えにある。その関係は一対一であることにとらわれない。(3)上昇の各段階において求められる知的な一般化の活動[36]はそうした魂の向け変えを可能にするための持続的な修練の営みである。

私たちがここで、アルキビアデス演説との関連において最も注意しなければならないのは(1)の点である。M・フーコーがいみじくも語っているように、「もしもエロースが真理に対する関係であるなら、二人の恋人は、恋される側もやはり同じエロースの力によって真なるものを身篭っているという条件でしか結び合うことはできないであろう」[37]。もはやこの愛の交渉関係は、主客それぞれの利己的な関心によって成立するものではない。恋される者も恋する者と同じエロースをいとなむ主体となることが求められる。なぜなら、二人のいずれにとってもエロースは二人を真なるものへと運ぶ動きだからである。〈美〉のイデアを前にしては、肉体的な美であれ魂の上での美であれ、すべては似像であり欠けるところがある。恋し恋される人間同士は、真理との関係において共に真なるものを愛し求める者として同胞関係をもつにいたるのだ。このような関係をプラトンはピリアーと呼ぶのではないか。エロースはその変貌の果てにイデアの知への愛へと究極するとき、必然的に人と人との間にピリアーの関係を結ばなくてはならないのである。

あの夜、アルキビアデスはいわば小秘儀の観点にたち、ソクラテスは大秘儀の観点にたっていた。肉体の美しさに対する自己愛に溺れているアルキビアデスにとって、ソクラテスの態度はことごとくエイローネイアーにみえたが、ソクラテス自身はあくまでもアレーテイアの人であった。美しいアルキビアデスに恋し、アテナイのすべての美しい若者たちに恋し、アルキビアデスだけでなくすべてのアテナイ市民に対して自己自身に専念せよと説きつづけ、みずから節制と勇気をもって行動し、知者とされている人びとの吟味に明け暮れ、ありとあらゆる価値の何であるかを問いつづけて倦むことのなかったソクラテス――そのソクラテスがアルキビアデスの求愛を拒んだとき、アルキビアデスのためにそのエロースを真理へ向け変えようとどれほど深く心を砕いていたことか。

　エロースは善きものが自分のものになることを、つまり幸福をめざすものである。それはけっしてエロースが自己中心的で利己的なものであることを意味するのではない。むしろ幸福は正義とピリアーのうちに存するのであり、そのかぎりにおいて、他者への関心がエロースそのものを分析するさいの不可欠の要因であることを私たちは忘れてはならない(38)。ソクラテスはまさにエロースの権化として、アテナイのすべての市民に対してだけでなく、ほかならぬ私たち自身に対してもピリアーの関係を、すなわち知を愛する同胞たることを求めつづけている。プラトンは、哲学のダイモーンとしてエロースそのものにたとえられるソクラテスの真の姿を、高貴なるアテナイの精神と美と富とが崩壊しようとするその瞬間において捉えることに成功したのである。

＊＊＊

こうしてピヒトとともにプラトンの必ずしも直接のつながりがあるとは思われない二つの対話篇を読み直

してみたとき、私たちは今さらのように、それらがいずれも人間の自然本性をみつめるプラトンの鋭い眼差しによって洞察された人間的生の——しかもただ生きるためではなく善く生きるための——共通の原理を映し出すものであることに気づかされる。それは、『法律』において国制の諸原理として導入された愛、知性及び自由にほかならない。

多様な自然本性をもった多くの人間が、世界の秩序のなかであれ国家の秩序のなかであれ、各人にとっての最善の生を保障されるためには、様々な葛藤をのりこえて友愛を実現することが必要であり、またそのためには真に有益なものとは何であるのかを認識する知性が求められる。そしてその認識の真実がこの世界に可能なかぎり実現されるためには、一人ひとりの人間がほんとうの意味でこの知性の導きに従うための自由への教育が必要なのであった。一方、『饗宴』においては、こうした自由を獲得することが魂の向け変えの必要条件であることが示された。他者とともに真理へと向おうとする哲学という名の愛の営みは、人間の自然本性に深く根差している様々な情念をエロースによって呼び覚まされながら、厳しい自己超克によってこれを浄化し、神的な知性そのものになりきろうとする魂の営みなのである。

ピヒトのプラトン研究は、私たちが現代の政治的秩序のなかで思考し行動しようとするときでさえ、その方向を正しく指し示すものがどれほど強くプラトン的な構造をもっているかを教えてくれる。現代思想が現実を動かす力としてアポリアーに陥っているのだとすれば、私たちは哲学的思考というものの根源的なあり方について深く問い直してみる必要があるだろう。私たちが「いま、ここで」プラトンの対話篇を真に文献学的な研究に導かれて読むということは、じつは哲学という営みがまさに現代において何をなしうるかを学ぶことなのである(39)。

註

（1）この補論は、公刊されたG・ピヒトのプラトン講義、Georg Picht, *Platons Dialoge »Nomoi« und »Symposion«* (Stuttgart : Klett, 1990, xxvi + 612 SS.) を批判的に論評しようとするものである。

（2）Cf. Saunders (1992), 465.

（3）プルタルコス『アレクサンドロス大王の運と徳について』328e15–17.

（4）Cf. Ast (1816), 387f. ; Zeller (1839), 117ff. さすがに後者はアリストテレスの疑う余地のない証言を根拠に偽作説だけは撤回している : Zeller (1922), II. 1, 976ff. ; v. Wilamowitz-Moellendorff (1919), I. 697 und 655.

（5）Müller (1951), 187.

（6）ディオゲネス・ラエルティオス『ギリシア哲学者列伝』第三巻第一章三七節参照。

（7）Cf. Görgemanns (1960), 29.

（8）Cf. XII. 957c.

（9）Cf. XII. 964d sqq.

（10）アリストテレス『国制誌断片集』(四七二–六〇三)。Cf. *Politeiai,* in *Aristotelis Opera*, vol.III, Librorum deperditorum fragmenta, coll. et annotationibus instruxit O. Gigon, Berlin, 1987, 561sqq.

（11）Cf. III. 693b, 701d.

（12）ピヒト (1979) 参照。

（13）Γενώμεθα δὴ ταῖς διανοίαις ἐν τῷ τότε χρόνῳ, 683c8.

（14）Cf. I. 635a1, III. 685b8, e4, 686b3, d2sq., 688c4, XII. 967a5 et *Epist.* VII. 328c1. この表現の重要性に注目した註釈家は、筆者のみるところ他にはいない。England (1921, I, 360) でさえ 'a bold phrase' と評して、Stallbaum (1859–60, X, 282) の参照個所 (『メネクセノス』239d) を挙げるのみである。ピヒトに直接の示唆を与えたとみられるRohr (1932, 21) もそこに歴史的思考一般の基本前提をみるにとどまっている。

（15）ただし、ピヒトがこの学をアリストテレスの政治学と無条件に同一視している点は承服できない。西洋の学問の伝統が政治学・倫理学と自然学とを厳密に区別する方向へむかったことの責はアリストテレスにこそあるからである。

(16) Cf. "Struktur und Verantwortung der Wissenschaft im 20. Jahrhundert", in: Picht（1969）, 343–372.

(17) Vlastos（1981a）, 11sq.

(18) 本論B第一章3参照。

(19) Ferrari（1992）, 248–276.

(20) ただし、いわゆる小秘儀の個所（209c6）に一度だけピリアーについて明白でしかも重要な言及がある。その内容については後述。

(21) 初期対話篇『リュシス』におけるピリアーの定義の試みもここでの(1)、(2)の区別を出発点としている（214b, 5d）。ただし本論ではその詳細については扱わない。

(22) エロース、ピリアー、アガペーの一般的な用法の簡略な整理については、Santas（1988）, 7–9を見よ。なお、R・E・アレンはエロースとアガペーの対立を自明とするプロテスタント神学（K・バルト、A・ニーグレン）の傾向を正当に批判している。See Allen（1991）, 95–8.

(23) ガスリーはとくにこの個所を引いて、『饗宴』と『法律』の教訓が本質的に同じものであることを注意している。See Guthrie（1975）, 394.

(24) Nussbaum（1986）, 165–199.

(25) Cf. Waterfield（1994）, xxxvii.

(26) Picht（1990）, 321–551.

(27) Cf. Pauly-Wissowa, *Realencyclopädie der classischen Altertumswissenschaft*, I 2, Artikel „Apollodoros" Nr.15 u. 75.

(28) この口実は明らかに『ゴルギアス』（485a–e）におけるカリクレスの哲学無用論を背景としている。

(29) この問題についてはピヒトの独立の研究論文がすでに翻訳紹介されている。ピヒト（1986）、第三部第九章「ソクラテスのイロニー」三〇四–三二〇頁参照。また、プラトン対話篇に用いられるさまざまなアイロニーの概念を分析することによって、プラトン哲学の本質的特徴の一つを明らかにしようとした拙稿（2014b）を参照されたい。

（30）アリストテレス『ニコマコス倫理学』第四巻第一三章1127a20–6参照。

（31）ヴラストスも定説に反してソクラテスがけっして 'a lifelong deceiver' ではなかったことを綿密に証明している。See Vlastos (1991), 34sqq.

（32）「わたしは、アテナイ人諸君よ、君たちに対して切実な愛情を抱いている（ἀσπάζομαι μέν καὶ φιλῶ）。しかし、わたしが命に従うのは、むしろ神に対してであって諸君にではないだろう。すなわちわたしの息がつづくかぎり、わたしにそれができるかぎり、決して知を愛し求めることを止めないだろう。」（29d2–5）

（33）ヘシオドス『仕事と日』二一三–二一八行、及びホメロス『イリアス』第十七歌、三二行参照。

（34）ピヒトはアイスキュロスのゼウス讃歌（『アガメムノン』一七七行）の「艱難によりて学ぶ」（πάθει μάθος）という言葉にその最高度に昇華されたかたちをみている。

（35）導き手（ὁ ἡγούμενος）は第三者ではなく、むしろエロースそのもの、あるいは年長のパートナー自身とみなされるべきである。Cf. Waterfield (1994), 89.

（36）Cf. Price (1989), 38–42.

（37）Foucault (1984), 263.

（38）Cf. Allen (1991), 97. また、Irwin（1995, 298–317）はプラトンの愛の概念によって『国家』における正義と幸福についての議論の「ギャップ」を埋めることができると考えている。しかしこの問題については稿を改めて論じなくてはならない。

（39）［付記］この小論がなるにあたって数々の御助力をいただいた斎藤義一、藤澤令夫、内山勝利の諸先生、そしてエーディット・ピヒト＝アクセンフェルト夫人に感謝します。なお、プラトンからの引用は、岩波版『プラトン全集』にほぼ準拠していますが、主として文脈の都合上、適宜改変されていることをお断りしておきます。

補論二　K・シェップスダォの『法律』論

マインツ科学文学アカデミーの肝煎りで刊行中のプラトン著作集の一環として第一分冊が刊行されて以来、十七年目にしてようやく完結するに至った総計一八五〇頁を超える『法律』研究の労作である(1)。ドイツ語による翻訳、きわめて詳細で組織的な梗概、洞察力に富んだ周到な註解、包括的な文献表が含まれている。そのすべては、『法律』に対する一定水準の学問的関心が高まり、それによってこのプラトン最晩年の最も長大な対話篇が正当に評価され始めているかに見える現代の要求に十二分に応えている。これだけの規模と内容を備えた『法律』研究の登場はE・イングランドの業績（一九二一年刊行、校訂本を含めて総計約一三〇〇頁）以来のことであるが、残念ながら本書には、著作集の編集方針に沿って、ギリシア語テクストは含まれていない。テクスト上の問題が註解の中で取り扱われるのは作品内容の正しい理解のために必要なばあいに限られる。底本は基本的にBurnet（OCT版）とdes PlacesおよびDiès（Budé版）のテクストであるが、実際にOCT版と違った読みが採用されている個所は二〇三個所に及んでおり、関連するテクストの選択が具体化された校訂本が含まれていたなら、本書の価値はいっそう高まったであろう。因みに、著者には

Budé版テクストとのドイツ語対訳本（*Platon Werke in acht Bänden griechisch und deutsch*, hrsg. von G. Eigler. Bd. VIII 1：*Gesetze* Buch I-VI；Bd.VIII 2：*Gesetze* Buch VII-XII；*Minos*, Griechischer Text von E. des Places und A. Diès, deutsche Übersetzung von K. Schöpsdau, Darmstadt 1977）がある。ただしこの訳文は、一九世紀のHieronymus Müllerによる翻訳をもとに作られている。もちろん本書の訳文は、いくつかの重要な解釈の変更も含めて、全面的に改訂されている。現在ドイツ語で読むことのできる最良の『法律』と見てよいだろう。

さて、『法律』解釈上の最大の論点は、その『国家』との関係である。二〇世紀の伝統的なプラトン研究には、中期対話篇と後期対話篇とのあいだに根本的な変化を想定する一つの傾向があった。とりわけシケリア事件をきっかけに「諦念」と呼ぶべき転向が生じたとみるWilamowitz（1919）を筆頭に、最近のBobonich（1994）に至るまで、こうした修正主義的な解釈の傾向は根強い。一方、その対極にあるのは、二つの国家モデルのあいだの相違は表面的なもので、プラトンの基本的な立場に本質的な変化はなかったと考えるShorey（1914）に代表されるような、統一主義的な立場である。この立場のなかには、Stalley（1983）のように、『法律』においても哲人王の理念は範型として掲げられていて、それを人間的な諸制約のもとで可能なかぎり現実化することがここでの課題となったと見る傾向もある。こうした範型主義の立場をとるLaks（1990）によれば、『法律』が『国家』に対するそれ自身の関係を記述するための概念枠としているのは、プラトンのパラディグマティズムにほかならない。Schöpsdauも一九七七年の対訳本（441-2 n. 48）以来、一九九一年の論考（"Der Staatsentwurf der Nomoi zwischen Ideal und Wirklichkeit. Zu Plato *leg.* 739a1-e7 und 745e7-746d2," in：*Rheinisches Museum für Philologie* 134, 136-152）においても、本書（2003, 308-314）においても明確にこの立場をとっている。「第一の国制」は『国家』の理想の国制であり、「第二の国制」は『法律』で構想されている国制であるが、「第三の国制」はクレテ（あるいは他のどこか）で建設される国家の国制である。「第三の国制」はエルゴンによって現実化されるものであるのに対して、前の二つの国制はロゴスの上でしか現実化されないものである。『法律』において「哲学者の支配」から「法の支配」への変化と見えるものをもたらしているのは、人間本性のモラル上の弱さへの洞察と、哲学的認識をすべての市民たちの魂のうちに可能なかぎり内面化する「法の支配」の救済的機能への着眼だというのがSchöpsdau（1994, 126–131）の考えである。

ところで、Schöpsdauが『法律』を解釈するさいの一貫した姿勢は、その内的な統一性と明白な体系性を第一に重んじるところにある。彼によれば、アテナイからの客人が631b–632dにおいて模範的立法のスケッチを描くとき、まさにそのことをプラトン自身が印象づけている（1994, 98）。そこに記述されている『法律』の全体構造から見えてくるのは、実際の法律条文（VI. 769a–XII 960b）の配列原理が、誕生から死に至る人間的生のプロセスにあるということだけではない。「善の序列」（631b–d）とこれらの善に着目した立法とが二区分されることによって、第Ⅰ～Ⅲ巻と第Ⅳ～Ⅻ巻との関係を解釈するための規範も提供される。すなわち、第Ⅰ～Ⅲ巻では、知性によって統括される四重の全体的な徳（631b–d ; cf. 688ab, 697b）と、それが自由、友愛、知性の三者へ収斂すること（693b–e, 694b, 701d）とによって、立法の目標が浮き彫りにされ、その目標の実現が、第Ⅳ～Ⅻ巻において展開される立法そのものによって、歴史的な現実の中で求められるのである。したがって、この二つの部分が含んでいるのは、目標の知と、この目標への到達手段の知という、それぞれゆたかな成果をもたらすテクネーの相互に不可欠な二重の前提なのである。しかし、目標の知と目標へ至る道の知は、あるテクネーによって生みだされるものを保全するための前提でもある（961d–962 b）。そのため第Ⅻ巻の最後で法律の保全策として「夜の会議」が導入されるとき、第Ⅰ巻の知性によって統括された四重の徳がふたたび視野に入ってくる（963a で630e–632c を回顧する形で）。このようにして円環的な構造が明らかになり、それによって、「知性がすべての法律制度を統括する」（632c）ということが、構成的にもはっきり感知できる形で実現される、というのである。

さらに、Schöpsdau（2003, 219–250）が『法律』のもう一つの構成原理として重視するのは、説得をつうじて市民たちの分別に訴えかける法の「前文」と、強制をもって指示命令する法の「本文」との区別である（IV 718a–724b）。この区別は、アテナイからの客人によって『法律』の対話全体にも適用されるのであるが、そのさいに彼がとるのは、先行する対話全体を734e から始まる国制本文に対する前文として格付けするというやり方である。第Ⅰ～Ⅴ巻の機能は――「自由人の医者」の比喩（720a–e：cf. 857c–e）の用語によって――、国制本文による「指示」（722e8, 723a5, cf. 631d3）の理論的な説明や根拠づけとして規定される。それは体系的な基礎分析に基づいており（cf. 720d3）、「哲学するのと同然のしかたで」（857d2）さまざまな議論を用いるのであるが、その意図するところは、法律を受けとる人びと――そして『法律』の読者――を納得させ、教育するところにある（723a7, 857d7, e4）というのである。

こうした観点からSchöpsdau がとりわけ重視するテクストは、法律本文の中でこの「前文-本文」構造に応じて特別に構成されているつぎの二つの部分である。

（1）刑法全体の一般的な前文として機能する「刑法付論[2]（Exkurs）」（IX. 857b4–864c8：Schöpsdau［2011］278–305）。これは「本意から不正である人はいない」というソクラテスのパラドクスと「故意による犯罪」を罰する刑法とをいかに調和させるかを実証する哲学的な試みである。これが作品全体にとって重要な意味をもっているのは、不正と（間接的には）正義の定義が行われ（863e–864a）、それによって個人と国家の幸福のために要求される市民たちの道徳的な態度の輪郭が示されているからである（858d, cf. II. 660e–661c）。犯罪原因の心理学的な分析（863a–e）において不正行為に至る動機とその克服の可能性を示すことによって、この付論は同時に、市民たちに対する倫理的な呼びかけにもなっている。ここで医者の比喩をふたたび取り上げることでプラトンは、当時行われていた立法に哲学的な分析と市民教育の要素が欠落していることを明らかにしている、という Schöpsdau の指摘（2011, 279）は重要である。

(2) 神々に対する不敬罪を罰する法の前文（X. 885b4–907d4 : Schöpsdau［2011］368–449）。ここでアテナイからの客人は、神々が実在し、人びとを配慮し、賄賂に動かされないことを証明する。本来的な意味で神学的なこの観点を超えて、この前文には『法律』の他の諸巻と強く結びつく本質的な観点がいくつかある。Schöpsdau（1994, 100）は、ここに作品全体の精神的な中心があると見ている。

まず倫理的な意味で、この前文は第IX巻の刑法規定の補遺をなしている。というのは、無神論の反駁をつうじてアテナイ人は不正の根源とも闘っているからである（cf. 885de, 907c）。ここにおいて彼は、第IX巻に点在していたさまざまな警告を呪詞 ἐπῳδαί としてのはたらきをする物語（903b–e）にまとめ上げるのだが、それは神々の正義 δίκη への指摘（904e3, 905a1）をつうじて、第IV巻の入植者たちへの呼びかけ（716a2）とも結びついている。また、存在論的な観点のもと、無神論的唯物論によってたんなる慣習に貶められた法を救済する（890d6）ために、法というものは知性の産物として、宇宙に働く知性に与っている以上「自然によってある」ということが証明される（892bc）。これによって法には、知性の助けを得た魂と神の働きである宇宙世界の動とその秩序（896e–897b）を、人間的な領域においても実現するという機能（立法者にとっては課題）が生じる。第Ⅳ巻で法が「知性の行う秩序づけ」τοῦ νοῦ διανομή と定義され、クロノスの世の生を模倣すべきだという神話的な要求がなされたこと（713e–714a）は、このように第Ⅹ巻に照らして初めてその十分な意味が具体的に示されるのである。さらに、この神学の認識は、徳の一性を把握するディアレクティケーと並んで、「夜の会議」のメンバー資格でもある（XII. 966c）。彼らは、法の守護者として、その根幹を揺るがしかねない無神論者たちに対して、不敬罪を罰する法律の基礎にある神学の釈明ができなくてはならない（cf. 964bc）。こうして第Ⅹ巻は、第Ⅶ巻で一般市民のために展開されていた教育課程を、より厳密な水準で継続し、完結させる意味をももっているのである。

本書は、プラトン哲学と西欧の政治哲学の起源に関心をもつ人たちにとってはもちろん、古代ギリシアの法制史や社会組織に、また哲学的弁論術や文藝論に関心をもつ人たちにとっても、さまざまな思索の手がかりを提供してくれる基礎文献と言ってよいだろう。

註

（1）**補論二**は、以下の著作の書評である。

Klaus Schöpsdau, *Nomoi*（*Gesetze*）*Buch I-III. Platon Werke. Übersetzung und Kommentar.* Band IX 2.（Im Auftrag der Akademie der Wissenschaften und der Literatur zu Mainz hrsg. von E. Heitsch, C.W. Müller und K. Sier）. Pp. 540, Göttingen, Vandenhoeck & Ruprecht 1994. € 99.99.

Klaus Schöpsdau, *Nomoi*（*Gesetze*）*Buch IV-VII. Platon Werke. Übersetzung und Kommentar.* Band IX 2. Pp. 656, Göttingen, Vandenhoeck & Ruprecht 2003. € 110.00.

Klaus Schöpsdau, *Nomoi*（*Gesetze*）*Buch VIII-XII. Platon Werke. Übersetzung und Kommentar.* Band IX 2. Pp.

659, Göttingen, Vandenhoeck & Ruprecht 2011. € 130.00.

（2） 筆者は本書においてこれを「刑法原論」と呼んでいる。

付表

『法律』の全体構造

《対話の場面と対象の設定》（I. 624a1–625c5）

《序論：立法の目的》（第Ⅰ～Ⅲ巻）

（A）立法の目的としての全体的な徳（I. 625c6–632d7）

（B）個別の徳（勇気と節制）を養う制度の吟味（I. 632d8–638c1）

（C）自由への教育――酒宴とムゥシケーの織り合わせ（I. 638c2–II. 674c7）

（D）諸国家の起源と保全と崩壊の歴史的考察による、立法の目的の確証（III. 676a1–702e2）

《本論：クレテ植民計画のための立法モデルの構想》（第Ⅳ～Ⅻ巻）

（A）新国家建設のための諸条件（IV. 704a1–715e6）

（B）国制の前文（IV. 715e7–V. 734e2）

（C）国制の本文（V. 734e3–XII. 960b5）

序論。国制に属する法律の下絵――国制の二つの相（V. 734e3–735a7）

一　富の公平な分配――国制の経済的・社会的前提条件（V. 735a8–747e11）

二　官職の選任と任務――国制の第一の相（VI. 751a1–768e7）

三　法律――国制の第二の相（VI. 769a1–XII. 960b5）

（D）国制と法律を保全するための方策（XII. 960b6–969d3）

略号表

Q　問題
O　一般の通念、常識的見解
H　仮設
C　結論
P　法の前文
L　法の本文
M　比喩、ミュートス

第Ⅰ巻

《対話の場面と対象の設定》（I. 624a1–625c5）

《序論：立法の目的》（第Ⅰ～Ⅲ巻）

（A）立法の目的としての全体的な徳（625c6–632d7）

Q　625c：クレテの法制度の目的は何か。

O　625c–626b：クレテの法は、共同食事の制度によって、戦いにおける勇気を養うことを目指している。
626e–627b：「自分が自分自身にうち克つこと」が、すべての勝利の根本ともいうべき最善のことであり、

「自分が自分自身によってうち負かされること」は、最も恥ずかしく、また同時に最も悪いことである。

H　628a-e：戦争と内乱に対する、平和と友愛の優位。

H　630ab：単なる勇気に対する、「全体的な徳」の優位。

C　630e：クレテの立法者は、徳の一部分（勇気）にではなく、徳の全体に着目して法を制定していたはずだ。

Q　631ab：立法の目的はいかに説明されるべきか——立法者の課題。

O　631b：正しい法律は、人びとに善きもののいっさいをもたらすことによって、それを用いる人びとを幸福にする。

H　631b-d：「人間的な善」に対する「神的な善」の優位と、「神的な善」の筆頭にたつ「知性」の優位。

C　631d-632d：

①　立法者による市民への勧告——すべての法制度が「善」に着目していること、そのうち、「人間的な善」は「神的な善」に、「神的な善」はすべて、その指導者たる「知性」に着目していること。

②　「全体的な徳」を目的とした立法の具体的構想とその実現。

③　立法者による守護者（護法官）の任命。

（B）個別の徳（勇気と節制）を養う制度の吟味（632d8-638c1）

Q　632de：勇気を養う制度の吟味。

O　633a-c：スパルタの法律は、「苦痛に耐えるための訓練」（共同食事、体育、狩猟、格闘技、秘密任務、裸の祭典など）によって、勇気を養っている。

H　633c–634a：真実の勇気は、ただ単純に、「恐怖と苦痛に対する戦い」としてのみではなく、「欲望や快楽に対する戦い」としても定義されるべきである。すなわち、勇気とは、苦痛と快楽の両方に抵抗できるものである。

C　635b–d：したがって、スパルタの法律は、真実の勇気を養ってはいない。

Q　635e–636a：節制を養う制度の吟味。

O　636a：スパルタでは、共同食事と体育が、勇気と節制の両方の徳を目的として、なかなか巧みに考案されている。

H　636de：快楽と苦痛の泉を、しかるべき所から、しかるべき時に、しかるべき分量だけ汲みとる者は、幸福になる。

C　636e–638b：あらゆる快楽をあおり立てる酒宴のような風習を、勇気と節制の教育のために立て直さなければならない。

(C) 自由への教育――酒宴とムゥシケーの織り合わせ (I. 638c2–II. 674c7)

Q　637d–638e：酩酊を全体として取り上げ、酒宴のような風習を扱う正しい方法とは。

H　641a–642b：酩酊の問題に対するムゥシケー（音楽・文藝）の正しさの優位と、ムゥシケーに対するパイデイアー（教育）全般のあり方の優位。

C　643ab：教育とはそもそも何であるか、またどんな意義をもっているかを定義しなければならない。

Q　643b：教育とは何であるか。

O　643b–e：小売りの商いや舵取り、その他それに類する仕事の才覚が教育である。

H　644ab：

① 正しく教育された人びとは、ほぼ例外なく善き人びとになるということ、

② また、教育こそは、最も美しいものどものうち最も善き人びとにそなわる第一のものなのだから、けっしてこれをないがしろにしてはならないということ、

③ そして、もし万が一、教育が失われても、回復することが可能であるかぎりは、そのことこそ万人とって生涯を通じ、力のかぎり、つねになし続けられねばならないこと。

C　643e4–6：教育とは、徳をめざしての子供の頃からの教育、すなわち、正義をもって支配し支配されるすべを心得た「完全な市民」となることを求め憧れるひとをつくりあげるものである。【教育の規定Ⅰ】

Q　641cd、645bc：酒宴はいかにして教育に寄与するか。

O　644b：自己を支配できる人びとが善き人びとであり、自己を支配できない人びとが悪しき人びとである。

M　644c–645a：「神の操り人形」の比喩――強制的に引きずり回す「快楽」と「苦痛」の紘の動きを、「理知分別」の紘の導きに付き従って離れないようにすることが教育である。

H　646e–647d：勇気と節制を養うには、「敵を前にしての大胆」と「不名誉な恥辱を被ることへの恐れ」（＝慎み）という魂の内発的な力を補助者として形成することをつうじて、快楽と苦痛を知性に従うように正しくしつけていかねばならない。

C　647e–650b：酒宴は、魂の性質と状態を認識するためのテストとして、「魂の世話」を仕事とする政治術にとって最も有用なものの一つである。

第Ⅱ巻

Q　652b–653a：正しい教育とは何であるか――酒宴が立派に立て直されるとき、そこに正しい教育の救いもある。

H　653b：快苦愛憎の正しい習慣づけによる理知との協調全体が徳である。

C　653bc：快楽と苦痛をただしくしつけられて、人生の始めから終りまで、憎むべきものを憎み、愛すべきものを愛するようになることが教育である。【教育の規定Ⅱ】

H　653d–654b：祝祭とそれに伴う合唱舞踏は、人びとがかつて受けた養育を回復させるため、神々がつかわされたものだ。

C　654b：教育のある人間とは、十分に合唱舞踏の経験をつんだ者のことだ。【教育の規定Ⅲ】

H　656b：悦びを感じる者は、善悪いずれのものに悦びを感じるにせよ、そのものに同化するのが必然である。

658e–659a：最も善き人びとや十分な教育を受けた人びとを悦ばせるもの、とりわけ徳と教育の点でぬきんでている一人の人間を悦ばせるもの、それこそ、最も美しいムゥサの技としなくてはならない。

C　659d：教育とは、法律によって正しいと語られた理、また最もすぐれた最も年長の人びとによって経験をつうじて真に正しいと認められた理、そういう理へ子供たちを引っ張り、導いていくことにほかならない。【教育の規定Ⅳ】

Q　664a：立法者は若者たちに何を、いかなる方法で説得すれば、国家に最大の善をなしうるか。

H　664b–d：祝祭を機に、年齢別に組織された三つのコロスが、「最も快い生活」と「最も善き生活」とが同じものであるということについて歌い踊るべきだ。

C　664d–666d：ディオニュソスのコロスは、最も美しく最も有益な歌に関するこの上ない権威として、秘儀（＝酒）にあずかり、かの呪文の歌をうたう。

H　668b：ディオニュソスのコロスは、「快い歌とムゥサ」ではなく、「正しい歌とムゥサ」を探し求めるべきだ。

C　670e–671a：ディオニュソスのコロスは、作品の意図が何であり、その意図が正しく実現されているか、そしてそれがよく仕上げられているかを認識することによって、その作品が善き魂の似姿であるかどうかを見極めなくてはならない（cf. VII. 812b–813b）。

H　671de：冷静で素面の者が、素面でない者の指揮者として、法律を守護し、法律に協力する者とならねばならない。

C　673de：酒宴は、以上のような仕方で立派に立て直されれば、節制をわきまえるための訓練と正しい教育に寄与する——酩酊の扱いについての最後の仕上げ。

第Ⅲ巻

（D）諸国家の起源と保全と崩壊の歴史的考察による、立法の目的の確証（III. 676a1–702e2）

Q　683b：いかなる立法が国家を幸福にするか。

H　688e–691b：ドリア三国を破滅に追いやったものは、「最大の無知」——快楽と苦痛が、理にかなった思わくとの間できたす不調和（いわゆるアクラシアー）——である。

C　693bc, 696b–e, 701d：立法者は、「友愛」と「知性（知慮）」と「自由」に注目して法律を制定しなければならない。

Q　693cd：立法者は、友愛と知慮と自由に関して、何を目的としなければならないか。

H　693de：国制には君主制と民主制という二人の母がある。知慮とともに、自由と友愛が生じるべきであるなら、この二つの国制をかねそなえていなければならない。

694a–698a：ペルシアの国制の探究――その国制が悪化したことの原因は、君主主義の過度の偏愛のために、あまりにも民衆から自由の要素を奪い去り、限度以上に専制的要素を持ち込み、もって国家内部の友愛と公共の要素を破壊したことにある。

698a–701c：アッティケの国制の探究――いっさいの権威に縛られない完全な自由は、他者の権威に依存しながら適当な限度を守っている自由より、すくなからず劣っている。アテナイの民主制が堕落した原因は、自由主義の過度の偏愛のために、そこに、ムゥシケー（音楽・文藝）から端を発して、万事に関する万人の「知の思いこみ」や、法の無視が生じ、それと歩調を合わせて、あまりにも思い上がった自由（＝無干渉主義）が生まれてきたことにある。

C　701e：立法者が、君主制からは僭主として振舞うことの適量を、そして民主制からは自由人として振舞うことの適量を採用すれば、そのときそれぞれの国制には、他にまさる繁栄がやどるが、これに反し、それぞれの国制が極点まで、つまり前者の場合には隷属の極点、後者の場合には自由の極点まで押し進むと、どちらの側にとってもよい結果にはならない。

《本論：クレテ植民計画のための立法モデルの構想》（第Ⅳ～Ⅻ巻）

（A）新国家建設のための諸条件（IV. 704a1–715e6）

704a–708d：その国家の初発の状況の予備的考察――自然的条件と入植者の構成。

708e–709d：すべての人間的行為の制約条件。

O　709ab：ありとあらゆる偶然や禍が、ありとあらゆる仕方で起こってきて、それらが人の世の立法のいっさいを司っている。

H　709bc：「偶然」と「機会」に対する、「神」と「技術」の優位。

C　709c：立法を司るのは、立法者である。

Q　709de：立法者に、どのような状態の国家をあたえるべきか――既存の国制に対する批判。

H　710e–711a：他のあらゆる国制から最善の国制への変化が実現するのは、真の立法者が自然の恵みによってあらわれて、しかも彼が国家最高の権力者たちとある種の力を共有する場合のことだ。

C　711e–712a：一人の人間において、最大の権力と、知慮や節制の働きとが落ち合って一緒になるとき、最善の国制と最善の法律の誕生が芽生えてくる――哲人統治論の反復。

Q　712bc：どのような国制をその国家に割り当てるべきか。

H　713d：真にそう呼ばれるに相応しい国制とは、知性をもつ者たちの真の主人である神の支配する国制である。

C　713e–714a：神がではなく、だれか死すべき者が支配する国家は、知性（ヌゥス）の行う秩序づけ（ディアノメー）を法律（ノモス）と名づけて、公的にも私的にも、われわれの内部にあって不死につながるもの（＝知性）に服しながら、国家と家を整えなくてはならない。

Q 714bc：法律の着目すべき目標はどこにあるのか。

O 714c：正義とは強者の利益である。国家においては、かならずや勝者が法律を制定する。

H 715b：一部の人のために制定されるような、国家全体の公共のために制定されていないような法律は、真の法律ではない。

715c–e：制定された法律の説得を最もよく受け入れ、国内でのこの種の競争に勝利を収める人にこそ、神々への奉仕のつとめをもあたえるべきである——法の優先と神の優越。

C 715e–716b：正義の女神は万物の尺度である神（＝知性）につねに随行し、幸福であろうと心がける者はその正義の女神にしっかりと随行する。強者の利益は破滅を導くものでしかない。

（B）国制全体の前文（IV. 715e7–V. 734e2）

一　入植者たちへの勧告（715e7–718a6）

Q 716b6–7：知慮ある者は、何を行い、何を心すべきであり、また何をすべきではないのか——われわれの目標とすべき的は何か。

H 716c4–5：われわれ人間にとって、万物の尺度は、なににもまして神である。

716cd：そうした尺度となる存在（神）に愛されんとする者は、みずからもまた力のかぎりをつくし、そうした神に似たものとならなくてはならない。

C 716d1–4：われわれ人間のうちでも知慮ある者は、神に似るがゆえに、神に愛されるが、他方、知慮なき者は、神に似てはいないので、神と不和になる——不正の者もまた同様。他の悪徳についてもまた、そのようにして同じ理に従う。

Q　717a4–6：その目標を達成するための手段はいかなるものか。

C　717a–718a、724a：神々や神々のあとにつづく者たちへの敬虔と、存命中のあるいは他界した両親に対する敬い。

二　法の「前文」について——既存の法律に対する批判（718a6–724b5）

Q　718a–c：立法者がとうぜん言わなくてはならないことで、しかも法律の形式に表現するには不適当なものは、どのような形式に置かれるのか。

H　718cd：立法者は、人びとを徳に向かって可能なかぎり従順であらしめようとつとめ、そのために、聴き手の心をひらき、すすんで学ぶようにさせるべきだ。

M　718d–719a：ヘシオドスの詩句——徳への道は長く嶮しく、その初めはなだらかではない。

C　719de：立法者は、ひとつのことがらにはいつも一つの説を、明らかにしなくてはならない。たとえば、適度を口にするとき、適度とはどういうものなのか、どれだけの量なのか、ということを言わなくてはならない——説得的な勧告の形式の有用性。

Q　719e–720a：立法者は、法律の冒頭に、立法された事柄への勧告と説得をつけ加えるべきか。

M　720a–e：「自由人の医者」の比喩——知性による支配の徴としての「合意」と、自由意志による法への服従を理性的に訴えかける「説得」の重要性。

L　721a–d：国家誕生の第一の始原となる「結婚に関する法律」による法の前文の例示——婚姻法(1)（結婚年

齢）。

O　722bc：これまでの立法者たちは、説得に必然を混ぜ合わせることなく、純粋に強制だけにうったえて立法している。

H　722d：音声に関わりのあるいっさいの語りには、序にあたる部分が存在する。

723ab：立法者は、すべての市民たちが法律による強制的な指示を心を開いて受け入れ、その内容をよりよく理解するために、かれらを説得しなければならない。

C　722e–723b：いっさいの法律には、「説得」と「強制」を分担する「前文」と「本文」とが混ぜ合わされるべきだ。したがって、立法者は、法律の全体に対しても、個々の法令に対しても、前文をつけ加えねばならない。

第Ⅴ巻

三　入植者たちへの勧告（仕切り直し）（726a1–734e2）

Q　724a：前文のうちでなお言い残されているものは何か。

H　726a–727a：神々について尊敬すべきものは、自分自身の魂である。

728c：尊敬とは、優れたものに従うこと、そして、劣ったものに関しては、それがより善くなることが可能ならば、まさにそのより善くするということをできるかぎり立派になしとげることである。

C　727a–730a：自分自身の魂を正しい意味で尊敬しなければならない――「魂への配慮」の勧告。

Q　730b：自分がどのような人であれば、人生を最も立派に送ることができるか。

H　730c–732d：神的な「善き生」にふさわしい真実、正義、節制、勇気、過度の自己愛や過度の快苦を避けることなどの優先。

C　732d–734e：身体においてであれ、あるいは魂においてであれ、徳と結びついた生活は、悪徳と結びついた生活よりも、いっそう快適であり、その生活をする人に対し、反対の生活を送る人よりも、ありとあらゆる点でより幸福な生活を保証する――人間的な「善き生」の本質。

（C）国制の本文（V. 734e3–XII. 960b5）

序論。国制に属する法律の下絵――国制の二つの相（734e3–735a7）

一　富の公平な分配――国制の経済的・社会的前提条件（735a8–747e11）

1　入植者の募集とその浄め（735a7–736c4）

H　735de：同一人が僭主であるとともに立法者でもある場合には、厳しくて最善の浄めを行うが、立法者が僭主の権力を持たないで、新しい国制と法律を制定する場合には、最も穏やかな浄めを行う。

C　736bc：入植者のうち、悪い人びとは、あらゆる説得の手段と充分な時間とをかけて、徹底的に吟味して、入ってくるのを防ぎ、善い人びとは、できるかぎりの好意と親切をもって迎え入れる。

2　適正な人口と国土の分配（736c5–737d8）

H　738cd：市民の総数は、土地および近隣諸国との関係を考慮してきめなければならない。土地は、一定数の節度ある人びとを養うに足るものでなければならないが、それ以上は必要としない。

C　737e–738e：適当な数として、分配地の防衛にあたる土地保有者の数を五〇四〇としておこう。そして土地と家も同じようにして、同じ部分に分け、一人に一つの分配地があたるようにしなければならない。

3　私有財産関係の規定――次善の国制の不可避性（739a1–745b2）

O　739a：国家の建設というものは、最善というわけにはゆかず、次善にならざるをえない。

H　739c–e：国家をできるだけ一つのものに作り上げるということを可能なかぎり実現する国制が、徳への卓絶性の点で最善の国制である。この最善の国制を範型としてできるだけこれに近い国制が実現するなら、その国家は次善の仕方で一つのものとなる。

C　739e–740a：入植者たちは土地と家とは分配を受けるが、それを国全体の共有物とみなさなければならない。

H　743e：人間の幸福にとって、「魂への配慮」が第一のものである。

C　743e：財産への配慮はいちばんあとにすべきである。

4　都市の配置。国土の分割など（745b3–747e11）

第Ⅵ巻

二　官職の選任と任務――国制の第一の相（VI. 751a1–768e7）

序論――役人の選任の重要性（751a–752e2）

1　護法官（νομοφύλακες）の選出（752e3–755b2）

2　将校（755b3–756b6）

3　政務審議会（βουλή）（756b7–758e8）

4　宗教関係の役人（759a1–760a5）

5　国土の防衛。地方保安官と監視隊の構成と任務（760a6–e3）
6　都市保安官（763c3–e3）
7　市場保安官（763e4–764c4）
8　教育関係の役人（764c5–766c1）
9　役人の欠員補充。孤児の後見人（766c2–d2）
10　三種類の法廷——隣人法廷、部族民法廷、第三法廷（766d3–768e7）

三　法律——国制の第二の相（VI. 769a1–XII. 960b5）

経過部。次世代の立法者と護法官に残される課題（769a1–771a4）

H　769de：国家の体制と秩序は、誰か法律を守りつづける者の手によって、改善されねばならない。

C　770a：立法者は、ただ法律を制定するだけでなく、若き護法官たち自身が立法者でもあるように、できるかぎりの努力を傾けなければならない——護法官たちへの勧告（770b–771a）。

1　法律の出発点——神聖な事柄——としての祝祭の組織（771a5–772d4）

H　771de：祝祭の目的は、神々や神々にかかわるものの恵みをえるためであり、われわれ自身がお互いに親しみ合い知りあい、さまざまな交わりを深めるためである。

2　結婚、私生活、子作りに関する法（772d5–785b9）

Q　772e2：適当な、似合いの相手をどうやって探すか。

P　772e7–774a1：「節度」の優先を勧告する前文。

L　774a–776b：婚姻法(2)（配偶者のタイプ）。

Q　776b–777b：奴隷をいかに扱うべきか。

H　777d：ひとが見せかけでなく心から正義を敬い、真に不正を憎むものであることが明らかになるのは、自分が容易に不正をおこなうことのできる人びとに対するときである——魂の内なる正義の優位。

C　777d：奴隷に対して暴力をふるわないこと。もしできれば、対等のひとに対する以上に不正な行いを慎むこと。

第Ⅶ巻

3　養育と教育に関する規則（VII. 788–824）

Q　791d：新生児の魂にいかにして善い気質を植えつけることができるか。

H　792d：快楽と苦痛の中間としての明朗さの優位。

C　793d：新生児の魂の性格形成のための遊び（パイディアー）に関するさまざまの規定。

Q　796e：ムゥサとアポロンの贈り物について。

H　797b–798d：変化に対する安定性の優位。新奇なものの危険性。

C　798d–802e：合唱舞踏に関する規則。

Q　803a：それらの事柄の教授と伝達とについて、どんな方法で、誰に、そしていつ、そのおのおのが行われるべきか。

H　803b–804b：神の玩具として工夫された人間は、一種の遊び（パイディアー）を楽しみながら、つまり、犠牲を捧げたり歌ったり踊ったりしながら、生涯を過ごすべきだ。
C　804c–822d：学校教育に関するさまざまな規則。
P　823d–824a：狩猟制限法の前文（称讃と非難の言葉）。
L　824a：狩猟制限法。

第Ⅷ巻

4　祝祭に関する法。軍事訓練。体育競技（VIII. 828a1–835b4）

5　性の問題（835b5–842a10）

Q　836ab：国家の若い世代の者たちをいかにして肉体的な貪欲から守るか。
H　837a–d：愛の三種類――似たもの同士の友愛の優位。
　　840c：快楽に対する勝利の優位。
P　838a–841c：宗教的な通念――神を畏怖し、名誉を重んじ、魂の美しさを欲すること――の優位。
　　840e–841b：快楽の力をできるだけ働かせないようにする方法――次善の正しさをもった第二の法律の必要。
L　841de：愛の規律に関する法。
Q　780a–783c：女性に共同食事への参加を認めるべきか。

H　781bc：すべての制度を女性にも男性にも共通に実施することが、国家の幸福にとってより好ましい。
P　783ab：恐れと法律慣習と真なる理によって、ムゥサや競技を司る神々の助けを借りて、快楽を抑制すること——「最高の快楽」から「最大の善」への向け変え。
P　804de：教育における男女の平等。
C　838a-841c：宗教的な通念の優位。
L　839d, 842bc：女性に共同食事への参加を認めねばならないが、次善の策として、現に設定されているもの——男たちの分は別に設けられ、彼らの家族、すなわち娘たちとその母親たちの分はその近くに用意される（806e）——で満足すべきである。

6　財政法——国家の経済組織（842b1-850d2）
P　842e-843a：隣人同士の境界争いの戒め。
L　843ab：農業関係法。

第Ⅸ巻

7　刑法（第Ⅸ-Ⅹ巻）
7・1　神々への犯罪——神殿荒らし（853d-854b）
Q　853d：神殿荒らしに関する法律はいかなるものか。
P　854bc：神殿荒らしへと駆り立てる悪しき衝動に対する、神々、善き人びと、美しいこと、正しいことの優位。
L　854d-856a：神殿荒らしに関する法律。

7・2　国家への犯罪――国制転覆に関する犯罪（856b–857b）

Q　857b：立法者は、多種多様な犯罪行為に対応して、多種多様な刑罰を科すべきではないか。

7・3　刑法原論（857b–864e）

M　857b–e：「自由人の医者」の比喩――立法者は、犯罪をその原因から把握し、魂の本性全般にわたって論じなければならない。

H　857e–858c：立法よりも教育を、「最低限必要なこと」よりも「最善のこと」を優先する。

860d：「すべての人びとにとって不正をなすことは不本意なことである」――ソクラテスのパラドクス。

Q　860e–861c：一般に理解されているように、「故意による犯罪ないし不正行為」と「故意によらないもの」とを区別し、前者により重い刑罰を科すべきなのか、それとも、「故意による犯罪（＝本意からの不正行為）」というもの自体の存在を認めずに、すべての犯罪に等しい刑罰を科すべきなのか。

C　861cd：犯罪には二種類あるが、その種差は一般に理解されているものとはちがうということを、立法に先だって明らかにしておかなくてはならない。

Q　861d：犯罪はいかに区別されるか。

H　862b–863a：不正と加害行為の区別――法的なプランに対する道徳的なプランの優位。

863a–864a：犯罪の原因の分析にもとづく「正」「不正」の定義。

C　864a–c：五種類の原因によって区別された犯罪を、さらに非計画的な犯罪と計画的な犯罪の二つに分けて、それぞれに互いに異なった刑罰を定めなければならない。

7・4　殺人罪（865a–874d）

Q　869e：故意による（不正にもとづく、計画的な）殺人はどう扱うか。

P　869e–870e：この種の殺人の原因（金銭欲、名誉欲、恐怖心）に対する「魂の善さ」の優位。ハデスにおける応報。

L　871a–872c：故意による殺人罪に対する刑法。

P　872d–873a：故意による尊属殺人に関する物語。

L　873a–c：故意による尊属殺人罪に対する刑法。

7・5　傷害罪（874d–879b）

Q　874de：暴力行為、とくに傷害行為全般をどう扱うか。

P　874e–875d：人間にとって秩序と法が必要である理由――動物に対する人間の優位。政治術と知性の優位。次善の策としての規則や法律の選択。

L　876e–882c：傷害罪に関する法律。

7・6　暴行罪（879b–882c）

P　879b–880a：年長者の優位に関する勧告。

L　880b–d：年長者への暴行罪に関する法律。

P　880d–881b：父母・祖父母への暴行を抑止するための前文。

L　881b–882a：父母・祖父母への暴行罪に関する二種類の法律。

第X巻

7・7　神々に対する不敬罪

Q　885b：神々に対する不敬虔にはいかなる刑罰を科すべきか。

P　885b–907d：法の前文（若者たちへの勧告）

H　884b：神々に対して暴慢な振る舞いをなす者たちは、つぎの三つの誤った考え方のうちのどれかに陥っている。

O　886a–887c：神々は存在しない。

P　887c–888e：最重要のことを判断するなら、時をおくべきだ。

888e–899c、esp. 895e–898c：物体に対する魂の優先と、知性の優位。

C　899cd：したがって、神々は存在する。

O　900ab：現世では悪が勝利を収める。したがって、神々はわれわれに対して無関心である。

H　900d–901e：神々の善意と配慮。

C　903a：したがって、神々はわれわれに対して関心をもっている。

M　903b–904c：宇宙全体への配慮が、全体の幸福に貢献することを訴える、呪文としてのはたらきをもつ物語。

O　905d：神々は贈り物によって買収されうる。
H　905e–907a：神々の人間に対する優位。神的な正義。
C　907b：したがって、神々は買収されえない。

C　907c：これらの若者たちが自分自身を憎み、自分のとは反対の性格を愛するようにさせることに、いくらかでも効果を上げたとしたなら、不敬罪に関する法律の前文は、立派に語られたことになる。
L　907d–910d：神々への不敬罪に対する刑法

第Ⅺ巻

8　財産に関する法（913a1–915d6）
Q　913ab：埋蔵財産をいかに扱うか。
H　913b：魂のうちなる正義の優位。
C　913a–c：可能なかぎりだれも他人の私有財産に手を触れてはならない。

9　商法（915d6–922a5）

	前文	本文
詐欺罪に関する法	916d–917b	917b–918a
小売業に関する法	918a–919d（勧告の言葉）	919d–920c

10　民法（922a6–932d8）

遺言および相続に関する法	923a–c	923c–925d
強制結婚に対する不服申し立てに関する法	925e–926b	926b–d
孤児の救護と後見に関する法	926e–927c	927c–928d
両親に払うべき敬意に関する法	930e–932a	932a–d
11　雑則（932e1–XII. 956b3）		
薬物および魔法	932e–933c（要望と勧告と忠告）	933de
不当告訴および不当弁護	937d–938a（要望）	938a–c
第XII巻		
公共財産を盗む罪	941bc（勧告）	941c–942a
軍隊勤務における心得	942a–943a（勧告ないし讃辞）	943a–943d
戦場での武器の放棄	943d–944c（一つの物語）	944c–945b
監査官についての取り決め（945b–948b）		
宣誓についての規定	948b–e（前置きとして）	948e–949c
外交関係について	949e–950d（説得のための勧告）	950d–953e
12　訴訟手続き（956b4–958c6）		
13　葬儀についての規定（958c7–960b5）		
葬儀についての規定	959a–d（立法者の言葉）	958c–959a, 959d

（D） 国制と法律を保全するための方策 （960b6–969d3）

Q 960b：法の永続性をいかに確保するか。

H 961a–d：「夜の会議」の組織。

961e–962e：保全のための条件としての立法の目標——知性の優位のもとにおける徳の統一——の認識。

963a–968b：より厳密な教育——「多」から「一」へむかうディアレクティケーの行程と、魂論と知性論を中核とする神学的知識——の必要。

C 969bc：知性の徳を実現させることによって法の永続性を確保するのは、国制と法律の真の守護者としての「夜の会議」である。

初出一覧

序章
　書き下ろし
第一章
「法の支配と対話の哲学——プラトンの政治哲学とソクラテスの精神」
『西洋古典学研究』LIV（2006）, 27–41.
第二章
「行為のアイティアーについて——プラトンの『プロタゴラス』と『国家』をつなぐもの」
『西洋古典学研究』XLII（1994）, 36–46.
第三章
「プラトン『国家』第五巻における「知識／ドクサ」論をめぐつて」
『関西哲学会紀要』XXII（1987）, 52–57.
第四章
「神の操り人形——プラトン最晩年の人間観の一齣」

京都大学『古代哲学研究室紀要』（HYPOTHESIS）V（1995），31–48.

第五章

書き下ろし

第六章

「最も美しきドラーマ――プラトン『法律』における「第二の国制」」

内山勝利／中畑正志編『イリソスのほとり［藤澤令夫先生献呈論文集］』世界思想社（2005），354–381.

第七章

「ディオニュソスのコロスの誕生――プラトン『法律』における教育の守護者たち」

神戸学院大学人文学会『人間文化』8（1997），15–25.

第八章

「プラトン『法律』における説得の技法」

京都大学『古代哲学研究室紀要』（HYPOTHESIS）IX（1999），1–25.

第九章

「魂の治癒教育――プラトン『法律』における無智とアクラシアーの問題」

『古代哲学研究』XXVIII（1996），31–46.

第十章

「「夜の会議」と法の支配――『法律』における国制の守護者たち」

『ギリシャ哲学セミナー論集』Vol. IX（2012），15–35.

終章
書き下ろし

補論一
「愛、知性及び自由（正）——ゲオルク・ピヒトとともにプラトンの対話篇『法律』を読む」
『理想』第六五四号（1994）, 124–134.
「愛、知性及び自由（続）——amor Platonicus の真実とその再生へ向けて」
『理想』第六五五号（1995）, 173–185.

補論二
「書評　Klaus Schöpsdau, *Nomoi*（*Gesetze*）」
『西洋古典学研究』LXII（2014）, 134–138.

文献表

A 『法律』のテクスト校訂本

Ast（1823–4）, F.: *Platonis quae exstant opera,* Tom. 6–7, Lipsiae : Libr. Weidmannia.

Burnet（1907）, I.: *Platonis opera,* recognovit brevique adnotatione critica instruxit I. Burnet. Tom. V: *Minos, Leges* etc., Oxford（Oxford Classical Text）.

Bury（1926）, R.G.: *Plato in twelve volumes.* X. XI: *Laws* I–VI. VII–X, with an English translation by R.G. Bury, London（Loeb Classical Library）.

des Places（1951）, E.: *Platon Œuvres Complètes.* Tome XI 1: *Les Lois* livres I–II. Tome XI 2: *Les Lois* livres III–VI, texte établi et traduit par E. des Places, Paris（Collection Budé）.

Diès（1956）, A.: *Platon Œuvres Complètes.* Tome XII 1: *Les Lois* livres VII–X. Tome XII 2: *Les Lois* livres XI–XII, texte établi et traduit par A. Diès, Paris（Collection Budé）.

England（1921）, E.B.: *The Laws of Plato.* The text edited with introduction, notes, etc. by E.B. England. Vol. I（Books I–VI）, II（Books VII–XII）, Manchester.

Hermann (1852), C.F.: *Platonis dialogi* secundum Thrasylli tetralogias dispositi ex recognitione C.F. Hermanni, vol.V.(*Leges. Epinomis*), Leipzig.

Schöpsdau (1977), K.: *Platon Werke in acht Bänden griechisch und deutsch*, hrsg. von G. Eigler. Bd.VIII 1: *Gesetze* B. I–VI. Bd.VIII 2: *Gesetze* B.VII–XII; Minos, Griechischer Text von E. des Places und A. Diès, deutsche Übersetzung von K. Schöpsdau, Darmstadt.

Stallbaum (1859–1860), G.: *Platonis opera omnia*, recensuit et perpetua annotatione illustravit G. Stallbaum. Vol. X sect. I–III: Platonis *Leges* et *Epinomis*, Gothae et Erfordiae.

B 『法律』の翻訳・註解および研究書

Apelt, (1916), O.: *Platons Gesetze*, 2 Bde., Leipzig.

Bergk (1883), T.: "Platos *Gesetze*," in: *Fünf Abhandlungen zur Geschichte der griechischen Philosophie und Astronomie*, Leipzig, 41–116.

Bobonich (2010), C. (ed.): *Plato's Laws. A Critical Guide*, Cambridge.

Brisson, L. et Pradeau, J.-F. (2006), *Platon: Les Lois, traduction, introduction, et notes*, 2 vols., Paris.

Bruns (1880), I.: *Plato's Gesetze vor und nach ihrer Herausgabe durch Philippos von Opus. Eine kritische Studie*, Weimar.

Castel-Bouchouchi (1997), A.: *Platon, Les Lois* (*extraits*). Introduction, traduction nouvelle et notes par

Anissa Castel-Bouchouchi, Gallimard.

Gauss (1961), H.: *Philosophischer Handkommentar zu den Dialogen Platos*, III/2, Bern.

Görgemanns (1960), H.: *Beiträge zur Interpretation von Platons Nomoi*, Zetemata series 25, München.

Hentschke (1971), A.B.: *Politik und Philosophie bei Plato und Aristoteles. Die Stellung der »NOMOI« im Platonischen Gesamtwerk und die politische Philosophie des Aristoteles*, Frankfurt a. M.

Horn (2013), C. (hrg.) : *Platon, Gesetze — Nomoi*, Berlin.

Jowett (1892), B.: *Plato, The Dialogues of Plato*, vol.5 (*Laws*, Index to the writings of Plato), Oxford.

Lee (2002), B.: *Die politische Philosophie in Platons Nomoi*, Frankfurt a. M.

Lisi (2001a), F.L. (ed.) : *Plato's Laws and its historical Significance*, Sankt Augustin.

Lutz (2012), M. J.: *Divine Law and Political Philosophy in Plato's Laws*, DeKalb.

Mayhew (2008), R. : *Plato, Laws 10*. Translated with an Introduction and Commentary, Clarendon Plato Series, Oxford.

Meyer (2015), S. S.: *Plato, Laws 1 and 2*. Translated with an Introduction and Commentary, Clarendon Plato Series, Oxford.

Morrow (1960b), G. R.: *Plato's Cretan City: A Historical Interpretation of the Laws*, Princeton.

Müller (1951), G.: *Studien zu den Platonischen Nomoi*, München.

Müller (1968), G.: *Studien zu den Platonischen Nomoi*, 2. durchges. Aufl. mit einem Nachwort, München.

Pangle (1980), T.L.: *The Laws of Plato*, translated with notes and an interpretative essay by T.L. Pangle, New York.

Peponi (2013), A.-E. (ed.): *Performance and Culture in Plato's Laws*, Cambridge.

Picht (1990), G.: *Platons Dialoge »Nomoi« und »Symposion«*, Stuttgart.

Pradeau (2002), J.-F.: *Plato and the City. A New Introduction to Plato's Political Thought*, tr. by Janet Lloyd with a Foreword by Christopher Gill, London.

Ritter (1985), C.: *Platons Gesetze*. 2 Teile in einem Band: 1. Darstellung des Inhalts; 2. Kommentar zum griechischen Text. Neudruck der Ausgabe Leipzig 1896, Aalen.

Saunders (1970), T.J.: *Plato, The Laws*, translated with an introduction by T.J. Saunders, Harmondsworth (Penguin).

Saunders (1972), T.J.: *Notes on the Laws of Plato*, Bulletin of Institute of Classical Studies Supplement 28, London.

Schöpsdau (1994), K.: Platon *Nomoi* (*Gesetze*) Buch I–III. Übersetzung und Kommentar von K. Schöpsdau. (= Platon, *Werke*. Übersetzung und Kommentar. Im Auftrag der Akademie der Wissenschaften und der Literatur zu Mainz hrsg. von E. Heitsch und C.W. Müller, Band IX 2 *Nomoi* (*Gesetze*)), Göttingen.

Schöpsdau (2003), K.: Platon *Nomoi* (*Gesetze*) Buch IV–VII. Übersetzung und Kommentar von K. Schöpsdau. (= Platon, *Werke*. Übersetzung und Kommentar. Im Auftrag der Akademie der Wissenschaften und der Literatur zu Mainz hrsg. von E. Heitsch und C.W. Müller, Band IX 2 *Nomoi* (*Ge-

setze)), Göttingen.

Schöpsdau (2011), K.: Platon *Nomoi* (*Gesetze*) Buch VIII–XII. Übersetzung und Kommentar von K. Schöpsdau. (= Platon, *Werke*. Übersetzung und Kommentar. Im Auftrag der Akademie der Wissenschaften und der Literatur zu Mainz hrsg. von E. Heitsch, C.W. Müller und K. Sier, Band IX 2 *Nomoi* (*Gesetze*)), Göttingen.

Scolnicov (2003), S. and Brisson, L. (eds.): *Plato's Laws: From Theory into Practice*, Proceedings of the VI Symposium Platonicum, Selected Papers, Sankt Augustin.

Sharafat (1998), S.: *Elemente von Platons Anthropologie in den Nomoi*, Frankfurt a.M.

Stalley (1983), R.F.: *An Introduction to Plato's Laws*, Indianapolis.

Strauss (1975), L.: *The Argument and the Action of Plato's Laws*, Chicago - London.

Susemihl (1862–1863), F.: *Platon's Werke*. 4. Gruppe: Die Platonische Kosmik. 9.–15. Bändchen: *Die Gesetze*, übersetzt von F. Susemihl, Stuttgart.

Taylor (1934), A.E.: *The Laws of Plato*, translated into English by A.E. Taylor, London (Everyman's Library).

式部久（1973–1975）：『プラトン著作集』２・３（勁草書房）。

森進一・池田美恵・加来彰俊（1993）：プラトン著『法律』上・下（岩波文庫）。

C　研究論文・その他の文献

Adam (1928), J. & Adam, A.M.: *Platonis Protagoras*, Cambridge.

Adam (1963^{2}), J., *The Republic of Plato I–II*, Cambridge.

Adkins (1960), A.W.H.: *Merit and Responsibility. A Study in Greek Values*, Oxford.

Allen (1991), R.E.: *The Dialogues of Plato, II. The Symposium*, New Haven.

Annas (1981), J. : *An Introduction to Plato's* Republic, Oxford.

Arendt (1993), H.: *Was ist Politik? : Fragmente aus dem Nachlaß*, hrsg. von Ursula Ludz, München.

Ast (1816), F.: *Platon's Leben und Schriften*, Leipzig.

Barker (1918), E.: *Greek Political Theory : Plato and His Predecessors*, London.

Belfiore (1980), E.: "Elenchus, Epode, and Magic: Socrates as Silenus," in: *Phoenix* 34, 128–137.

Belfiore (1986), E.: "Wine and Catharsis of the Emotions in Plato's *Laws*," in: *Classical Quarterly* 36, 421–437.

Blum (1971), W.: "Kleists Marionettentheater und das Drahtpuppengleichnis bei Platon," *Zeitschrift für Religions- und Geistesgeschichte* 23, 40–9 .

Blitz (2010), M.: *Plato's Political Philosophy*, Baltimore.

Bobonich (1991), C.: "Persuasion, Compulsion and Freedom in Plato's *Laws*," in: *Classical Quarterly* 41, 365–88.

Bobonich (1994), C.: "Akrasia and Agency in Plato's *Laws* and *Republic*," in: *Archiv für Geschichte der Philosophie* 76, 3–36.

Bobonich (1996), C.: "Reading *the Laws*," in: C. Gill and M.M. McCabe (ed.), *Form and Argument in Late Plato*, Oxford, 249–282.

Bobonich (2002), C.: *Plato's Utopia Recast. His Later Ethics and Politics*, Oxford.

Boyancé (1972), P.: *Le culte des muses chez les philosophes grecs*, Paris.

Brisson (1998), L.: *Plato the Myth Maker*, tr., ed. and with an introd. by G. Naddaf, Chicago.

Brisson (2001), L.: "Le collège de veille (nukterinòs súllogos)," in: Lisi (2001a), 161–177.

Brochard (1966), V.: *Etudes de philosophie ancienne et de philosophie moderne*, Paris.

Brunt (1993), P.A.: *Studies in Greek History and Thought*, Oxford.

Burkert (1962), W.: "ΓΟΗΣ. Zum griechischen 'Schamanismus'," in: *Rheinisches Museum für Philologie* 105, 36–55.

Burkert (1966), W.: "Greek Tragedy and Sacrificial Ritual," in: *Greek, Roman and Byzantine Studies* 7, 87–121.

Burkert (1983), W.: *Homo Necans, The Anthropology of Ancient Greek Sacrificial Ritual and Myth*, tr. by P. Bing, California.

Buxton (1982), R.G.A.: *Persuasion in Greek Tragedy: A Study of Peitho*, Cambridge.

Cairns (1949), H.: *Legal Philosophy from Plato to Hegel*, Baltimore.

Calame (2013), C.: "Choral Practices in Plato's *Laws*. Itineraries of Initiation ?" in: Peponi (2013), 87–108.

Cartledge (1985), P.: "The Greek Religious Festivals," in: Easterling & Muir, *Greek Religion and Society*, 98–127, Cambridge.

Charlton (1988), W.: *Weakness of Will*, Oxford.

Cherniss (1953), H.: "Rez. von G. Müller, *Studien zu den platonischen* Nomoi," in: *Gnomon* 25, 367–379.

Cohen (1993), D.: "Law, Autonomy, and Political Community in Plato's *Laws*," in: *Classical Philology* 88, 301–317.

Cohen (1995), D.: *Law, Violence and Community in Classical Athens*, Cambridge.

Crossman (1959), R.H.S.: *Plato Today*, New York.

Davidson (1980), D.: "How is Weakness of the Will Possible?" in: *Essays on Actions & Events*, Oxford, 21–42.

Diels, H. / Kranz, W. [= DK] (1951–52^{6}), *Die Fragmente der Vorsokratiker*, 3 Bde., Berlin.

Diès (1951), A.: "Plan et intention générale des *Lois*," introduction de: des Places (1951), v–xciii.

Dodds (1951), E.R.: *The Greeks and the Irrational*, California.

Dodds (1959), E.R.: *Plato, Gorgias*, Oxford.

Dworkin (1986), R.: *Law's Empire*, Harvard.

Egermann (1959), F.: "Platonische Spätphilosophie und Platonismen bei Aristoteles," in: *Hermes* 87, 133–

142.

Else (1986), G.F.: *Plato and Aristotle on Poetry*, ed. by P. Burian, North Carolina.

Ferrari (1992), G.R.F.: "Platonic Love," in: R. Kraut (ed.), *The Cambridge Companion to Plato*, Cambridge, 248–276.

Fine (1978), G.: "Knowledge and Belief in *Republic* V," *Archiv für Geschichte der Philosophie* LX, 121–139.

Fine (1999), G.: "Introduction," to: *Plato 2. Ethics, Politics, Religion, and the Soul*, Oxford, 1–33.

Foucault (1984), M.: *Histoire de la sexualité, II. L'usage des plaisirs*, Éditions Gallimard.

Frede (1991), M. (introd. by): *Plato, Protagoras* (tr., with notes, by S. Lombardo & K. Bell), Indianapolis.

Friedländer (1960), P.: *Platon*, Band III, Die Platonische Schriften, Zweite und dritte Periode, Berlin.

Fuller (1969), L.: *The Morality of Law*, rev. ed., Yale.

Gernet (1951), L.: "Les *Lois* et le droit positif," introduction de: des Places (1951), xciv–ccvi.

Goldhill (1997), S.: "The Audience of Athenian Tragedy," in: *The Cambridge Companion to Greek Tragedy*, Cambridge.

Gosling (1990), J.: *Weakness of the Will*, Routledge.

Gould (1955), J.: *The Development of Plato's Ethics*, Cambridge.

Guthrie (1975), W.K.C.: *A History of Greek Philosophy*, IV, Cambridge.

Guthrie (1978), W.K.C.: *A History of Greek Philosophy* V, Cambridge.

Hackforth (1946), R.: "Moral Evil and Ignorance in Plato's Ethics," in: *Classical Quarterly* 40, 118–120.

Halliwell (1988), S.: *Plato: Republic 10*, Trowbridge.

Hart (1961; 2012[3]), H.L.A.: *The Concept of Law*, Oxford.〔H・L・A・ハート著、長谷部恭男訳『法の概念〔第三版〕』ちくま学芸文庫、二〇一四年〕

Hart (1963), H.L.A.: *Law, Liberty, and Morality*, Oxford.

von Hayek (1978), F.A.: "Liberalism," in: *New Studies in Philosophy, Poltics, Economics and the History of Ideas*, London.

Honderich (1995), T. (ed.): *The Oxford Companion to Philosophy*, Oxford.

Irwin (1977), T.: *Plato's Moral Theory*, Oxford.

Irwin (1995), T.: *Plato's Ethics*, Oxford.

Jaeger (1973), W.: *Paideia. Die Formung des griechischen Menschen*, Berlin.

Janaway (1995), C.: *Images of Excellence: Plato's Critique of the Arts*, Oxford.

Kahn (1961), C.: "Review of Morrow, *Plato's Cretan City*," in: *Journal of the History of Ideas* 22, 419 ff.

Kahn (1995), C.: "The Place of the *Statesman* in Plato's Later Work," in: *Reading* the Statesman. *Proceedings of the III Symposium Platonicum*, ed. C. Rowe, Sankt Augustin, 49–60.

Klosko (1986a), G.: *The Development of Plato's Political Theory*, New York and London.

Klosko (1986b), G.: "Rational Persuasion in Plato's Political Thought," in: *History of Political Thought* 7,

15–31.

Klosko（1988）, G.：“The Nocturnal Council in Plato's *Laws*,” in：*Political Studies* 36, 74–88.

Klosko（1993）, G.：“Persuasion and Moral Reform in Plato and Aristotle,” in：*Revue internationale de philosophie* 184, 31–49.

Klosko（2006）, G.：*The Development of Plato's Political Theory*, 2nd ed., Oxford.

Klosko（2008）, G.：“Knowledge and Law in Plato's Laws,” in：*Political Studies* 56, 456–474.

Kuhn（1942）, H.：“The True Tragedy. On the Relationship between Greek Tragedy and Plato. II,” in：*Harvard Studies in Classical Philology* 53, 37–88.

Kurke（2013）, L.：“Imagining Chorality：Wonder, Plato's Puppets, and Moring Statues,” in：Peponi（2013）, 123–170.

Lain-Entralgo（1958）, P.：“Die platonische Rationalisierung der Besprechung（ἐπῳδή）und die Erfindung der Psychotherapie durch das Wort,” in：*Hermes* 86, 298–323.

Laks（1990a）, A.：“Legislation and Demiurgy：On the Relationship between Plato's *Republic* and *Laws*,” in：*Classical Antiquity* 9, 209–229.

Laks（1990b）, A.：“Raison et plaisir pour une caractérisation des *Lois*,” in：J.-F. Mattéi（ed.）, *La naissance de la raison en Grèce*. Actes du Congrès de Nice（mai 1987）, Paris.

Laks（2000）, A.：“The *Laws*,” in：*The Cambridge History of Greek and Roman Political Thought*, ed. C. Rowe and M. Schofield, Cambridge, 258–292.

Laks (2010), A.: "Plato's 'truest tragedy': *Laws* Book 7, 817a-d," in: Bobonich (2010), 217–231.

Larivée (2003), A.: "Du vin pour le Collège de veille? Mise en lumière d'un lien occulté entre le Choeur de Dionysos et le νυκτερινὸς σύλλογος dans les *Lois* de Platon," in: *Phronesis* 48, 29–53.

Lewis (1998), V.B.: "The Nocturnal Council and Platonic Political Philosophy," in: *History of Political Thought* 19, 1–20.

Lisi (2001b), F.L.: "Contemporary Readings of Plato's *Laws*," in: Lisi (2001a), 11–24.

Lonsdale (1993), S.H.: *Dance and Ritual Play in Greek Religion*, London.

Mackenzie (1981), M.M.: *Plato on Punishment*, Berkeley.

Mai (2014), H.: *Platons Nachlass. Zur philosopphischen Dimension der* Nomoi, München.

Marquez (2011), X.: "Knowledge and Law in Plato's *Statesman* and *Laws*: A Response to Klosko," *Political Studies*, 59, 188–203.

Melling (1987), D.J.: *Understanding Plato*, Oxford.

Metcalf (2004), R.: "The Elenctic Speech of the Laws in Plato's *Crito*," in: *Ancient Philosophy* 24, 37–65.

Morrow (1941), G.R.: "Plato and the Rule of Law," in: *Philosophical Review* 50, 105–126.

Morrow (1948), G.R.: "Plato and the Law of Nature," in: *Essays in Political Theory Presented to G.H. Sabine*, Ithaca, 17–44.

Morrow (1953), G.R.: "Plato's Conception of Persuasion," in: *Philosophical Review* 62, 234–250.

Morrow (1953–4), G.R.: "The Demiurge in Politics: *The Timaeus* and *the Laws*," in: *Proceedings and*

Addresses of the American Philosophical Association 27, 5–23.

Morrow (1960a), G.R.: "The Nocturnal Council in Plato's *Laws*," in: *Archiv für Geschichte der Philosophie* 42, 229–246.

Mouze (2005), L.: *Le législateur et le poète. Une interprétation des* Lois *de Platon*, Paris.

Neschke-Hentschke (1986), A.B.: "Über Platos »Gesetze«," in: *Philosophische Rundschau* 33, 265–281.

Nussbaum (1986), M.C.: *The Fragility of Goodness*, Cambridge.

Nussbaum (2011), M.C.: "Perfectionist Liberalism and Political Liberalism," *Philosophy & Public Affairs*, 39, 3–45.

O'Brien (1957), M.J.: "Plato and the 'Good Conscience': *Laws* 863e5–864b7," in: *Transactions of the American Philological Association* 88, 81–87.

O'Brien (1967), M.J.: *The Socratic Paradoxes and the Greek Mind*, North Carolina.

Ostwald (1986), M.: *From Popular Sovereignty to the Sovereignty of Law. Law, Society, and Politics in Fifth-Century Athens*, California.

Penner (1971), T.: "Thought and Desire in: Vlastos (1971), ch. 6.

Penner (1990), T.: "Plato and Davidson: Parts of Soul and Weakness of Will," in *Canadian Journal of Philosophy*, Suppl. vol. 16, 35–74.

Picht (1969), G.: *Wahrheit — Vernunft — Verantwortung: philosophische Studien*, Stuttgart.

Planinc (1991), Z.: *Plato's Political Philosophy. Prudence in* the Republic *and* the Laws, Duckworth.

Popper (1966), K.R.: *The Open Society and Its Enemies, vol. I, The Spell of Plato*, 5th. ed., Princeton.

Price (1989), A.W.: *Love and Friendship in Plato and Aristotle*, Oxford.

Price (1995), A.W.: *Mental Conflict*, Routledge.

Rankin (1964), H.D.: *Plato and the Individual*, London.

Rawls (1993), J.: *Political Liberalism*, Columbia.

Raz (1977), J.: "The Rule of Law and its Virtue," in: *Law Quarterly Review* 93, 195–211.

Raz (1986), J.: *The Morality of Freedom*, Oxford.

Roberts (1987), J.: "Plato on the Causes of Wrongdoing in the *Laws*," in: *Ancient Philosophy* 7, 23–37.

Rohde (1898), E.: *Psyche, Seelencult und Unsterblichkeitsglaube der Griechen*, repr. Darmstadt 1974.

Rohr (1932), G.: *Platons Stellung zur Geschichte*, Berlin.

Romilly (1975), J. de: *Magic and Rhetoric in Ancient Greece*, Cambridge.

Sabine (1950), G.H.: *A History of Political Theory*, New York.

Santas (1988), G.,: *Plato and Freud, Two Theories of Love*, Oxford.

Saunders (1962), T.J.: "The Structure of the Soul and the State in Plato's *Laws*," *Eranos* 55, 37–55.

Saunders (1968), T.J.: "The Socratic Paradoxes in Plato's *Laws*. A Commentary on 859c–864b," in: *Hermes* 96, 421–434.

Saunders (1991), T.J.: *Plato's Penal Codes. Tradition, Controversy, and Reform in Greek Penology*, Oxford.

Saunders (1992), T.J.: "Plato's Later Political Thought," in: *The Cambridge Companion to Plato*, ed. by R. Kraut, Cambridge, 464–492.

Schöpsdau (1984), K.: "Zum Strafrechtsexkurs in Platons *Nomoi*. Eine Analyse der Argumentation von 860c–864b," in: *Rheinisches Museum für Philologie* 127/2, 97–132.

Schöpsdau (1991), K.: "Der Staatsentwurf *der Nomoi* zwischen Ideal und Wirklichkeit. Zu Plato *leg.* 739a 1–e7 und 745e7– 746d2," in: *Rheinisches Museum für Philologie* 134, 136–152.

Sealey (1987), R.: *The Athenian Republic. Democracy or the Rule of Law?*, University Park.

Shiell (1991), T.C.: "The Unity of Plato's Political Thought," in: *History of Political Thought* 12, 377–390.

Shklar (1987), J.: "Political Theory and the Rule of Law," in: Hutchinson, A., and Monahan, P., eds.: *The Rule of Law: Ideal or Ideology?*, Toronto 1987, 1–16.

Shorey (1903), P.: *The Unity of Plato's Thought*, repr. New York and London 1980.

Shorey (1914), P.: "Plato's *Laws* and the Unity of Plato's Thought. I," in: *Classical Philology* 9, 345–369.

Shorey (1933), P.: *What Plato Said*, Chicago.

Silverthorne (1975), M.J.: "Laws, Preambles and the Legislator in Plato," in: *The Humanities Association Review* 26, 10–20.

Spitzley (1992), Th.: *Handeln wider besseres Wissen. Eine Diskussion klassischer Positionen, Quellen und Studien zur Philosophie*, Bd. 30, Berlin.

Stalley (1994), R.F.: "Persuasion in Plato's *Laws*," in: *History of Political Thought* 15, 157–177.

Stalley（1995）, R.F.: "Punishment in Plato's *Laws*," in: *History of Political Thought* 16, 469–487.

Stenzel（1928）, J.: *Platon der Erzieher*, Leipzig.

Strauss（1959）, L.: "How Farabi read Plato's *Laws*," in: *What is Political Philosophy? And other studies*, Illinois, 134–154.

Szlezák（1993）, T.A.: *Platon lesen*, Stuttgart-Bad Cannstatt.［トーマス・A・スレザーク著、内山勝利・丸橋 裕・角谷 博訳、『プラトンを読むために』岩波書店、二〇〇二年］

Szondi（1961）, P.: *Versuch über das Tragische*, Frankfurt a. M.

Tarán（1975）, L.: *Academica: Plato, Philip of Opus, and the Pseudo-Platonic Epinomis*, Philadelphia.

Taylor（1949）, A.E.: *Plato: The Man and His Work*, London.

Taylor（1991）, C.C.W.: *Plato, Protagoras*, revised edn., Oxford.

Vernant（1972）, J.-P. & Vidal-Naquet, P., *Mythe et tragèdie en grèce ancienne*, Paris.

Versényi（1961）, L.: "The Cretan Plato," in: *Review of Metaphysics* 15, 67–80.

Vicaire（1958）, P.: "Platon et Dionysos," in: *Bulletin de l'association Guillaume Budé* 3, 15–26.

Vidal-Naquet（1978）, P.: "Plato's Myth of *the Statesman*, the Ambiguities of the Golden Age and of History," in: *Journal of the Hellenic Studies* 98, 132–141.

Vlastos（1971）, G.（ed.）: *Plato II*, Garden City.

Vlastos（1977）, G.: "The Theory of Social Justice in the Polis in Plato's *Republic*, " in: H. North（ed.）, *Interpretations of Plato: A Swarthmore Symposium, Mnemosyne*, Suppl. vol. 50, Leiden, 1–40. Repr. in:

Studies in Greek Philosophy 2, Princeton（1995）, 69–103.

Vlastos（1981a）, G.: "The Individual as an Object of Love in Plato," in: *Platonic Studies*, 2nd ed., Princeton, 3–34.

Vlastos（1981b）, G.: "Socratic Knowledge and Platonic 'Pessimism'," in: *Platonic Studies*, 2nd ed., Princeton, 204–217.

Vlastos（1991）, G.: "Socratic Irony," in: *Socrates: Ironist and Moral Philosopher*, Cambridge.

Wallach（2001）, J.R.: *The Platonic Political Art. A Study of Critical Reason and Democracy*, Pennsylvania.

Walsh（1963）, J.J.: *Aristotle's Conception of Moral Weakness*, Columbia.

Waterfield（1994）, R.: *Plato, Symposium*, Oxford.

von Weizsäcker（1940）, V.: *Der Gestaltkreis*, Leipzig.［ヴァイツゼカー著、木村敏・浜中淑彦訳『ゲシュタルトクライス』みすず書房、一九七五年］

von Wilamowitz-Moellendorff（1919）, U.: *Platon*. Erster Band: Leben und Werke, Berlin.

Willetts（1967）, R.F.（ed.）: *The Law Code of Gortyn*, Berlin.

Yunis（1996）, H.: *Taming Democracy. Models of Political Rhetoric in Classical Athens*, Ithaca.

Zeller（1839）, E.: *Platonische Studien*, Tübingen.

Zeller（1888）, E.: *Plato and the Older Academy*, London.

Zeller（1922）, E.: *Die Philosophie der Griechen in ihrer geschichtlichen Entwicklung*, 2. Teil, 1. Abt. Sokrates und die Sokratiker. Plato und die alte Akademie. 5. Aufl. (Obraldruck). Mit einem Anhang von Ernst Hoffmann: Der gegenwärtige Stand der Platonforschung. Leipzig.

Zeller (2006), E.: *Die Philosophie der Griechen in ihrer geschichtlichen Entwicklung*, 3 Tle.; Nachdruck der 5. Auflage im Verlag O. R. Reisland, Leipzig 1922; 7. unveränderte Auflage, Darmstadt.

Zeyl (1989), D.J.: "Socrates and Hedonism: *Protagoras* 351b–358d," in J.P. Anton & A. Preus eds., *Essays in Ancient Greek Philosophy III*, New York.

井上達夫（1999）『他者への自由――公共性の哲学としてのリベラリズム』創文社

井上達夫（2003）『法という企て』東京大学出版会

井上達夫（2015）『リベラルのことは嫌いでも、リベラリズムは嫌いにならないでください』毎日新聞出版

岩田靖夫（1995）『ソクラテス』勁草書房

内山勝利（1993）「理想主義と民主主義」『理想』651号, 12–22.

木村　敏（2012）『臨床哲学講義』創元社

小池澄夫（1990）「ミーメーシス」『現代哲学の冒険6「コピー」』岩波書店、208–63.

小池澄夫（1996）「ミーメーシス注――『国家』392d–398b」『古代哲学研究』XXVIII, 1–14.

佐々木毅（1984）『プラトンと政治』東京大学出版会

瀬口昌久（2007）「プラトンの法と倫理」『文明社会における異文化の法』比較法史学会編、比較法制研究所、2007, 27–52.

田中享英（1998）「『クリトン』解題」『ソクラテスの弁明・クリトン』講談社学術文庫、174–199.

田中美知太郎（1979–84）『プラトン』全四巻、岩波書店

中畑正志（1992）「プラトンの『国家』における〈認識〉の位置——魂の三区分説への序説」『西洋古典学研究』XL, 44–56.

中村　純（1983）「ソクラテス裁判の政治的一側面——告発者アニュトスの意図をめぐって」『西洋史研究』12, 33–52.

朴　一功（1988）「プラトン『国家』における魂の正義」『西洋古典学研究』XXXVI, 44–55.

朴　一功（1999）「弁論術・説得・対話」『西洋古典学研究』XLVII, 98–111.

橋場　弦（1997）『丘の上の民主政——古代アテネの実験』東京大学出版会

ピヒト（1979）、ゲオルク（岡本三夫訳）『歴史の経験』未来社

ピヒト（1986）、ゲオルク（斎藤義一監修　浅野遼二／大野篤一郎／河井徳治訳）『いま、ここで——アウシュヴィッツとヒロシマ以後の哲学的考察』法政大学出版局

廣川洋一（2005）「「忠告」としての哲学——プラトン『法律』の場合」『龍谷哲学論集』第一九号、1–44.

藤澤令夫（1956）「文藝の *χάρις, ὀρθότης, ὠφελία*——Platon の文藝論に関する若干の基礎的考察」『西洋古典学研究』IV, 34–48. 藤澤（2000）『著作集』第Ⅰ巻所収

藤澤令夫（1980）『イデアと世界』岩波書店。藤澤（2000）『著作集』第Ⅱ巻所収

藤澤令夫（1984）『プラトン「パイドロス」註解』岩波書店。藤澤（2001）『著作集』第Ⅳ巻所収

藤澤令夫（2000–1）『藤澤令夫著作集』全七巻、岩波書店

藤澤令夫（2014）『プラトンの認識論とコスモロジー——人間の世界解釈史を省みて』岩波書店

丸橋　裕（1987）「プラトン『国家』第五巻における「知識／ドクサ」論をめぐって」『関西哲学会紀要』XXII, 52–57.
丸橋　裕（1992）「アリストテレスのアクラシアー論について」『哲学』No. 42, 122–134.
丸橋　裕（1994a）「行為のアイティアーについて――プラトンの『プロタゴラス』と『国家』をつなぐもの――」『西洋古典学研究』XLII, 36–46.
丸橋　裕（1994b）「愛、知性及び自由（正）――ゲオルク・ピヒトとともにプラトンの対話篇『法律』を読む」『理想』第六五四号、124–134.
丸橋　裕（1995a）「愛、知性及び自由（続）――amor Platonicus の真実とその再生へ向けて」『理想』第六五五号、173–185.
丸橋　裕（1995b）「神の操り人形――プラトン最晩年の人間観の一齣」京都大学『古代哲学研究室紀要』（HYPOTHESIS）V, 31–48.
丸橋　裕（1996）「魂の治癒教育――プラトン『法律』における無智とアクラシアーの問題」『古代哲学研究』XXVIII, 31–46.
丸橋　裕（1997）「ディオニュソスのコロスの誕生――プラトン『法律』における教育の守護者たち」神戸学院大学人文学会『人間文化』8, 15–25.
丸橋　裕（1999）「プラトン『法律』における説得の技法」京都大学『古代哲学研究室紀要』（HYPOTHESIS）IX, 1–25.
丸橋　裕（2002）「失われた原像の探究――ワーグナーとギリシア悲劇」日本ワーグナー協会編『年刊ワー

グナー・フォーラム二〇〇二』東海大学出版会、63–83.
丸橋　裕（2005）「最も美しきドラーマ――プラトン『法律』における「第二の国制」」内山勝利／中畑正志編『イリソスのほとり［藤澤令夫先生献呈論文集］』世界思想社、354–381.
丸橋　裕（2006）「法の支配と対話の哲学――プラトンの政治哲学とソクラテスの精神」『西洋古典学研究』LIV, 27–41.
丸橋　裕（2011）「ニーチェとギリシア」神崎繁／熊野純彦／鈴木泉編『西洋哲学史Ⅰ』講談社選書メチエ、317–347.
丸橋　裕（2012）「「夜の会議」と法の支配――『法律』における国制の守護者たち」『ギリシャ哲学セミナー論集』Vol. IX, 15–35.
丸橋　裕（2014a）「書評　Klaus Schöpsdau, *Nomoi*（*Gesetze*）」『西洋古典学研究』LXII, 134–138.
丸橋　裕（2014b）「アイロニーとパラドクス」、内山勝利編『プラトンを学ぶ人のために』世界思想社
丸橋　裕（2016）「医学的人間学と臨床哲学との〈あいだ〉――ヴィクトーア・フォン・ヴァイツゼカーと木村敏」『現代思想』一一月臨時増刊号、青土社、164–185.
マルー（1985）, H.I. 横尾・飯尾・岩村訳『古代教育文化史』岩波書店
森　泰一（1991）「犯罪の原因――プラトン『法律』第9巻をめぐって」『西洋古典学研究』XXXIX, 48–59.
山田道夫（1998）「ミーメーシスの位相――詩人追放論の照準と射程」『古代哲学研究』XXX, 1–15.

あとがき

古典ギリシアに対する私の憧憬が芽生えたのはいつごろのことだっただろうか。京都西陣の下宿で大学浪人に身をやつしていた頃の書棚に、古書店で買い集めた田中美知太郎先生の御著書があったことははっきりと思い出される。とりわけ『ロゴスとイデア』、『善と必然とのあいだに』はその雄渾な思惟の展開に魅了されながら何度読み返したことだろう。埼玉で大学生活を送っていたときに、東京で一度だけご講演を拝聴できたのは幸運だったが、その後は、日本西洋古典学会の会場でいつも最前列に陣取り、静かに研究発表に耳を傾けていらっしゃる姿をお見かけしただけで、謦咳に接する機会はついになかった。

埼玉大学では、福島保夫先生から広大な思想・文藝の世界を背景としてプラトンを読むことの楽しさを、三光長治先生からは知性と感性を高度に融合させてヴァーグナーやアドルノのテクストに取り組む姿勢の真剣さを教えられた。宮原朗先生のご指導の下、卒業論文でドイツの詩人フリードリヒ・ヘルダリーンの戯曲『エンペドクレスの死』を扱った私は、あらためてギリシア哲学の本格的な研究を志すようになり、一九七八年四月、京都大学文学部の聴講生となった。外部から闖入してきた文字通り異質な学生を藤澤令夫先生はじめ、西洋古代哲学史研究室の先輩諸氏は何の偏見もなくあたたかく迎え入れてくださった。しかし、参加を許されたプラトン対話篇『ピレボス』の演習にはなかなかついて行くことができなかった。テクストそのものが不安定な後期プラトンの快楽論になじめなかったことが第一の理由だが、一堂に会する二十人前後の院生・学生たちのギリシア語力に大きな遅れをとっていることを自覚せざるをえなかったのである。週に二、三頁の予習のために、文学部図書館の片隅で、リドゥル&スコットの大辞典、デニストン、スマイスなどの文法書と格闘する日々が続いた。

数年後、『ピレボス』、『ティマイオス』を読み終えた一九八二年からいよいよ『法律』の演習が始まった。テクストのすみずみにまで意識を集中させることが要求され、どの訳語に対しても確かな根拠が求められた。そのピンと張り詰めたような空気を、今もまざまざと想い起こすことができる。一つの巻をほぼ一年で読み終えるという悠然たるペースで進められたこの演習は、藤澤先生が退官なさる前年の一九八八年一一月二七日まで続いた。当時最後の門下生として私が使用していたバーネット版のテクスト第七巻（812c8）の欄外には、一九五六年に非常勤講師として始められた先生の京都大学文学部におけるプラトン演習がついに終わった、という旨のメモ書きが読み取れる。このときの感慨が、藤澤先生を囲むギリシア哲学研究会、後のイリソス会設立の最初の動因となったのである。演習や研究講義において研究室の同胞たちとこのような時をともに過ごすうちに、私は、哲学という営みに対する基本的なスタンス、古典文献の厳密な読み方、公正な解釈の基本的な手法など、哲学研究者として必要なモラルのすべてを――とうていその足元におよぶべくもないのだが――藤澤先生から教えられた。そのような意味をこめて、本書を藤澤令夫先生の御霊前に捧げたいと思う。

さて、対話篇『法律』の尽きせぬ魅力に取り憑かれ始めていた私にとって大きな転機となったのは、ゲオルク・ピヒトとの出会いである。藤澤先生の跡を襲われた内山勝利先生を通じて、『いま、ここで』の翻訳者でもある齋藤義一先生からピヒトの『法律』研究を何らかのかたちで紹介してもらえないかという依頼を受けたのである。チェンバロ奏者として有名なエーディット・ピヒト＝アクセンフェルト夫人の献辞が付された著書を読み始めた私は、たちまち天啓を受けたことを悟らねばならなかった。その天啓がいかなるものだったかについては、すでに本書序章と補論一において詳しく述べたとおりである。ちなみに、二〇〇〇年四月以来、私は石井誠士、木村敏両先生の導きによって医者哲学者ヴィクトーア・フォン・ヴァイツゼカーの医学的人間学に強い関心を抱くことになったのだが、彼はピヒトの父と姻戚関係があった。ヴァイツゼカー協会の同じメンバーとして、ピヒト夫妻のご子息ヨハンネス・ピヒト氏と知り合うことができたのも、なにかのめぐり合わせかもしれない。

このように、本書は数多くの人たちとのかけがえのない出会いと、身辺にあって物心両面の支えとなってくれた家族や友人たちの援助とによってはじめて日の目を見ることができた。とりわけ、本書の基となった学位論文の審査にあたっては、内山勝利、中務哲郎、中畑正志の諸先生に有益なご指導を賜った。また、まえがきでも触れたように、廣川洋一先生には折にふれてあたたかい励ましの言葉をかけていただいた。そして、本書の最初の読者となって面倒な校正作業などを手伝ってくださったのは、鎌田雅年、和田利博、坂根寛之の諸氏である。研究室の先輩でもある京都大学学術出版会の國方栄二氏には、文字通り何年ものあいだ本書の出版のために多大のご尽力をいただいた。みなさまに心からの謝意を表するものである。

＊　＊　＊

なお、本書は独立行政法人日本学術振興会平成二八年度科学研究費補助金（研究成果公開促進費、課題番号16HP5015）の助成により出版されたものである。ここに深い感謝を述べる。

著者紹介

丸橋　裕（まるはし　ゆたか）

兵庫県立大学看護学部教授
大阪府生まれ
埼玉大学教養学部教養学科ドイツ文学・言語コース卒業、京都大学大学院文学研究科博士課程哲学専攻（西洋哲学史）認定退学　京都大学博士（文学）
2006年より　神戸大学、関西大学、関西学院大学などの非常勤講師を経て現職

主な著訳書

『西洋哲学史Ⅰ』（共著、講談社）、『プラトンを学ぶ人のために』（共著、世界思想社）、『ワーグナー事典』（共著、東京書籍）、『〈生と死〉日独文化研究所シンポジウム』（共著、こぶし書房）、『ソクラテス以前哲学者断片集』（共訳、岩波書店）、プルタルコス『モラリア５』（訳、京都大学学術出版会）、『アリストテレス全集13　問題集』（共訳、岩波書店）

法の支配と対話の哲学
―プラトン対話篇『法律』の研究

2017年2月28日　初版第一刷発行

著　者　丸　橋　　裕
発行人　末　原　達　郎

発行所　京都大学学術出版会
京都市左京区吉田近衛町69番地
京都大学吉田南構内（〒606-8315）
電　話　（075）761－6182
FAX　（075）761－6190
URL　http://www.kyoto-up.or.jp
振　替　01000－8－64677

ISBN978-4-8140-0071-5
Printed in Japan

印刷・製本　亜細亜印刷株式会社
装　幀　谷　なつ子
定価はカバーに表示してあります

人名索引

ア行

アイスキュロス（Aeschylus） 137, 382
アーウィン（T. Irwin） 84, 126, 382
アウグスティヌス（Augstinus） 6
アスト（F. Ast） 2, 46, 338, 340, 350, 380
アダム（J. Adam） 85,138, 150–151
アトキンズ（A. Adkins） 64, 265, 276–277, 288–289
アナクサゴラス（Anagagoras） 36
アニュトス（Anytus） 52
アーペルト（O. Apelt） 181, 340
アリストテレス（Aristoteles） 2, 6–7, 46–47, 85–86, 129, 132, 150, 153–154, 157, 165, 216, 247, 288–289, 294, 336, 354–355, 370, 380–382
アリストパネス（Aristophanes） 129, 147, 337, 375
アレン（R. E. Allen） 381–382
アンティポン（Antiphon） 293
アンドキデス（Andocides） 51, 59, 63
イエーガー（W. Jaeger） 187, 212
井上達夫 22, 48–49, 63, 337, 339
岩田靖夫 63
イングランド（E. B. England） 125, 158, 181, 221, 248, 322, 340, 383
ヴァイツゼカー（V. von Weizsäcker） 126
ヴァーグナー（R. Wagner） 150, 215
ヴァーセニィ（L. Versényi） 223, 227
ヴィケール（P. Vicaire） 215
ヴィダル＝ナケ（P. Vidal-Naquet） 181
ヴィラモーヴィッツ（U. von Wilamowitz-Moellendorff） 3, 8, 350, 380
ヴェルナン（J. -P. Vernant） 150
ウォーターフィールド（R. Waterfield） 381–382
ウォルシュ（J. J. Walsh） 86, 127
内山勝利 124, 333, 382
ヴラストス（G. Vlastos） 9, 47, 103, 124, 364, 366, 381–382
エウクレイデス（Eucleides） 52
エウリピデス（Euripides） 139, 147, 150, 183
エーガーマン（F. Egermann） 10, 47
エンペドクレス（Empedocles） 375
岡 道男 154
オズワルド（M. Ostwald） 49, 294
オブライエン（M. J. O'Brien） 277, 288–289

カ行

ガウス（H. Gauss） 125
加来彰俊 340
ガスリー（W. K. C. Guthrie） 212, 336, 339, 381
カートレッジ（P. Cartledge） 213
カラム（C. Calame） 213
カリクレス（Callicles） 60, 89, 381
カーン（C. Kahn） 48, 182, 336
キケロ（Cicero） 25, 49, 154, 165, 180
木村 敏 216
クーク（L. Kurke） 212
クリティアス（Critias） 52, 56, 293
グルー（P. Grou） 287, 298–299, 302, 309, 311
グールド（J. Gould） 8, 47
クロスコ（G. Klosko） 47, 248, 250, 293, 312, 323–324, 327, 336, 339
クロスマン（R. Crossman） 4, 47
クーン（H. Kuhn） 150
ケアンズ（H. Cairns） 8, 47
ゲルゲマンス（H. Görgemanns） 10, 273, 275, 354
小池澄夫 214, 215, 248
コゥエン（D. Cohen） 294, 337
ゴズリング（J. Gosling） 84, 127

ゴールドヒル（S. Goldhill） 249

サ行

斎藤義一 382
ザイル（D. Zeyl） 84
佐々木毅 182
サビーン（G. H. Sabine） 336
サンタス（G. Santas） 381
サンデル（M. Sandel） 22
シェップスダォ（K. Schöpsdau） 110, 158, 383
シェーラー（R. Schaerer） 28–30, 49
ジェルネ（L. Gernet） 10, 47
式部 久 340
ジャナウェイ（C. Janaway） 213
シュクラール（J. Shklar） 337
シュタルバウム（G. Stallbaum） 150, 214, 288, 340, 380
シュトラウス（L. Strauss） 203, 214
シュピツライ（Th. Spitzley） 84
ジョウエット（B. Jowett） 340
ショーリー（P. Shorey） 9, 47, 156, 180, 384
ションディ（P. Szondi） 150
シルバーソーン（M. J. Silverthorne） 247
スィーリー（R. Sealey） 64
ズーゼミール（F. Susemihl） 338
スタリー（R. Stalley） 11, 20–21, 24, 46–49, 109, 125, 215, 223, 247, 288–290, 336, 384
スレザーク（T. Szlezák） 341
瀬口昌久 341
ソクラテス（Socrates） 4, 8, 19–20, 26, 35–39, 44–45, 49, 52–61, 63, 65–72, 74–77, 79–80, 84–85, 93–94, 111, 114–115, 124, 132, 134, 162, 165, 173, 178–179, 184, 195, 213–214, 219–220, 228, 230–231, 233, 246, 248–249, 251–253, 256–258, 263, 268–269, 274, 279, 285, 287, 295, 336–337, 346–348, 356, 363–364, 366–374, 376–378, 381–382, 386
ソロン（Solon） 60, 145, 356
ソーンダーズ（T. J. Saunders） 46–48, 214–215, 275, 286, 288–289, 336, 340, 249, 380

タ行

田中享英 64
田中美知太郎 351
ダモン（Damon） 213–214
タラン（L. Tarán） 336, 338, 340
チャーニス（H. Cherniss） 215, 325, 327–328, 340
チャールトン（W. Charlton） 84
ツェラー（E. Zeller） 2, 46, 336, 380, 350
デイヴィッドソン（D. Davidson） 116, 126
ディエス（A. Diès） 340, 383–384
ディオニュシオス（Dionysius） 103, 332
ディオン（Dion） 103, 332
テイラー（A. E. Taylor） 214, 340–341
テイラー（C. C. W. Taylor） 84–85
デ＝プラス（E. des Places） 159
デモステネス（Demosthenes） 337
ドゥオーキン（R. Dworkin） 337
トゥキュディデス（Thucydides） 48, 294, 337
ドッヅ（E. Dodds） 85, 124
トマス・アクィナス（Thomas Aquinas） 6
トラシュマコス（Thrasymachus） 293

ナ行

中村 純 63
ニーグレン（A. S. Nygren） 381
ニーチェ（F. Nietzsche） 150, 215
ヌスバウム（M. C. Nussbaum） 49, 366, 381
ノージック（R. Nozick） 21

ハ行

ハイエク（F. von Hayek） 20
バーカー（E. Barker） 336
朴 一功 181, 248, 250
橋場 弦 337
ハート（H. L. A. Hart） 14, 48
ハリウェル（S. Halliwell） 150, 249
バルト（K. Barth） 381
パルメニデス（Parmenides） 91
パングル（T. L. Pangle） 126, 214, 287, 337, 340

ピヒト（G. Picht） 5, 47, 126, 351–361, 363, 366–373, 378–382
ピヒト＝アクセンフェルト（E. Picht-Axenfeld） 382
ピュタゴラス（Pythagoras） 145
ピリッポス（オプゥスの）（Philippus of Opus） 353
廣川洋一 247
ピンダロス（Pindarus） 136
ファイン（G. Fine） 99, 248
ブアカート（W. Burkert） 215, 248
フェラーリ（G. Ferrari） 364, 366, 381
フーコー（M. Foucault） 377, 382
藤澤令夫 84, 85–86, 126–127, 134, 212, 215, 250, 382
フラー（L. Fuller） 20, 48
プライス（A. W. Price） 125, 382
プラドー（J. -F. Pradeau） 214, 340
プラトン（Platon） passim
ブラント（P. Brunt） 11, 47, 336, 339
ブリッソン（L. Brisson） 214, 249, 336, 338–340
フリードマン（M. Friedman） 20
フリートレンダー（P. Friedländer） 3, 103, 159
プルタルコス（Plutarchus） 2, 46, 212, 350, 380
ブルーム（W. Blum） 126
ブルンス（I. Bruns） 46
フレーデ（M. Frede） 85
プロタゴラス（Protagoras） 24, 38, 49, 65–77, 79, 83–85, 91, 114, 182, 193, 249, 252, 268–269, 286, 290, 343, 358–359
ヘシオドス（Hesiodus） 136, 359, 382
ペナー（T. Penner） 85
ヘラクレイトス（Heraclitus） 126, 363
ペリクレス（Pericles） 19, 21, 64, 337
ベルク（T. Bergk） 46, 351
ベルフィオーレ（E. Belfiore） 215, 249
ヘルマン（C. F. Hermann） 287
（ネシュケ＝）ヘンチュケ（A. Neschke-Hentschke） 10, 48–49
ポパー（K. Popper） 4, 47, 223, 247
ボーボニッチ（C. Bobonich） 9, 47, 115, 117–119, 125–126, 222, 247–248, 336, 384
ホメロス（Homerus） 136–137, 142–144
ボワンセ（P. Boyancé） 249
ホンデリッチ（T. Honderich） 126

マ行

マッキンタイア（A. MacIntyre） 22
マッケンジー（M. M. Mackenzie） 289
マルー（H. I. Marrou） 213
マルケス（X. Marquez） 336
ミュラー（G. Müller） 5, 273, 350–351
ミル（J. S. Mill） 21
ムーズ（L. Mouze） 151
メイヤー（S. S. Meyer） 214
メトカーフ（R. Metcalf） 63
メリング（D. Melling） 9, 47
森　泰一 288–289
モロゥ（G. Morrow） 3, 46, 64, 213, 215, 223, 247, 293, 320, 323, 325–336, 339–340

ヤ行

山田道夫 151
山本　巍 340

ラ行

ライン＝エントラルゴ（P. Laín-Entralgo） 229, 237
ラクス（A. Laks） 11, 47–48, 156, 180–181, 384
ラズ（J. Raz） 22–23, 26, 49, 337
ラリヴェ（A. Larivée）
ランキン（H. D. Rankin） 125
リー（B. Lee） 18, 23, 48–49
リシ（F. L. Lisi） 48
リッター（C. Ritter） 126, 214, 262, 287, 338, 340
ローア（G. Rohr） 380
ロック（J. Locke） 20, 134

ローデ（E. Rohde）　208, 215
ロバーツ（J. Roberts）　277, 289–290
ロールズ（J. Rawls）　21–22, 49
ロンズデイル（S. H. Lonsdale）　213

事項索引

➡は「その項を見よ」を、⇒は「その項をも参照」を意味している。

ア行

愛　⇒アガペー／エロース（性愛）／ピリアー（友愛）
　自己――　42, 173-176, 345, 371, 377
　地上的／天上的な――　375
　プラトン的――（amor Platonicus）　364, 366-367
　ロマン主義的な――　366
アイティアー　➡原因／根拠
アイロニー　59, 63, 70, 131, 373, 381
　悲劇的――　368
　ソクラテスの――　370
アカデメイア　6, 10-11, 354-355
アガトン　373, 375-376
アガペー　381
悪／悪徳　32, 37, 44, 55-56, 67-70, 75, 104-107, 111-112, 114-115, 121, 132, 136-138, 143, 147, 167, 173, 187, 193-195, 200, 202, 204, 232, 238, 244, 251, 253, 267-269, 271-272, 280, 288, 307-308, 313, 316, 329, 341, 356, 358-359, 370
アクラシアー（無抑制）　9, 19, 37-40, 65-70, 73-75, 77, 79-82, 84, 86, 101-103, 112, 114-115, 118-120, 123, 144, 148, 182, 195, 234-235, 237, 241-242, 244, 249-250, 252-253, 263, 266-275, 282-283, 286, 288, 298, 313-314, 332, 362-363, 370
アゴーン　294
アデイマントス　135
アテナイ／アテネ　3, 17-19, 24, 43, 57-58, 64, 129, 150, 183, 193, 197, 213, 215, 231, 247, 293-295, 315, 369, 375, 382
　――人／市民　36, 51, 54-56, 59-60, 124, 173, 189, 371, 378, 382
　――からの客人　➡客人
アナンケー（必然）　120
アプロディテ　208
アポロドロス　367
アポロン　183, 189, 198, 207-209, 305-306, 368-369
操り人形　40, 108-120, 122, 126, 177, 179, 188, 190, 212, 231, 280, 285, 347
　「神の――」の比喩　➡比喩
過ち　173, 175, 202, 264, 266, 272, 276-278, 282, 289
ありかつあらぬもの　39, 78, 88, 93, 96-98
アリストデモス　367
アリストパネス　129, 147, 337, 375
アルキビアデス　366, 368-374, 377-378
アルケスティス　374
アルコーン　➡執政官
あるもの　2, 38-39, 67-68, 78, 88, 91-99, 166, 176, 179, 186, 193, 218, 259, 268, 285, 347
アレテー　➡徳
意志　4, 21, 36, 40, 43, 52-53, 59, 64, 70, 74, 116, 121, 123, 126, 175, 210-211, 237, 333, 344, 362, 370-371, 373, 375
医者　220-222, 224-225, 236, 238, 241-243, 248, 254-256, 317, 386-387　⇒病者
　自由人の――　220-222, 224-225, 236, 238, 241-243, 248, 254-255, 386
　奴隷の――助手　220-222, 224-225, 256
偽り／虚偽　43, 145, 149, 197, 214, 219, 223, 229, 233, 246, 283
　有益な――　197, 246
イデア
　〈善〉の――　1, 12-13, 23, 25, 30, 39, 61, 78-79, 83, 85, 88, 96, 141, 144, 147, 185, 344, 348, 357, 360
　〈美〉の――　90, 96-98, 117, 377
　――原因説　233
　――論　2, 6-8, 38, 88, 90-91, 97, 142-143,

321, 336, 348-352, 355, 363
イデ山　30, 153
いましめ　170-171, 182
歌（オーデー）196, 285
宇宙（自然／万有）　7, 29, 36, 45, 125, 177, 237, 241, 243-244, 290, 313, 320, 355, 359, 361, 375, 387
——論　7, 125, 355, 359, 375
美しいこと　➡美
影像　29, 143, 145, 214
——を作る技術　214
H＝A テシス　66-68, 70, 84
エイローネイアー　370-371　⇒アイロニー
エポーデー　➡呪詞／呪文
エリュクシマコス　368, 375
エレンコス　➡吟味・論駁
エロース（恋／性愛）　43, 117, 177, 184, 195, 199, 208, 211, 232, 237, 245, 345, 352, 364-366, 368, 371-379, 381-382　⇒愛
演者　194
臆断　➡思わく
臆病　121, 192-193
恐れ　54, 75, 105-106, 120-122, 125, 138, 186
オデュッセウス　248
思わく／臆断（ドクサ）　38, 69-71, 74, 76-78, 80-82, 86, 88-98, 105-106, 118-119, 121-123, 136, 229-230, 362, 369, 371
——愛好者　78, 93
音楽　➡ムゥサ
——の精神　231
——・文藝　➡ムゥシケー
音楽監　211

カ行

快楽／快　38, 40-41, 65-71, 75-76, 79-82, 85, 105-106, 110, 117, 119-122, 125, 132, 136, 141, 146-147, 149, 174-177, 184-197, 199-202, 211, 229, 231, 234-235, 241, 252, 261-265, 267-271, 273-274, 277-278, 280-281, 283-284, 298, 313-314, 333, 357, 362
——主義　38, 68, 71, 132
加害（行為）　44, 81-82, 179, 254, 258-260, 264-266, 274, 277, 279-281, 283-284, 287, 289, 346
覚醒　338, 368, 374
——と酩酊の動機　368
仮設　29, 31-33, 35, 70, 163-164, 244, 285, 321
合唱舞踏（コレイアー）　42-43, 130, 149, 177, 182-184, 189-195, 205-209, 211-213, 219, 227-228, 231, 246, 304, 345-346
——団　➡コロス
——の発生起源論　190
葛藤　39, 69-70, 73, 75, 85, 108, 112, 116, 118, 129, 146, 177, 239, 265, 273, 359-360, 379
カドモス　206
神／神々　16, 30, 35-36, 45, 48, 55, 64, 99, 102-103, 107, 111, 114-115, 117, 123-124, 132-134, 136-138, 142-143, 164-165, 169-172, 174-178, 181, 183-184, 189-190, 198, 202, 206-208, 212, 229, 234-238, 240-242, 244-245, 250, 270, 276-277, 282, 290, 292-293, 300, 305-306, 313-316, 319-321, 323, 331, 334-335, 337, 339, 341, 345, 357, 368-372, 374-375, 379, 382, 387-388
——の物語　48, 64, 137
——の操り人形　40, 101, 103-104, 107, 124, 175, 179, 182, 186, 190, 212, 231, 250, 263, 267, 280, 285, 287, 344, 347　⇒比喩
——まねび　124
カリクレス　60, 89, 381
カリポリス　4, 11-13, 41, 61, 151, 339
感覚　1, 7, 10, 45, 88, 96, 119, 146, 187, 190, 203-204, 207, 231, 309, 317-319, 331, 335, 349, 355, 366-367
勧告　26, 32-33, 37, 124, 184, 220, 241, 250, 253, 269, 304, 318
監査官　211, 304-305, 308, 310-311, 316, 329, 331, 339
観想　26, 40, 84, 89-91, 99, 160, 283, 288, 362
——知　91, 288
——と実践　26, 89, 160, 283
願望　261, 263, 274-275, 280-281

観念論　1, 349, 362–363
気概　73–75, 77, 80, 106, 110, 120, 122, 234
　——の部分　73–75, 77, 80, 106, 110, 121–122, 234
喜劇　139, 150, 189, 211, 337, 368, 375
技術　15, 18, 36, 61, 82, 102, 143, 166, 168, 171, 182, 185, 191, 200, 203, 214, 221, 228, 267, 271–272, 288, 317
　——知　94–95, 248
　——論　95
規範　21, 24–25, 136, 138, 142, 166, 205, 241, 318, 372, 385
　神々の物語についての——　48, 64, 137
　人間についての話の——　138, 141, 145–146
基本的人権　21, 25
客人
　アテナイからの——　4, 12, 14, 16, 21, 30–31, 33, 37, 41, 43, 53, 62, 80, 101–102, 104–105, 111, 124, 157–159, 165, 171, 174–175, 177, 179–180, 185–192, 194–195, 200–201, 206, 218, 220–222, 226, 235–237, 240–243, 248, 253, 255, 257–260, 262–264, 266, 270–271, 274, 277, 279, 282, 285, 291–292, 296–298, 301, 309, 313, 317, 319, 321–323, 325–326, 329, 332, 334, 338, 347–348, 356, 358, 385–387
　エレアからの——　15–16, 61, 168, 248, 271
窮境　192
教育（パイデイアー）　13, 18, 22, 34, 42–44, 48, 57, 64, 75, 79–81, 104, 107, 110–112, 117, 119, 121–123, 125–126, 134, 136–137, 144, 148, 151, 159, 177, 179, 185–189, 191–192, 195–196, 199, 204–206, 210–213, 226–227, 255, 282, 284, 292, 301, 303–305, 307–309, 312, 316, 320–323, 325–329, 331–332, 339, 345, 376, 379, 386, 388
　感情——　39, 42, 48, 64, 75, 78–80, 122, 139, 177, 186, 188, 190, 210, 213–214, 284, 345
　国民——　123, 127
　再生——　177, 210, 345
　市民——／市民たちを——する　26, 41–42, 44, 62–63, 81, 83–84, 149, 177, 199, 208, 226–227, 231, 238, 246, 254, 256, 291, 297, 304, 321, 344–345, 357, 387
　自由への（自己）——　34, 40–42, 44, 80, 119, 179, 210, 285, 288, 347, 379
　守護者——　61, 79, 83, 99, 122, 140, 142, 145, 155, 161, 177, 344–345
　生涯——　42, 177, 345
　正しい——　187, 191–192, 212
　知性——　48, 64, 78, 141, 174, 186, 215
　治癒——　27, 42, 44, 177, 179, 182, 210, 251, 253, 275–276, 279, 281, 283–285, 345, 347
　哲人王——　13, 61, 83, 99, 123, 210, 321, 340, 344
　道徳／徳の——　106, 188
　人間——　145, 188, 192
　無——　116, 191, 288
　幼児期——　79, 126, 235
　より厳密な——　83, 123, 186, 199, 203, 205, 215, 284, 309, 317, 319, 321, 325, 327–331
　——監　211, 301, 303–305, 309, 316, 339
　——の規定　185–186, 188, 191, 196, 212
　——の守護　➡守護
　——論　42, 79, 122, 183, 186, 357
狂気　206–210, 215, 277, 369
強制（力）　13, 19–21, 23, 26, 43, 48, 57–58, 62, 78–79, 108–109, 113–115, 118–119, 121, 144, 146, 175, 182, 186, 197, 205, 218–219, 222, 224, 231, 233–234, 236–239, 242, 245, 248, 255–256, 259, 280, 297, 327, 330, 333, 344, 386　⇒説得
矯正院　298–299, 312, 314, 337
協調　31, 40, 80, 86, 106, 122–123, 127, 188, 196, 267, 361
共同熟議　➡熟議
共同食事　30–35, 198
共同体（論）　10, 21–23, 25, 53–54, 59, 75, 77, 150, 154, 197, 359, 364
恐怖　69, 114, 121, 185, 230, 234, 264, 333
共有主義　42, 155, 161, 164–165, 173–174, 176,

181, 345
虚構　133-134, 136, 219, 232, 246, 295, 367
浄め　157, 179, 271-272, 284, 346
ギリシア（人）　6-7, 18, 24, 32, 192, 213, 229, 277, 287, 352, 354-355, 360-361, 365, 370-371, 374, 380, 383, 388
吟味・論駁（エレンコス）　24, 29-30, 34, 36, 53, 55, 58, 60, 63, 66-67, 69, 71, 74, 85, 94, 105, 132, 138, 162-163, 179, 199-200, 214, 225-226, 228, 230-231, 233, 236-237, 240-245, 249-250, 256-257, 272, 275, 279, 281-282, 284, 290, 297, 300, 323, 335-336, 339, 346, 348, 354, 356, 360, 376, 378
——と探究　55, 60, 336, 348
苦痛／苦　3, 30, 67-71, 75-76, 79-80, 105-106, 110, 114, 117, 119-122, 125, 129, 135, 146-147, 171, 174-176, 181, 185-189, 191-192, 196, 211, 221, 224, 229, 231, 257, 264, 267-268, 270, 279, 283-284, 298, 313-314, 334, 350, 357, 362, 373
薬／薬物　187, 198, 207, 209, 230
クノソス　30
グラウコン　135, 214
クレイニアス　30-31, 37, 107, 125, 158, 221-222, 234, 241, 243, 254, 260, 263, 265-266, 275, 279, 281, 318, 321, 330
クレテ　3-4, 28, 30-32, 153, 157-158, 160, 185, 197, 217, 260, 356, 385
クロノス　169-172, 388
訓戒　147, 272, 276, 282, 284, 290, 299, 312, 339
刑／刑罰　26-27, 34, 36, 43, 52, 59, 134, 179, 182, 238, 256-258, 276-277, 282, 308, 313, 315, 346-347
敬虔／不敬虔　35, 59, 139, 197, 242
経験　4, 26, 35, 37, 78, 89-93, 95-96, 129, 148, 158, 160, 172-173, 179-180, 191, 196, 209-210, 221, 224, 248, 255-256, 290, 294, 307, 310, 316, 325, 328, 339, 345, 348, 358, 371, 373
——主義　6-7, 355
——的世界　34, 163-165, 178, 284
刑法　44, 101, 178, 234, 245, 247, 250, 257, 259, 283, 285, 287, 290, 298, 312, 386-387
——原論／付論　81, 225, 252-254, 260, 266, 270, 273-274, 279-280, 286, 389
——論　251
計量術　69-71, 175
激情　81, 106, 114-115, 252, 261-264, 266, 270-271, 273-275, 277, 280-281, 283-284, 294
劇場支配制　193, 211
結婚　34, 46, 206, 222, 234
決断　53, 121, 309, 362
ケベス　233, 249
絃　107-110, 113-119, 121, 126, 175-177, 179, 186, 188, 190, 195, 209, 231, 238, 245, 267, 280, 285, 344, 347
権威　10, 58, 198, 205, 231, 255-256
——主義　4, 16-17, 26, 57, 126, 130
知的・倫理的——　27, 45, 323, 330-332, 335, 347
原因・根拠（アイティアー）　25, 36, 38, 44, 65-66, 69, 71, 76, 78-83, 86, 96, 99, 101, 122, 137-138, 147, 173-175, 178, 233, 237, 242-244, 252-254, 260-267, 269-271, 273-277, 279-283, 288-289, 343, 359, 361-362, 387
行為の——　➡行為
検閲　131, 205, 231
現実主義　4, 265, 363
権力　15, 19-21, 52, 58, 101-103, 155, 164, 174, 205, 283, 295, 320, 326-327, 330
政治的——　45, 182, 293, 311, 315, 322-324, 331, 335, 347
言論　19, 130-131, 162, 205, 219, 227, 230, 242, 247, 255-256, 294, 304, 368-369, 371
恋　114, 140, 208, 210, 370, 373-375, 377-378　⇒エロース
故意（による／よらない）　44, 55, 179, 247, 251-253, 257-260, 264-266, 269, 274-275, 277, 279-284, 287, 289-290, 346, 386　⇒本意／不本意

行為　36-39, 44, 52-56, 68-73, 77, 82, 86, 102, 107-110, 114-119, 143-146, 162, 175-176, 178-179, 193-194, 205, 220, 222, 224-225, 229, 241-242, 252, 254, 258-260, 264-266, 268-269, 274-275, 277, 280-284, 286-287, 289, 344, 361, 387
——者　38, 69, 103, 109, 115-116, 121, 125
——のアイティアー（原因・根拠）　37-39, 54, 57-58, 60, 65-66, 69, 71, 76, 78-79, 81, 83, 99, 144, 172, 279, 335, 343
対話的——　26-27, 43, 63, 226-228, 230, 236, 239, 243-246, 250, 291, 297, 331, 346
合意　26, 43, 178, 220, 239, 244-246, 250, 256, 295, 313-314, 333-334, 346-347
社会的な——（形成）　43, 178, 220, 239, 245-246, 250, 346
公共（性）　13-14, 19, 21-22, 26, 45, 55, 57-58, 102, 315, 335-336, 345, 348
幸福　13-14, 23, 33, 61, 80, 135-136, 138, 141, 144-145, 148, 169-171, 177, 197, 210, 244, 256, 345, 378, 382, 387
国外視察員　301, 307-308, 310-311, 316
国制　passim
——と法律　28, 30, 45, 63, 82, 123, 153-154, 186, 291-293, 297, 309, 314, 317-318, 322, 326-330, 332, 335, 347
——の最高原理　243
——の前文　28, 157
——の本文　28, 43, 157, 291
——論　2, 7, 41, 131, 150, 252, 343, 349, 353-355
『国家』の——　41, 154-156, 160-161, 163
最善の——　11, 15, 25, 41, 62, 87, 158-159, 161, 164, 166, 170, 174-175, 179-180, 296, 345, 348, 357
次善の——　5, 16, 41, 159
第一の——　41-42, 156, 158-161, 163-166, 172-174, 176, 181, 384
第二の——　11, 16, 25, 27, 41-42, 48, 62, 156-160, 163-167, 169-170, 172-174, 176-178, 180-181, 296-297, 318, 332, 335, 339, 341, 345-347, 384
第三の——　11, 157-160, 385
第七の——　169
『法律』／マグネシアの——　5, 11, 25-26, 41, 62, 131, 154, 156, 160, 163, 246, 296, 313, 335, 339, 345, 347
模倣——　15-16, 61-62
国土　157, 298
国家　passim
理想——　1, 4, 6, 18, 26, 42, 45, 53, 61-62, 101, 103, 130, 147, 149, 158, 162, 183-184, 295-296, 355
——モデル　9-11, 16, 23, 348, 384
理　➡ロゴス
護法官　13, 32-33, 155, 211, 249, 301-303, 307-309, 328-329, 331, 338-339
コリュバスたち　249
コレイアー　➡合唱舞踏
コロス　26, 42-43, 45-46, 130, 149, 177, 182-184, 190, 194, 196-201, 203-213, 215-216, 226, 231, 234, 249, 310, 331, 335, 339, 345
少年組の——　183, 198, 209
青年組の——　183, 198, 209
ディオニュソスの——　26, 42-43, 45-46, 182-184, 198-201, 203-206, 208-211, 213, 215-216, 231, 249, 310, 331, 335, 339, 345
根拠関係　98-99, 156, 159, 167

サ行

最大の学知　120, 123
祭礼　➡祝祭
酒　26, 34, 42, 79, 104, 111-112, 119, 184-185, 187, 198, 206-207, 209, 211, 216, 311, 338 ⇒酒宴
殺人罪　247, 277, 279
裁き　179, 182, 253, 259, 265, 275-277, 283-285, 347
讃歌　183, 382
三十人政権　51-52, 58
散文　137-138, 197, 354
死　34-36, 52, 54, 82, 106, 134, 138, 146, 158-

159, 163, 165, 171-172, 174-175, 179-180, 207, 209, 211, 230, 232-233, 247, 257, 259, 276, 282-283, 285, 291, 306-308, 313, 315, 334, 338, 348, 352-353, 369, 376, 385
——と再生　207, 211
詩／詩人　6, 41, 122, 129, 132, 134-138, 141-143, 146-150, 159, 189-190, 194, 196-197, 202-203, 205, 207-209, 211, 214, 216, 218, 227, 229-231, 304, 354-355
——追放　41, 205
——への最重大告発　141, 148, 214
——への説得　196
シケリア　4, 8, 64, 103, 384
始原（アルケー）　23-24, 30, 184, 207, 225, 251, 255-256, 267, 296, 321, 343
無仮設の——　29, 244, 285
立法の——　33
自己／自分自身　passim
——拘束性　306, 333
——にうち克つこと　31-32, 37, 112,
——の本性の反復的強化　194
——の本性の変容　195, 208
本来の——　40, 110, 114, 116, 119, 121-122, 125, 139, 344
自然／本性（ピュシス）　68, 71, 293-294, 313, 320, 372
——学／——本性の学　7, 36, 242-244, 319, 321, 353, 355, 360-361, 381
——学的国制論　353
——学的無神論　➡無神論
——権至上主義　31, 37, 356
——状態　116, 119-120, 171, 174-175, 186, 218, 226, 238, 344, 359
——的素質　102, 137, 269, 288
次善の策　11, 26, 62, 102, 158, 218, 247, 296
執政官（アルコーン）　52, 338
実践　11, 23-24, 26-27, 36, 39-40, 42, 84, 89-99, 138, 144-145, 158, 160, 162, 168, 173, 210-211, 218, 244, 253, 256, 283, 288, 299, 315, 317, 345, 377
——家　39-40, 89, 91-95, 97-99
——知　91, 288
観想と——　➡観想
示導動機（ライトモティーフ）　30, 367, 374
支配（者）　passim
カリスマ的——　296-297
合法的——　296
少数者——　16, 61, 168
大衆——　16, 213
多数者——　61, 168
単独者——　16, 61, 168
知性の——　➡知性
法の——　➡法
優秀者——　64
自分自身　➡自己
司法（術）　290, 356
シミアス　233, 237
市民的な徳　➡徳
自由　passim
——意志　4, 40, 43, 116, 121, 123, 126, 175, 344, 375
——主義　➡リベラリズム
——精神　139, 224-225, 238, 241, 256
——への教育　➡教育
言論の——　19, 130, 294
自律的——　76, 285
選択の——　20
醜／醜い　96, 103, 136, 167, 191, 193-194, 257, 271
私有財産　4, 41, 48, 64, 157, 161, 173-176
習性　194
羞恥　53, 60, 121, 186, 195, 209
酒宴　26, 34, 42, 79, 104, 112, 119, 184-185, 187, 206, 209, 311, 338
受苦　257
熟議　303, 314, 319, 335
共同——　55, 63, 297
祝祭／祭礼　129, 177, 183, 189, 194, 196, 198-199, 209-211, 216, 231, 304, 345
守護／守護者　13, 33, 45, 48, 61, 64, 74, 78-80, 82-83, 99, 122, 137, 139-140, 142, 145, 161, 177, 292, 296, 300-302, 311, 314, 323,

326, 328-330, 332, 335-336, 339, 344-345, 388
教育の――　43, 192, 210-211, 213
国制の――　15, 319, 323
全き意味での――　155, 174, 318, 322
呪詞／呪文（エポーデー）　43, 136, 177, 197-198, 204, 219, 227-234, 236-239, 244, 248-250, 387
呪術師（エポードス）　230-231
主体／主体性　20, 22, 24, 27, 51, 57-58, 67-68, 75, 109-111, 113-117, 120-122, 124-125, 175, 194, 240, 297, 314, 320, 343-344, 377
法服従――　27, 58, 240, 297
出産　34, 376
シュラクゥサイ　8, 332
頌歌　183
傷害罪　101, 247, 277, 279
情念　➡パトス
叙事詩　137, 142, 218
女性　35, 376
自律　23, 26, 37, 76, 125, 285
シレノス　370, 372
人為　293, 313
神学　6, 83, 123-124, 126, 247, 312-313, 321, 329, 351, 353, 360, 381, 387-388
神官（長）　301, 304-306
人口　18, 157
真実（アレーテイア）　90, 120, 124, 130, 134, 143, 159, 162, 167-168, 174, 230, 232, 358, 364, 366-367, 370-374, 377-379
――在　1, 99, 143, 159, 185
――性　43, 112, 200, 224, 227, 236, 239, 258, 269, 362
身体　20, 32, 174, 190-192, 203, 207, 225, 255, 269, 288, 309, 317, 338
――感覚　231
神的な会議　292-293, 323, 331, 337
真なる信念／判断／分別の心（アレーテース・ドクサ）　219, 239, 245
真理　12, 20, 92, 134, 160, 162, 167-168, 240, 243-244, 271, 352, 358, 362, 367, 371-374, 377-379
神話　➡ミュートス
数学的諸学科　48, 64, 300, 340
スパルタ　3, 18, 25, 30-31, 184, 197, 212, 356
生／生命
――の意味　21, 211
――の吟味　226, 233, 237, 256
善き――　11, 21-23, 37-38, 41, 54-55, 60, 120-121, 130-131, 149, 175, 189, 212, 246, 285, 344
善き――の原則　54, 60
性愛　➡エロース
正義　passim
――の原則　55-56, 58-59
――論　24, 26, 41, 140, 142, 144, 146-147, 161, 163-164, 166, 173, 259, 264, 356
神々の――　387
国家の――　78, 112, 145, 155, 161-162, 173
社会的――　9, 73
真実の――　112, 120, 162
魂の（内なる）――　35,73, 76, 78, 112, 145, 161-163
性向　259
政治　passim
――術　15, 40, 42, 45, 61, 82, 102, 180, 187, 252, 286, 343, 345
――的権力　45, 182, 293, 311, 315, 322-324, 331, 335, 347
――哲学　➡哲学
――実践　89-90, 93-94, 96-97, 253
哲学と――　➡哲学
真の――家　15, 61, 168, 170
政務審議会　299, 303, 309
ゼウス　30, 153, 170, 178, 182, 206, 382
世界　1-2, 6-7, 10, 16-19, 25-26, 34, 39, 62, 65, 78, 89, 92, 96, 98-99, 125, 134, 136, 163-165, 172-173, 178-180, 234, 284, 297, 310, 320, 328, 344-345, 348-351, 354-355, 362-363, 379, 387
環境――　125, 344

生活——　92, 234
節制　15, 31-32, 34, 71, 75-76, 117, 121, 135, 138, 164, 185, 203, 230, 300, 318, 370, 372, 378
説得　13, 26-27, 43-44, 56-60, 73-74, 85, 87-89, 91-92, 116, 177-178, 182, 196-198, 212, 217-220, 222-227, 229-241, 243, 245-248, 250, 256, 259, 261, 280, 293, 314, 346, 356-357, 386　⇒強制
——的弁論術　217
——の技法　27, 43-44, 177, 182, 219-220, 222, 224-227, 229, 231-232, 235, 237-239, 245-246, 248, 250, 346
非理性的な——　43, 178, 224, 227, 229-232, 235, 243, 245, 346
理性的な——　43, 178, 219, 223-224, 227, 229-232, 235, 240, 243, 245, 256, 346
セメレ　206
善　passim
〈——〉のイデア　➡イデア
共通——　22-23
真実の——　26, 39-40, 67, 71-72, 83, 99, 285
神的な／人間的な——　20, 25, 32-33, 184, 357
僭主／専制君主　8, 13, 61, 82, 102-103, 168-169, 221, 224, 283, 318, 332, 335
——独裁制　168-169
戦争　31-32, 36, 74, 80, 122, 144, 169, 267, 277, 302, 307, 356, 361, 372
全体主義　11, 17-18, 20
前文　27-28, 43, 101, 157, 177-178, 217-220, 222-227, 229, 234, 240, 242, 247, 255, 314, 331, 346, 386-387　⇒プロオイミオン
旋律　193-196, 199, 201, 204, 214, 232
葬儀　34, 291
造形藝術　201, 214
相対主義　19-20, 91, 193
ソフィスト　19, 21, 31, 37, 78, 135, 283, 293-294, 320, 356
存在論　6, 140, 159, 360, 387

タ行

大赦令　51-52, 56, 59
大衆　9, 16, 19, 38, 54-55, 60, 66-70, 72-73, 78, 85, 90, 114-115, 120, 130, 132, 136, 196, 205, 213, 308, 344, 363, 369
——支配　➡支配
大胆　19, 105-106, 120-122, 125, 131, 186
大ディオニュシア祭　189
第二の航海法　61, 166-167, 173-174, 233
ダイモーン　169-172, 334, 368, 378
対話／問答（ディアロゴス）　passim
若き無神論者との——　43, 239-240, 245, 250, 312, 315-316
——活動　29, 43-44, 100, 178, 220, 232, 246, 249, 311, 314-315, 320, 331, 335, 345-347
——術／法（ディアレクティケー）　12, 23, 27-30, 33-35, 38, 46, 48, 64, 78, 80, 83, 123, 177, 184-185, 206, 210, 212, 220, 226, 244, 253-254, 256, 258, 260, 266, 279, 285-286, 319, 330, 339-340, 346, 354, 363, 388
——主導者　14, 30, 34, 218, 296
——的関係　245
——的行為　➡行為
卓越主義　22-23, 26
卓越性　158-159, 225-226, 244, 308
魂の——　➡魂
他者　100, 208, 313, 315, 329, 372, 378-379
——への関心　372, 378
正しいこと　59, 197, 256-257, 293, 313　⇒正義
正しさ（正確さ）　34, 57, 59-60, 185, 192-193, 199-202, 204, 206, 360
魂（プシューケー）　passim
——の（／に関係する）欠陥　271, 274, 280, 283, 313
——の世話　230
——の卓越性　225-226
——の三区分説　24, 39-40, 72-75, 77, 104, 106-107, 112, 120, 141, 144, 146, 287
——の治癒教育　27, 42, 44, 182, 253, 275-

276, 279, 281, 284-285　⇒教育
——の不均衡状態　274, 282, 284
——の不死証明　232-233
——（全体）の向け変え　78, 117, 185, 369-370, 377, 379
——の病い　242, 259, 271
——の誘導　230
——の醜さ　271
——への配慮　26-27, 36-37, 40, 42, 44-45, 61, 107, 124, 173, 180, 187, 219, 233, 253, 259, 285-286, 335, 343, 345, 348
宇宙の——　29
誕生　15, 34, 57, 164, 199, 313, 320, 385
知恵／知　passim
——の思いこみ　44, 132, 268
愛——　93, 179
最大の——　123
真実の——　37, 145, 149
力　passim　⇒能力
内発的な——　110-111, 121-122, 125, 186
引く——　107-111, 114, 117, 119-120, 125, 175, 238, 245, 267, 344
知識　14, 16, 20, 36, 38-40, 61-62, 66, 68-73, 75-78, 83-86, 88-96, 99, 114-115, 118, 120, 123, 126, 143-144, 167-168, 171, 203, 214, 218, 221, 224, 251-252, 267-268, 296, 313, 320-321, 329, 344, 363, 377
「——／ドクサ」論　39-40, 78, 84, 88-91, 93, 95-96, 99
知性　passim
神的な——　45, 172, 177, 321, 334, 379
——主義　79, 115, 252, 257, 266, 268, 287, 335
——の原則　54-55, 57
——の支配　27, 45, 62, 296-297, 312, 314, 320, 335, 344, 347-348
——の行う秩序づけ　45, 62, 172, 177, 180, 297, 332, 334, 348, 388
中間（的なもの）　15, 92-93, 96-98, 135, 166, 172, 280, 335
忠告　43, 105-106, 157, 220, 247, 256, 373
懲戒　281, 284
懲罰院　298-299
知慮／思慮　15, 25, 31-32, 81, 86, 105-106, 119, 147, 164, 166-167, 187, 194, 197-198, 206, 299, 312, 314, 318, 357, 359, 363
治療　72, 81, 147, 179, 222, 229-230, 241-242, 248, 254-255, 259, 277, 283-284, 347
通念　29, 31, 37, 44, 76, 78, 90, 104, 125, 135, 143, 252
慎み／つつしみ　121, 170-171, 182, 186, 207, 209
ディアノイア　360-362
ディアレクティケー　➡対話術／法
ディアロゴス　43, 219, 239, 246　⇒対話
ディオティマ　172, 364-368, 374-376
ディオニュソス　26, 42-43, 45-46, 132, 182-184, 189, 198-201, 203-211, 213, 215-216, 231, 249, 310, 331, 335, 339, 345, 368-369
——のコロス　➡コロス
ディーテュランボス　132, 140, 183, 189-190, 207, 218
哲学　passim
——的精神　182, 348-349, 353
——的探究　45, 60, 310, 315, 318, 321, 324, 331, 335
——と政治　26, 42, 89, 157, 165, 176, 180, 345
——無用論　381
——をもってする支配　293
公共性の——　26, 335-336, 345, 348
政治——　4, 8-9, 11, 15, 17, 23-24, 27, 35, 37-38, 41, 45, 61, 84, 89, 103, 129, 131, 150, 184, 208, 251-253, 296-298, 318, 323, 332, 334, 336, 339, 343-344, 347, 357, 388
正統的な——　332, 334-336, 341, 347
プラトン——　2-7, 10, 12, 17-18, 35, 38-39, 53, 60-61, 65-66, 89, 104, 108, 119, 332, 350-352, 355, 358, 363-364, 369, 382, 388
哲学者／哲人　passim
——王　11, 13-14, 16, 25-27, 42, 61-62, 83, 88-89, 91, 96-97, 99, 101, 103, 119-120,

123, 144, 155, 163-166, 172, 174, 180, 210, 296-297, 321-323, 332, 335, 340, 344-345, 347-348, 384
——統治論　1-2, 12-15, 26, 39, 41, 78, 87-89, 157, 164-165, 171-172, 332, 334, 347
——の支配　293, 295, 385
同意　53-61, 63, 67, 95, 110, 222, 236, 238, 240, 263, 297, 322, 333, 341
——の原則　55-56, 58-59, 61
統一主義　9, 11, 156, 164, 384
同化（力）　59, 139, 148, 175-177, 195, 199, 205, 214, 321, 344-345
洞窟　1, 10, 13, 29-30, 61, 88-89, 117, 126, 153, 310, 339, 362, 369
——の囚人　29, 117, 126
「——」の比喩　➡比喩
陶酔　184, 207-208, 338
統治権　15
投票決議　51
徳　passim
——論　66, 69, 360, 363
市民的な——　67, 69, 71-73, 75-79, 81-84, 122-123, 344, 376
真実の——　71, 76-77, 79, 83-84, 141, 344
全体的な——　14, 31-33, 40, 62, 80-81, 184, 186-188, 191, 197, 226, 267, 272, 276, 285, 296, 305-306, 313, 319, 347, 385
ドクサ（思わく／思いこみ／臆断／判断／分別の心）　1, 39-40, 44, 78, 81, 84, 88-91, 93, 95-96, 99, 132, 173, 187, 200, 230, 264-265, 268, 277
独裁者　➡専制君主
トラゴーディアー　➡悲劇
ドラーマ
——の原現象　209
最も美しき——　130, 150, 180, 348
ドリア　25, 31, 80, 267, 356, 361-362
奴隷　14, 35, 57, 62, 114, 255, 296
——精神　224
——の医者助手　➡医者

ナ行

内乱　31-32, 51, 56, 64, 73-75, 80, 106, 110, 115, 169-171, 259, 269, 271-272, 282, 284, 294-295, 333
憎しみ　125, 188
二元論　1, 6, 351, 355, 362
似像／似姿（エイコーン）　1, 78, 90, 98, 144, 159-160, 165-167, 172-173, 179-180, 193, 195, 199-205, 209, 213-214, 232, 281, 348-349, 358, 377
——製作術　200, 214
入植者　4, 43, 157, 220, 269, 387
人間学　24, 33-34, 37-38, 40, 84, 99, 104, 174, 216, 226, 238, 252, 258, 279, 343-344
妬み　294
熱狂　207-209
年長者　196, 198, 301-302, 309
能力（デュナミス）　9, 88, 93-95, 97, 102, 187, 191, 233, 277, 313-314, 352, 357-358
——論　93-94, 97
ノモス／ノモイ　➡法／法律・習慣

ハ行

賠償　179, 254, 259, 277, 284, 346
パイデイアー　➡教育
パウサニアス　371, 375
バッコス／バッコイ　206, 369
パトス（状態／情態／情念）　26, 37, 40, 43, 65, 68, 70-71, 73-74, 77, 81, 84, 105-110, 112-114, 116-121, 148, 161, 171, 175-177, 187, 189, 191, 195, 204, 219, 228, 230, 232-233, 238, 243, 245, 265, 267-268, 274, 282, 286, 320, 344, 352, 357, 362, 369-370, 373, 379
パラデイグマ（範型）　11, 25, 29, 41, 62, 156, 159-160, 163-167, 169-170, 173, 179-180, 296, 345, 348, 354, 384
パラディグマティズム　11, 16, 25, 41, 48, 131, 150, 156, 167, 172, 343, 345, 384
パラドクス　44, 179, 251-253, 257-258, 263, 269, 274, 279, 285, 347, 386

ハルモニアー　42, 140, 190, 193, 195, 197, 202-204, 207, 231
範型　➡パラデイグマ
犯罪　34, 256-259, 264-265, 284, 286-290, 298, 314, 387
——の（諸）原因　44, 86, 178, 242, 252-254, 260-262, 266, 271, 273-277, 279, 288
——の故意性　252, 266, 280
故意によらない——　251, 275, 279, 281-282
故意による——　44, 251, 253, 257-258, 279, 281, 283, 386
反転可能性　333, 335
秘儀　63, 198, 207-209, 211, 283, 368-369, 371, 374, 376-377, 381
悲劇（トラゴーディアー）　41, 129-134, 136-137, 139-143, 145-151, 159, 183, 189, 207, 212, 218, 231, 246, 366, 368, 373, 375
——作家／詩人　131-132, 134, 136, 142-143, 148, 159, 183, 207
最も真実な——　41, 130-131, 212, 246
〈美〉のイデア　➡イデア
比喩　88, 105-106, 109-112, 115, 117, 119-120, 122, 142, 212, 222, 229, 237, 241, 245, 317, 387
「神の操り人形」の——　103-104, 107, 124, 175, 182, 186, 250, 263, 267, 287, 344
「技術を正しく身につけた医者」の——　248
「兄弟喧嘩」の——　356
「自由人の医者」の——　220, 224, 236, 238, 242-243, 254-255, 386
「洞窟」の——　89, 116, 369
ピュシス　➡自然
病気　221-222, 225, 229, 255, 277　⇒病い
評議会　51, 299
病者　221-222, 224-225, 241, 248, 255, 317　⇒医者
自由人の——　221, 225, 241, 255
ピリアー（友愛）　25, 31-32, 40, 80, 179, 226, 283-284, 346, 356-357, 361, 364-366, 374-379, 381, 385
非ロゴス／理性的部分　43, 141, 146, 148, 175, 207, 231
品性　58, 78, 99, 177, 187, 190, 192-196, 198-199, 202-204, 209-210, 259, 345
ブゥポニア　207, 215
復讐　206-207, 294
不敬罪　234, 247, 276, 282, 298, 315, 387-388
——に関する法律　240-242
不敬神　52, 59, 312-313
不正（行為）　44, 53-56, 59, 76-77, 81-82, 96, 134-137, 170, 179, 244, 251-252, 254, 257-261, 263-266, 268, 270, 273-277, 280-287, 289-290, 346-347, 359, 386-387
——の原因　252, 261, 270, 275, 277, 281
舞踏　42-43, 122, 129-130, 149, 177, 182-184, 189-195, 205-209, 211-213, 219, 227-228, 231, 235, 304, 345-346
プラトニズム　1-8, 12, 343, 349-353, 363
ネオ・——（新プラトン主義）　2, 5, 350-351
プラトニック・ラヴ　➡愛
プロオイミオン（前文／序曲／序歌／序詞／序論）　28, 30, 157, 217-218, 220, 226, 246-247, 356
国制の——　➡国制
法の——　➡法
プロトレプティコス（哲学の勧め）　353
分割法　250, 275
文藝審査官　211
文藝批判／文藝論　41, 79, 85, 122, 126, 129, 131-132, 134-135, 137-138, 140-143, 149-150, 184, 212, 345, 388
分別の心　➡ドクサ
平和　31-32, 40, 80, 170, 357, 375
ペシミズム／ペシミスティック　8-9, 40, 101, 103, 115, 118, 123-124, 126, 265, 359
ペニア　368
ヘラ　126, 206, 363
ヘリオス　305-306
ペルシア　398
変化　5-6, 8-9, 13, 20, 45, 65, 103-104, 112,

118, 156, 158, 160, 164, 173, 184, 224, 227, 320, 329, 351, 355, 358-359, 384-385
弁論　63, 228
——術　4, 178, 217-219, 229-230, 247, 295, 346, 369, 388
——家　19
ポイエーティケー　41, 141, 149
法／法律・習慣（ノモス）　passim
——制度　2, 25, 30, 32-33, 184, 294, 350
——治主義　16, 167, 173, 177, 247
——権威主義　16, 26
——の救済者　302
——の至上権／至高性　16, 57, 60, 62, 294
——の支配　4, 8, 11-14, 20, 27, 36, 45-46, 51-54, 56-63, 103, 110, 168, 250, 272, 286-287, 291-298, 311-315, 322-323, 328, 331-337, 341, 345, 347, 385
——の正当化／正当性　58, 60, 63, 297, 321
——の前文（プロオイミオン）　27, 43, 101, 177-178, 217-220, 222, 224-225, 227, 229, 234, 240, 242, 247, 255, 314, 346, 387
——の保全（策）　63, 291-292, 309, 326-327, 336, 386
——への服従　4, 26, 43, 60
共通の——　64, 107, 110, 121, 175, 333, 337, 344
刑——　➡刑法
国——　36, 52-54, 57-60, 63, 78, 315
国制と——　➡国制
実定——　16, 25, 60, 295, 308, 316
成文——　15-16, 24, 45, 51, 61, 166-168, 174
忘我　208, 368-369, 373
放埒　135, 294
暴力　21, 26, 43, 58, 81, 261-262, 280, 294
卜占術　375
補助者　74, 108, 110-111, 116-117, 119-122, 161, 186, 195, 209, 214, 237-238
教育の——　211, 213
ポテイダイア　373
ポリス　3-4, 11-13, 18, 41, 61, 151, 294, 339
ポロス　214, 368
本意／不本意　44, 55-56, 59, 63, 179, 251, 257-258, 260, 265, 269, 274-275, 279-281, 285, 287-288, 290, 297, 347, 386　⇒故意

マ行

埋葬　➡葬儀
マグネシア　4-5, 11-13, 15-16, 18, 26-27, 33, 41, 43, 45, 62-63, 131, 151, 160, 184, 194, 253, 269, 291, 296-297, 299, 303-304, 306-308, 313-314, 317-318, 326, 328, 335-336, 339, 345, 347
学ぶべき最大のもの　78, 185　⇒最大の学知
マルシュアス　368
導き手　117, 370, 382
身振り　140, 193-195, 197, 199
ミーメーシス（模倣・再現）　15-16, 41-42, 61-62, 130-131, 138-143, 145, 148-150, 163, 167-168, 171-172, 180, 193-197, 199-205, 207-210, 212, 214-215, 232, 246, 348, 388
ミーメーティケー（真似る技術）　141-143, 146, 148, 196, 214
ミーメーティコイ　139-143, 145-146
ミーメーテース　143, 145
ミーメーマ（模像）　177, 194-195, 201, 203, 345
ミュートス（神話・物語）　16, 29-30, 43, 48, 64, 101, 111-112, 114-115, 133-134, 136-138, 145, 169-171, 174, 177, 182, 197, 219, 227-229, 232-237, 239, 244-246, 249-250, 346, 358-359, 362, 364, 367, 371, 374, 387-388
エルの——　111, 138
エロースの——　364
「真の大地」の——　232-233
民会　51, 229, 299-300
民主（制／政）　17, 26, 36, 51-53, 55-56, 59-60, 64, 129, 168, 211, 294, 318, 333, 335
——社会　27, 45, 55, 295, 297, 336
——主義　18-19, 25, 295, 297
ムゥサ（詩神／音楽）　130, 177, 183, 189, 196, 198-203, 205, 207-210, 212, 214-215, 320,

345
最も美しい／有益な——　196, 203, 210, 212, 214
ムゥシケー（音楽・文藝）　1, 34, 41–42, 79, 85, 101, 122, 126, 129, 131–132, 134–138, 140–143, 147–150, 184–185, 187, 191, 193, 195, 197, 199–207, 210–214, 231–232, 321, 345, 349, 352, 354, 374, 388
無関心　20, 22, 236, 238, 240, 244
無教養　269
無神論　83, 123, 282, 294, 387
自然学的——　242–244, 319
——者　19, 43, 178, 227, 235–236, 239–243, 245, 250, 270, 276, 282–283, 289–290, 298–299, 312–316, 320, 346, 388　⇒対話
無知／不知
——の自覚　42, 78, 98, 124, 176, 345
きわめて厄介な——　235, 270
最大の——　44, 65, 69, 80–81, 123, 144, 179, 252, 268–272, 280–281, 283–284, 290, 346, 361–363
二重の——　44, 179, 261, 272–277, 281–284, 290, 346
無智　242, 250, 261, 272, 276, 287–288
無分別　261, 280, 373
無抑制　➡アクラシアー
酩酊　184–185, 187, 207, 210, 368　⇒覚醒
メギロス　30, 107, 321, 330
メタファ　68, 70, 73, 131, 209, 211, 317, 338
模像　168, 194　⇒ミーメーマ
物語　➡ミュートス
模倣　➡ミーメーシス

ヤ行

薬物　➡薬
病い　208, 237, 242, 259, 271
魂の——　➡魂
友愛　➡ピリアー
有益性　71, 149, 196, 199–200, 205, 259
勇気　31–32, 66, 75, 117, 121, 139, 185, 192–193, 197, 234, 318, 370, 372, 378
遊戯（パイディアー）　200, 362
養育　34, 43, 76–77, 79–80, 122, 185, 187, 189, 192, 211, 253, 288, 303, 307, 316, 326
欲望／欲心　42, 68, 102, 175–176, 345
——的部分　73–75, 77, 80, 110, 113, 122
夜の会議　10, 15, 27, 45, 47–48, 63, 82–83, 86, 123, 127, 186, 211, 215–216, 245, 250, 282, 284, 286, 290–293, 297–301, 303–304, 306–332, 335, 338–341, 347, 386, 388
悦び　148, 190–191, 193–195, 200, 211, 376

ラ行

リーガル・モラリズム　20
リズム　17, 19–23, 26, 42, 48, 140, 190, 193, 195–197, 201–204, 207, 211, 231, 345, 357
理性　20, 43, 73, 75, 106, 109, 116, 136, 155, 178, 219, 223–224, 227, 229–233, 235–237, 240, 243–245, 256, 265, 313, 346, 352, 362, 369, 373
——主義　352
理想主義　1, 4, 158, 161
理知分別（ロギスモス）　26, 40, 83, 105, 107–111, 113–123, 126, 175–176, 179, 186, 188, 190, 195, 209–210, 230–231, 238–239, 245, 262–263, 267, 277, 280–285, 344, 347
立憲君主制　333
立憲主義　24–25
立法　6, 14, 24–26, 28, 30–35, 37–38, 40, 51, 58, 60–62, 80–81, 125, 157, 159, 166, 168, 173, 178, 180, 184–185, 217, 220, 222, 224–226, 245–246, 251–252, 256, 258, 267, 285–286, 292, 296, 302–303, 339–340, 343, 345–347, 354–357, 360, 385, 387
——委員会（ノモテタイ）　24
——権　14
——者　6, 10, 13–14, 18, 21, 26, 31–34, 58, 80, 130–131, 149, 164, 177–178, 184, 187, 197, 210–211, 220, 222–223, 225–227, 231, 235, 238–243, 245–246, 254–257, 259–261, 265, 268, 270, 273, 275, 281, 283–286, 300, 302, 321, 328–329, 331, 339, 346, 354–355,

357, 359-360, 387
——術　290
——の目的　28, 31-34, 37, 40, 61, 80-81, 226, 347
——モデル　25, 28, 217
リベラリズム（自由主義）／リベラル　4, 17-18, 20-23, 25-26, 48, 345
政治的——　22, 26
卓越主義的——　22-23, 26
類似性　20, 200-201
霊感　132, 181, 208-209
歴史　2-4, 6, 12, 16, 22-23, 25, 35, 44, 48, 80, 122, 129, 132, 226, 247-248, 294, 336, 350-353, 355, 357-362, 380, 385
——哲学　357
——（理）論　358-359
レオンティオス　65, 73-74
レトリック　224
老人　153, 183, 198, 211, 226, 238, 243, 261, 307
ロゴス（理／原理・原則／理論的知性）　42-43, 54, 62, 64, 73-75, 77, 80, 91, 101, 106-111, 113, 116, 118, 120, 122, 139-141, 146-148, 158, 174-175, 187-188, 196-197, 202, 204, 207, 218-219, 224, 231-234, 236-239, 244-246, 271-272, 280, 297, 321, 346, 361-362, 372, 385
——的部分　43, 73-75, 77, 80, 109-110, 113, 116, 118, 120, 122, 141, 146-148, 174-175, 207, 231, 271-272, 280
偽りの——　233
真なる——　43, 233-234
論駁　➡吟味・論駁

ワ行

若者　36, 43, 74, 136, 196-198, 204-205, 209-211, 215, 226, 231-232, 234, 236-237, 240-245, 247, 307-309, 313, 315, 317, 329, 335, 347, 365, 378

古典出典索引

プラトンに関しては、左側にテキストの当該箇所、右側に本書の頁数を記す。

Aeschylus
Oresteia『オレステイア』 56
Agamemnon『アガメムノン』 382
Andocides
De mysteriis『秘儀について』 63
Antiphon
Fragmenta『断片』 293
Aristophanes
Ranae『蛙』 129, 147
Nubes『雲』 337
Aristoteles
Ethica Nicomachea『ニコマコス倫理学』 85, 180, 289, 382
Poetica『詩学』 129, 132, 150, 216
Politeiai『国制誌断片集』 47, 380
Politica『政治学』 46, 129, 153, 180, 336-337
Rhetorica『弁論術』 247
Cicero
De legibus『法律について』 49, 154
Damon
Fragmenta『断片』 213-214
Demosthenes
Orationes『弁論集』 337
Diogenes Laertius
Vitae philosophorum『ギリシア哲学者列伝』 380
Euripides
Bacchae『バッカイ』 183
Gorgias
Fragmenta『断片』 248
Heraclitus
Fragmenta『断片』 126
Hesiodus
Opera et dies『仕事と日』 382
Homerus
Ilias『イリアス』 382
Odyssea『オデュッセイア』 248
Parmenides
Fragmenta『断片』 99
Pindarus
Paeanes『パイアン』 vii
Plato
Apologia Socratis『(ソクラテスの)弁明』 20b: 84/22b: 132/29d-30c: 55, 371/29d2-5: 382/32b-c: 64/32c-d: 64/37a-b: 339
Charmides『カルミデス』 155b-158e: 228/175d-176b: 228
Cratylus『クラテュロス』 408c: 133
Crito『クリトン』 46b: 54/47c-d: 54/48b: 54/48d: 55/49a-c: 55/49c-e: 56/49d: 56/49e-50a: 56/50a-54d: 53/50a7-8: 63/50a8: 53/50b1-2/50c1-2: 53/50c1: 63/50d-51a: 57/50d1: 63/51a-c: 57/51a2: 63/51a4-5: 63/51c-53a: 57/51c-d: 58/51d3-4: 63/51d7-8: 63/51e2-3: 63/52b2: 63/52b8-c1: 63/52c5-9: 63/53a4-5: 63/54c: 59/54c1: 54/54c5: 63/54d: 249
Epinomis [Dub.]『エピノミス』 990c-991c: 340/992d8: 338
Epistulae『書簡』
VI 323b6: 228
VII 326a-b: 341/328b-c: 180/328c1: 380/331d-e: 332/334c-d: 332/334c: 64/335e-336b: 332/336e-337b: 64/336e4-337b3: 333
Euthydemus『エウテュデモス』 289e5: 228/290a1: 228
Gorgias『ゴルギアス』 452e3-4: 338/

455b3 : 338/456b8 : 338/463b : 248/464b-c : 290/464b : 49/465a : 95, 248/466d-e : 70/481d : 19/482e : 48/483e6 : 228/484a5 : 228/485a-e : 381/488a : 286/499b-503d : 132/500e sq. : 95/513b : 19/515b-517c : 48/521d : 49

Hippias major『ヒッピアス（大）』 296b-c : 286/304d1 : 338

Ion『イオン』 542a : 132

Laches『ラケス』 155b-158e : 228/175d-176b : 228

Leges『法律』

I 624a-625c : 30/625a6-b1 : 153/625c : 32/625c-626b : 32/625c-632d : 25/626b : 31/626e-628c : 80/626e-627b : 32, 125/626e : 31, 37, 267, 356/627d-628a : 356/628a-e : 32/628c-d : 31/628c : 80, 357/630a-d : 32/630c : 339/630e-632c : 285, 386/630e1 : 339/630e2-3 : 31, 184/630e : 32/631a-b : 33/631b : 33/631b-632d : 385/631b-d : 14, 33, 62, 296, 339, 357, 385/631c : 20/631d-632d : 33, 34, 80/631d-e : 184/631d3 : 386/632c : 300, 386/632c4 : 336/632d-II.674c : 25/633c-d : 185/635a1 : 380/635e-638b : 34/636d-e : 185/636e-641e : 185/637d sq. : 86/637d : 210/638b-650b : 34/641c-d : 104/642a-b : 185/643a-b : 104/643c-e : 85, 126/643c-d : 185/643e : 81, 212/643e4-6 : 186/644a-645b : 83/644b-c : 104, 267/644b2-4 : 186/644c-645e : 103, 186/644c-645c : 267, 287/644c6-645c6 : 182/644c6-d6 : 104/644d-645b : 250/644d7-645b1 : 105, 108/644d : 107/644e1 : 287/644e5 : 126/644e6 : 105, 109/645a : 280/645a1-2 : 175/645a1 : 125/645a4 : 126/645a5 : 109, 125/645a6 : 110/645a7 : 125/645b-c : 104/645b1-c8 : 105/645b1-c4 : 111/645b5 : 126/645d-e : 119/645e5 : 125/647a-b : 120/647a : 121/647c-d : 121/649b-c : 120/649b8-c1 : 106/649d-650b : 187/650b : 40

II 653a-673e : 35/653a-d : 85, 126/653a-c : 80/653a : 187/653a1-3 : 187, 213/653a7 sq. : 86/653b-c : 121, 125, 212/653b1-c4 : 188/653b : 267/653b7 : 213/653c-654b : 189/653c9-d5 : 189/653c : 189/653d-654a : 190/653d-e : 215/654a-b : 191/654a3-4 : 190/654b-659c : 192/654b : 212/654d-e : 192/654e : 192/654e10 : 192/655a-b : 193/655a : 193/655b-c : 193/655b3-6 : 193/655c-d : 214/655d5-7 : 194/655e : 194/656a1-5 : 195/656a7-9 : 195/656b4-6 : 195/656c : 196/657d-e : 196/658e-659a : 196/658e8 : 215/659b-c : 196/659c-664b : 196/659d : 62, 85, 126, 212, 297/659d1-4 : 196/659d2 : 125/659e : 197/659e1 : 228/660a : 49, 197/660b-663a : 197/660e-661c : 387/661c : 49/663a-b : 197/663d-e : 197/663d9 : 246/663e : 49/664b-d : 197/664b4 : 228/664c-d : 183, 198/664d sq. : 213/664e : 215/665b : 46/665c4 : 228/665d : 198, 213/666a : 198/666b-c : 198/666c6 : 228/666d-671a : 199/666d3 : 215/667a10 : 215/667b-668b : 199/667b-d : 200/667b : 200/667d-e : 200/667e-668a : 200/668b-670a : 199, 201/668b1-2 : 201/668b4-6 : 201/668b6-7 : 201/669a-b : 201/669c-670a : 202/669d-e : 249/670a-671a : 203/670a-b : 46/670d sq. : 213/670e3 : 205/670e5-7 : 203/670e7-671a1 : 204, 232/670e8 : 228/671a : 206/671d-e : 210, 311/671d2 : 209/671d5-8 : 249/672a-673d : 206/672b-d : 207/672b : 206/672b4-5 : 209/672d8 : 209/673a9 : 125/673d-e : 210

III 676a-701c : 25/676a : 358/676b : 358/679c2-3 : 359/679e sq. : 359/681c9 : 359/681d2 : 359/681d4 : 359/683c8 : 380/683e : 46, 362/684a-b : 361/685b8 : 380

/685e4 : 380/686b3-4 : 361/686b3 : 380 /686c-d : 360/686d2 sq. : 380/688a-b : 339, 385/688c-689e : 122/688c-d : 268, 362/688c4 : 380/688e-689e : 268/689a-d : 80/689a-c : 125/689a-b : 84/689a : 362/689a1 : 270/689a5-7 : 268/689d7 : 123/689e-690c : 62/690c3 : 297/691c-d : 124/693b-e : 339, 385/693b : 380/693d2 sqq. : 248/694b : 385/696c : 125/697b : 385/700a-701b : 193/701d : 380, 385/702c : 30

IV 704a1-715e6 : 28/705d : 339/710 e7-9 : 164/711e-712a : 15/711e8-712a3 : 164/712a : 124/713a-714b : 170/713b3-4: 171/713c-d : 124/713e-714a : 62, 297, 388/713e4-6 : 171, 334/713e6-714a2 : 172, 334/715b : 14/715c7 : 155/715e7-734e2 : 28, 157, 217/716a2 : 387/718a-724b : 386/718b : 49/718c8-d7 : 223/719e9-720a2 : 220/720a-e : 255, 386/720b2-7 : 221/720b9-e1 : 222/720c8-d1 : 224/720d : 49/720d3-6 : 223/720d3 : 386/720e-722a : 222/720e1-8 : 222/721 b : 46/722b : 49/722c2 : 224/722c6-d2 : 226/722d3-6 : 248/722d6-e4 : 217/722e 4-723b2: 222/722e7-8: 224/722e8: 386/723a3-4 : 247/723a4-7 : 223/723a4-5 : 227/723a5 : 386/723a7 : 386

V 731c : 286/731d-e : 173/732a-b : 173/732e : 125/732e4-7 : 174/732e7 : 175/733a-734e : 175/734b : 269, 286/734e3-735a7 : 157/734e3-XII.960b5 : 28 /734e sq. : 292/734e : 386/735a8-736c 4 : 157/736c5-737d8 : 157/738d4 : 338/739a1-745b2 : 157/739a1-e7 : 384/739a 1-b7 : 158/739a1-5 : 158/739a7 : 180/739b-c : 124/739b3 : 159, 180/739c1-2 : 161/739c2-3 : 160/739c3-d3 : 161/739d 3-4 : 164/739d6-e1 : 164/739d6-7 : 165, 181/739d7 : 181/739e1-5 : 163, 180/739 e1 : 165/739e2 : 165/739e3-4 : 158/740 a-b : 176/740a : 159/745b3-e6 : 157/745e7-746d2 : 384/746b-c : 159/746b6-8 : 159/746b8-c4 : 160

VI 751a1-768e7: 157/752a-753a: 46/752e-755b : 302/753a : 49/753b-754d : 46/755e : 46/755e4 : 338/756a : 46/756 b7-758e7 : 300/758d3 : 338/764a3 : 300, 338/764a6 : 338/764c-765c : 211/765a5 : 338/765d-766c : 211, 303/765d4-5 : 303 /766a3 sq. : 182/769a1-XII.960b5 : 157, 385/769a-771a : 181/769d-770b : 302/769d6-7 : 300/770a8-9 : 302/770b4 : 302/770e-771a : 303/772d-e : 46/773b 4 : 249/773d sq. : 49/773d6 : 229, 234/776b-778a : 35/780a-783c : 35/785b : 46

VII 788a1-5 : 326/788c sq. : 127/790e3-4 : 235/801d : 304/801e : 183/802a-e: 211/803c: 103/803e-804b: 212/804b : 104, 124/804d-e : 35, 127/804d : 86/806e : 35/807c-d : 339/808b : 338/808d4 sq. : 182/808e-808a : 338/808e-809a : 303/811c-812a : 226/811d-e : 150, 304/812b9-c7 : 204, 232/812b : 46/812c 6 : 228/812e : 304/815b-d : 215/817b-d : 130/817b4-6 : 246/817b5 : 212/817b 8-9 : 46/817b8 : 182/817e-818e : 340/818a2 : 300/819a5 : 125

VIII 829c-e : 304/835a : 304/836d : 339/837a-e : 365/837e6 : 229, 234/838a -841c : 35/840c1 : 249/841c6 : 249/842 b-c : 35/842e6 sqq. : 247/848d : 47/849 a-850a : 48/850b8 : 300

IX 853a-d : 178/853b-c : 253/854a : 125/857b4-864c8 : 252, 386/857b9-859c 5 : 254, 255/857c4-e6 : 222/857c4-e1 : 178, 225, 255, 386/857d-e : 223/857d2 : 223, 386/857d7 : 386/857e : 127/857e4-5 : 256/857e4 : 386/857e10-858a3 : 256 /858c-e : 150/858d : 387/858d6-9 : 256 /859b8 : 286/859c6-861d9 : 254, 257/860a10 : 286/860b8 : 286/860c1-3 : 257

/860c6：286/860d-e：286/860d9：257/860e：47/860e7-861a2：258/860e9：286/861b5：286/861d6：287/861e1-862b6：254, 258/862a2-6：259/862a5：286, 287/862b3-4：259/862b6-863a2：254, 259/862d3：259/863a-864a：81/863a-e：84, 387/863a-d：252/863a1：287/863a3-6：254, 260/863a7-d5：254, 260/863b2-3：287/863b8-9：280/863c：86, 275/863c1：270, 287/863c3：287/863c7：287/863d1：287/863d2：287/863d6-e4：254, 262/863d6-11：262/863e-864a：387/863e2-3：263, 280/863e5-864a8：254, 263/863e5：263/863e6-864a8：264/864a4：276/864a7：287/864a8-b9：254, 264/864b1：287/864d-e：277/865a-866d：277/866d-869e：280/867a-b：281/867b：275, 280/869e-873c：280/869e-870b：269/869e4：290/870d7 sqq.：247/871a5：338/874e-875d：62, 82, 101, 247, 296/874e7 sqq.：247/874e8-875a1：182/875a-d：16, 84/875a：125/875a2-5：102/875b2-5：102/875c-d：14/875c：124/875d：124/875d3：182/876e-878b：280/878b-879a：280/879b：277/880d-e：16

X 885b-910d：35, 240/885b4-907d4：234, 387/885b-887c：240/885b4-9：241/885b5：282/885c-890d：222/885c5-e6：241/885d-e：387/885d1-4：223/885e7-886a5：241/885e：223/886a6-e3：242/886a-b：270/886b6：235, 282/886b9-c6：249/886c6-d2：249/886e7-887c5：242/886e8-9：242/887b8-c2：243/887c-899d：240/887d-e：290/887d4：229, 234/887e-888a：235/888a2：223/888a4：235/888a7 sqq.：247/888a7：236/888a8：250/889e：313/890a：20, 313/890d6：387/891a1-2：226/892b-c：387/892d2：243/893b1-899d3：250/895e sqq.：125/896e8-897b6：244, 387/897a：125/899c2-d3：244/899d-905d：240/900d5-903a9：250/903a sq.：49/903a7-b4：236/903b-e：387/903b1：229, 236/903c1：250/904c1：237/904e3：387/904e4：250/905a1：387/905d-907d：241/905d8-907b4：250/906b9：228/907b7：250/907c：387/907d-910d：241/908a-909a：312/908a：298/908a4-5：337/908b-909d：270/908b6-7：282/908d：283/908e3：276/908e6-909d2：245/908e-909a：282, 339/908e6-909a5：312/909a-c：283/909a：313/909a3-4：298, 299/909a6-7：314/909a6：276, 312/909a8：250/909b4：228

XI 919d：47/923a2 sqq.：247/932e-XII.958c：46/933a2：228/933d7：228/934a：269/935b7：338/936a：304

XII 942a5 sqq.：247/943b9：338/944b3：228/945e-946c：305/946b：47/946b5：305/946b6-c2：306/946e6-947a1：305/947a-b：306/947a1：305/947a6-7：305/947b-e：306/947e-948b：306/949c：213/949e sq.：18/951a-b：307, 316/951c-952d：307/951d-e：301, 316/951d5-6：337/951d7-8：299/951d8-9：304/951e-952a：316/952a-b：308/952a8：337/952b5：337/952b9：337/953d-e：316/953d：304/956c-966a：319/957c-e：150/957c：380/960b4-5：291/960b6-969d3: 28/960b6-c1: 292/960d4: 292/960e sq.：63/960e9 sq.：292, 322, 326/961a-968b：317/961a-c：301/961a-b：308/961a1-2：301/961a1：337/961a3：304/961a7：337/961b6-8：299/961b8-c1：301/961c3：337/961c5-6：317/961c5：317/961d-962b：385/961d-e：317/961d：309/961e-962b：318/962b4-9：318/962c5-6：318/962c7：318/962c9-10：337/963a-968b：186/963a-964a：318/963a：386/963a3：318/964b-c：318, 388/964b9：340/964c7：340/964d sqq.：

380/964d5 : 340/964d8 : 340/964e-965a : 309/964e2 : 340/965b-968b : 83, 123/965b1: 83, 215, 309, 319/965b8-10: 319/965b8 : 340/965c1 : 319/965c2 : 319/965c5: 319/965c9 sq.: 319/965c10: 340/966a-b : 319/966a7 : 340/966b5 : 319, 340/966c-968b : 321/966c-d : 319/966c : 83, 123, 313, 388/966c6 : 319, 340/966d-967d : 320/967a5 : 380/967d-968a : 320, 325/967d4-e2 : 321/967e2-968a1 : 321/968a-b : 82, 213, 326, 331/968a : 84/968a1-4 : 320/968a2 : 82/968a6-b1 : 322/968a8 : 299/968b4-8 : 325/968b7 : 327/968c3-7 : 323, 324, 330/968c9-d3 : 328/968d1 : 340/968d3-6 : 329/968d6-e3 : 329/968e2-5 : 329/969a : 47/969b1-3 : 292, 323/969b2 : 337/969b3 : 323/969b9 : 339/969c2-3 : 332/969c2 : 292, 340/969c7 : 339/969d4 : 339/969e2 : 339

Lysis『リュシス』 214b : 381/215d : 381

Menexenus『メネクセノス』 239d : 380

Meno『メノン』 80a : 228/97c-98c : 71/98c-99b : 71

Phaedo『パイドン』 61a : 215/63e-70e : 369/68e-69c : 71/74a-75c : 96/77e4 : 230/77e5 : 249/77e8-9/78a1 : 228/78a5 : 228, 231/82a-b : 84, 85/97b : 36/99c9-d1 : 233/114d1-2 : 249/114d2-7 : 249/114d7 : 229, 232/115a5 : 134

Phaedrus『パイドロス』 244a : 209/244a-249e : 369/244a-e : 208/245c-246a : 125/246a-b : 114/246a : 106/259e sqq. : 249/261a8 : 248/261a9 : 338/265a-b : 208/265d : 339/267d1 : 228/270a-e : 95/270b : 219/270b sqq. : 219/270e3 sq. : 100/271b : 247

Philebus『ピレボス』 34a : 339/50b3 : 150

Politicus『政治家』 271c-272a : 169/293d8-e5 : 167/294a-297b : 166/294a-c : 247/294d-295b : 166/295a : 247/295d-296a : 61/296b1-c3 : 248/297b-e : 247/297d4-6 : 167/300a-c : 61/300a-b : 167/300c : 15/300c1-3 : 167/300c5-7 : 168/300d-301a : 16, 62/300d9-e2 : 168/300e-301a: 168/301a-c: 168/301d8-e2: 174/301e2-4 : 174/302b-303b : 16, 62

Protagoras『プロタゴラス』 319a : 67/320d-322d : 182/322e-323a : 84/324a : 84/324d-325a : 84/345d-e : 286/351b-359a : 65, 66/351b-353b : 67/351b : 85/351c3 : 67/351c4-6 : 67/352b-c : 114/352c2 : 85, 114/353b : 84/353c5 : 84/353e5-354a1 : 84/354a : 72/354b5-c3 : 84/354c5 : 85/354d1-4 : 84/354e-355e : 68/354e2 : 85/355e-357e : 69/355e2-3 : 85/357b-e : 252/357e2 : 65, 69, 268/358b7 : 85/358c-d : 75/358c : 73/358c1-3 : 85/358d : 290/358d-359a : 69/359a-b : 84/360e8 : 71/361c5 : 71

Respublica『国家』

I 336e : 286/338c : 48

II 357a-358e : 72/357a-358b : 135/359e2: 338/363e-366b: 135/364b7: 228/365a-366b : 136/366e : 137/367a6-8 : 136/367e-427c : 135/367e : 135/376c-d : 85, 127/376e-403c : 135, 137/377a4-8 : 134/377b11-c5 : 249/377c6-378e3 : 249/378e2-3 : 235/379a-380c : 138/379c5-7 : 138/380c : 48, 64/380d-383c : 138/382a-b : 85/382c-d : 214

III 386a-387c : 138/387d-388e : 146/389d-391e : 138/392a8-12 : 138/392a13-b4 : 138/392c-398b : 138/392c-394c : 138/393a-c : 139/393c : 195/395a-c : 139/395c-d : 139/395d-396b : 139/396a-b : 207/396b-397b : 140/398c-d : 140, 249/400c-402a : 195/401b-402a : 85, 126/401d-402a : 186/402a : 213/402b-c : 213/411e-412a : 85, 127/412b-414b : 74/412e-413a : 85/414b2 : 318/417b : 48, 64

IV 424a1-2 : 181/424e1 : 180/425a3

-6: 181, 182/425b: 155/425c10-e7: 247/426b1: 228/427a2sq.: 180/427d-445e: 135/428a-429a: 77/428d: 88/430c: 84/430e-431b: 73, 112/431c-444a: 72/434c: 162/434e-435a: 73, 112, 162/435d: 77/436b-c: 113/437b-c: 113/438a: 74/439c5-7: 113/439c6: 113/439e-441c: 110/439e-440b: 65/439e-440a: 73/441a: 74/441c sqq.: 112/442b-c: 75/442b11: 287/442c-d: 75/442c: 75, 77/442c5: 287/442c6-8: 77/442d-443b: 76/443c-444a: 118/443d-e: 162/443e1: 76/443e4-444a2: 77/444b3: 287

V 449c5: 181/464a: 181/471c: 87/472b-473b: 99/473a-b: 163/473b: 101/473d5: 182/474c-VI.502c: 87/474c-480: 39, 78, 88/475d-e: 90/475e-476d: 90/476a10: 91/476d-480: 88/476d8 sq.: 90/476e4-477a5: 91/476e9: 91/477a1: 91/477a3 sq.: 92/477a6: 96/477a6-8: 92/477a8-b2: 93/477b3-478e6: 93/477b3-d6: 93/477b10 sq.: 95/478a6 sq.: 95/478b7-11: 99/478c13 sq.: 95/478d5 sq.: 96/478e2: 98/478e7-479d6: 93/479a-d: 96/479a1: 91/479d3-5: 97/479d7-480: 93

VI 484c-485a: 99/492b7: 338/493a: 78/497c8-d2: 321/499d: 124/500d: 78, 84/502a-c: 124/502c-541b: 88/503e: 123/504a-b: 77/505a: 78/505d-e: 78/511b-c: 29

VII 514a sqq.: 126/518c-d: 185/519c-d: 144/519e-520a: 14, 61, 144/520c: 99/520d-e: 144/521b8-9: 145/525b: 48, 64/527c2: 47/532b-535a: 29/534d-e: 48, 64/537c: 339/538d-539d: 249/539e-540a: 99, 339/540a: 85/540d: 124

VIII 549b: 101/557b: 48

IX 589c: 85, 286/590d-e: 127/592a-b: 124/592b: 165

X 595a-608b: 135, 141/595a-c: 141-142/595a: 196/595a5: 142/595b: 142/595c-602b: 141-142/595c: 207/595c1-2: 142/595c7: 142/596b-c: 142/597e3-4: 143/597e6-7: 143/597e7: 181/597e10: 151/598b6-8: 143/598d-e: 143/598d8: 137/598e: 214/599b3-5: 144/600e4-6: 145/602b: 214/602b7-10: 146/602c-605c: 141, 146/603c4-9: 146/603c10-d8: 146/603d sqq.: 108/603e-604a: 146/603e3-5: 146/604a-b: 108/604b: 108/604c-d: 147/605b: 215/605b7-8: 147/605b7: 151/605c-607a: 141, 148/605c6: 151/605e: 214/606d5-6: 149/607a: 183/607a3: 142/607b-608b: 141, 149/608a3, 4: 228/619c-d: 85/621b: 111

Sophista『ソピステス』 226b-231b: 250, 290/227d-228e: 271/228b: 106/228c10-d2: 271/229c5-10: 272/229c6: 276/229e-230e: 339/235b-236b: 214/253d-e: 339

Symposium『饗宴』 179b-c: 374/182c: 375/184b: 375/185a-b: 375/188c-d: 375/192b-c: 375/195c: 375/202d-203a: 172/203a1: 228/206a: 376/206b: 376/207d: 376/208e-209e: 376/209c6: 381/209e-212c: 117/210e-211a: 96/215a-d: 368/215d-216c: 369/216c-217a: 370/217a-219d: 371/219d-221c: 372/219d7: 373/222b: 373

Theaetetus『テアイテトス』 149d1: 228/156a-157a: 339/157c9: 228/176b: 124

Timaeus『ティマイオス』 37d sqq.: 358/46d-e: 125/47a-e: 339/69c-d: 106/86d-e: 288/87b: 288

Plutarchus

Lycurgus『リュクルゴス伝』 212

De Alexandri magni fortuna aut virtute『アレクサンドロス大王の運と徳について』 46, 380

Protagoras

Fragmenta『断片』 49, 99

Theophrastus
   Historia Plantarum『植物誌』 vii
Thrasymachus

Fragmenta『断片』 293
Thucydides
   Historiae『歴史』 48, 336–337